교육에 대한 이해

| 문양호 · 김용주 · 강용관 공저 |

Understanding of Education

학지사

본 서적은 육군사관학교 화랑대연구소의 지원을 받아 작성되었습니다.

　가르치는 일에 종사하는 사람들(이하 교사)의 기본적인 관심은 '잘 가르치는 것'이라고 할 수 있다. 잘 가르치는 교사는 학생, 학부모, 학교, 사회로부터 인정을 받으며, 자신도 만족감 속에서 일하게 된다. 따라서 잘 가르치는 일은 교사라는 직업의 정체성과 연결되는 핵심 과업이라고 할 수 있다. 그렇다면 어떻게 가르쳐야 잘 가르칠 수 있는가?

　어떤 사람들은 잘 알고 있으면 잘 가르칠 수 있다고 생각한다. 즉, 가르칠 분야에 대한 전문성을 갖추고 있으면, 당연히 자신이 알고 있는 바를 남에게 잘 전달할 수 있다고 생각하는 것이다. 그러나 뛰어난 운동선수가 반드시 뛰어난 감독이 되지 못하는 것처럼, 아무리 학문적으로 뛰어나고 전문적인 지식을 가진 사람이라 할지라도 자신의 전문지식을 효과적으로 전달하는 방법에 관해 공부하지 않는다면 뛰어난 교사가 되기 어렵다. 근본적으로 특정 분야에서 전문지식을 쌓는 것과 남을 가르치는 일은 다른 영역이기 때문이다. 따라서 잘 가르치기 위해서는 교육에 대한 올바른 이해를 바탕으로 '잘 가르치는 방법'에 대해 공부해야만 한다. 또한 '잘 가르친다'는 것은 지식을 전달하는 것 이상을 포함하고 있음을 이해할 필요가 있다. 과학기술의 발전으로 교사의 도움 없이도 전문 지식을 쉽게 접할 수 있는 오늘날, 교사는 단순히 지식을 전달하는 것보다 지식 활용 능력, 주도적 학습 능력, 창의성, 비판적 사고력 등을 길러 낼 것을 요구받고 있다. 이러한 요구는 교사가 가진 특정 분야의 전문 지식만으로는 충족되기 매우 어렵다. 교사 스스로가 교육에 관한 공부를 통해 '무엇을, 어떻게, 왜 가르쳐야 하는가?'와 같은 보다 근본적인 질문에 대한 답을 찾는 것이 선행되어야 한다.

　간혹, 교육 현장에서 경험을 쌓아 온 교육자 중에는 자신만의 비결을 활용하여 잘 가르치고자 하는 이들이 있다. 이는 의미 있는 노력이며, 어느 정도 효과적이라 할 수 있다. 그러나 최선의 선택이라고 보기는 어렵다. 뛰어난 달리기 선수가 되기 위해 혼자서 매일 뛰는 경험을 축적하여 달리기에 대한 노하우를 얻는 것도 좋지만, 선수보다 훨씬 많은 경험을 갖고 있고 달리기에 대한 근본 원리를 잘 알고 있는 코치나 감독에게 배우는 것이 훨씬 더 좋은 방법임에 틀림없다. 아무리 교사 개인이 오랫동안 가르쳤다 할지라도 그것은 불과 몇십 년에 불과하지만, 교육에 관한 연구는 이미 수백 년 동안 이루어져 왔으며 그것은 교육학이라는 학문으로 자리 잡고 있다. 따라서 지금보다 나은 교사가 되기 위해서는 자신의 제한된 경험이 아니라, 인류가 축적해 온 교육에 관한 연구에 관심을 갖고 공부할 필요가 있다.

가르치는 일은 학교, 군대, 기업, 사회 내 교육기관 등 매우 다양한 곳에서 실천되고 있다. 이 책은 가르치는 일에 종사하고 있거나 종사하게 될 다양한 독자가 교육의 본질을 이해하고 그것을 실천하는 데 도움을 주기 위해 발간되었다.

이 책은 총 3부로 구성되었다. 제I부 '교육학의 이해'에서는 '교육의 본질(제1장)' '교육의 역사적 이해(제2장)' '교육의 철학적 이해(3장)'를 다루고 있다.

제II부는 '교육의 심리학적 기초'로서 일반적인 교육학 책들이 '교육심리'를 1개 장(chapter)으로 다루는 것과 달리, 이 책에서는 교육의 심리학적 기초를 '교육심리학에 대한 이해(제4장)' '학습자의 특성 이해(제5장)' '학습이론과 학습동기(제6장)'로 3개 장에 걸쳐 다루고 있다. 교육을 제대로 실천하기 위해서는 교육과정에서 나타나는 인간의 행동과 정신 과정에 대한 심리학적 이해가 선행되는 것이 매우 중요하다. 또한, 교육 장면의 핵심이라 할 수 있는 '교수자와 학습자의 상호작용'을 이해하기 위해서는 교수자와 학습자의 특성, 학습의 원리, 학습동기에 대한 깊이 있는 공부 역시 필요하다.

제III부는 '교육의 실천적 이해'로서 '교육과정(제7장)' '교수-학습(제8장)' '교수-학습 전략I(제9장)' '교수-학습 전략II(제10장)' '교육공학(제11장)' '교육평가(제12장)' 등 6개 장으로 구성되었다. '교육의 실천적 이해'라는 이름에 걸맞게 각 장은 이론적 내용뿐만 다양한 실천 모형을 제시하여 독자가 실제 활용할 수 있도록 내용을 구성하였다. 또한, 많은 교육학책이 교수-학습을 이론적으로만 다루는 것과 달리, 이 책에서는 실제 교육 현장에서 사용할 수 있는 다양한 교수-학습방법을 제8장과 제9장에서 제시하고 있다. 아무쪼록 이 책이 훌륭한 교사가 되고자 하는 모든 사람에게 큰 도움이 되기를 간절히 바란다.

이 책의 집필 과정에서 많은 지원을 아끼지 않은 육군사관학교 화랑대연구소 직원들 그리고 이 책을 흔쾌히 발간해 주신 학지사 사장님과 직원분들께 깊이 감사드린다.

2017년 2월
호국간성의 요람 화랑대에서
저자 일동

제Ⅱ부 교육의 심리학적 기초

제4장 ▶ 교육심리학에 대한 이해 / 127

제Ⅲ부 교육의 실천적 이해

제7장 ▶ 교육과정 / 209

제10장 ▶ 교수-학습 전략 Ⅱ / 333

제 I 부
교육학의 이해

오늘날 사람들이 교육의 존재를 떠나서는 살아갈 수 없을 만큼 교육은 우리의 삶과 매우 밀접히 연관되어 있다. 대부분의 사람이 어린 나이에서 성인기에 이르기까지 다양한 교육을 받고 있고, 더 나은 교육을 위한 개인, 가정, 학교, 그리고 국가 차원의 노력이 지속되고 있다. 그런데 과연 우리는 교육의 본질적 의미와 교육이 발전되어 온 과정 및 배경에 대해서는 얼마나 잘 알고 있는가? 교육학의 기초라고 할 수 있는 교육의 본질, 교육의 역사, 교육의 철학에 대한 이해를 통해 우리는 바람직한 교육에 대한 관점, 교육 문제와 현상을 올바르게 바라보고 전망할 수 있는 통찰을 얻을 수 있을 것이다.

제1장

교육의 본질

 제1절 교육의 개념

1. 교육의 어원

1) 동양에서의 의미

교육의 개념을 이해하기 위해 먼저 '교육'의 어원이 동양과 서양에서 각각 어떻게 나타나는가를 살펴보고자 한다. 먼저 동양의 어원을 중국과 우리나라로 구분하여 제시하면 다음과 같다. 중국에서는 맹자가 『진심장(盡心)』「상편(上篇)」에서 교육이라는 단어를 처음으로 사용하였는데, 맹자는 군자의 세 가지 즐거움에 대해 말하면서 세 번째 즐거움으로 '교육'을 꼽았다.

맹자(孟子)

맹자가 말하기를 군자에게는 세 가지 즐거움이 있는데, 천하에 왕노릇 하는 것은 포함되지 않는다(孟子曰 君子有三樂 而王天下 不與存焉). 첫 번째 즐거움은 부모가 생존하고, 형제들이 탈 없이 지내는 것이다(父母俱存 兄弟無故 一樂也). 두 번째 즐거움은 하늘을 우러러 부끄럽지 않고, 사람에게도 부끄럽지 않는 것이다(仰不愧於天 俯不怍於人 二樂也). 세 번째 즐거움은 천하의 뛰어난 인재를 교육하는 것이다(得天下英才 而教育之 三樂也).

맹자가 처음으로 언급한 교육은 가르칠 교(敎)와 기를 육(育)으로 구성된다. '가르칠 교'는 원래 '윗사람이 베풀고 아랫사람이 본받는다.'는 뜻으로 어른이 미성숙한 아이를 지도하는 것을 의미한다. '기를 육'은 '자녀를 착하게 살도록 기른다.'는 뜻으로 성숙한 부모가 미성숙한 아이를 보호하고 기르는 것을 의미한다.

우리나라의 경우를 살펴보면, 교육과 가장 유사한 말은 '가르치다'라고 할 수 있는데, '가르치다'는 '갈다'와 '치다'로 구성된다. '갈다'는 '논밭을 갈다'에서 사용되는 것처럼 어떤 것을 지금보다 더 나은 상태로 변화시키는 것을 의미하며, '치다'는 '나무의 가지를 치다' '양떼를 치다'에서 사용되는 것처럼 외부적 힘이나 도움을 통해 어떤 것을 지금보다 쓸모 있고 유용하게 하는 조치를 의미한다. 이상의 의미를 통해 볼 때, 우리말의 '가르치다'는 어떠한 주체가 객체에게 적절한 조치를 가하여 변화, 개선, 성장이 일어나도록 하는 것을 의미한다.

중국과 우리나라에서 '교육'이라는 단어가 갖는 의미를 통해 볼 때, 동양적 교육의 어원에서는 가르치는 자에 해당하는 교사, 부모, 어른은 성장한 자로서 교육의 주체라 할 수 있으며, 배우는 자인 학생, 자녀, 아이는 가르침을 받아들이는 수동적인 존재로 나타난다고 볼 수 있다.

2) 서양에서의 의미

서양에서 교육을 의미하는 대표적인 단어로는 영어의 페다고지(pedagogy)와 에듀케이션(education)을 들 수 있다. 페다고지는 그리스어인 파이다고고스(Paidagogos)에서 유래되었는데, 파이다고고스는 아동을 의미하는 'paidos'와 이끌다를 의미하는 'agogos'의 합성어로서 '미성숙한 아동을 가르쳐 이끄는 것'을 의미한다. 이는 교육의 동양적 어원과 마찬가지로, 학생은 아직 미성숙한 존재이므로 교사가 교육을 주도해야 한다는 입장을 나타내고 있다.

다음으로 영어의 에듀케이션(education)은 프랑스어의 에뒤까씨옹(éducation), 독일어의 에어지훙(erziehung)과 동일하게 라틴어인 에듀케레(educere)에서 유래되었다. 에듀케레는 보유한 능력을 밖으로 이끌어 낸다는 것을 의미한다. 즉, 아동이라 할지라도 이미 뛰어난 잠재 능력을 보유하고 있으므로, 교사는 아동이 스스로 보유한 능력을 잘 발휘할 수 있도록 도와주는 역할을 해야 한다는 입장을 나타내고 있다.

페다고지와 에듀케이션의 어원을 살펴볼 때, 서양에서는 '미성숙한 학생을 교사가 중심이 되어 지도한다.'는 입장과 '아동이 가진 능력을 스스로 이끌어 내도록 돕는다.'

는 다소 상반된 두 가지 입장이 모두 존재한다는 것을 알 수 있다(성태제 외, 2012).

2. 교육의 비유

비유(analogy)는 다소 어렵고 추상적인 개념을 설명할 때, 학습자에게 친숙한 아이디어를 사용하여 설명함으로써 개념의 이해를 돕는 매우 유용한 방법이다(한국교육심리학회, 2000). '교육'이라는 용어는 우리에게 매우 친숙하면서도 단어가 갖는 다양한 속성 때문에 그 의미가 와 닿지 않는 측면이 있는데, 다음의 몇 가지 비유를 통해 교육의 개념에 대한 이해를 돕고자 한다.

1) 주형의 비유

주형의 비유는 교육에 관한 비유 중에서 가장 쉽게 접할 수 있는 전통적인 접근방식으로서 교사가 주도하는 교육의 모습을 잘 설명한다. 원래 주형(鑄型)은 용해된 금속을 주입하여 주물을 만드는 데 사용하는 틀을 의미한다. 따라서 교육을 주형에 비유한다는 것은, 마치 장인이 주형을 통해 본인이 원하는 모양의 주물을 만들듯이, 교수자가 가진 교육관(주형)을 학습자에게 끼워 맞추어 최종적으로 교수자의 의도대로 학습자(주물)를 만들어 내는 일로 바라보는 것이다.

교육을 이러한 주형의 원리로 바라본 대표적인 학자로는 로크, 왓슨을 들 수 있다. 영국의 경험주의 철학자 로크(John Locke)는 인간이 감각적인 경험을 하기 이전의 마음을 '아무것도 쓰여 있지 않은 종이', 즉 백지(白紙)에 비유함으로써 인간은 성장하면서 제공되는 감각경험에 따라 만들어진다는 관점을 취했고, 행동주의 심리학의 창시자인 왓슨(John B. Watson)은 '건강한 아이와 적절한 환경을 주면 아이를 어떤 사람으로든 만들 수 있다.'는 교육만능설을 주장하였다(성태제 외, 2012).

주형의 비유는 마치 '콩 심은 데 콩 나고 팥 심은 데 팥 난다.'는 속담처럼 인간은 주입되는 지식이나 가치에 의해 그대로 만들어진다는 지극히 상식적이고 일반적인 교육관을 제시하고 있다. 그러나 주형의 비유는 복잡한 발달과 사고과정을 지닌 인간을 너무 단순한 존재로 인식한다는 점과 교육에 있어서 학습자를 교수자에 의해 전적으로 만들어지는 수동적인 존재로 바라본다는 점에서 비판의 여지가 있다. 특히, 현대사회의 교육에서는 과거에 비해 교수자와 학습자의 관계가 수평적이며, 학습자가 주도하는 교육을 강조한다는 측면에서 주형의 비유와 다소 동떨어진 측면이 있다.

2) 성장의 비유

성장(成長)의 비유는 주형의 비유와 대조적인 관점을 취한다. 주형의 비유에서는 교수자가 주도적인 역할을 했지만, 성장의 비유에서는 학습자가 주체가 된다. 나무와 정원사를 예로 들면, 나무는 적절한 환경이 제공되면 스스로 잘 자라도록 설계되어 있다. 정원사가 하는 일은 물을 주거나 해충으로부터 나무를 보호하는 등의 일, 즉 적절한 환경을 제공하는 일이다. 여기에서 나무는 학습자를 의미하고 정원사는 교수자를 의미한다. 즉, 학습자는 이미 내부에 성장할 수 있는 잠재능력을 가지고 있기 때문에 교수자는 학습자가 잠재능력을 잘 발현할 수 있도록 도움을 주는 조력자의 역할을 해야 한다는 입장을 취한다(성태제 외, 2012).

루소(Jean-Jacques Rousseau)가 제시한 '소극적 교육'과 미국에서 시작된 '진보주의 교육철학'은 교육을 성장의 비유로 보는 것과 맥을 같이한다. 루소는 아동은 자연적 발달 방식에 따라 스스로 보고, 생각하고, 느낄 수 있는 존재이므로 자유로운 경험을 제공하는 교육, 문제 상황을 제시해 주고 스스로 답을 찾아나가도록 하는 '소극적 교육 (negative education)'의 필요성을 강조하였다. 진보주의 교육철학은 기본적으로 "교사가 아동에게 문제 상황을 제시하고 이를 해결하도록 조력함으로써 아동의 성장을 도와야 한다."라는 관점을 취한다. 이에 따라 모든 학교교육과정은 아동의 흥미를 유발하는 방식으로 구성되어야 할 것을 강조하였다.

성장의 비유로 교육을 바라보는 관점은 오늘날 중시되는 학습자 중심의 교육관과 일맥상통하지만, 아동의 가능성을 과신한 나머지 교사의 역할을 과소평가한다는 측면과 아동의 흥미를 강조한 나머지 인류가 쌓아 온 본질적인 지식의 전달을 소홀히 할 수 있다는 점에서 비판의 여지가 있다.

<표 1-1> '주형의 비유'와 '성장의 비유'

구 분	주형의 비유	성장의 비유
내용	• 교육의 과정: 장인이 재료를 주형에 부어 주물을 만드는 과정 • 교사: 장인 • 학생: 주물	• 교육의 과정: 나무의 성장 • 교사: 정원사 • 학생: 나무
강조점	교사의 역할, 교육내용	학생의 잠재능력과 흥미, 교육방법
대표적 학자(이론)	로크, 왓슨	루소, 진보주의 교육철학

출처: 성태제 외(2012, p. 22).

3) 대안적 비유

주형의 비유에서는 교수자가 교육을 주도하는 모습이 나타나고, 성장의 비유에서는 학습자가 교육의 중심이 되는 모습을 보임으로써, 두 비유 모두 교수자와 학습자의 역할과 중요성의 균형이 미흡하다는 한계를 보인다. 이러한 한계를 보완하고자 '예술' '성년식' '만남'의 비유가 사용되곤 한다(성태제 외, 2012).

예술(art)의 비유는 예술가가 작품을 만드는 과정을 교육에 빗대어 설명한다. 예술가는 자신이 원하는 작품을 만들 때, 먼저 원재료의 성질과 특성을 잘 살피고 이를 적절히 가공하여 최종적으로 작품을 만들어 낸다. 여기서 예술가가 원재료의 성질과 특성을 고려하는 모습은 교육에 있어서 교사가 학생과의 상호작용을 통해 학생의 특성과 필요를 파악하면서 교육하는 과정으로 설명될 수 있다. 그러나 여전히 예술의 비유에서도 교육의 주체로서 교사가 학생보다 부각되는 측면을 보인다.

성년식(成年式)의 비유는 기존의 비유들이 교육내용과 교육방법 중 어느 한 가지의 중요성만을 부각시키는 한계를 보완하고자 사용된다. 주형의 비유에서는 좋은 재료 즉 교육내용이 강조되고, 성장의 비유에서는 성장시키기 좋은 방법, 즉 교육방법이 중요시된다. 그러나 성년식의 비유에서는 성년으로 인정받기 위해서는 마땅히 갖추어야 할 지식이나 능력이 존재하며 이러한 지식이나 능력을 습득하기 위한 방법 역시 존재한다는 것을 보여 준다. 여기서 성년으로서 갖추어야 할 지식과 능력은 교육내용에 해당하며, 지식과 능력을 갖추는 데 사용되는 방법은 교육방법에 해당한다. 비록 성년식의 비유에서 교육내용과 교육방법을 모두 언급하고 있기는 하지만, 교육내용에 따라 교육방법이 결정되는 모습을 보이므로 교육내용이 상대적으로 우선시된다고 할 수 있다.

마지막으로 다룰 만남의 비유는 앞에서 언급된 모든 비유가 반영하지 않고 있는 '비약적인 성장'의 측면을 설명한다. 대부분의 비유는 교육은 지속적으로 이루어져야 한다는 점을 가정하고 있다. 그러나 현실적으로 사람들 간의 새로운 만남 속에서 급진적이고 비약적인 성장이 이루어지는 예를 볼 수 있다. 우리는 주변에서 훌륭한 스승이나 친구와의 만남, 종교적인 만남, 인생의 멘토와의 만남 등을 통해 짧은 시간에 많은 변화를 경험한 예를 접하곤 하는데, 이러한 예들이 만남의 비유에 해당한다. 그러나 만남의 비유에서 과연 만남을 통해 배우고 성장하는 과정이 지속적이지 않다고 단정할 수 있는지에 대해서는 의문의 여지가 있다. 또한, 만남의 비유를 통한 비약적 성장을 모든 사람이 경험할 수는 없으므로 보편적인 교육으로 받아들이기에는 어려움이 따른다.

3. 교육의 정의

폭넓게 해석될 수 있는 어떤 개념을 정의한다는 것은 쉬운 일이 아니지만, 개념에 대한 정의를 통해 사람들은 공통된 이해를 가질 수 있으며, 때로는 논의를 통해 더 바람직한 정의를 찾기도 한다. 여기에서는 먼저 일반적으로 개념을 정의하는 방식에 따른 교육의 정의에 대해 살펴보고, 교육에 관한 논의에 많은 영향을 미친 두 학자가 제시하는 교육의 정의를 자세히 살펴보고자 한다.

1) 교육의 정의 방식

일반적으로 교육을 정의하는 방식은 조작적 정의, 약정적 정의, 기술적 정의, 규범적 정의 네 가지로 구분할 수 있다.

(1) 조작적 정의

조작적 정의(operational definition)는 관찰할 수 없는 개념을 관찰 가능한 과학적 방식으로 기술하는 방법이다. 어떤 개념이 관찰되거나 측정되기 어려운 상태라면 이는 과학적으로 사용되거나 검증될 수 없으며, 개념의 모호성 때문에 공통의 이해나 구체적 논의가 불가능할 것이다. 예를 들어, '온도'라는 개념 자체는 관찰되거나 측정되기 어렵기 때문에 그 개념 자체로서는 과학적 실험에 사용될 수 없지만, 온도를 '수은주에 나타난 눈금'이라고 조작적 정의를 내리면, 누구든지 온도를 관찰할 수 있고, 이를 활용하여 실험이나 연구를 할 수 있게 된다. 조작적 정의는 자연과학에서뿐만 아니라, 사회과학에서도 매우 유용하게 사용된다. 예를 들어, 심리학에서 인간 행동을 "자극에 대한 반응"으로 정의한다든가, 교육학에서 교육을 "인간 행동의 계획적 변화"라고 조작적 정의를 내림으로써 구체적이고 실제적인 연구와 논의가 가능해지는 것이다(한국교육평가학회, 2004).

(2) 약정적 정의

약정적 정의(stipulative definition)는 개념을 정의할 때 의미의 혼란을 피하기 위해 정의하는 사람이 주관적으로 개념에 의미를 부여하고 암묵적으로 동의를 구하는 방법으로, 유명적(唯名的) 혹은 명명적(命名的) 정의로도 불린다. 어떤 개념에 대한 약정적 정의가 옳은가 그른가에 대한 평가는 크게 의미를 갖지 않으며, 약정적 정의로 인하여 어

면 이론이나 논리가 효과적으로 잘 설명되는지의 여부가 중요하다(서울대학교 교육연구
소, 2011). 예를 들어, 어떤 학자가 연령대별로 사람을 구분하고자 할 때, 논리 전개와
이해의 편의를 위해 '1세부터 50세까지는 A집단이라고 하고, 51세부터 100세까지는
B집단'으로 하자고 정했다면, 이는 연령에 대해 약정적 정의를 사용했다고 할 수 있다.

교육에 대해서도 학자나 이론에 따라 다양한 약정적 정의가 사용된다. 교육에 대해
약정적 정의를 하더라도 정의된 의미 자체가 교육의 본질에 대해 밝히는 것이 아니므
로, 약정적으로 정의된 교육의 의미는 특정 논리를 이해하기 위해 일반적으로 받아들
여진다. 예를 들어, 교육은 분류 기준에 따라 가정교육, 학교교육, 사회교육 등 다양하
게 구분될 수 있지만, 어떤 학자가 '본 연구에서의 교육은 학교교육만을 의미한다.' 혹
은 '본 연구에서 교육은 훈련을 포함하는 의미로 사용된다.'고 밝힌다면, 이는 약정적
정의 방식을 사용한 것이다.

(3) 기술적 정의

기술적 정의(descriptive definition)는 어떤 개념을 이미 잘 알려진 다른 말로 기술함
으로써 개념에 대한 이해를 용이하게 하는 정의 방식이다. 기술(description)이라는 의
미 자체가 '있는 그대로를 사실적으로 나타내는 것'이므로, 기술적 정의에는 가치판단
이 포함되지 않으며, 일반적으로 통용되고 잘 이해될 수 있는 표현을 사용하는 것이 중
요하다. 예를 들어, 교육에 대한 기술적 정의로서 '선생님이 학생을 가르치는 일' '사람
을 가르치고 기르는 일' 등으로 표현할 수 있을 것이다. 기술적 정의는 조작적 정의와
마찬가지로 가치판단이 포함되지 않아 과학적 방식으로 교육에 접근할 때 유용하게 사
용되며, 일반적으로 이해하기 쉽게 표현되므로 교육에 대한 깊은 이해가 부족하더라도
쉽게 접근할 수 있다는 장점을 지닌다(성태제 외, 2012).

(4) 규범적 정의

규범적 정의(normative definition)는 어떤 술어(述語)가 궁극적으로 가져야 할 목적이
나 가치를 제시함으로써 정의내리는 방식이다. 규범적 정의에는 가치판단이 개입되므
로 논쟁의 소지를 많이 안고 있다. 따라서 규범적 정의를 정당화하기 위해서는 정의에
포함된 가치가 왜 타당한가에 대한 이유를 제시하는 것이 바람직한데, 일반적으로 외
재적인 이유보다는 내재적인 이유를 제시하는 것이 더 설득력을 갖는다(이문영, 2008).

예를 들어, 교육을 '한 개인이 소속된 조직에서 유용한 구성원이 되는 데 필요한 것

들을 도덕적인 방식으로 전달하는 과정'이라고 정의해 보자. 이 정의는 교육이 반드시 '도덕적인 방식으로' 전달되어야 한다는 일종의 규범(norm)을 제시하고 있는데, 이는 논쟁의 대상이 될 수 있다. 왜냐하면 도덕적으로 문제가 있는 불법적 조직에서도 해당 구성원들을 가르치는 것을 '교육'이라고 표현하는 사례가 충분히 있을 수 있기 때문이다. 이에 대해 교육이란 인간을 인간답게 하고, 개인과 사회의 안녕과 번영에 기여하는 것이어야 한다는 등 교육이 갖는 내재적인 가치를 제시함으로써 '도덕적인 방식으로 전달'하는 것의 정당성을 설명할 수 있을 것이다.

2) 교육의 대표적 정의

교육의 정의는 다양하지만, 여기에서는 대표적인 교육의 정의로서 정범모와 피터스 (R. S. Peters)가 제시한 개념들을 살펴보고자 한다. 교육의 정의에 있어서 중요한 것은 정확한 정의를 찾는 것이 아니라, 각자가 갖고 있는 교육에 대한 철학을 바탕으로 각자가 교육의 정의를 찾는 것이라 할 수 있다.

(1) 정범모의 정의

정범모

우리나라에서 최초로 교육의 개념을 체계적으로 정리한 정범모는 그의 저서 『교육과 교육학』(1916)에서 교육을 "인간 행동의 계획적 변화"로 정의하고 있다. 정범모의 교육에 대한 정의 안에는 '인간 행동' '계획' '변화'라는 세 가지 개념이 포함되어 있다. 논리적 전개의 편의상 '인간 행동' '변화' '계획' 순으로 각각의 개념을 살펴보자(성태제 외, 2012).

먼저 '인간 행동'의 개념에 대해 살펴보자. 정범모에 의하면, 인간 행동에서 '행동'은 심리학적 개념으로서 과학적 방법으로 측정될 수 있는 모든 것을 의미한다. 따라서 인간 행동은 외현적으로 드러나는 행동뿐만 아니라 겉으로 드러나지 않는 사고력, 태도, 성격 등을 포함한다. 일반적으로 교육의 대상은 인간이지만, 실제 교육이 일어나기 위해서는 교육의 대상인 인간의 구체적인 행동이 다루어져야 한다. 행동의 의미에 과학을 결부시킨 것을 통해 알 수 있듯이 정범모는 과학적 방법으로 교육을 정의하였다.

다음으로 '변화'의 개념에 대해 살펴보자. 앞서 교육은 그 대상을 인간으로 하고, 특히 인간 행동에 관심을 갖는다고 하였다. 그런데 교육 혹은 교육학 외에도 많은 학문이 인간의 행동에 대해 관심을 갖는다. 예를 들어, 심리학, 경제학, 행정학, 사회학과 같은 학문 모두 해당 학문 분야와 관계된 인간의 행동에 관심을 갖고 이를 연구한다. 그렇다면 교육 혹은 교육학이 여타 학문들과 갖는 차별점은 무엇인가? 그것은 바로 '변화'다. 교육(학)은 인간 행동에 관심을 갖고 교육을 통해 인간 행동이 변화되는 것을 추구한다. 교육의 관심이 인간 행동의 변화에 있으므로, 교육학은 기본적으로 교육을 통해 인간의 행동은 변화될 수 있다는 가능성을 전제하고 있음을 알 수 있다. 만약 교육을 통해 인간의 행동이 변화될 수 없다면, 교육(학)의 존재는 무의미하게 될 것이다. '인간 행동의 변화'에서 변화는 교육을 통해 새로운 지식을 얻게 된 것, 사고력이 개발되었거나 신체적으로 새로운 활동을 할 수 있게 된 것, 태도나 가치관이 변화된 것과 같이 지식(knowledge), 기능(skill), 태도(attitude)에 관한 계발, 개선, 성숙 등을 포괄한다.

마지막으로 '계획'의 개념을 살펴보자. 인간 행동의 변화를 일으키는 방식은 매우 다양할 것이다. 우연에 의해서 변화가 일어날 수도 있으며, 약물을 통해 일시적으로 행동이 변화되거나, 혹은 아이가 성인으로 성장하는 과정에서 자연스럽게 행동의 변화가 일어날 수 있다. 그러나 정범모는 오직 계획을 통해 일어난 변화만을 교육으로 여겼다. 따라서 인간 행동, 변화 두 개념 모두 계획 속에서 다루어지고 실행되므로, 계획은 정범모의 교육에 대한 정의에서 가장 핵심이라고 할 수 있다. 그렇다면 계획이란 무엇인가? 계획은 인간 행동의 변화에 관한 구체적인 '교육목적(목표)', 인간 행동의 변화를 이끌 수 있는 체계적인 '교육이론' 그리고 교육목적을 이루기 위해 교육이론을 체계적으로 적용할 수 있는 '교육과정'을 포함하고 있어야 한다.

(2) 피터스의 정의

피터스(R. S. Peters)

피터스(R. S. Peters)는 그의 저서 『윤리학과 교육(Ethics and Education)』에서 교육에 관한 그의 생각을 표현하였다. 피터스는 정범모와 달리 교육의 정의에 대해 단순명료하게 표현하지는 않았으나, 저서에 나타난 여러 진술을 통해서 교육에 대한 그의 개념을 알 수 있다. 특히 "교육은 그 개념 안에 붙박혀 있는 세 기준을 모두 충족시키는 방향으로, 가치 있는 활동 또는 사고와 행동의 양식으로 사람들을 입문시키는 성년식이라고 할 수 있다." 혹은 "모종의 가치 있는 것이 도덕적으로 온당한 방식으로 의도적으로 전달되고 있거나 전달된 상태"라는 말 속에서 교육에 관한 그의 생각을 읽을 수 있다. 여기에서 주목할 점으로, 피터스의 교육개념은 세 가지 준거, 즉 규범적 준거(normative criterion), 인지적 준거(cognitive criterion), 과정적 준거(procedural criterion)로 압축될 수 있다.

먼저 '규범적 준거'에 대해 살펴보자. 규범적 준거는 교육이 '가치 있는 것'을 전달해야 한다는 점과 관련된다. 여기서 '가치'란 외재적 가치(extrinsic value)가 아닌 내재적 가치(intrinsic value)를 의미한다. 외재적 가치는 다른 말로 '수단적 가치' 혹은 '도구적 가치'로 표현될 수 있는데, 이는 교육이 특정 목적을 위한 수단으로써 사용되는 측면을 가리킨다. 예컨대, 좋은 직장에 취직하기 위해 혹은 돈은 많이 벌기 위한 수단으로 교육이 사용되는 경우를 들 수 있다. 이에 반해 내재적 가치는 교육 자체의 속성이 갖는 가치를 의미하는 것으로서 바람직성, 윤리성, 성장, 가치관 정립 등을 예로 들 수 있다. 피터스의 관점에서 볼 때, 교육은 내재적 가치를 실현하는 것이 되어야 하고 외재적 목적을 위해 사용되는 것은 바람직하지 않다.

다음으로 '인지적 준거'에 대해 살펴보자. 인지적 준거란 규범적 준거에서 밝힌 내재적 가치를 구체화시키는 것으로서, 교육을 통해 지식, 이해, 지적 안목을 함양할 수 있어야 함을 의미한다. 피터스는 교육을 통해 지식, 이해, 지적 안목을 얻게 될 때 비로소 '무기력한 지식'에서 벗어나게 된다고 하였는데, 무기력한 지식이란 현실과 동떨어져 있거나, 삶을 변화시키는 데 도움이 되지 않는 지식을 의미한다. 반면 지식, 이해, 지적 안목을 얻는다는 것은 교육을 통해 얻게 되는 다양한 지식을 서로 연결하여 전체를 보는 안목을 갖게 되고, 자신의 삶을 조망할 수 있게 되는 상태를 의미한다. 교육에 대한 이와 같은 피터스의 관점은 인간의 특정 기능 개발보다 인간 전체의 균형된 성장을 추구하는 '전인교육'과 맥을 같이 한다고 볼 수 있다.

마지막으로 '과정적 준거'에 대해 알아보자. 인지적 준거가 교육내용에 관한 것이라면, 과정적 준거는 교육방법에 관한 내용으로, 피터스는 교육이 '도덕적으로 온당한 방식으로' 실행되어야 함을 강조하였다. 즉, 아무리 가치 있는 내용이라 할지라도 비도덕적인 방식으로 교육되거나, 학습자에 대한 존중이 없는 교육은 진정한 교육으로 보기 어렵다는 입장이다. 특히 피터스는 학습자의 흥미와 자발적인 참여가 반영된 교육을 바람직한 것으로 보았는데, 이는 단순히 재미 위주의 교육을 의미하는 것이라기보다는 내재적으로 가치 있는 교육내용을 학습자가 흥미와 자발적인 동기를 갖고 참여할 수 있도록 하는 것을 의미한다. 따라서 피터스의 입장에서는 조건화(conditioning)나 세뇌

(brain-washing) 같은 방식은 진정한 교육으로 보기 어렵다.

지금까지 교육의 대표적인 정의로서 정범모와 피터스가 제시한 교육의 개념에 대해 살펴보았다. 다소 대조적인 두 학자의 견해를 간단히 비교해 보면 〈표 1-2〉와 같다. 정범모는 과학적 접근방식으로서 기술적·조작적 정의 방식을 사용하여 교육을 '인간 행동의 계획적 변화'라고 정의하였고, 인간 행동을 변화시키는 교육의 힘을 강조하였다. 반면, 피터스는 규범적 정의 방식을 사용하여 교육을 '모종의 가치 있는 것이 도덕적으로 온당한 방식으로 의도적으로 전달되고 있거나 전달된 상태'로 정의하였으며, 교육의 내재적 가치를 중시하였다.

〈표 1-2〉 정범모와 피터스의 교육 개념 비교

구 분	정범모	피터스
정의 방식	기술적·조작적 정의	규범적 정의
교육정의	인간 행동의 계획적 변화	모종의 가치 있는 것이 도덕적으로 온당한 방식으로 의도적으로 전달되고 있거나 전달된 상태
강조점	인간 행동을 변화시키는 교육의 힘	교육의 내재적 가치

출처: 성태제 외(2012, p. 39).

두 학자의 견해 외에도 다양한 정의가 존재하는데, 대체로 이러한 정의들은 '가치지향성' '의도성' '계획성'을 포함하고 있다. 현재 우리나라의 교육학용어사전(2011)에는 "인간의 정신적·신체적 성장과 발달을 어떤 이상(理想)이나 목적 혹은 가치기준에 의하여 통제하거나 조력하는 일련의 인위적 과정"으로 정의되어 있다.

4. 교육과 훈련

교육과 유사한 의미로 '훈련'이라는 말이 자주 사용된다. 언뜻 보기에 두 단어의 뜻은 비슷해 보이지만, 엄격한 의미에서는 다른 의미를 지닌다. 따라서 두 단어의 의미를 비교하여 살펴봄으로써 교육의 의미를 보다 분명히 이해할 수 있으며, 교육의 실행에서 중요한 '훈련'의 개념도 이해하게 되는 효과를 얻을 수 있을 것이다.

교육학용어사전(2011)에 훈련은 "단순 행동을 습관적 수준 또는 규칙적으로 자동화된 수준에 이르도록 되풀이하는 실천적 교육활동"으로 정의되어 있다. 이를 통해 훈련은 교육활동의 일부이며, 반복적 실행에 중점을 두고 있음을 알 수 있다. 교육과 훈련의 의미를 보다 자세히 비교한 피터스는 그의 저서 『윤리학과 교육』(1966)에서 두 개념을 다음과 같이 설명하고 있다.

> 훈련은 제한된 상례적 상황에서 적절한 상황 파악 내지 습관적인 반응을 하도록 하는 것이며, 교육에서와 같은 넓은 인지적 관련은 결여되어 있다. 마찬가지로 감정의 훈련은 의지를 기르는 것과 연계된다. 의지가 약한 사람은 자기가 무엇을 바라고 또 어떻게 해야 한다는 것을 알면서도, 감정 혹은 정서의 영향을 이기지 못하여 엉뚱한 곁길로 나간 행동을 하는 사람이다. 의지를 교육한다고 하지 않고 훈련한다고 하는 것은 이 때문이다. 그도 그럴 것이 의지는 유혹이나 방해에도 불구하고 원칙이나 목표나 계획을 관철하는 힘이다. 의지의 작용 방향은 목적에 의해 규정된다. 의지는 목적을 강화하는 것뿐이지 대안적 목적을 생각해 내는 원천은 아니다. 소망의 경우에는 그 소망의 대상이 된 것에 관하여 여러 가지 신념이 관련되어 있기 때문에 교육한다는 말이 가능하다. 그러나 의지는 계획이나 원칙 내지 목표를 고수하는 보다 저급의 기능을 하도록 훈련될 대상이다. 이 점에서 의지는 집행부이며 플라톤의 말대로 영혼의 전사다. 말하자면 그 기능은 이성이 결정한 목적이나 원리를 실행에 옮기는 일을 한다. 소망과 목적에 있어서는 인간은 교육될 수 있다. 왜냐하면 소망이나 목적은 어떤 눈으로 세상을 보는가에 따라 달라지기 때문이다. 그러나 인간의 의지는 목적에 기생하는 것으로서 오직 훈련될 수 있을 뿐이다(Peters, 1966, p. 38).

피터스에 의하면, 교육은 인간 내부의 목적, 소망, 신념, 원리와 같이 본질적이고 근본적인 것을 조성하거나 변화시키는 고차원적인 개념이며, 훈련은 인간 내부의 목적, 소망 등에 의해 결정된 의지를 실행하는 저차원적인 개념으로 설명된다. 즉, 교육이 훈련에 비해 고차원적이고 포괄적이며 상위의 개념으로 나타난다.

다음으로, '훈련' 중심의 대표적인 조직인 군(軍)에서 훈련이 어떠한 의미를 갖는지 살펴보자. 군사용어사전(2012)에서 훈련은 "개인 및 부대가 부여된 임무를 효과적으로 수행할 수 있도록 기술적 지식과 행동을 체득하는 조직적 숙달과정"으로 정의된다. 이를 통해 훈련의 중심은 체득, 즉 몸으로 익히는 것과 반복연습이라는 것을 알 수 있으며, 이는 피터스가 제시하는 훈련의 의미와 유사하다는 것을 알 수 있다.

요약하면, 교육은 인간의 신념이나 안목의 변화에 관심을 갖고, 훈련은 반복 시행을 통해 특정한 기술을 습득하는 것에 중점을 둔다. 또한 교육이 전인격적인 발달에 관심을 둔다면, 훈련은 인간 특성의 일부 변화에 집중한다(김종서, 이영덕, 정원식, 2009).

<표 1-3> '교육'과 '훈련'의 개념 비교

구 분	교 육	훈 련
목적	신념, 안목의 변화	기술 습득
관심	전인격적 발달	일부 특성의 변화
상위개념	–	교육

5. 교육의 기본요소

교육이 실제로 이루어지기 위해서 반드시 있어야 할 것은 무엇인가? 대표적인 교육현장인 학교를 살펴보면, '학교라는 장소에서 교사가 학생에게 무엇인가를 가르치는' 방식으로 교육이 실행된다. 여기에 교육의 요소들이 포함되어 있는데, 바로 교사, 학생, 교육내용(무엇인가), 교육환경(학교) 네 가지다. 일반적으로 교육의 기본요소를 교육자, 학습자, 교육내용의 세 가지로 보는 견해가 많으나, 실제 교육현장에서 교육환경의 중요성은 매우 크므로, 여기에서는 교육환경을 포함한 네 가지 요소로 살펴보고자 한다(홍은숙 외, 2016).

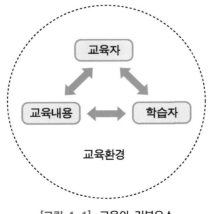

[그림 1-1] 교육의 기본요소

1) 교육자

교육자는 "교육실천에 종사하고 있는 사람들의 통칭(서울대학교 교육연구소, 2011)"으로서, 일반적으로는 스승, 선생님, 교사, 교원과 같은 의미로 쓰인다. '교육의 질은 교사의 질을 능가할 수 없다.'는 말은 교육에 있어서 교육자의 중요성을 단적으로 표현하는 말이다. 우리나라의 교육 문제에 대한 담론, 비판, 논의 등의 결론에 거의 빠지지 않고 등장하는 것 중 하나는 교육자의 역할 변화에 관한 것이다. 또한 학교에서 일어나는 다양한 사건사고 중에서도 사람들은 교사가 교사답지 못한 말이나 행동으로 물의를 일으켰을 때 큰 충격을 받곤 한다. 그만큼 우리 사회가 교사에게 거는 기대는 매우 크며, 실제로 교사는 미래 우리 사회의 주역이 될 학생들의 가치관 형성에 직접적으로 영향을 줄 수 있으므로 사회적인 관심의 대상이 될 만하다. 교육자로서 갖추어야 할 많은 자질이 있겠으나, 그중에 핵심적인 몇 가지를 살펴보면 다음과 같다.

첫째, 교육자는 교육내용에 대한 전문성을 갖추어야 한다. 일반적으로 교육자가 되기 위해서는 해당 교육분야에 대한 전문지식을 갖추고 있는가에 대해 테스트를 받고 이를 통과해야 한다. 따라서 교육자가 학생들을 가르칠 수 있는 전문지식을 갖추고 있음에는 의심의 여지가 없다. 그러나 진정한 전문성은 과거의 지식에만 의존하는 것이 아니라 지식의 발전에 발맞추어 가는 태도라 할 수 있다. 특히 오늘날과 같은 지식정보화사회에서는 하루가 다르게 지식은 탄생과 소멸을 반복하고 있다. 따라서 교육자는 해당분야에 대한 부단한 연구를 통해 스스로의 역량을 키워 나가야 한다.

둘째, 교육자는 효과적인 교육방법을 찾기 위해 부단히 노력해야 한다. 흔히 전문지식을 갖추고 있는 사람은 으레 그것을 잘 가르칠 수 있으리라 생각하지만, 사실 어떤 것을 아는 것과 그것을 다른 사람에게 가르치는 것은 서로 다른 영역에 속해 있다. 즉, 아무리 뛰어난 전문지식을 가진 사람이라 할지라도 가르치는 방법에 대해 공부하지 않았다면, 가르치는 일에 대해서는 문외한인 것이다. 효과적인 교수-학습법에 대한 많은 연구를 통해 분명히 알 수 있는 사실은, 강의 중심의 교육자의 일방적인 수업보다는 적극적인 학습자의 참여 속에서 교육자와 학습자의 상호작용이 활발히 일어나는 수업이 훨씬 효과적이라는 것이다. 따라서 교육자는 자신의 수업에 어떻게 학습자를 적극적으로 참여시킬 수 있는가에 대해 끊임없이 고민하고 효과적인 교수-학습법에 대해 공부해야 한다.

셋째, 교육자는 올바른 윤리의식을 갖고 학생들을 지도해야 한다. 사람들은 교육자의 비윤리적인 언행에 대해 매우 민감하게 반응한다. 왜냐하면 대부분의 사람이 윤리성은 교육자가 갖추어야 할 기본자질이라고 믿기 때문이다. 사실, 교육이라는 개념 자체가 윤리성을 내포하고 있는데, 특히 바람직한 교육에 대해 생각할 때 우리는 윤리성이라는 기준을 전제로 한다. 예를 들어, 사람들이 폭력집단에서 폭력을 효과적으로 잘 사용하기 위해 구성원을 교육하는 것을 바람직한 교육으로 보지 않는다. 다른 무엇보다도 윤리성이 결여되어 있기 때문이다. 이와 같이 윤리성을 기저에 깔고 있는 교육에서 이것의 전달자인 교육자가 비윤리적일 수는 없는 것이다. 교육자는 부단한 자기성찰과 인격수양을 통해 올바른 윤리의식을 갖고 교육에 임해야 한다.

2) 학습자

학습자는 교육의 대상임과 동시에 교육의 주체라고 할 수 있다. 전통적으로 학습자는 미성숙한 존재로서 성숙한 교사로부터 가르침을 받아야 한다는 견해가 교육현장에 적용되었으나, 20세기 초반 미국을 중심으로 한 진보주의 교육철학의 영향으로 학습자가 교육의 중심이 되어야 하며, 교육의 진정한 주체는 교사가 아닌 학습자라는 사상이 힘을 얻기 시작하였다. 진보주의 교육철학에 대한 여러 가지 비판점이 있었지만, 교육의 주체는 학습자가 되어야 한다는 측면은 오늘날 더욱 힘을 얻고 있다. 이는 학습자가 교육의 객체, 즉 수동적인 참여자로서 존재했을 때 발생하는 여러 가지 문제점에 대한 반발이기도 하다.

사회가 요구하는 인재를 양성하는 것은 교육이 갖는 중요한 기능 중 하나다. 그렇다면 오늘날 사회는 어떤 인재를 요구하는가? 사회는 더 이상 '많은 지식을 소유한 사람' '시키는 일만 잘하는 순응적인 사람'을 요구하지 않는다. 왜냐하면 이러한 사람들은 오늘날 첨단지식 정보화사회가 요구하는 창의적이고 발전적인 일들을 해 내지 못하기 때문이다. 지금 우리 사회는 창의력, 자기주도성, 협업 능력, 비판적 사고력 등과 같은 자질을 갖춘 인재를 필요로 한다. 그런데 이러한 능력은 학교에서 수업을 잘 듣고, 배운 것을 잘 암기하고, 시험 문제를 많이 풀어볼 때 갖출 수 있는 것들이 아니다. 오히려 문제를 해결하기 위한 방법을 스스로 찾아보고, 동료들과 토의하고, 교사와 대화하는 등의 적극적이고 능동적인 과정을 통해 습득될 수 있는 것들이다. 즉, 학습자가 교육의 주체가 되었을 때 얻어지는 것들이다.

그렇다면 학습자가 교육의 주체가 되는 일은 누구의 노력으로 가능한가? 바로 교육행정가, 학부모, 교사 등과 같은 교육 이해관계자들의 노력으로 가능한 일이다. 이 중 교육행정가와 학부모들은 교육제도, 교육문화 개선을 위해 노력해야 하고, 교사는 수업현장에서 학습자가 적극적으로 참여하고 교사와 적극적인 상호작용(interaction)이 일어날 수 있도록 수업을 설계해야 한다.

3) 교육내용

교육내용(educational contents)이란 "교육을 '왜' '무엇을' '어떻게'의 세 가지 측면으로 나누어 생각할 때, '무엇'에 대응하는 것으로서, 교육목적을 달성하기 위한 내용(서울대학교 교육연구소, 2011)"을 가리킨다. 교육내용의 정의는 매우 단순해 보이지만, 이와 관련된 몇 가지 논의가 존재한다.

먼저, 진정한 교육내용을 가르치는 내용 자체로 봐야할 것인지, 교육내용을 통해 학습자가 결과적으로 얻게 되는 무엇으로 볼 것인지에 관한 입장 차이다. 전자의 경우에는 교육내용 자체가 매우 가치 있고 유익하므로 이것이 학습자에게 정확하게 전달되는 것이 중요하다는 입장을 취한다. 반면, 후자의 경우에는 교육내용 자체가 유익하게 구성되었다고 할지라도 그것은 일종의 재료로서, 이 재료가 학습자의 삶에 정말 유용한 결과물이 되기 위해서는 학습자 개개인의 이해와 해석의 과정을 거쳐 자기만의 것이 되어야 한다는 입장이다.

또 다른 논의는 문화유산으로서의 교육내용과 지식의 구조로서의 교육내용의 대조에 관한 것이다. 전자의 경우, 문화유산은 오랜 세월에 걸쳐 인류의 생존과 번영을 위해 축적되어 온 소중한 것들이므로 이것을 후대에 정확히 전달하는 것이 중요하다는 입장을 취한다. 반면, 후자의 경우는 인류가 쌓아 온 지식의 양은 너무 방대하여 현실적으로 모두 가르치기 어렵기 때문에 학습자에게 지식의 구조(structure of knowledge)를 가르치는 것이 효과적이라는 입장을 취한다. 여기서 지식의 구조란 브루너(Bruner, 1960)가 제시한 개념으로 "학문의 기본개념, 일반적 원리, 핵심적 아이디어"와 이것들을 활용하는 방법에 관한 것이다.

물론 앞 논의에서 특정 입장을 극단적으로 지지하는 경우는 현실적으로 많지 않을 것이다. 하지만 어떤 입장에 중점을 두느냐에 따라 교육내용, 교육방법 등이 달라질 수 있으며 결국 학습자가 교육을 통해 얻는 것이 달라질 것이다. 따라서 교육자는 교육목적에 적합한 교육내용을 어떻게 구성해야 할 것인가를 심도 있게 고민해야 할 것이다.

4) 교육환경

'맹모삼천지교(孟母三遷之敎)'는 전한(前漢) 말의 학자 유향(劉向)이 지은 『열녀전(列女傳)』에 나오는 말로서, 맹자의 어머니가 맹자의 교육에 가장 적합한 장소를 찾기까지 세 번이나 이사했다는 것을 의미하는 글귀다. 맹자가 처음 살던 곳은 공동묘지 근처였는데, 그곳에서 맹자는 사람들이 곡(哭)을 하거나 장례의식을 치르는 것을 보고 이를 흉내 내면서 놀았다. 이것이 아들에게 이롭지 못하다고 판단한 맹자의 어머니는 다른 곳으로 이사를 했는데, 그곳은 시장 근처였다. 그곳에서 장사꾼들의 모습을 흉내 내는 맹자를 본 어머니는 못마땅하게 생각하여 다시 이사를 하였는데, 그곳은 서당 근처였다. 거기서 맹자가 공부나 예법에 대해 배우는 것을 본 맹자의 어머니는 비로소 안심을 하였다(두산백과 참조).

맹자의 일화는 사람이 주변 환경의 영향을 많이 받으며, 환경에 따라 배우는 것도 달라진다는 것을 보여 준다. 실제 우리가 교육현장을 생각해 볼 때 교육에 적합한 환경을 조성하는 데 힘쓴다는 것을 알 수 있다. 과학 고등학교에는 과학에 뛰어난 인재를 양성하기 위해 과학 공부에 필요한 시설, 실험 장비 등이 일반 고등학교에 비해 많이 설비되어있음을 알 수 있다. 다른 예로, 민간인을 교육훈련을 통해 군인으로 변화시키는 군대의 훈련소를 생각해 보면, 민간의 교육기관과 달리 매우 통제된 환경, 엄격한 규정과 기강이 존재하는데, 이런 환경 없이 민간인을 군인으로 만든다는 것은 사실상 거의 불가능할 것이다.

일반적으로 교육환경이라고 하면, 유형적인 물리적 환경만을 생각하기 쉬운데, 심리적 환경과 사회·문화적 환경도 교육환경에 포함된다. 심리적 환경은 교육기관의 구성 원인, 교사와 학생, 학생과 학생의 관계 속에서 형성되는 환경을 의미하며, 사회·문화적 환경은 교육과 관련된 다양한 결정이나 학습자들의 행동 규범에 영향을 미치는 요소들을 의미한다. 따라서 교육관계자들은 현재 교육에서 학습자들의 성장에 적합한 물리적·심리적·사회·문화적 환경이 조성되어 있는가를 평가하고 이를 개선하기 위해 지속적으로 노력해야 한다(홍은숙 외, 2011).

📝 제2절 교육의 목적

교육의 목적은 교육이 궁극적으로 추구하는 바이며, '교육이 왜 중요한가?'를 설명한다고 할 수 있다. 따라서 교육의 목적은 교육이 갖는 중요성과 맥락을 같이 하여 이해할 필요가 있다. 여기에서는 교육의 목적을 '가치'와 '대상'에 따라 구분하여 살펴본다.

1. 가치에 따른 분류

세계적으로 교육열이 높은 우리나라 사람들에게 교육을 받는 목적을 묻는다면 대다수의 사람이 좋은 직장을 얻기 위해서, 능력 있는 사람이 되어 돈을 많이 벌기 위해서, 교수가 되기 위해서, 높은 사회적 지위를 얻기 위해서 등 뭔가 자신이 원하는 목표를 이루기 위해서 교육을 받는다고 대답할 것이고, 소수의 사람이 '교육 그 자체가 의미 있기 때문에'라고 답할 것이다. 이는 현실적으로 많은 사람이 교육의 내재적 목적보다 외재적 목적에 의미를 두고 있음을 보여 주는 예라 할 수 있다. 그러나 교육 본연의 가치를 발견하고, 보다 균형 잡힌 교육이 이루어지기 위해서는 교육의 외재적 목적뿐만 아니라 내재적 목적 역시 중요하게 다루어질 필요가 있다.

1) 내재적 목적

교육의 내재적 목적은 교육의 목적을 교육이라는 개념 자체에서 찾는 것을 말한다. 즉, 교육 자체가 내재적인 가치를 지니고 있으므로, 굳이 교육의 목적을 교육 밖에서 찾을 필요가 없다는 입장이다. 내재적 가치란 "대상의 내재적 속성, 즉 구조적 또는 핵심적 특징이 가지는 가치(서울대학교 교육연구소, 2011)"다. 예를 들어, 어떤 화가가 그림을 그리는 목적이 그림을 팔아서 돈을 벌거나, 좋은 그림을 전시하여 사회적 명성을 얻고자 함이 아니라, 그림을 그리는 자체에서 만족감을 느끼고, 그림의 아름다움 자체를 가치 있게 여기기 때문이라면, 이 화가는 그림의 내재적 가치를 추구하고 있다고 할 수 있다. 이와 마찬가지로, 교육을 출세, 사회적 지위, 명예 등의 목적을 이루기 위한 수단으로 여기는 것이 아니라, 교육 자체가 지닌 내재적 속성인 참됨, 성장, 바람직성, 인격의 성숙 등에 가치를 두는 것이 교육의 내재적 목적이라 할 수 있다.

피터스(1966)는 교육의 내재적 목적에 대해 다음과 같이 말하고 있다.

만약 우리가 보다 적절하게 개인의 잠재능력의 발달이나 지력과 인격의 발달 등으로 교육의 목적을 구체화한다면, 그런 목적은 우리가 교육이라고 생각하는 것에 '내재적인' 목적이 될 것이다. 왜냐하면 우리는 그런 방향으로 발달하지 않은 사람을 '교육받은' 사람이라고 보지 않을 것이기 때문이다. (중략) 이와 마찬가지로 지력과 인격을 개발한다는 것은 곧 가치 있는 것을 개발한다고 하는 말의 구체적인 내용을 명시하는 것이며, 이것이 바로 어떤 사람을 교육한다는 말의 의미다 (Peters, 1966, pp. 27-28).

교육의 내재적 가치를 옹호했던 피터스는 교육받은 사람이 마땅히 지녀야 할 모습이 곧 교육의 내재적 목적이라고 주장하였다. 여기서 교육받은 사람이 마땅히 지녀야 할 모습이란 잠재능력, 지력, 인격의 발달과 같이 가치 있는 것이 개발된 상태를 의미한다.

2) 외재적 목적

교육의 외재적 목적은 교육이 다른 목표를 이루기 위한 수단으로 사용되는 것을 가리킨다. 예컨대, 교육의 목적을 '조직이 요구하는 우수 인재 양성'이라고 한다면, 이 목적은 교육 자체에 있는 것이 아니라 교육이라는 수단을 통해 얻을 수 있으므로 외재적 목적이라 할 수 있는 것이다(성태제 외, 2012).

교육의 내재적 목적을 옹호하는 피터스는 사람들이 교육의 목적에 대해 말할 때, 사실상 교육의 목적과 훈련의 목적을 혼동한다고 밝히고 있다. 피터스(1966)는 "구체적인 외재적 목표를 염두에 둘 때, 우리는 보통 '훈련'이라는 말을 쓴다."라고 말한바 있는데, 그에 따르면 내재적 목적만이 교육의 목적이 될 수 있으므로 '교육의 외재적 목적'이라는 용어는 사실상 '훈련의 목적'이라고 표현하는 것이 더 적절하다. 훈련은 교육활동으로서 현실적인 필요나 목표, 즉 외재적 목적 달성을 위해 시행되기 때문이다(Peters, 1966).

또한 피터스는 외재적인 목적은 어떤 일을 할 때, '무엇을 얻기 위해 그 일을 하는가'에 대해 답해 봄으로써 알 수 있다고 하였다. 이를 교육에 적용해 보면, '무엇을 얻기 위해 교육을 받는가'라는 질문을 던짐으로써 교육의 외재적 목적을 알 수 있는 것이다. 예를 들어, 이 질문에 대한 대답으로 '돈을 많이 벌기 위해' '자격증을 취득하기 위해' '좋은 직업을 얻기 위해' 등이 나왔다면, 이것이 바로 교육의 외재적 목적이라고 할 수

있다. 그러나 피터스는 교육은 궁극적인 가치, 즉 내재적 가치를 갖기 때문에 외재적
목적을 바람직한 교육의 목적으로 보지는 않는다.

> 외재적인 목표를 알고 싶을 때, 자연스러운 질문은 어떤 일을 하는 의도가 무엇
> 인가, 그 일을 하는 동기는 무엇일까 하는 것이다. 그러나 이러한 질문을 교육 자
> 체에 관하여 제기할 때는 이상해진다. 왜냐하면 '교육'이라는 것은 궁극적인 가치
> 를 가진 것을 전달하는 일이므로 그것은 '좋은 삶'을 사는 의도를 묻는 것과 동일한
> 것이 되어 버리기 때문이다. 그러나 그 질문은 교육에 속하는 여러 가지 세부적인
> 활동에 관해서는 충분히 물을 수 있다. 예컨대, 과학이나 목공은 그 자체의 내재적
> 가치 때문에 수행, 전승될 수도 있고, 또 생산성, 주택, 건강 등 외재적 목표에 기여
> 하기 때문에 수행, 전승될 수도 있는 것이다(Peters, 1966, p. 30).

교육의 내재적 목적과 외재적 목적은 상당히 대조적이다. 어떤 것이 진정한 교육의
목적이 되어야 하느냐에 관한 논쟁은 오래전부터 지속되어 왔으며, 이러한 논쟁은 교
육학의 성격과 정체성에 관한 논의로까지 이어진다. 내재적 목적을 추구하는 입장에
서는 교육자가 현재 교육내용이 바람직하고 가치 있는 내용인가를 점검하고, 교육내용
을 피교육자에게 제대로 전달하는 것이 중요하다. 반면, 외재적 목적을 추구하는 입장
에서는 교육이 현재 사회의 요구를 제대로 반영하고 있는지, 즉 현재 교육을 통해 사회
가 요구하는 인재가 양성되고 있는지가 중요하다. 만약 사회의 요구를 제대로 반영하
고 있지 않다면, 교육내용이 바뀌어야 한다는 입장을 취한다.

그러나 내재적 목적과 외재적 목적 중 어느 한 가지만을 고수할 경우, 여러 가지 문
제점이 발생할 수 있다. 내재적 목적만을 강조할 경우, 자칫 교육이 현실 사회와 동떨
어질 가능성이 있으며, 이로 인해 피교육자가 실제 현실 사회를 살아가는 데 필요한 사
회·경제적 필요가 채워지지 못할 수 있다. 반면, 외재적 목적만이 중시될 경우, 교육
에 있어서의 윤리성이나 바람직한 인간으로의 변화 등을 등한시하고, 오로지 출세, 직
업, 생계 유지 등의 현실적 필요에 맞는 기능적인 인간을 배출하게 되어 결국 사람들
간의 경쟁이 가속화되고 인간성이 메마르게 되는 현상이 나타날 우려가 있다. 따라서
내재적 목적과 외재적 목적을 적절히 조화시키는 입장이 가장 바람직할 것이다. 이는
곧 교육을 통해 개인이 온전한 사람으로 성장함과 동시에 이 사회에 필요한 능력을 갖
춘 구성원이 될 수 있음을 의미한다.

<표 1-4> 교육의 내재적 목적과 외재적 목적

구 분	내재적 목적	외재적 목적
교육 목적	교육 자체의 가치	다른 목적을 위한 수단
좋은 교육	바람직한 교육내용 전달	사회의 요구 반영
우려점	현실과 동떨어진 교육	교육의 수단화

2. 대상에 따른 분류

대상에 따른 교육의 목적을 논할 때 일반적인 접근 방식은 개인적 목적과 사회적 목적으로 구분하는 방법이다. 사실, 개인과 사회는 밀접히 연관되어 있어 분리해서 생각하기 어렵다. 개인이 없는 사회 혹은 사회에 속하지 않은 개인을 생각하기란 어려운 일이기 때문이다. 교육의 목적에 있어서도 마찬가지로, 개인적 목적과 사회적 목적은 상호의존적이고 상호보완적이라고 할 수 있을 만큼 밀접한 관련성을 가진다.

교육의 개인적 목적과 사회적 목적 외에 또 생각해 볼 수 있는 교육의 대상은 '조직'이다. 모든 조직은 고유의 존재 목적을 가지고 있으며, 대부분의 조직은 존재 목적을 달성하기 위해 구성원들에 대한 교육을 실시하고 있다. '조직에서의 교육의 목적'은 '교육의 개인적 목적' '교육의 사회적 목적'과 다소 다른 성격을 지니고 있다. 개인과 사회는 국가가 제공하는 제도교육(학교교육)의 대상으로 논의될 수 있지만, 조직에서의 교육은 국가가 아닌 해당 조직이 제공하는 것이므로 제도교육의 맥락보다는 구성원의 직무역량을 향상시키기 위한 '교육훈련' 혹은 '인적자원개발' 맥락으로 접근하는 것이 타당하다.

1) 교육의 개인적 목적

교육의 개인적 목적은 두 가지 의미로 해석될 수 있다. 먼저는 '개인이 무엇을 얻고자 교육을 받는가?'에 관한 측면이고, 다른 하나는 '교육이 개인에게 무엇을 제공해 주는가?'에 관한 측면이다. 전자의 경우에는 각 개인마다 교육을 통해 얻고자 하는 바가 너무 다양하여 일반화하기가 제한되기도 하고, 앞서 다룬 교육의 내 · 외재적 목적과 중복되는 면이 있으므로 여기에서는 후자에 대해서 다루고자 한다. 단, 교육의 형태는 분류기준에 따라 다양하지만, 여기에서는 대부분의 사람이 비교적 공통적으로 경험하게 되는 학교교육을 중심으로 논리를 전개하고자 한다(황정규 외, 2011).

교육이 개인에게 제공해 주는 것을 몇 가지로 요약하면 다음과 같다.

첫째, 교육은 인생에서의 선택의 폭을 넓혀 준다. 오늘날 대부분의 사람은 유아기부터 성년기에 이르기까지 많은 시간을 학교에서 교육을 받으며 살아가는데, 학교에서 가르치는 주된 교육내용은 인류가 쌓아 온 가치 있는 지식의 집합이라 할 수 있다. 사람들은 이러한 지식의 집합을 접하면서 그동안 알지 못했던 새로운 가치와 지식을 알게 되고 지적인 성숙을 경험하게 된다. 이러한 과정에서 개인은 매우 다양한 선택을 하게 된다. 어떠한 삶을 살 것인가에 대한 가치관의 선택일 수도 있고, 자신에게 흥미로운 분야를 향한 진로의 선택일 수도 있으며, 현실적인 직업의 선택일 수 있다. 이와 같이 사람은 교육을 통해 다양한 선택의 기회를 접하게 된다. 만일, 어떤 사람이 학교교육을 받지 않고 시골에서 부모님을 따라 농사일만 경험하게 된다면, 그 사람의 진로 선택은 농사를 중심으로 이루어질 것이다. 하지만 그 사람이 학교에 다니면서 다양한 지식을 접하게 되면 세상에는 농사일 외에도 다양한 분야의 일이 존재한다는 것을 알게 되고, 그중에서 자신에게 흥미로운 일을 선택할 수 있을 것이다.

둘째, 교육은 전인격적인 성장을 돕는다. 우리는 "교육받은 사람이 교육받지 않은 사람보다 전인격적으로 더 성장한다."라고 단언할 수는 없다. 왜냐하면 이 논리에 반하는 현상이 현실에서 드물지 않게 일어나기 때문이다. 하지만 교육을 통해 전인격적인 성장을 위한 보다 다양한 기회를 접하게 된다는 점에는 동의할 수 있을 것이다. 일반적으로 전인격적인 성장은 지성(知性), 감정(感性), 의지(意志) 세 가지 요소가 고르게 발달된 상태라고 할 수 있다. 먼저 '지성' 측면에서 교육을 통해 우리는 인류의 역사를 통해 보존된 소중한 지식을 접할 뿐만 아니라, 현세대에서 계속 발전하고 있는 다양한 지식을 접하게 된다. 이러한 지식에는 비단 과학적 사실만이 존재하는 것이 아니라 어떻게 의미 있는 삶을 살 수 있는가에 관한 선조들의 지혜도 포함되어 있다. 사람들은 제도적 교육을 통해서 신체와 인지 발달 정도에 따라 필요한 다양한 지식을 학습하면서 지적 성장을 경험한다. 다음으로 '감정' 측면에서 교육을 통해 사람들은 올바른 감정의 표현, 바람직한 정서적인 발달에 대해 지식적으로 배울 뿐만 아니라, 교육과정에서 필연적으로 접하게 되는 교사, 동료들과의 공식적·비공식적 관계 속에서 감정을 표현하고 감정을 받아들이는 등 다양한 정서적 교류를 경험하게 된다. 마지막으로 '의지' 측면을 살펴보면, 우리는 다양한 교육 기회를 통해서 어떤 일을 자발적인 의지를 갖고 추진하여 성취하는 것을 경험하게 된다. 아무리 지성과 감정을 잘 갖추었다 할지라도, 이것이 개인의 의지를 통해 발현되지 않는다면 개인의 삶에 바람직한 변화가 일어나리라고 기대하기 어렵다. 따라서 제도교육에서는 발표, 과제, 실습, 성과에 따른 보상 등 다양한 기회를 통해 개인의 자발적 의지를 자극하고 능력을 발휘할 기회를 제공한다. 결국 교육을 통해 개인은 지성, 감정, 의지 세 측면에서 전인격적인 성장을 경험하게 되고, 그 결과 개인 삶의 질이 더욱 높아지는 것을 경험하게 된다.

셋째, 교육은 사람들이 자기주도적인 평생학습자로 사는 데 도움을 준다. 자기주도적인 학습자란 궁극적으로 교사의 도움이 없이도 스스로 목표를 정하고, 그 목표를 달성하기 위한 수단과 방법을 결정하여 목표를 달성하고, 이를 평가할 수 있는 사람을 의미한다. 인생에 있어서 자기주도적인 학습 능력이 중요한 이유는 무엇인가를 배우는 일이 학교에 다니는 동안만이 아니라 평생에 걸쳐 일어나기 때문이다. 특히 끊임없이 새로운 지식과 기술이 창출되고 있는 오늘날 사회에 적응해서 살아가기 위해서는 지속적인 학습이 거의 필수적이다. 또한, 고령화시대에 접어들면서 퇴직 이후에도 새로운 일자리를 찾는 경우가 늘어남에 따라 노인층이 평생학습기관을 찾아다니며 제2의 인생을 위해 배우는 현상도 늘어나는 추세다. 평생학습 시대에 필수적으로 요구되는 자기주도학습 능력은 근본적으로 교육이 지향하는 능력이다. 아동기에 사람들은 제도교육 안에서 교사의 도움을 받아가며 학습하지만, 성장함에 따라 교사의 도움은 줄어들고 스스로 학습하는 법을 배우게 된다.

2) 교육의 사회적 목적

교육이 사회에 기여하는 바는 무엇인가? 과연 교육은 사회가 교육에 대해 기대하는 바를 충족시킬 수 있는가? 이와 같은 질문들이 우리가 교육의 사회적 목적을 살펴보는 데 중심이 되는 내용이다. 물론 각 사회마다 전통과 문화적 차이로 인해 교육에 기대하는 바가 다를 수 있지만, 여기에서는 대부분의 사회에서 시행되고 있는 제도교육이 사회에 무엇을 제공하는가를 중심으로 교육의 사회적 목적을 살펴보고자 한다.

황정규 등(2011)에 의하면, 교육의 사회적 목적은 '문화'의 전승, 개조, 통합 세 가지로 함축될 수 있으며, 세 요소가 강조되는 비율에 따라 각 사회의 교육목적에 차이가 발생한다.

교육은 정치, 경제, 사회, 군사, 종교 등의 모든 제도적 부문을 포함하여 그 속에서 이루어지는 삶의 양식을 때로는 보존하도록 때로는 개조하도록 때로는 통합하는 사회적 과정으로 기대되고, 이러한 기능의 특징의 여러 측면을 강조하는 정도에 따라서 그 사회의 교육의 목적이 특수화된다(황정규 외, 2012, p. 125).

먼저, '문화의 전승'에 대해 살펴보자. 한 사회는 다양한 개성을 가진 구성원들로 이루어져 있다. 만일 사람들이 저마다 다른 점만을 갖고 있고, 공통의 가치나 경험이 존재하지 않는다면 그 사회의 질서 유지란 거의 불가능에 가까워서 사회라는 이름을 부여하기도 어렵게 될 것이다. 그런데 다행히 사회는 '문화'라는 물질적 · 정신적 유산을 공유하고 있다. 그렇다면 한 사회의 문화는 어떻게 지속적으로 전승되고 있는가? 그 핵심 기능을 담당하는 것이 바로 교육이다. 교육을 통해 사람들은 인류가 쌓아 온 소중한 유 · 무형의 문화유산을 전달받으며 각 사회의 고유한 전통, 삶의 양식과 가치를 배우고 익히게 된다. 특히 근대 공교육제도(public education)가 정립되면서, 국가는 일정 기간 동안 모든 국민의 교육을 책임지게 되었고, 모든 국민에게 필요한 보편적 문화유산과 지식을 교육내용에 포함시켜 가르침으로써 문화의 전승을 용이하게 하였다.

두 번째로, 교육의 사회적 목적으로서 '문화의 개조'에 대해 살펴보자. 문화의 개조는 전승된 문화가 바람직하지 못하여 변화가 필요하거나, 시대적 혹은 국민적 요구에 의해 새로운 문화의 정착이 필요할 때 요구된다. 한 사회에서 오랫동안 무의식적으로 당연시되었던 관습이 시대가 변함에 따라 새로운 관점으로 평가되어 사회에 폐가 되는 문화로 재해석되는 경우가 있다. 이럴 때, 사회는 학교교육과 같은 공식적 교육뿐만 아니라 비공식적인 교육을 통해서도 그러한 문화를 바로잡으려는 변화를 시도하게 된다. 예를 들어, 우리나라의 경우에는 일제강점기 이후에도 일본식 제도나 언어 습관이 자연스럽게 남아 사용되곤 하였는데, 사회가 발전하면서 역사에 대한 평가가 이루어졌고, 결국 식민통치의 잔해를 청산하기 위해 다양한 교육적 노력이 이루어져 왔다.

마지막으로, 교육의 사회적 목적으로서 '문화의 통합'에 대해 살펴보자. 문화의 통합은 앞에서 설명한 문화의 전승과 개조 과정에서 나타나는 일종의 불일치로 인한 갈등을 해결하기 위한 노력이라고 할 수 있다. 사실 사회적 노력에도 불구하고 문화의 전승과 개조가 전적으로 성공하기란 그리 쉽지 않다. 그 이유는 문화에 대한 이해가 세대, 성별, 지역, 종교, 사회경제적 지위, 집단의 이익, 직업군 등에 따라 다르기 때문이다. 한 예로, 우리는 평소에 '세대 차이 난다'는 말을 자주 듣곤 하는데, 이 말은 어떤 문화에 대한 이해에서 기성세대와 성장세대의 평가가 다르다는 것을 표현하는 말이다. 그런데 한 사회 내에서 문화적 불일치로 인한 충돌이 일어나면, 사회의 통합과 질서 유지가 어려워진다. 이러한 경우에 문화적 이해의 차이를 좁히고, 공통의 이해를 마련하여 갈등을 최소화하기 위해 문화의 통합을 위한 교육적 노력이 실행된다.

지금까지 살펴본 대로, 교육의 사회적 목적은 문화의 전승, 개조, 통합으로 요약될 수 있지만, 사실 사회마다 교육을 통해 지향하는 사회적 목적에 차이점이 발생한다. 그 이유는 사회마다 세 가지 요소에 부여하는 가중치가 다르기 때문이다.

3) 조직에서의 교육목적

우리가 살아가는 사회 내에는 수많은 조직이 존재하며, 대부분의 조직에서는 구성원의 직무역량을 향상시켜 더 높은 성과를 달성하기 위해 다양한 교육을 실시하고 있다. 조직에서의 교육은 직무역량 향상을 위해 구체적인 지식과 기술을 '연마'하는 훈련의 개념을 포함하고 있어 '교육훈련'으로도 자주 표현된다. 조직에서의 교육목적은 각 조직의 존재 목적과 특성에 따라 서로 달라 모든 조직에 대해 다루기는 어렵다. 따라서 여기에서는 대표적인 조직으로서 군 조직과 기업 조직의 교육목적에 대해 다루고자 한다.

(1) 군에서의 교육목적

교육의 중요성은 군(軍)에서도 예외일 수 없다. 군의 존재 이유는 국가 방위인데, 국가 방위는 교육훈련을 통해 길러지는 전투력이라는 기반 없이는 달성될 수 없기 때문이다. 군의 전투력을 구성하는 요소에는 무기체계, 정보력, 전술전략, 전투원들의 정신전력 등이 포함되는데, 이러한 구성요소들을 유기적으로 결집하여 전투력을 생성시키고 배양하며 유지하는 것은 바로 교육훈련을 통해서 이루어진다. 그래서 군의 지휘관과 교육기관 관련자들은 교육에 많은 관심을 쏟고 있으며 교육을 발전시키고 개혁하고자 노력하고 있다. 육군본부(2015)에서는 교육훈련의 중요성에 대해 다음과 같이 밝히고 있다.

> 교육훈련이 중요한 이유는 어떤 시대든 교육훈련이 전쟁의 승패를 결정짓는 요소이며, 전투력의 강약은 교육훈련의 강도에 비례하기 때문이다. 따라서 병력과 장비, 무기체계 등 유형전력이 적보다 우세하더라도 강도 높은 교육훈련을 지속적으로 실시하지 않으면 전승을 보장할 수 없다. 따라서 지휘관은 부대 전투력을 극대화하도록 교육훈련의 내용과 방법을 부단히 발전시켜야 한다. 이를 위해 부대원의 모든 노력을 교육훈련에 집중시키고, 개인의 잠재능력을 최대로 개발하며,

이를 유기적으로 조직화하여 부대전투력을 극대화해야 한다(육군본부, 2015, p. 9).

군에서 교육은 "부대 구성원에게 군사지식과 기술을 부여하며, 지적 능력, 덕성, 체력을 함양하기 위해 가르치고 배우는 활동"이며, 훈련은 "개인이나 부대가 부여된 임무를 효과적으로 수행하도록 기술적 지식과 행동을 체득하는 조직적인 숙달 과정"으로 정의된다. 두 정의에서 알 수 있듯이 교육과 훈련은 비슷한 내용을 포함하고 있으나, 교육의 정의에서는 '가르치고 배운다'는 점이 강조되며, 훈련의 정의에서는 '몸으로 숙달한다'는 점이 강조된다. 그러나 현실적으로 군에서는 '가르치고 배우는 것'과 '몸으로 숙달하는 것'이 대부분 함께 일어나므로, 일반적으로 교육과 훈련이 별개의 용어로 사용되지 않고, '교육훈련'이라는 단일 용어로 사용된다.

<표 1-5> 군에서의 '교육'과 '훈련'의 의미

구 분	정 의
교육	부대 구성원에게 군사 지식과 기술을 부여하며, 지적 능력, 덕성, 체력을 함양하기 위해 가르치고 배우는 활동
훈련	개인이나 부대가 부여된 임무를 효과적으로 수행하도록 기술적 지식과 행동을 체득하는 조직적인 숙달 과정

출처: 육군본부(2015, p. 1).

군의 궁극적인 존재 이유인 '국가 방위' 혹은 '전쟁에서의 승리'를 달성함에 있어 철저한 교육훈련은 필수요소다. 그렇다면 좀 더 구체적인 군 교육훈련의 목적은 무엇인가?

첫째, 투철한 국가관과 군인정신을 함양하는 것이다. 아무리 뛰어난 전투 능력을 갖춘 군인이라 할지라도 올바른 국가관과 군인정신을 갖추지 못하고 있다면, 유사시에 국민의 생명과 재산 그리고 대한민국의 자유민주주의를 수호하기 위해 자신을 희생하는 것은 불가능에 가깝다. 따라서 군에서의 교육훈련은 전투 기술을 숙달하는 것에 앞서 안보교육, 인성교육, 군성교육 등을 실시하면서 투철한 국가관과 군인정신을 갖추도록 하고 있다.

둘째, 주도적이고 창의적인 문제해결 능력을 갖춘 군인을 양성하는 것이다. 전장에서의 상황이란 '불확실성의 연속'이라 할 수 있을 만큼 예측이 어렵고 상황 변화가 잦다. 따라서 전장에서 군인들은 이전에 경험해 보지 못한 다양한 문제 상황을 접하게 된다. 이러한 문제 상황을 경직되고 표준화된 방식으로 해결하기란 거의 불가능하다. 문제 상황을 효과적으로 해결하기 위해서는 주도성과 창의력을 발휘하여 유연하고 독특한 해결책을 구안할 수 있어야 하는데, 이러한 능력은 우리 군이 추구하는 '임무형 지휘 역량의 배양'과도 직접적인 관련성을 갖는다. 따라서 군에서의 교육훈련은 그 어떤 기관에서의 교육보다도 주도성과 창의력을 함양하는 것에 중점을 두어야 한다. 이를 위해 우리 군은 교육방법에 대한 지속적인 연구를 통해 점차 과거의 주입식 교육방식에서 벗어나 학교기관뿐 아니라 야전에서도 토의·토론식 교육법, L&T(Learning & Teaching)기법, 문제중심학습법 등 학습자 주도형 교육방식을 개발하고 적용하고 있다.

셋째, 군사 지식을 바탕으로 한 전투 기술을 숙달하는 것이다. 군의 모든 구성원에게는 직책에 따른 개인별 임무가 주어져 있는데, 개개인이 주어진 임무를 완수할 수 있는 전투 기술을 갖추었을 때, 부대의 전투력 발휘가 가능하다. 따라서 군의 모든 구성원은 자신의 임무에 요구되는 전투 기술을 배양해야 하는데, 이를 위한 직접적인 수단이 바로 교육훈련이다. 특별히 지휘자(관)는 자신의 임무에 필요한 군사 지식과 전투 기술을 갖추어야 할 뿐만 아니라, 교육훈련을 통해 부대원들의 전투 기술을 숙달시켜야 하는 책임을 지닌다. 지휘자가 부대원의 전투 기술을 효율적으로 숙달시키기 위해서는 먼저 부대원의 현재 수준을 정확히 평가하여 미흡점을 찾아낸 후, 미흡점을 보완하기 위한 교육훈련을 실시할 수 있어야 한다.

(2) 기업에서의 교육목적

기업에서의 교육, 즉 기업교육(corporate training)은 "기업이 추구하는 사업의 성과를 높일 수 있도록 조직구성원의 역량을 개발하는 과정을 의미하며, 기업교육은 '기업교육훈련' '산업교육'으로도 불린다"(한국기업교육학회, 2010). 기업의 생존은 경쟁력에 달려 있는데, 이 경쟁력의 핵심은 기업을 구성하는 '인적 자원(human resource)'이며, 인적자원을 개발시키는 수단은 바로 교육훈련이다. 이에 대부분의 기업은 자체적인 교육훈련을 통해 인적 자원의 직무역량(job competency)*을 향상시키기 위해 많은 투자를 하고 있다. 세계적으로 권위 있는 미국교육훈련협회(American Society for Training &

---

* 직무역량(職務力量, Job Competency)은 직무를 효과적으로 수행하여 탁월한 성과를 얻는 데 필요한 종업원의 내재적 특질을 의미한다. 예를 들어, 직무수행에 필요한 지식, 전문성, 특정한 스킬 등이 포함된다. 직무역량은 직무교육을 통하여 바람직한 수준으로까지 발전시킬 수 있으며, 이는 조직 내에서 실시되는 각종 교육훈련을 통하여 이루어진다(한국기업교육학회, 2010).

Development: ASTD)의 산업보고서(2011)에 따르면, 미국 내 기업의 1인당 교육훈련투자비는 2008년부터 지속적으로 증가 추세에 있다. 또한 우리나라의 기업이 교육훈련(직업능력개발) 사업에 참여하는 규모는 2005년부터 2009년까지 매년 증가하였다. 국내의 다양한 연구에서도 교육훈련에 대한 투자는 기업의 성과에 긍정적인 영향을 미치는 것으로 나타나고 있다(김민경, 나인강, 2012).

　　기업에서의 교육의 목적은 간단히 말해 '인적 자원 개발을 통해 사업 성과를 향상시키기는 것'이라 할 수 있는데, 인적 자원 개발을 좀 더 구체적으로 살펴보면 개인 개발, 경력 개발, 조직 개발로 나누어진다. 각각에 대해 한국기업교육학회(2010)에서 제시하는 내용을 살펴보자.

　　개인 개발(individual development)은 새로운 지식과 기술, 행동의 개선에 초점을 맞춘 학습활동으로, 개인의 현재 업무수행능력과 장래에 담당할 업무의 수행능력을 신장시키기 위한 학습을 규명하고 평가하여 조정하는 일련의 계획적인 노력을 의미한다. 개인 개발의 방법으로는 현재 수행하는 업무의 개선을 위한 훈련과 공식적 · 비공식적으로 이루어지는 학습이 포함되며, 많은 경우 현장 내 훈련(On-the-Job Training: OJT)이 활용된다. 많은 조직에서는 개인 개발의 과정을 촉진하기 위하여 경력상담가를 활용하고 있다.

　　경력 개발(career development)은 직업적 또는 전문적 숙련도와 인식 등을 발전시키기 위한 개인의 의식적이고 구조화된 노력을 뜻한다. 경력 개발에서 중요한 점은 기업이 구성원 개개인의 경력을 기업 내에서 개발하도록 격려하면서, 그 과정에서 기업의 목표 달성에 필요한 능력 개발을 촉진하는 과정이 되어야 한다는 데 있다. 따라서 개인은 경력 개발을 위해 조직, 고용주, 전문가 집단의 도움과 지원을 구할 수 있다. 또 적절한 경력 개발을 위해서는 기업 내 구성원 개개인이 경력 목표를 설정한 후, 이 경력 목표를 달성하기 위한 경력 경로의 결정과 함께 구체적인 경력 계획을 수립하며, 이 경력 계획을 효과적으로 달성하기 위하여 기업 내의 모든 개인과 조직이 함께 참여하는 활동이 필요하다.

　　조직 개발(organization development)은 조직의 유효성(effectiveness)과 건강(health)을 높이고, 환경 변화에 적절하게 대응하기 위하여 구성원의 가치관과 태도, 조직 풍토, 인간관계 등을 향상시키는 변화활동을 의미한다. 조직 개발 실행은 문제점 인식, 진단 및 자료수집, 피드백, 분석 · 검토 및 변화 전략 구상, 실천 계획 수립, 실행, 확인 및 평가의 과정을 거친다.

제3절 교육의 형태와 교육학의 성격

　　흔히 '교육'이라는 말을 들으면 학교에서 이루어지는 교육을 가장 먼저 떠올리는데, 사실 교육은 모든 곳에서 평생 동안 이루어진다고 할 만큼 교육이 이루어지는 장소와 형태는 매우 다양하다. 따라서 교육의 형태는 기준에 따라 매우 다양하게 나타날 수 있다. 시기적으로 구분하면 유아교육, 청소년교육, 성인교육, 평생교육으로, 장소에 따라 구분하면 가정교육, 학교교육, 사회교육으로, 교육목적 및 의도에 따라서는 형식교육과 비형식교육으로 구분할 수 있다. 여기에서는 교육의 개념과 본질을 이해하는 데 가장 도움이 되리라 생각되는 장소에 따른 구분과 형식에 따른 구분에 대해 다루기로 한다(박철홍 외, 2013).

1. 교육의 형태

1) 장소에 따른 구분

(1) 가정교육

　　가정교육은 "가정에서 부모가 자녀의 교육을 지도하고 돕는 교육형태(교육학용어사전, 2011)"를 가리킨다. 가정은 공교육제도가 정착되기 전에 교육이 가장 많이 이루어지는 장소였다고 할 수 있다. 그러나 국가에 의해 제공되는 공교육제도가 정착되기 시작하면서, 교육의 장은 가정에서 학교로 이동하였다고 볼 수 있다. 따라서 오늘날 교육에 관한 논의는 대부분 학교교육을 중심으로 이루어지고 있으며, 부모들 역시 학교교육을 매우 중시하고 있는 실정이다. 그러나 우리나라의 경우 학교를 중심으로 이루어지는 교육에서 많은 한계와 허점이 드러나고 있는데, 이는 학교교육이 지나치게 경쟁적이며 입시 위주로 이루어지면서 삶에서 정작 중요한 올바른 가치관 함양, 인격교육, 사회성 배양 등의 측면이 간과되고 있기 때문이다. 이와 같은 배경으로 인해 오늘날 가정교육의 중요성은 더욱 부각되고 있다고 해도 과언이 아닌 실정이 되었다.

　　가정교육은 한 사람의 성장에 학교교육 못지않게 매우 중요하다. 우리 속담에 '세 살 버릇 여든까지 간다.'는 말이 있다. 이는 어린 시절에 가정에서 형성된 습관이나 성격 특성은 매우 강력하여 평생 동안 지속됨을 함축적으로 표현하는 말이다. 가정은 아동이 최초로 부모와의 관계를 통해서 대인 관계를 경험하고, 애정과 신뢰, 사회성 등 인간생활에서 근본이 되는 요소를 배우는 교육의 장소다. 실제로 어린 시절 가정에서 형성된 인지적·정서적 발달은 이후 학교교육에 많은 영향을 미친다. 여러 연구에 따르면, 가정에서 형성된 심리적 특성은 언어 발달, 학습, 학업성취와 높은 상관관계를 보이며(Dave, 1963), 부모의 양육 태도는 아동의 성격 특성에 직접적인 영향을 미치는 것으로 나타났다(Symonds, 1969). 가정교육이 중요함에도 불구하고 오늘날 가정교육은 많은 위기를 맞고 있는데, 주요한 원인으로는 심화되어 가는 핵가족화 현상, 부모의 경제 활동 참여, 가속화되는 사회 변화로 인한 부모·자식 간 가치관 차이 등을 들 수 있다.

(2) 학교교육

학교교육은 "제도화된 학교 내에서 이루어지는 교육활동(서울대학교 교육연구소, 2011)"을 가리킨다. 많은 사람이 교육과 학교교육을 같다고 여길 만큼 학교교육은 교육의 대표적인 형태로 자리 잡고 있다. 현대사회에서 한 사람이 성장함에 있어, 초등학교부터 고등학교까지만 하더라도 12년의 시간을 학교에서 교육을 받게 되는데, 이 시기는 사람의 신체적·인지적·정서적 발달이 가장 활발히 이루어지는 시기이기도 하다. 따라서 학교교육이 개인에게 미치는 영향은 지대한 것이며, 어떤 교육을 어떻게 받았느냐에 따라 한 사람의 인생이 달라진다 해도 과언이 아닐 정도로 그 영향력은 매우 크다고 할 수 있다. 학교교육이 갖는 다양한 기능 중 여기에서는 핵심 기능에 해당하는 문화유산의 전달과 자아실현에 대해 살펴보도록 한다(김종서 외, 2009; 박철홍 외, 2013).

문화유산이란 "인간이 자연 상태에 머무르지 않고 서서히 생활 형성을 진전시킬 경우, 후대에 계승·상속될 만한 가치를 지닌 전대의 문화적 소산(두산백과)"을 일컫는 말이다. 교육은 바로 이 문화유산을 전달함에 있어 핵심 역할을 하고 있다.

공식적인 학교가 생기기 전에는 문화유산은 가정을 중심으로 한 생활을 통해 전수되었다. 특히 아동은 어른들과 함께 생존에 필요한 의·식·주를 마련하고 유지하는 과정에 참여함으로써 삶에 필요한 지식, 기술, 가치, 신앙 등을 전수받을 수 있었다. 이후, 문자의 발명은 인류의 문화유산을 전달하는 데 커다란 공헌을 하게 되었는데, 기록물이 점차 쌓이면서 문화유산의 양은 더 풍부해지기 시작하였다. 학교의 탄생은 방대해진 문화유산을 체계적으로 전수하는 데 큰 공헌을 하게 되었다. 학교에서 이루어지는 기초적인 문해교육을 시작으로, 전문적인 지식을 갖춘 교사들은 학생들에게 인류의 중요한 지식과 기술을 전달하는 역할을 수행하게 되었다.

문화유산을 전달하는 방식 역시 역사의 발전에 따라 변천되어 왔다. 과거에는 중요한 문화유산을 직접적으로 전달하는 방식을 취했으나, 과학기술의 발전에 따라 지식의 양이 방대해지고 지식의 변화 속도가 빨라지면서 인류가 쌓아 온 모든 지식을 전달하는 것은 거의 불가능해졌다. 따라서 문화유산 중 반드시 전달되어야 할 것들에 대한 선별작업이 이루어졌고, 이러한 과정을 통해 물리, 화학, 수학, 언어, 예술 등과 같은 교과목이 탄생되어 학교를 중심으로 전수되고 있다.

자아실현이란 "하나의 가능성으로 잠재되어 있던 자아의 본질이 실현되는 것(서울대학교 교육연구소, 2011)"을 의미한다. 인간은 누구나가 잠재능력을 갖고 태어나지만, 모두가 그 잠재능력을 현실에서 잘 발현할 수 있는 것은 아니다. 바로 다양한 교육을 접하면서 개인의 소질을 발견하고 개발하게 될 때 비로소 내면의 능력이 외부로 표출되고 개인은 진정한 만족감을 얻게 되는 것이다. 이는 마치 다이아몬드 원석이 그 자체로서는 상품 가치가 없지만, 정련되고 세공되는 과정을 거쳐 빛을 발하고 값비싼 상품이 되는 것과 같은데, 여기서 정련되고 세공되는 과정이 바로 교육에 해당한다. 실제로 학교교육을 통해 학생들은 다양한 교과목을 공부하면서 특정 과목에서 개인의 흥미를 발견하고 이를 발전시킬 기회를 갖게 된다.

하버드 대학교 교수인 가드너(Gardner, 1983)는 그의 다중지능이론에서 인간의 지능을 "언어 지능, 논리-수학적 지능, 공간 지능, 신체-운동적 지능, 음악 지능, 개인 간 지능, 개인 내 지능, 자연주의적 지능, 실존 지능" 아홉 가지로 제시하면서 개인마다 발달된 영역이 있음을 시사하였다. 이와 같은 이론은 교육을 통해 자아실현 가능성에 탄력을 주는 긍정적인 역할을 한다. 왜냐하면 지능에 관한 기존의 이론들에서는 IQ와 같은 인지능력을 지나치게 중요시한 나머지 인지능력 외의 능력에 대한 발달 가능성을 소홀히 여겼기 때문이다. 바람직한 학교교육은 학생 개개인이 가진 고유의 잠재능력이 어떤 것인지를 발견하고 이것이 발현되도록 조력하는 것이라 할 수 있다.

자아실현이 학교의 이상(理想)임에도 현실적으로 이를 시행하는 데는 여러 장애물이 있다. 우리나라의 경우, 입시 위주의 경쟁적 교육 풍토가 자아실현 중심의 교육을 방해하는 가장 두드러진 요소라 할 수 있다. 물론 이를 교육만의 문제로 보기는 어렵다. 보다 근본적인 문제는 우리 사회에 만연해 있는 학벌주의일 것이다. 좋은 대학에 들어가는 것이 모든 학생의 목표가 될 때, 교사와 학생은 개인의 잠재능력의 발현에 대한 관심보다는 좋은 성적을 얻는 데 혈안이 될 수밖에 없다. 문제는 여기서 끝나지 않는다. 진정으로 학문을 연구해야 할 대학에서 많은 학생이 입시로부터의 해방에 기뻐하며 손해보상이라도 받은 듯이 자유를 만끽하려 한다. 학문의 전당이 되어야 할 대학이 제 기능을 하지 못하게 되는 것은 개인뿐만 아니라 국가적으로도 손실이 아닐 수 없다. 사실 교육계에서는 오랫동안 입시 위주의 경쟁적 교육 분위기에서 탈피하여 학생 개개인의 진정한 성장을 위한 교육 풍토를 조성하기 위해 여러 제도 개선을 시도해 왔다. 하지만 여전히 입시 위주의 경쟁적 교육 풍토는 한국 교육의 가장 큰 부정적 특징 중 하나로 손꼽히고 있다. 학교교육을 통해 학생들이 전인격적으로 성장하고 자아실현을 경험하기 위해서는 교육계뿐만 아니라 사회 전반에 걸쳐 교육 풍토, 교육에 관한 가치관, 교육제도 등의 통합적인 변화와 개혁이 이루어져야 할 것이다.

(3) 사회교육

교육에 관한 논의는 오랫동안 학교교육을 중심으로 이루어져 왔다. 그러나 학교 외에서도 다양한 형태의 교육이 존재한다. 일반적으로 사회교육은 학교교육과 다소 대비되는 용어로서 학교 외에서 이루어지는 교육을 나타낸다. 그러나 사회교육의 정의에 관해서는 다양한 견해가 존재한다. 학자에 따라서 사회교육은 평생교육(lifelong education), 성인교육(adult education), 비형식교육(nonformal education) 등과 유사한 의미로 사용된다. 여기에서는 교육학용어사전(2011)에서 제시하고 있는 "주로 성인학습자를 대상으로 능력을 계발하고, 지식의 이해를 높이며, 기능 및 전문적 자질을 향상시키려는 일체의 조직적 교육활동"이라는 정의에 따르도록 한다. 사회교육이 학교교육과 대비적으로 갖는 몇 가지 특징을 살펴보면 다음과 같다.

첫째, 실질적인 의미에서 자기주도학습(self-directed learning)이 가능하다. 자기주도학습이란 "학습자 스스로가 학습의 참여 여부에서부터 목표 설정 및 교육 프로그램의 선정과 교육평가에 이르기까지 교육의 전 과정을 자발적 의사에 따라 선택하고 결정하여 행하게 되는 학습형태(서울대학교 교육연구소, 2011)"를 의미한다. 자기주도학습은 오늘날 학교교육에서도 매우 중요시되고 있다. 그 이유는 오늘날의 사회가 자기주도성을 지닌 인재를 요구하고 있기 때문이다. 그러나 엄격한 의미에서는 학교교육을 통하여 자기주도학습이 이루어지기는 어렵다. 자기주도학습의 정의에서 알 수 있는 바와 같이 자기주도학습의 주체는 학습자로서, 학습자가 교육참여와 교육목표 설정에서부터 교육평가에 이르는 전 과정을 선택하게 된다. 그러나 현실적으로 학교교육에서는 교육과 관련된 여러 선택과 결정이 학교와 교사에 의해 이루어지고 있다. 사실상 학교교육에서 의미하는 자기주도학습은 다양한 교과를 공부하는 과정에서 자기주도성을 키우는 학습이라고 할 수 있다. 반면, 성인은 스스로 어떤 능력이 필요한가를 판단하여 교육 참여나 과목 선택 등을 결정하게 되므로 자기주도학습의 본래 의미대로 학습하는 것이 가능하다.

둘째, 사회교육은 학교교육에 비해 현실과 직접적으로 관련된 학습활동을 중요시한다. 학교교육에 참여하는 학생들의 경우, 교육을 통해 사물이나 사건을 올바르게 판단하는 가치를 정립하는 과정에 있으므로, 그들이 직접적으로 사회와 연계된 학습활동에 참여하는 것은 시기상조라 할 수 있다. 하지만 성인의 경우 성장의 과정을 통해 대체로 충분한 지식과 경험을 갖추고 있으므로, 사회문제와 관련된 학습활동에 참여하여 실제로 문제를 해결해 나가는 경험을 하는 것은 개인뿐만 아니라 사회적으로도 유익한 일이라 할 수 있다.

셋째, 사회교육은 학교교육에 비해 학습내용이나 학습방법의 종류가 다양하다. 학교교육은 연령층이 비슷한 학생들을 대상으로, 국가에서 인정한 교과목들을 교실 안에서의 수업을 통해 가르치고 배우는 방식으로 이루어진다. 그러나 사회교육의 경우, 참여의 연령, 직업, 관심사, 거주 지역 등이 매우 다양하고, 교육을 제공하는 시설, 강사진, 교육내용 등에 거의 제한을 받지 않으므로 교육내용이나 수업방식이 매우 다양할 수밖에 없다. 오늘날 사회교육에서는 교실에서의 내용 전달보다는 실습, 현장학습, 세미나, 심포지엄, 특별강연 등의 방법이 선호되고 있다.

2) 형식에 따른 구분

형식교육(formal education)과 비형식교육(nonformal education)은 교육에 대한 의도성, 계획성에 따라 구분된다. 여기서 의도성이란 교육을 시킬 때 교육제공자가 얼마나 의도적인 목적을 갖고 교육을 제공하는가에 관한 것으로, 형식교육은 의도성이 강하지만 비형식교육은 의도성이 약하다고 할 수 있다. 계획성이란 교육이 얼마나 체계적인 계획에 의해 실시되는가를 나타내는 것으로서, 형식교육은 의도적인 교육목적을 달성하기 위해 교육내용, 교육과정, 교육장소 등이 사전에 체계적으로 계획된 가운데 교육이 이루어지지만, 비형식교육은 체계적인 계획보다는 자연스럽게 제공되는 환경 속에서 교육이 이루어진다. 형식교육과 비형식교육에 대해 좀 더 자세히 살펴보자.

형식교육은 "제도화된 학교 내에서 이루어지는 교육활동(서울대학교 교육연구소, 2011)"을 가리키므로 사실상 학교교육의 다른 표현이라 할 수 있다. 학교교육을 살펴보면 공식화된 형식이 갖추어져 있다는 것을 알 수 있다. 그 예로는 학교라는 교육장소, 국가가 인정한 공식적인 교육과정, 교과서, 수업시간 및 이수 학점, 학교 규정, 교사의 자격 등을 들 수 있다.

비형식교육은 "교사나 교재를 정규적·공식적으로 필요로 하지 않으면서 무의도적·자연발생적으로 이루어지는 교육활동으로, 가정교육이나 사회교육 등 각종 생활환경을 통해 인간의 행동 변화에 영향을 미치게 되는 학교 이외의 모든 교육이라 할 수 있다(서울대학교 교육연구소, 2011)." 이 정의에서 알 수 있듯이 비형식교육은 형식에서 자유롭다. 즉, 필요에 따라서는 공식적 형식이 사용되기도 하지만, 어떤 경우에는 형식을 전혀 필요로 하지 않는다. 예를 들어, 사회교육시설에서 이루어지는 교육에서는 해당 교육기관이 정한 시간표, 이수 조건 등의 형식이 존재하지만, 가정교육은 특정한 형식 없이 가족구성원들 간의 생활을 통해 자연스럽게 교육이 이루어진다.

<표 1-6> 형식교육과 비형식교육 비교

구 분	형식교육	비형식교육
의도성	의도성 강함	의도성 약함
계획성	체계적 계획	비체계적 계획 혹은 자연발생적
교육장소	학교	학교 밖
대표적 교육	학교교육	가정교육

한편, 비형식교육에서 무형식교육을 별도로 구분하는 학자들도 있는데, 이러한 구분에 따르면 비형식교육은 국가가 정한 공식적 형식은 아니지만 일정한 형식에 따라 조직적이고 체계적인 교육을 의미한다. 대표적인 예로는 사회교육을 들 수 있다. 무형식교육(informal education)은 형식교육인 학교교육, 비형식교육인 사회교육에 비하여 가장 비체계적이고 비조직적인 교육활동으로 일상생활에서 자연스럽게 이루어지는 교육적 활동을 의미하며, 일회적인 과학전시관 방문, 가정교육 등을 예로 들 수 있다.

2. 교육학의 성격

교육학은 "교육의 현상과 행위에 관한 학문적 탐구 과정과 그 과정을 통해 획득된 지식의 체제를 통칭한 말(서울대학교 교육연구소, 2011)"이다. 역사적으로 볼 때, 17세기에 코메니우스(J. A. Comenius)가 최초의 교육학 이론서로 불리는 『대교수학(大敎授學, Didactica Magna)』(1632)과 최초의 그림 교과서인 『세계도해(世界圖會, Orbis Pictus)』(1658)를 발간하고 근대적 교육방법을 제시함으로써 교육학의 기초를 닦았다. 이후 18세기에 '근대 교육학의 아버지'라 불리는 독일의 헤르바르트(J. F. Herbart)가 체계적인 교육학 이론을 정립하였다. 헤르바르트는 19세기 초에 그의 저서인 『일반교육학』(1806)에서 교육학의 목적은 윤리학에, 교육학의 방법은 심리학에서 뿌리를 두고 있다고 밝히면서 교육학의 학문적 기초를 정립하였다.

1) 학문적 특성에 따른 성격

혹자는 교육학을 실천적 학문 혹은 응용학문으로, 혹자는 순수학문으로 분류하고자 한다. 교육학을 실천적 학문으로 보는 학자들은 더 나은 교육을 위해 현재의 교육을 개선하려는 목적으로 교육학을 연구하는 반면, 순수학문으로 보는 학자들은 교육 자체에 대한 관심, 교육의 실제에 대한 호기심 등의 목적으로 교육학을 연구하고자 한다. 교육학이 실천적 학문인지 응용학문인지에 관한 논쟁은 상당 기간 지속되어 왔지만, 현실적으로 교육학이 두 가지 속성을 모두 가지고 있으며, 중요한 것은 구분이 아니라 상호보완이라는 관점이 가장 타당한 것으로 보인다.

교육학의 응용학문적 성격과 순수학문적의 성격의 상호보완적 관계에 대한 이해를 돕기 위해, 과학의 예를 생각해 보고자 한다. 과학은 크게 순수과학인 자연과학과 응용과학인 공학으로 나뉘는데, 양자는 서로의 발전을 돕고 있다. 공학은 자연과학을 통해 발견된 원리와 이론을 응용하여 인간의 삶에 실제로 필요한 제품을 생산해 낸다. 예를 들어, 자연과학에서 열역학법칙이라는 이론을 발견하면, 공학에서는 열역학법칙을 적용하여 보일러를 만들어 사람들에게 판매함으로써 사람들의 실제 생활에 도움도 주고, 경제적인 이득을 얻는다. 여기서 얻은 경제적 이득은 또 새로운 원리나 이론을 발견하기 위한 자연과학에 투자될 수 있을 것이며, 이러한 선순환은 결국 과학을 지속적으로 발전시키게 될 것이다. 교육의 발전에도 이와 비슷한 일들이 있어 왔다. 교육학에 관한 응용학문적 연구와 순수학문적 연구는 결국 지금까지 교육학을 발전시켜 왔다.

응용학문으로서 교육학에서는 보다 효과적인 교육으로의 개선을 위해 다방면의 노력이 이루어지고 있다. 보다 효과적인 교육을 위해 과학적인 방법론과 IT기술이 교육에 사용되기도 하고, 가장 효과적이고 효율적인 교수–학습 방법이나 평가방법에 대한 연구도 지속되고 있다. 오늘날 학교 성적이나 어떤 교육의 결과가 입시, 선발, 자격 부여 등의 결정에 지대한 영향을 미치므로, 가장 좋은 교육 결과를 얻기 위해 효율적인 교육방법을 찾고자 하는 요구가 증가하고 있는 실정이다. 그런데 효과적인 교육을 위한 방법을 찾는 데 치중할 때 자칫 교육이 하나의 수단이나 도구로 전락하고, 교육의 본질적 가치와 본래의 교육목표가 뒷전으로 밀려날 수도 있다. 이때 순수학문으로서 교육학은 교육의 내재적 가치와 교육의 본질을 탐구하여 교육이 목적이 아닌 수단으로 전락되는 위험을 막아 주는 역할을 한다. 이는 하나의 예에 지나지 않지만, 응용학문으로서의 교육학과 순수학문으로서의 교육학이 어떤 방식으로 상호보완적으로 작용하여 교육의 발전에 기여하는가를 보여 준다.

2) 연구 목적에 따른 성격

교육학은 연구 목적에 따라 교육의 이상과 당위를 밝히고자 하는 '규범적 교육학', 효과적이고 효율적인 교육을 추구하는 '공학적 교육학', 현실에서 이루어지는 교육의 특징을 분석하고자 하는 '설명적 · 비판적 교육학' 세 가지로 구분할 수 있다. 각각의 내용에 대해 살펴보도록 하자(황정규 외, 2011).

첫째, 규범적 교육학은 가장 오래된 교육학의 형태로서, 교육의 현실적인 모습과는 상관없이 이상적 교육원리, 교육의 당위적 구성요소, 교육의 본질적 특성을 밝히고자 한다. 흔히 사람들이 교육에 관해 비판할 때 던지는 '요즘 학교에서 뭘 가르치길래, 애들이 이러느냐?' '어떻게 저런 비교육적인 일이 학교에서 일어날 수 있는가?' '왜 우리나라의 교육제도에는 당연히 포함되어야 할 요소가 빠져 있는가?' 등의 질문들은 규범적 교육학과 관련되어 있다. 규범적 교육학은 교육의 본질에 관한 연구를 통해 바람직한 교육의 방향을 제시하고 올바른 교육 원리를 개발하고자 한다.

> 현재 이루어지고 있는 교육이 어떤 것이든 간에 그것의 현실적인 모습과는 상관없이 교육의 본질적 특성은 무엇이며 그것을 가장 능률적으로 실천하기 위한 이상적 원리는 어떤 것인가를 밝히려는 차원의 연구를 '규범적 교육학'이라고 한다. 우리는(인간은) 교육을 왜 하는가? 인간의 어떤 활동을 교육이라고 한다면 그것은 당위적으로 어떤 조건을 만족시켜야 하는가? 교육활동의 능률성을 평가하는 기준은 무엇인가? 교육은 어떤 대상에게, 어떤 제도적 형태에 의해서 이루어져야 하는가? 어떤 것들이 교육에 대하여 역기능적 혹은 비교육적 요소인지를 식별할 수 있게 하는 기준은 무엇인가? 이러한 질문들은 교육의 본질적 · 당위적 조건에 관한 것이며, 항상 교육이 추구해야 할 가치를 제시하고 그 가치를 실현하는 원리를 밝히는 것을 기본적인 과제로 상정하고 있다(황정규 외, 2011, p. 31).

둘째, 공학적 교육학은 "교육을 통한 인간의 변화에 있어서 가장 효율적인 방법"을 찾는 데 관심을 갖는다. 공학적 교육학은 이상적인 교육, 교육을 통한 인간의 올바른 성장 등과 같은 교육적 가치 문제에 관심을 두지 않으며, 오로지 인간의 변화에 필요한 공학적 능률성을 추구한다. 공학적 교육의 관심의 예로, '학습의 효과를 높이기 위한 교육프로그램 개발' '교육제도의 능률성을 평가하는 모형 개발' '학생의 문제 행동을 교정할 수 있는 원리 개발' 등을 들 수 있다.

> 교육방법론만으로서의 교육학은 적어도 두 가지를 상정하고 있다. 하나는 인간은 능력, 성향, 습관, 태도, 행동 등이 변화하는 존재이며 이러한 변화를 지배하고 있는 법칙에 따라서 계획적으로 통제될 수 있다는 것이고, 다른 하나는 그러한 계획적 통제는 어떤 가치관에도 도구적으로 봉사할 수 있다는 것이다. 그 가치관의 객관적 정당화가 불가능하거나 매우 복잡하므로 가치의 문제는 논의의 대상에서 제외되고, 오히려 교육의 원리는 어떤 가치관에도 봉사하는 도구적 · 수단적 위치에 두게 된다. 그래서 교육은 어떤 가치관에 의하든지 간에 어떤 형태로 '주문된 인간형'으로 길러 주는 방법적 원리의 학문이라는 것이다. 이러한 차원의 교육학은 교육에 있어서의 가치판단의 기준에 관련된 논의의 문제로부터 완전히 자유롭고자 하며, 어떤 가치기준에 의해서건 간에 길러 주기로 주문된 인간을 가능한 한 차질 없이 길러 주는, 즉 일조의 '공학적 능률성'을 높이는 원리를 개발한다는 의미에서, 우리는 이를 '공학적 교육학'이라고 일컬을 수 있다(황정규 외, 2011, p. 34).

셋째, 설명적 · 비판적 교육학은 현존하는 교육활동이나 제도의 특징을 분석하여 이를 설명하고 비판하는 데 주된 관심을 갖는다. 앞에서 살펴본 규범적 교육학은 '더 바람직한 교육', 공학적 교육학은 '더 효율적인 교육'에 대해 연구하고자 한다면 설명적 · 비판적 교육학은 '현행 교육의 특징'을 밝히고자 한다.

> 현재 이루어지고 있는 교육의 활동이나 제도가 어떤 역사적 · 사회적 배경에 의하여 성립된 것이며, 그것이 정치나 경제나 종교나 군사 등의 다른 사회적 활동이나 제도와 어떤 관련을 가지고 있으며, 다른 사회의 교육과는 어떤 특징에 있어서 서로 다른가 등에 일차적 관심을 가지고 이를 밝히려는 활동으로서의 교육학을 우리는 '설명적 · 비판적 교육학'이라고 할 수 있다. 설명적 · 비판적 교육학은 어떤 교육이 참으로 이상적인 교육인가는 일차적 관심으로 삼지 않으나, 기존의 교육의 활동이나 제도의 특징을 분석하고 설명하고 이해하고 평가하고 비판하는 일을 주된 연구과제로 삼고 있다(황정규 외, 2011, pp. 34-35).

▌참고문헌 ▌

고려대학교 교육사철학연구모임(2009). 교육사상의 역사. 서울: 집문당.

김종서, 이영덕, 정원식(2009). 최신 교육학개론(개정·증보판). 경기: 교육과학사.

박철홍, 강현석, 김석우, 김성열, 김회수, 박병기, 박인우, 박종배, 박천환, 성기선, 손은령, 이희
　　　수, 조동섭(2013). 현대 교육학개론. 서울: 학지사.

서울대학교 교육연구소(2011). 교육학용어사전. 서울: 하우동설.

성태제, 강대중, 강이철, 곽덕주, 김계현, 김천기, 김혜숙, 봉미미, 유재봉, 이윤미, 이윤식, 임웅,
　　　홍후조(2012). 최신 교육학개론(2판). 서울: 학지사.

육군본부(2015). 교육훈련관리. 육군본부.

이문영(2008). 교육의 새로운 만남을 위한 교육학개론. 서울: 교육아카데미.

이태규(2012). 군사용어사전. 서울: 일월서각.

한국교육심리학회(2000). 교육심리학 용어사전. 서울: 학지사.

한국교육평가학회(2004). 교육평가 용어사전. 서울: 학지사.

한국기업교육학회(2010). HRD 용어사전. 서울: 중앙경제.

홍은숙, 우용제, 이한규, 김재춘, 김영화, 김재웅(2016). 교육학에의 초대(2판). 경기: 교육과학사.

황정규, 이돈희, 김신일(2011). 교육학개론(3판). 경기: 교육과학사.

Dave, R. H. (1963). *The identification and measurement of environmental process variables
　　　that are related to educational achievement.* Chicago: University of Chicago.

Mayer, J. D., & Geher, G. (1996). Emotional intelligence and the identification of emotion.
　　　Intelligence, 22(2), 89–113.

Peters, R. S. (1981). 윤리학과 교육(*Ethics and Education*). (이홍우 역). 서울: 교육과학사. (원
　　　저는 1966년에 출판).

Symonds, M. (1969). The Management of the Troubled Child at Home. *The American
　　　Journal of Psychoanalysis, 29*(1), 18–21.

제2장

교육의 역사적 이해

 ## 제1절 교육사에 대한 이해

1. 교육사의 개념

교육사(history of education)는 역사 속에서 교육적으로 중요한 의미를 갖는 현상에 대해 체계적으로 연구하는 학문이다. 일반적으로 역사를 연구하는 이유는 개인, 민족, 국가의 미래가 어떻게 전개될 것인지, 또는 어떻게 전개되어야 하는지에 대한 통찰을 얻기 위함이다. 이와 같은 맥락으로 우리는 교육사 연구를 통해서 오늘날의 교육현상의 뿌리와 발전과정을 올바로 이해할 수 있으며, 현재와 미래의 교육을 예측하고 현명하게 대처할 수 있는 안목과 방법을 발견할 수 있게 된다(남궁용권 외, 2013). 현재 교육사는 교육철학과 더불어 교육의 태동, 전개, 발전 등을 이해함에 있어 매우 중요한 교육학 분과학문으로 자리 잡고 있다.

2. 교육사 연구의 목적

첫째, 교육에 관한 사실을 발견하기 위해서이다. 어떤 것에 관한 기원을 찾는 것은 인간의 기본적인 욕구이며, 많은 문제에 접근하는 출발점이 되곤 한다. 교육의 태생, 변화와 발전에 관해 탐구하는 일은 교육을 연구하는 사람들에게는 그 자체로서 매우 흥미로운 활동이다(성태제 외, 2012).

둘째, 현재의 교육 문제에 대한 해결방안을 찾기 위해 교육의 역사를 연구한다. 우리 사회는 교육에 대한 많은 관심을 갖고 있으며, 여러 사회문제의 원인을 교육문제와 관련지어 분석하는 경향이 있다. 그러나 교육문제의 원인을 현재에서만 찾으려는 시도에는 한계가 있다. 그 이유는 대개 현재의 문제는 독립되어 있기보다는 과거와 연결되어 있기 때문이다. 따라서 과거를 무시하고 현재만을 볼 때 문제의 본질을 파악하기 어려우며, 도리어 문제의 역사적 맥락을 이해할 때 정확한 원인을 찾을 수 있고 적합한 해결방안을 찾는 데 근접하게 된다. 이처럼 교육의 역사를 탐구하여 현실의 교육문제들을 이해하고 해결하는 데 중요한 실마리를 얻을 수 있게 된다.

셋째, 바람직한 미래 교육의 방향을 찾기 위해 교육사를 연구한다. 교육의 역사에는 수많은 시행착오를 거쳐 이룩한 교육적 경험과 이론에 관한 노하우(know-how)가 축적되어 있다. 축적된 노하우를 이해하고 교육의 미래를 설계한다면 그렇지 않을 때에 비해 시간과 에너지를 절약하여 미래를 조망하는 지혜를 얻을 수 있을 것이다.

[그림 2-1] 교육사 연구의 목적

제2절 서양 교육의 역사

고대 그리스와 로마의 교육은 현재 서양교육의 발달에 심대한 영향을 주었다. 특히 그리스는 전성기였던 BC 4~5세기경에 서양교육의 근간이 되는 교육사상을 후세에 풍부히 남겼으며, 이는 서양 각국의 교육에 많은 영향을 끼쳤다. 그리스 사상 이후 서양교육에 지속적으로 영향을 끼친 또 하나의 큰 축은 그리스도교 사상이라 할 수 있다. 그리스도교 사상은 중세시대 약 1,000년 동안 서양사의 중심을 이루었으며, 르네상스 시대에 잠시 소강 상태를 맞이하였으나, 르네상스 이후부터 오늘날까지도 여전히 서양

사상에 뿌리 깊게 영향을 미치고 있다.

서양교육의 역사를 시기적으로 구분하는 방식은 관점에 따라 다양하지만, 가장 일반적인 구분방식인 고대, 중세, 근(현)대의 세 시기로 나누어 살펴보고자 한다.

1. 서양의 전통적 교육

1) 고대: 학교교육의 발달과 학문관의 정립

고대 그리스의 교육은 여러 방면에서 서양교육의 원류를 형성하였는데, 당시 그리스는 도시국가를 형성하고 있었으며, 각 폴리스마다 서로 다른 교육체제를 갖추고 있었다. 영토전쟁이 자주 일어났던 당시에는 국가의 존속과 공동체의 이익을 위해 국가주의적 교육관점이 강하게 작용하였다. 당시 대표적 폴리스였던 아테네와 스파르타의 교육을 살펴보자.

스파르타에서는 BC 9세기 리쿠르고스(Lykurgos)가 정한 헌법이 교육의 기초가 되어 국가 관리하의 전제적이고 강압적인 교육이 실시되었다. 소크라테스(Socrates)의 제자이자 장군이었던 크세노폰(Xenophon)은 스파르타의 교육목표는 복종심을 기르고, 존경받으며 절제력을 갖춘 사람이 되는 것이라고 밝혔다. 스파르타에서는 남자는 7세에 국가의 공공교육장(agoge)에 들어가 강인한 군인으로 성장하기 위한 경주, 씨름, 투창, 검술, 승마 등의 혹독한 육체적 훈련과 초보 수준의 독(讀) · 서(書) · 산(算)을 교육받았다. 18세에서 20세까지는 군사훈련을 받으면서 연소자들을 지도하게 하였으며, 20세가 되어서는 현역 군인으로서 10년간 복무하면서 실전에도 투입되었다. 30세가 되면 성인으로 인정받아 결혼이 허용되었고, 시민권을 획득할 수 있었다(서울대학교 교육연구소, 2011).

[그림 2-2] 스파르타 청년의 씨름
출처: www.history.com

아테네는 페르시아 전쟁(BC 480년)을 전후로 전기 아테네와 후기 아테네로 구분할 수 있다. 전기 아테네에서는 시민 개개인의 발전이 결국 국가에 대한 봉사로 이어질 수 있다는 이념하에 김나지움으로 불리던 공공체육관을 중심으로 체육이나 음악 등의 교육이 실시되었다. 페르시아 전쟁에서 승리한 이후, 즉 후기 아테네에서는 개인중심의 교양교육과 지식교육이 발전하였으며, 신흥지식인층에 의한 학문 발달이 본격화되었다. 특히 소피스트(Sophist)로 불린 지식인층의 등장은 교육에 많은 변화를 가져왔다. 소피스트는 언변에 뛰어난 자들로서, 교육의 목적을 정치적 성공에 두었으며, 여러 지역을 순회하면서 문법, 비평, 수학, 천문학, 음악, 웅변술, 토론법 등을 가르치고 보수를 받았다. 절대적 진리관에 대해 회의적이었던 소피스트들은 주관적이고 상대적인 것, 실용적인 기능과 기술을 중시하였다. 최초의 소피스트라 불리는 프로타고라스(Protagoras)는 '인간은 만물의 척도다.'라는 말을 남긴 것으로 잘 알려져 있다.

소크라테스(Socrates)

소피스트 이후 대표적인 철학자로는 소크라테스(Socrates), 플라톤(Plato), 아리스토텔레스(Aristoteles)를 꼽을 수 있다. 소크라테스(BC 469?~399)는 교육의 목적을 '선' '용기' '덕'과 같은 도덕적 성품을 함양하는 데 두었으며, 아는 것을 행하는 것을 중시하였다. 소크라테스 철학의 특징은 대화를 통한 깨달음, 무지에 대한 자각, 덕과 앎의 일치로 요약될 수 있다.

플라톤(BC 427~347)은 소크라테스의 제자로서 절제, 용기, 지혜, 인격(4주덕)을 갖춘 철인(哲人)이 국가를 통치해야 한다고 주장하였으며, 철인이 통치하는 사회에서 모든 시민이 자신의 역할을 성실히 수행할 때 형성되는 질서를 '정의'라고 보았으며, 이를 위해 국가에 의한 공동교육을 주장하였다.

플라톤(Plato)

아리스토텔레스(BC 384~322)는 스승인 플라톤이 이데아의 세계를 추구했던 것과 달리, 현상계와 이데아계는 분리될 수 없으며 현상계를 통해 이데아에 접근해야 한다는 입장을 취하면서 현실에서의 참된 행복 추구, 중용(中庸)의 실천을 강조하였다. 또한 그는 여가(schole)를 통한 자유인의 이성적 학문에 가치를 두면서, 이상적인 학문은 그 자체가 목적인 학문(knowledge for its own sake)이라는 서양 인문교육의 근간을 형성하였다. 고대 그리스의 여러 철학자들 사이에서 수사학은 공통적으로 중요시되었다. 당시 교육은 공동체를 통치할 수 있는 지도자 양성에 중점을 두고 있었는

아리스토텔레스
(Aristoteles)

데, 수사학은 지도자가 갖추어야 할 중요한 소양으로 여겨졌기 때문이다.

　로마의 교육도 서구교육에 많은 영향을 끼쳤다. 로마 초기의 공화정치(共和政治)시대에는 주로 가정에서 도덕중심의 교육이 이루어졌으며, 실생활을 위한 엄격한 훈련이 강조되었다. 이후 제정시대(帝政時代)로 접어들면서 루두스(Ludus)라고 불리던 초등학교에서 시작하여 문법학교, 수사학교, 전문학교 등으로 이어지는 체계적인 학교교육을 통해 국가의 인재가 양성되었다. 로마시대의 대표적인 교육사상가로는 키케로(Cicero)와 퀸틸리아누스(Quintilianus)를 예로 들 수 있는데, 키케로는 로마 최고의 문장가로서 라틴어를 발달시켰으며, 로마에서 최초로 정부의 봉급을 받고 수사학 교수로 활동하였던 퀸틸리아누스는 웅변가를 이상적인 인간상으로 삼았으며, 강력한 체벌금지론자로 알려져 있다.

2) 중세: 기독교 교육 및 대학의 발달

　서양의 중세는 서로마제국의 멸망(476년)으로부터 동로마제국의 멸망(1453년)까지, 즉 5세기부터 15세기까지 약 1,000년에 해당되는 기간을 의미한다. 기독교 중심적 관점으로 보면, 기독교가 공인된 313년부터 십자군전쟁을 거쳐 이탈리아의 르네상스가 시작된 14세기까지를 중세로 보기도 한다. 당시 유럽에서는 봉건제도가 성립되었으며, 교황권이 절대적 지위를 차지하고 있었다.

　중세시대에는 기독교 중심의 종교교육이 이루어졌는데, 기독교교육은 세속적 욕망을 피하고 경건한 생활을 하며 내세를 준비하는 것을 궁극적 목적으로 삼았으며, 이를 위해 도덕적 훈련을 강조한 반면, 그리스의 자유주의적인 교육과 로마의 실제적인 교육의 모습은 사라져 갔다.

　중세 초기에는 문답학교에서 이교도들을 기독교화하기 위한 교육이 실시되었는데, 입학자격은 누구에게나 주어졌으며, 교육을 통해 세례를 받은 후 교회의 정식 구성원이 될 수 있었다. 수도원학교는 원래 수도사 양성을 목적으로 설립되었으나, 점차 교육에 대한 수요가 늘어남에 따라 중세 후기에는 일반인의 교육도 담당하게 되면서 수도사와 일반인 교육에 별도의 교육과정을 적용하였다. 수도원학교에서 수도사들은 많은 고전의 필사본을 만들고 도서관에 이를 보관함으로써 고대 문화를 전수하는 데 기여하였다. 또한 수도원 내에서 이루어진 활발한 신학 연구는 스콜라철학의 발전에 기여하였으며, 궁극적으로 중세 대학의 발전에도 기여하게 된다.

문답학교와 수도원학교에서는 형식교육이 이루어진 데 반해, 사교육과 도제교육은 비형식교육으로서 중요한 역할을 하였다. 기사교육은 봉건제도하에서의 기사계급(상류계급) 양성을 위한 비형식 교육제도로서, 기독교적 신앙심, 군주에 대한 충성, 약자에 대한 배려를 전수하는 데 목적이 있었다. 정식 기사가 되기 위해서는 7세부터 21세까지 예법, 읽기, 쓰기, 무술, 승마, 검술, 수렵, 종교교육 등 다양한 훈련의 과정을 거쳐야만 했는데, 책이나 강의보다는 시범과 실습이 강조되었다. 기사교육은 서양 신사도의 원류라고 할 수 있다.

십자군전쟁을 전후로 도시를 중심으로 장인들의 동업자조합인 '길드(guild)'가 만들어졌는데, 조합원을 양성하기 위해 도제제도(apprenticeship system)가 들어선다. 당시 조합의 구성원은 견습공, 직공, 장인으로 나누어져 있었는데, 견습공은 장인에게 일정 기간 동안 기술교육과 더불어 인격 수련을 받고 직공이 되면 보수를 받고 일하다가 작품을 제출하여 길드의 심사에 합격하면 장인이 될 수 있었다. 도제제도는 중세의 직업교육과 기술 발전에 많은 공헌을 하였으며, 19세기 체계적인 직업교육의 근간이 되었다.

[그림 2-3] 길드하우스(벨기에 브뤼셀)

도시의 성립과 직업의 다양화로 시민들의 학문적 관심이 증대되면서 12세기부터 도시를 중심으로 대학이 생겨났다. 북부 이탈리아의 중앙에 위치한 최초의 공인대학인 볼로냐 대학(1088년)은 학생조합의 형태로, 학문의 중심지로서 신학과 철학이 발달했던 파리 대학(1109년)은 교수조합의 형태로 시작되었다. 'universitas'라는 단어는 원래 '전체'를 의미하나, 중세에서는 교수와 학생의 조합이라는 의미로 사용되다가 점차 '대학'이라는 뜻으로 사용되었다. 중세대학에서는 주로 7자유학*이 교육되었고 전문학부로서 신학, 법학, 의학 등이 있었으며, 수업은 논쟁과 토론, 시험 위주로 진행되었다. 당시 대학은 조합으로서 자치권을 인정받아 학위 수여권, 독립적 재판권, 교수와 학생의 자유여행권 및 면세권(병역, 부역, 세금) 등의 다양한 특권을 누리고 있었다.

[그림 2-4] 파리대학

3) 르네상스 및 종교개혁: 복선제 및 공교육의 초보적 기초 형성

중세의 문화가 교회 및 성서중심주의, 금욕주의, 집단주의 중심이었다면, 르네상스 시대의 문화는 인본주의, 현세주의, 개인주의, 자유주의 이념이 지배적이었다고 할 수 있다. 르네상스 시대의 문화는 교육에도 큰 영향을 주었다. 이 시기에는 고대 그리스와 로마의 문화를 복원하고 기독교적 압박에서 벗어나 인문주의(인간본위주의)를 회복하려는 움직임이 일어났다. 인문주의 교육이 강조됨에 따라 라틴어 중심의 고대문화 학습을 위한 학교들이 설립되었는데, 대표적으로 독일의 김나지움(gymnasium), 영국의 그래머스쿨(grammar school)과 공중학교(public school), 프랑스의 리세(lycee)가 있

---

* 로마시대부터 중세에 걸쳐 주로 중등교육 이상에서 교수(教授)되어 오던 과목으로, 문법 · 수사(修辭) · 변증법(辨證法)의 3학(三學)과, 산수 · 기하 · 천문(天文) · 음악의 4과(四科)로 구성된다(서울대학교 교육연구소, 2011).

다. 당시 인문주의 교육은 라틴어를 중심으로 중등교육 수준으로 이루어졌으며, 이와 별도로 대중을 대상으로 모국어를 사용한 초등교육 수준의 교육이 시행되었는데, 이는 유럽 교육제도의 특징인 복선제의 효시로 볼 수 있다. 르네상스 시대 인문주의의 유형은 개인적 인문주의와 사회적 인문주의라는 서로 다른 성격으로 구분해 볼 수 있다. 개인적 인문주의는 14~15세기경, 알프스 이남에서 이탈리아를 중심으로 발달하였으며, 귀족 중심의 개인주의적 성격이 두드러졌다. 반면, 사회적 인문주의는 16~17세기경, 알프스 이북의 북유럽 국가들에서 종교, 도덕, 사회 개혁적 경향을 띠고 발달하였으며 종교개혁과 시기적으로 중첩된다.

마틴 루터(Martin Luther)

종교개혁은 16~17세기 유럽에서 루터, 칼뱅 등을 중심으로 교황권의 전횡과 교회의 타락에 맞서 그리스도교의 참된 신앙을 회복하고자 한 운동으로서 교황권을 약화시키고 세속권력을 강화시켰으며, 개인의 자유와 가치를 부각시키는 등 시민들의 생활과 의식에 크게 영향을 미쳤다. 종교개혁은 교육사적으로도 매우 큰 의의를 가지는데, 종교개혁의 영향으로 국민들의 종교생활뿐만 아니라 일상생활에서 개인의 주체성에 대한 자각이 일어났고, 교육에 대한 국가의 책임과 의무·무상교육에 대한 주장도 일어나게 되었다. 또한, 중세시대에 사제들만이 접근할 수 있었던 성경을 모든 사람이 읽음으로써 신과 개인의 인격적 관계를 회복해야 한다는 움직임이 일어났고, 이를 위해 모든 사람이 성경을 이해하는 데 필요한 교육을 받아야 한다는 요청이 제기되었다. 1522년 루터의 신약성서 독일어판 번역본 출판을 계기로, 라틴어 대신 모국어로 된 성서들이 출간되었고 성서해독을 위한 문해교육이 강조되었다. 당시 종교개혁자들은 교육을 통해 올바른 신앙생활이 가능하다는 이념 아래, 신분, 성에 관계없이 모든 사람에게 무상의 무교육과 공교육이 제공되어야 함을 주장하였는데, 이러한 주장이 완전히 실현되지는 못했지만, 국가에 의한 공교육제도 확산에 기여하였다. 종교개혁자들의 주장은 당시 교황권에 맞서 싸웠던 군주들과 대중의 지지를 얻었고, 개신교 국가들에서 대중교육은 각종 법령 등을 통해 체계화되었으며, 대부분의 지역에서 학교체제가 형성되었다. 이때 만들어진 법령들과 학교들은 이후 공교육 보급의 중요한 기반이 되었다.

2. 서양의 근대교육

1) 17세기 이후 교육사상의 변화

서양에서 고대로부터 교육의 주류로 자리 잡았던 자유교육은 르네상스 시대를 거치면서 인문주의 교육으로 발전되었다. 그러나 17세기에 들어서면서 이러한 인문주의 교육에 대한 비판이 일어나기 시작했다. 특히 코페르니쿠스(Copernicus)의 지동설, 갈릴레이(Galilei)와 케플러(Kepler)의 천문학 분야에서의 새로운 발견, 뉴턴(Newton)의 만유인력법칙 발견 등 자연과학의 발달로 교육에 있어서 형식적 인문주의를 극복하고 과학적 방법과 경험을 추구하는 실학주의가 부상하였다.

이미 르네상스 이후, 즉 15세기 말에서 16세기 초에 인문주의 교육은 본연의 목적인 인본주의적 가치 탐구에서 떠나 '키케로주의'로 표현되는 형식적 언어 위주의 학습과 문법 위주의 교육에 빠져 있다는 비판을 받고 있었다. 키케로주의란 고대문화를 이해한다는 미명 아래 로마의 위대한 문장가였던 키케로의 문장을 맹목적으로 외우고, 지나칠 정도로 그의 문장 구성을 모방하던 당시의 경향을 일컫는 말이다.

코메니우스(J. A. Comenius)

당시 형식적인 문자 위주의 교육에서 벗어나 근대적 교육방법을 창시한 선구적 학자로 코메니우스(J. A. Comenius, 1592~1670)를 들 수 있다. 코메니우스는 17세기의 대표적 교육사상가로 근대교육방법의 창시자 혹은 시청각교육의 창시자로도 불린다. 코메니우스의 교육방법은 감각적 직관의 원리를 중시하여 직관교수법이라 불리는데, 직관교수법에서는 지식을 가르칠 때, 문자·문장·구술(口述) 등 언어에 의한 교육 이전에 실제 사물, 표본, 모형, 그림 등 실례를 직접적으로 관찰하는 것이 중시된다. 코메니우스는 직관교수법을 적용하여 세상에 있는 기본 사물과 인간의 기본 활동을 그림 위주로 설명한 『세계도해』를 저술하였는데, 이 책은 그림이 포함된 최초의 교과서로 알려져 있다. 코메니우스의 또 다른 대표 저작인 『대교수학』은 최초의 교육학 이론서로서 인간 형성과 교육, 학교교육의 필요성과 보편성, 학교의 병폐와 학교 개혁의 가능성, 자연질서에 따른 교수법의 원리, 교과영역별 교수법, 교육제도와 각급 학교의 조직 운영, 교수법의 보편성과 필요조건 등의 내용을 담고 있다.

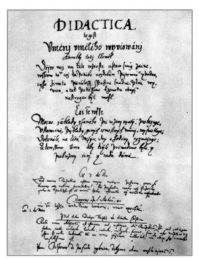

[그림 2-5] 『세계도해』   [그림 2-6] 『대교수학』

루소(J. J. Rousseau)

페스탈로치(J. H. Pestalozzi)

코메니우스의 자연주의에 근거한 교육론은 18세기~ 19세기 초에 루소, 페스탈로치 등을 통해 발전되어 많은 국가에서 받아들여졌으며, 19세기 말에는 진보주의 교육철학사조와 연결된다. 이를 통해 유럽에서의 교육은 자유교과 중심의 인문주의 교육에서 벗어나 경험 및 생활 위주의 교육으로 전환된다. 루소(J. J. Rousseau, 1712~ 1778)는 교육을 주제로 한 저서 『에밀(Emile)』(1762), 부제(副題) '교육에 대해서'에서 고아 출신인 에밀이 태어나면서부터 성인이 되어 결혼에 이르기까지 가정교사의 세심한 지도를 받으며 성장하는 과정을 묘사하고 이를 통해 그의 교육관을 드러내었다. 루소는 인간의 발달특성에 적합한 교육이 필요함을 주장하였으며, 아동의 천성은 선하기 때문에 타락한 사회의 영향으로부터 아동을 보호하여 착한 천성이 발휘되도록 도와야 함을 강조하였는데, 이러한 루소의 교육방식을 '소극적 교육'이라 부른다.

초등교육의 아버지라 불리는 페스탈로치(J. H. Pestalozzi, 1746~1827)는 스위스의 교육학자이자 사회비평가로서 초등교육의 기본정신과 전형을 제공하는 등 서양교육의 실질적 변화에 크게 기여하였다. 또한 그는 스위스의 농민 대중

교육에 직접 관여하면서 노동을 통한 교육과 실물(實物)을 통한 직관주의적 교육을 몸소 실천하였다.

헤르바르트(J. F. Herbart)

듀이(J. Dewey)

한편, 19세기에 대부분의 유럽 국가에서 국가의 이익과 개인의 복지를 위해 국가가 교육을 책임져야 한다는 국가주의 사상이 발달함에 따라 점차 교육은 체계적인 모습으로 변모하였는데, 이에 따라 교육학이 학문으로서 등장하게 된다. 특히 교육학의 아버지라 불리는 독일의 헤르바르트(J. F. Herbart)는 교육학(pedagogy)이라는 말을 처음으로 사용하였으며, 교육의 목적은 윤리학에, 교육의 방법은 심리학에 기초를 두고 과학적인 교육학 정립을 추구하였다. 이러한 그의 교육학적 관점은 미국을 중심으로 한 진보주의 철학사조 형성에 많은 영향을 주었다.

19세기 미국에서는 기존의 형식주의적 교육에서 벗어나 아동의 자유, 경험, 흥미 등을 존중하고자 하는 진보주의 사상이 등장하는데, 이는 서양교육에 커다란 변화를 가져온다. 진보주의 교육운동에 선구적 역할을 한 교육자로는 미국의 파커(F. W. Parker, 1837~1902)와 듀이(J. Dewey, 1859~1952)를 들 수 있다. 파커는 페스탈로치, 헤르바르트, 프뢰벨 등의 교육방법을 공부한 경험을 바탕으로, 학교기관에 근무하면서 직관교육, 자율적 훈련을 중시하였으며, 아동의 개성을 존중하는 인간적이고 자유로운 수업을 장려하였다. 듀이는 교육이란 경험의 끊임없는 개조로써, 미숙한 경험을 성숙한 경험으로 발전시키는 것으로 보았으며, 학교는 사회생활의 조건들을 축소하여 재현함으로써 학생들의 사회생활을 준비시키는 곳이라고 하였다. 이러한 파커와 듀이의 교육원리는 점차 보편적인 교육의 원리로 자리를 굳혀 갔고, 20세기 이후에는 제도교육의 주류를 형성하였다.

2) 공교육체제의 성립과 발달

19세기에 들어서면서 정치적으로 국가주의가 들어서면서 대부분의 유럽 국가에서는 국가적 부의 증진과 개인의 복지를 위해서 교육을 국가가 책임져야 한다는 관점을 갖게 되었다. 이는 곧 교육을 통해 국민들에게 국가에 대한 충성심을 배양할 뿐만 아니라, 국민 개개인의 능력을 개발시킴으로써 결과적으로 국가적인 발전을 이루고자 하는 움직임이라 할 수 있다. 또한 경제적으로는 산업의 발달로 많은 노동자가 생겨나면서 이들에 대한 기초 교육의 필요성이 나타났으며, 사회적으로는 신분제 붕괴에 따라 개인의 능력이 사회적 지위에 미치는 영향이 커지면서 학력이 개인의 능력을 반영하는 중요한 기준이 되었다. 이러한 사회·경제적 변화에 따라 교육은 점차 종교적 색채를 벗기 시작하였고, 국가에 의한 공교육 체제로의 변화를 위한 움직임이 각국에서 시작되었다(성태제 외, 2012).

독일의 대중교육체제의 형성은 서유럽 국가들에 비하여 매우 앞섰다. 독일에서는 일찍이 1713년에 아동의 의무교육, 빈곤층에 대한 교육비 지원 등을 내용으로 하는 '의무취학령'이 발표되었고, 1763년에는 취학의무 연령, 학교에 관한 제반 규정을 담은 초등교육시행령인 「프로이센 학교규정」, 1794년에는 국가기관이 교육을 통제하도록 하는 「일반지방법」이 발표되었다. 이후, 지속적인 제도 정비가 이루어졌고, 1868년에는 완전한 공교육체제가 자리를 잡게 되었다.

프랑스에서는 콩도르세(Condorcet)가 공교육은 국민에 대한 사회적 의무라는 내용을 골자로 하는 「공교육에 관한 5개 각서」(1790)를 발표함으로써 공교육의 이론적 기반을 제시하였으며, 1830년 「초등교육법」, 1848년 「제2공화국 교육법」을 거쳐, 1882년에는 무상보통교육제도가 확립되었다.

영국은 산업혁명 이후 노동자와 그 자녀를 위한 일요일학교, 자선학교 등 빈민을 대상으로 한 교육이 잘 발달하였다. 특히 자선학교는 1680년에 창시되어 전국적으로 퍼져 나갔는데, 빈민자녀를 무료로 가르치고, 학용품이나 의복 등도 제공하였다. 그러나

[그림 2-7] 영국의 자선학교

영국은 노동자들에게 높은 수준의 교육이 필요하지 않았고, 자유주의의 발달로 국가의 개입에 대한 거부감이 형성되어 있어 국민교육체제의 발달이 다른 유럽 국가들에 비해 늦게 나타났다. 1870년대에 의무무상교육을 주장하는 국가교육연맹 구성, 1880년 의무취학 규정을 담은 노동법이 개정되었고, 1902년에는 국립중등학교가 설립되면서 국민교육체제가 자리를 잡았다고 볼 수 있다.

미국에서는 독립 후 기독교정신 전파, 문해력 보급, 사회 통합을 위해 대중교육이 발달하였으며, 1834년 펜실베니아 주의 「무상학교법」을 시작으로 1867년에는 모든 주에서 무상 초등학교 교육이 정착되었다. 의무교육제도는 1852년 매사추세츠 주에서 시작되어 1890년대에는 28개 주까지 확대되었으며, 20세기 초에는 생활중심 중등교육과정이 발달하였으며, 초 · 중등학교 의무무상교육제도가 정착되었다. 학제에서 미국은 유럽과 달리 단선제가 자리 잡았다.

국민교육체제의 정착은 교육을 더 이상 특정 소수만이 누릴 수 있는 특권이 아니라 모든 사람이 누릴 수 있는 기회가 되게 하였으며, 교육제도나 교육내용이 일부 특정 계층에 의해 좌우되지 않고, 국가에 의해 교육에 대한 중립성과 평등성이 보장되도록 하였다. 반면, 국가가 교육을 관리하기 위해 자연스럽게 국민에게 통일된 규범이나 내용을 가르침으로써 자칫 획일적이고 폐쇄적인 사회문화를 형성할 수 있으며, 개인적 차원에서는 교육에 대한 개인의 신념, 선택, 요구가 반영되기 어려워 개인의 교육권과 학습권을 침해할 수 있다는 우려도 제기되었다.

 ## 제3절 한국 교육의 역사

우리나라의 교육사는 서양에 비해 연속적이지 못했다는 특성을 가지고 있다. 19세기 말 이후 서양교육의 이념과 제도가 우리의 전통적 교육을 대체하며 발전함으로써 오늘날 우리의 교육에서 전통적 자취를 찾아보기는 쉽지 않다. 이러한 시점에서 우리 교육에 대한 연구를 통해 우리의 정체성과 계승발전시킬 만한 요소를 발견하여 현대의 교육과 접목시키는 것은 매우 의미 있는 일이 될 것이다(성태제 외, 2012).

1. 한국의 전통적 교육

1) 고대의 교육

오늘날 학교를 중심으로 이루어지는 교육을 형식교육이라고 한다면, 고대사회에서는 일상생활을 통해 이루어지는 비조직적인 교육인 무형식교육이 주로 이루어졌던 것으로 보인다. 특히 고대사회에서는 생존을 위해 최소한의 기본적인 교육이 가정이나 부족을 중심으로 이루어졌던 것으로 보인다. 예를 들어, 남성들은 전투기술, 수렵술, 농경기술, 생활용품제작, 간단한 건축술 등을 배워야 했을 것이며, 여성들은 가사, 아이 양육기술 등을 배웠을 것이다. 그 외에 종교의식을 위한 교육도 이루어졌을 것이다.

하지만 고대사회에서도 사회조직의 규모가 커감에 따라 체계적으로 사회를 유지할 필요가 발생하게 되었고, 이를 위해 일정 자격을 갖춘 구성원을 가려내야 했다. 이러한 필요로 등장한 일종의 형식교육이 바로 '성년식(成年式)'이다. 성년식은 대부분의 고대사회에서 시행된 것으로 보이며, 오늘날에도 문명의 발달 정도가 낮은 일부 지역에서는 행해지고 있다. 우리나라의 경우를 살펴보면, 『후한서(後漢書)』「동이전(東夷傳)」에 '그 사람됨이 몹시 씩씩하고 용맹스러워 소년 시절에 집을 짓는 자는 힘을 낼 때 밧줄로 등의 가죽을 꿰어 이것을 큰 나무에 붙들어 매고 소리를 지르면서 잡아당겨 힘을 시험한다.'는 기록이 있는 것으로 보아, 청년들의 신체적 발달 정도를 시험하는 형태의 성년식이 이루어졌던 것으로 보인다.

고대사회에서의 일상생활과 성년식을 중심으로 한 고대사회 교육의 특징을 살펴보면 다음과 같다(성태제 외, 2012; 신득렬 외, 2014).

첫째, 고대사회의 교육은 목적이 뚜렷하였으며, 참여자들의 동기가 높았다고 할 수 있다. 고대의 일상생활에서 무형식 교육은 생존이라는 분명한 목적하에 이루어졌으며, 이러한 무형식교육은 특정인이 아닌 모든 사람에게 적용되었고, 생존이라는 인간의 일차적 욕구를 충족하기 위해 모든 사람이 교육에 높은 동기를 갖고 임했음을 예측해 볼 수 있다. 우리가 사는 오늘날에는 교육이 주로 학교를 중심으로 하는 형식교육을 의미하지만, 여전히 가정생활과 일상생활을 통해 이루어지는 무형식교육은 개인의 성장에 많은 영향을 미치고 있다.

둘째, 성년식은 사회질서체제 유지에 긍정적인 기능을 하였다. 당시에는 누구나 성년식이라는 공동의 경험을 통과해야만 성숙한 사회구성원이 될 수 있었으므로, 성년식을 통해 사람들은 동일한 사회구성원이라는 공동체 의식을 형성한 것으로 보인다. 또한, 성년식의 전통을 따르는 것은 성년식이라는 전통문화와 이미 성년인 사람들에 대한 권위를 인정한다는 의미를 내포하므로, 이 역시 사회질서 유지에 긍정적으로 작용하였음을 예측해 볼 수 있다.

셋째, 성년식은 고대사회의 실용적인 교육의 면모를 보여 준다. 당시 사회에서 가정과 공동체를 보호하기 위해 전투기술을 익히고, 의식주를 해결하기 위해 수렵이나 어로 활동을 하는 것은 필수적이었는데, 이때 가장 중요한 능력은 신체적 발달이었다. 성년식은 산, 바다, 강 등의 주변 환경에 따라 다른 형태로 취해졌지만, 공통점은 신체적 발달 정도를 측정하여 성년이 되었음을 인증하였다는 점이다. 따라서 성년식은 고대사회에서 생존하기 위해 가장 필요로 하는 능력을 점검하는 매우 실용적인 교육이었다고 할 수 있다.

2) 삼국시대의 교육

삼국시대는 고구려, 백제, 신라 삼국이 한반도 내에서의 영토 확장을 위해 치열한 각축전을 벌이던 시기였다. 늘 전쟁의 위협이 도사리고 있는 시기였던 만큼 삼국의 왕들은 백성들을 사상적으로 통합하고자 종교, 중앙집권적인 정치체제, 교육기관 등의 다양한 사회체제를 안정적으로 갖추기 위해 노력하였다. 교육 측면에서 삼국의 왕들은 당시 중국의 선진화된 교육체제를 모방하여 국가를 방위하고 왕위를 지키기 위한 우수 인재를 양성하는 것에 집중하였다. 삼국의 교육제도를 교육기관들을 중심으로 살펴보면 다음과 같다.

고구려의 대표적인 교육기관으로는 태학과 경당을 예로 들 수 있다. 태학은 소수림왕 2년(372년)에 국가 관리를 양성하기 위해 귀족 자녀를 교육시켰던 우리나라 최초의 국립학교라고 할 수 있다. 태학의 입학연령은 15세 정도였으며, 『오경(五經)』과 『삼사(三史)』 등 중국의 경전과 역사서를 주된 교육내용으로 하였으며, 교육기간은 9년인 것으로 추정된다. 경당은 고구려가 수도를 평양으로 옮긴 뒤, 각 지방에 설치한 사립학교였다. 태학이 국가관리 양성을 위해 귀족 자녀들을 교육했던 국립학교였던 반면, 경당은 지방에서 평민의 자녀들을 교육하기 위한 사립교육기관으로 우리나라 사학의 시초라고 할 수 있다. 경당에서는 문무일치(文武一致)의 이념 아래 유교경전과 무예 등을 교육하였다.

백제의 교육기관에 관한 구체적 사료는 정확히 발견되지 않아 교육기관의 명칭을 정확히 알 수는 없으나, 교육제도와 관련된 여러 자료를 통해 볼 때 백제에서도 학교가 존재했었음을 추정해 볼 수 있다. 백제 근초고왕 때 박사 고흥이 『서기(書記)』를 편찬하였다는 『삼국사기』의 기록을 통해 백제에서는 '박사의 제(制)'가 고등교육으로 존재하였고, 박사는 관직을 수행했음을 알 수 있는데, 당시 박사에는 시(詩)·서(書)·역(易)·예기(禮記)·춘추(春秋)의 오경(五經) 박사와 기타 의학, 역학 등 전문분야의 박사가 있었다. 『일본서기(日本書紀)』 등 일본의 고대 사료를 통해 백제의 왕인(王仁), 오경 박사(五經博士) 고안무(高安茂), 박사 단양이(段楊爾) 등이 일본에 초빙되었음을 알 수 있으며, 이를 통해 백제 박사들의 역량이 우수했음을 짐작할 수 있다(서울대학교 교육연구소, 2011; 한국민족문화대백과사전, 1991).

신라의 대표적인 교육기관으로는 화랑도와 국학을 예로 들 수 있다. 화랑도는 신라시대의 공인된 청소년 수련단체다. 화랑의 문자적인 의미는 '꽃처럼 아름다운 남성'으로 화판(花判)·선랑(仙郎)·국선(國仙)·풍월주(風月主) 등으로 불리기도 했다. 화랑도의 교육목표는 지·덕·체가 조화된 국가의 인재를 양성하는 것이었으며, 이를 위해 전국의 명산대천(名山大川)을 순회하면서 유교경전, 무예 수련, 시, 음악 등 다양한 과목을 수련하였다. 화랑도들은 골품제 중심의 신라사회에서 계층 간의 갈등을 조정하는 역할을 수행하였으며, 삼국통일에도 기여하였다.

[그림 2-8] 화랑도들의 수련

국학(國學)은 신라가 삼국통일을 이룩한 후 신문왕 2년(682년)에 당나라의 국자감을 모방하여 설립된 국립 유교교육기관으로, 15세에서 30세의 6두품 출신의 귀족 자제가 입학할 수 있었다. 국학의 교육연한은 9년으로, 이 기간 동안 교육생들은 『논어』와 『효경』을 필수과목으로, 예기·주역, 춘추좌전·모시, 상서·문선·산학을 선택과목으로 공부하였다. 수학기간 동안 학업성취도가 낮은 교육생들은 퇴교되었으며, 9년 내 학업을 마치지 못한 교육생 중 일부 우수 인원에게는 추가 교육 기간이 부여되기도 하였다. 졸업생들은 독서삼품과라는 국가공인시험을 통해 성적에 따라 차등적으로 관리직을 부여받았다(서울대학교 교육연구소, 2011).

　교육기관을 중심으로 삼국시대의 교육을 살펴본 결과, 당시 고구려, 백제, 신라는 각각 고유한 교육제도를 갖추고 있었으며, 교육기관은 국가가 필요로 하는 인재를 양성함을 통해 국가발전에 기여하였음을 알 수 있다.

3) 고려시대의 교육

　고려시대의 대표적인 교육기관에는 국자감, 학당, 향교, 12공도, 서당이 있었다. 국자감은 오늘날로 치면 국립대학에 해당하고, 학당과 향교는 중고등학교, 12공도와 서당은 사학(私學)에 해당한다(김회용 외, 2014).

　국자감(國子監)은 성종의 지시로 992년 개성에 설립한 교육기관으로 국가에서 필요한 고급인재를 양성하기 위한 최고의 국립교육기관이었다. 국자감은 국학, 성균감, 성균관, 국자감, 성균관으로 개칭되었으며, 성균관의 명칭은 조선으로 이어졌다. 국자감 안에는 국자학(國子學), 태학(太學), 사문학(四門學), 율학(律學), 산학(算學), 서학(書學)의 경사6학(京師六學)이 설치되었으며, 이 중 국자학, 태학, 사문학은 고급 관리를 양성하였고, 율학, 서학, 산학에서는 기술직에 종사할 관리를 양성하였다. 국자감의 입학 자격은 신분에 따라 제한을 받았는데, 국자학은 3품 이상, 태학은 5품 이상 사문학은 7품 이상의 자손이 입학할 수 있었으며, 기술학부인 율학, 산학, 서학에는 8품 이하의 관리나 서민의 자제가 입학할 수 있었다.

　학당은 고려시대 말기 원종 2년(1261년)에 동서학당으로 시작하였는데, 동서학당은 개경(개성)의 중등교육기관으로 향교와는 달리 문묘를 설치하지 않고 학생들의 교육만을 담당하였다. 이후, 공양왕 2년(1390년)에는 유교의 진흥에 발맞추어 동서학당은 동서남북 중 5부 학당으로 확장되었다.

　향교는 지방에 설립된 국립 중등교육기관으로 유학을 전파하고 지방사람들을 도덕적으로 교화하는 역할을 담당했다. 향교에는 공자 등 성현을 모시는 문선왕묘와 학문을 가르치는 명륜당으로 구성되었다. 향교에서는 당시 과거시험과목이었던 논어, 효경, 9경과 제술을 익히기 위한 유교경전 등이 교육되었다. 입학자격은 문무관 8품 이상과 서인들이었고, 성적이 우수한 자에게는 국자감에서 공부할 수 있는 특전이 부여되었다.

　십이공도(十二公徒)는 개경에 있었던 12개의 사립교육기관을 가리키는 말이다. 최충은 후학 양성을 위해 문헌공도(文憲公徒)라는 사숙을 개설하였는데, 여기에 많은 학생이 모집되었고 높은 명성을 얻게 된다. 이것이 십이공도의 출발점이 되었고, 이후 여러 퇴직 관료들이 11개의 사숙을 설립하게 되었다. 십이공도에서는 주로 과거 시험공부를 위해 구경, 삼사, 제술을 가르쳤으며, 모의고사를 치르기도 하였다.

서당은 설립 시기는 정확히 알 수는 없으나, 『고려도경(高麗圖經)』의 기록을 통해 볼 때, 초등교육 수준의 서당이 많은 마을에 세워졌으며, 주로 서민이 서당에 다녔던 것으로 파악된다. 당시 서당에서 교육을 담당했던 사람을 훈장이라 불렀다.

4) 조선시대의 교육

최충

조선은 국가의 지배사상을 유학으로 채택하였는데, 이를 퍼뜨리고 정착시키기 위해 교육에 많은 관심을 기울였다. 특히 2대 치국 정책의 하나인 흥학(興學)을 이루기 위해 학교교육을 중시하였는데, 학교교육에는 관학으로서 중앙에 성균관(成均館), 사학(四學), 그리고 지방에는 향교(鄕校)가 설립되었으며, 사학(私學)으로는 서원(書院), 서당(書堂) 등이 세워졌다.

성균관은 최고의 국립 유학교육기관으로 유교를 보급하고, 관리직에 임명할 인재를 양성하고, 성현을 모시는 것을 목적으로 운영되었다. 성균관에는 소과(小科)에 합격한 생원과 진사에게 입학할 자격이 주어졌다. 성균관의 학생 수는 약 200명으로, 모두 기숙생활을 하였다. 교육과정은 크게 4서와 5경의 강독(講讀), 제술(製述), 서법(書法)의 과정으로 나누어졌으며, 학습 기간은 4서의 경우『대학』1개월,『중용』1개월,『논어』와『맹자』4개월이었으며, 5경의 경우 시전, 서전, 춘추 6개월, 주역 및 예기 7개월이었다. 성적은 대통(大通), 통(通), 약통(略通), 조통(粗通), 조(粗)의 5단계로 평가되었으며, 조통(粗通)과 조(粗)를 받으면 벌칙이 부여되었다. 성균관 학생들은 상소문(上疏文)을 올려 국가정책에 관여하기도 하였으며, 자신들의 뜻이 받아들여지지 않을 경우 동맹휴업을 하기도 하였다.

[그림 2-9] 성균관 구성도

사학(四學)은 중앙의 중등교육기관으로서, 동·서·남·중부 네 곳에 세워졌으며, 성균관에 부속되어 있었다. 교육내용과 교육 방침은 성균관과 유사하였으나, 성균관과 달리 문묘를 설치하지 않았고, 교육만을 실시하였다. 교육비는 국가가 제공하였고, 학생들은 사학 내에서 기숙생활을 하였다.

향교는 지방에 설립된 국립교육기관으로, 조직 구조, 설립 목적 및 기능 면에서 성균관과 많은 유사점을 가졌다. 본래 향교는 성현을 모시고, 유학을 가르치고, 지방 문화 발전을 위해 설립되었으나, 실제로는 과거시험 응시와 상급학교 진학을 준비하기도 하였으며, 정치권으로 진출하기 위한 통로가 되기도 하였다. 향교의 입학 자격은 16세 이상의 양반이나 향리의 자녀로 제한되었으며, 지방의 수령이 향교를 운영하였다.

[그림 2-10] 진산향교 명륜당
출처: 공공누리 포털.

조선시대의 대표적인 사학(私學)에는 서원과 서당이 있다. 사림에서의 학문의 발전과 관학의 역할에 대한 일부에서의 불만족은 서원이 탄생하게 된 큰 사회적 배경이다. 서원은 학문 연구와 성현, 곧 유교의 이상적 인간상인 군자를 양성하는 것을 목적으로 설립되었다. 최초의 서원은 백운동서원으로 1543년(중종 38년)에 풍기 군수 주세붕이 건립하였으며, 이후 서원의 숫자가 증가하였으나 폐해도 커져 대원군 때는 47개의 사액서원만이 남게 되었다. 서원에서는 주로 경학과 사장을 가르쳤다. 서당은 고려시대의 서당을 계승하여 아동에게 문자와 초보적인 유학 교육을 제공하는 사설 초등교육기관이었다. 서당에는 신분의 구애 없이 사농공상 및 천인의 자제까지도 입학이 허용되었는데, 이와 같은 신분을 초월한 교육은 조선시대의 대중교육과 문화 발달에 크게 기여하였다는 측면에서 교육사적으로도 큰 의의를 갖는다. 서당에서의 교육은 천자문, 동몽선습, 통감, 소학, 사서삼경, 사기 등에 대한 강독, 제술, 습자로 이루어졌다.

2. 한국의 근대교육

1) 일제강점기의 교육

식민지 시기는 1910년 강제 합방 이후 1945년 광복까지 일제에 지배하에 있던 시기로서, 이 시기의 교육은 일본의 식민정책을 실현하기 위한 수단으로 사용되었다고 볼 수 있다. 일본은 식민통치 기간 중 4차에 걸쳐 조선의 교육에 관한 법령인 '조선교육령'을 개정하면서 교육을 규제하였다.

[그림 2-11] 경성보통학교

제1차 조선교육령(1911. 8~1922. 2)은 일본의 무단통치에 순응하는 조선인을 양성하고자 하는 목적으로 시행되었다. 이 시기에는 일본어교육이 강조되었으며, 우리의 사립학교와 서당의 설립이 규제되었다. 또한, 우민화 정책을 위해 조선인에게는 낮은 수준의 실용교육이 장려되었다. 학제는 보통학교 4년, 고등보통학교 4년, 전문학교 등으로 구분되었으며 한성사범학교와 외국어학교는 폐지되었으며, 성균관은 경학원으로 대체되었다.

 1차 조선교육령 전문

제1장 강령[편집]
제1조－조선에 있어 조선인의 교육은 본령에 의한다.
제2조－교육은 「교육에 관한 칙어」의 취지에 기초하여 충량한 국민을 기르는 본의로 한다.
제3조－교육은 시세와 민도에 맞도록 이를 베푼다.
제4조－교육은 이를 크게 나누어 보통교육, 실업교육 및 전문교육으로 한다.
제5조－교육은 보통의 지식, 기능을 가르쳐 주고, 특히 국민된 성격의 함양함을 목적으로 한다.
제6조－실업 교육은 농업, 상업, 공업에 관한 지식, 기능을 가르쳐 주는 것을 목적으로 한다.
제7조－전문교육은 고등한 학술과 기예(技藝)를 가르치는 것을 목적으로 한다.

제2장 학교[편집]
제8조－보통학교는 국민교육의 기초가 되는 보통교육을 시키는 곳으로서 신체의 발달에 유의하고 국어(일어)를 가르치며 덕육을 베풀어 국민된 성격을 양성하고 그 생활에 필요한 보통지식과 기능을 가르친다.
제9조－보통학교의 수업 연한은 4년으로 한다. 단, 지방 실정에 따라 1년을 단축할 수 있다.
제10조－보통학교에 입학할 수 있는 자는 연령 8세 이상인 자로 한다.
제11조－고등보통학교는 남자에게 고등한 보통 교육을 하는 곳으로서 상식을 기르고 국민된 성격을 도모하여 그 생활에 유용한 지식과 기능을 가르친다.
제12조－고등보통학교의 수업 연한은 4년으로 한다.
제13조－고등보통학교에 입학할 수 있는 자는 연령 12세 이상으로서 수업 연한 4년 보통학교를 졸업한 자 또는 이와 동등 이상의 학력을 가진 자로 한다.

제14조 - 관립 고등보통학교에는 사범과 또는 교원 속성과를 두어 보통학교의 교원이 되려는 자에게 필요한 교육을 할 수 있다. 사범과의 수업 연한은 1년, 교원 속성과의 수업 연한은 1년 이내로 한다. 사범과에 입학할 수 있는 자로 고등보통학교를 졸업한 자로 하고 교원 속성과에 입학할 수 있는 자는 연령 16세 이상으로 고등보통학교 제2학년의 과정을 수료한 자, 또는 이와 동등 이상의 학력을 가진 자로 한다.

제15조 - 여자고등보통학교는 여자에게 고등한 보통교육을 하는 곳으로서 부덕을 기르고 국민된 성격을 도야하며 그 생활에 유용한 지식과 기능을 가르친다.

제16조 - 여자고등보통학교의 수업 연한은 3년으로 한다.

제17조 - 여자고등보통학교에 입학할 수 있는 자는 연령 12세 이상으로서 수업 연한 4년의 보통학교를 졸업한 자 또는 이와 동등 이상의 학력을 가진 자로 한다.

제18조 - 여자고등보통학교에는 기예과를 두어 나이 12세 이상의 여자에게 재봉 및 수예를 전수케 할 수 있다. 기예과의 수업 연한은 3년 이내로 한다.

제19조 - 관립 여자고등보통학교에는 사범과를 두어 보통학교의 교원이 되려는 자에게 필요한 교육을 할 수 있다. 사범과의 수업 연한은 1년으로 한다. 사범과에 입학할 수 있는 자는 여자고등보통학교를 졸업한 자로 한다.

제20조 - 실업학교는 농업, 상업, 공업 등 실업에 종사하려는 자에게 필요한 교육을 하는 곳으로 한다.

제21조 - 실업학교를 나누어 농업학교, 상업학교, 공업학교, 그리고 간이 실업학교로 한다.

제22조 - 실업학교의 수업 연한은 2년 내지 3년으로 한다.

제23조 - 실업학교에 입학할 수 있는 자는 연령 12세 이상으로서 수업 연한 4년의 보통학교를 졸업한 자 또는 이와 동등 이상의 학력을 가진 자로 한다.

제24조 - 간이 실업학교의 수업 연한 및 입학 자격에 관하여는 전 2조의 규정에 따르지 않고 조선 총독이 정한다.

제25조 - 전문학교는 고등한 학술과 기예를 교수하는 곳으로 한다.

제26조 - 전문학교의 수업 연한은 3년 내지 4년으로 한다.

제27조 - 전문학교에 입학할 수 있는 자는 연령 16세 이상으로서 고등보통학교를 졸업한 자 또는 이와 동등 이상의 학력을 가진 자로 한다.

제28조 - 공립 또는 사립의 보통학교, 고등보통학교, 여자고등보통학교, 실업학교 및 전문학교의 설치 또는 폐지는 조선 총독의 허가를 받아야 한다.

제29조 - 보통학교, 고등보통학교, 여자고등보통학교, 실업학교 및 전문학교의 교과목 및 그 과정, 직원 교과서, 수업료에 관한 규정은 조선 총독이 정한다.

제30조 - 본 장에 열거한 이외의 학교에 관하여는 조선 총독이 정하는 바에 따른다.

제2차 조선교육령(1922. 2~1938. 3)은 1919년 3·1운동 이후 일본의 식민통치 방식이 무단정치에서 문화통치로 변경됨에 따라 이를 달성하기 위해 제정되었다. 이 시기의 학제는 보통학교 6년, 고등보통학교 4년, 여자고등학교 4~5년으로 수업 연한이 연장됨으로써 표면적으로는 일본의 학제와 동일한 형태를 띠었다. 그러나 한국 내 일본인과 조선인에게 각각 다른 교육제도를 적용하는 복선제를 도입하여 사실상 차별을 두었으며, 경성제국대학 설치에 대한 법률을 제정함으로써 우리의 민립대학 설립운동을 저지하고자 하였다.

[그림 2-12] 경성제국대학 정문

제3차 조선교육령(1938.3~1943.3)은 한민족말살정책에 입각한 내선일체*·황국신민화를 이루기 위한 취지에서 시행되었다. 학교 명칭이 일본과 동일하게 소학교, 중학교, 고등여학교 등으로 변경되었으며, 사립중등학교 설립이 금지되었다. 소학교는 다시 1941년에 국민학교로 개칭되었다. 또한, 한국어와 국사교육이 억제되었고, 일본어와 일본역사 교육이 강조되었으며 한국인은 황국신민서사를 암송하여야 했다.

---

* "「내선일체(內鮮一體)」는 1940년 1월 1일자로 창간된 일본어 잡지다. '내(內)'는 내지(內地), 즉 일본을 말한 것이고 '선(鮮)'은 조선이다. '일체'란 둘이 하나가 되자는 것이 아니고, 조선인을 일본 천황(天皇)의 신민(臣民)으로 만든다는 말이었다. 말하자면 황민화(皇民化) 정책이었다. 일본은 조선을 식민지로 통치하면서 3·1운동(1919년) 후에는 내선 융화(融和)를 강조하다가, 1930년대에 들어서는 '내선일체'를 내세워 조선어교육을 없애고 창씨개명(創氏改名)을 시키는 등 보다 강제적인 시정(施政)을 했다"(한국잡지백년 3, 2004).

[그림 2-13] 「내선일체」 잡지 표지
출처: 최덕교(2004).

[그림 2-14] 황국신민서사

3차 조선교육령 전문

제1조 조선에서의 교육령은 本令에 의한다.

제2조 보통교육은 소학교령, 중학교령 및 고등여학교령에 의한다. 다만 勅令中 문부대
　　　신의 직무는 조선 총독이 이를 행한다. 前項의 경우에 있어 조선의 특수한 사정에
　　　따라 특례를 둘 필요가 있는 것에 대해서는 조선 총독이 별도의 규정을 할 수 있다.

제3조 실업교육은 실업학교령에 의한다. 다만 實業補修敎育에 관해서는 조선 총독이 정
　　　하는 바에 의한다. 실업학교령 중 大臣의 직무는 조선 총독이 이를 행한다. 실업학
　　　교의 설립 및 교과서에 관해서는 조선 총독이 정하는 바에 의한다.

제4조 전문교육은 전문학교령에 대학교육 및 그 예비교육은 대학령에 의한다. 다만 이
　　　들의 勅令中 문부대신의 직무는 조선 총독이 이를 행한다. 전문학교의 설립 및 大
　　　學豫科의 교원의 자격에 관해서는 조선 총독이 정하는 바에 의한다.

제5조 사범교육을 하는 학교는 사범학교로 한다. 사범학교는 특히 德性의 涵養에 힘써
　　　소학교 교원다운 자를 양성함을 목적으로 한다.

제6조 사범학교의 수업 연한은 7년으로 하고 보통과 5년, 연습과 2년으로 한다. 다만 여
　　　자의 경우는 수업 연한을 6년으로 하고 보통과에 있어서는 1년을 短縮한다.

제7조 사범학교 보통과에 입학할 수 있는 자는 尋常小學校를 졸업한 자 또는 조선 총독
　　　이 정하는 바에 의하여 이와 동등 이상의 학력이 있다고 인정된 자로 하고 演習科
　　　에 입학할 수 있는 자는 보통과를 수료한 자, 중학교 또는 수업 연한 4년 이상의 고

등여학교를 졸업한 자 또는 조선 총독이 정하는 바에 따라 이와 동등 이상의 학력
이 있다고 인정된 자로 한다.

제8조　사범학교에는 특별한 사정이 있는 경우에 尋常科만을 둘 수 있다.

제9조　尋常科의 수업 연한은 5년으로 한다. 다만 여자의 경우는 이를 4년으로 한다. 尋常
科에 입학할 수 있는 자는 尋常小學校를 졸업한 자 또는 조선 총독이 정하는 바에
따라 이와 동등 이상의 학력이 있다고 인정된 자로 한다.

제10조　특별한 사정이 있는 경우에는 演習科는 尋常科만을 두는 사범학교에 이를 둘 수
있다.

제11조　사범학교에 硏究科 또는 講習科를 둘 수 있다. 다만 硏究科는 尋常科만을 두는
사범학교에 이를 둘 수 없다. 硏究科 및 講習科의 수업 연한 및 입학 자격에 관해
서는 조선 총독이 정하는 바에 의한다.

제12조　사범학교에 附屬小學校를 둔다. 특별한 사정이 있는 경우는 公立小學校를 附屬
小學校로 代用할 수 있다.

제13조　사범학교는 官立 또는 公立으로 한다. 공립사범학교는 道에 점하여 이를 설립할
수 있다.

제14조　사범학교의 교과·편제·설비·수업료 등에 관해서는 조선 총독이 정하는 바에
의한다.

제15조　공립사범학교의 설립 및 폐지는 조선 총독의 인가를 받아야 한다.

제16조　本令에 규정하는 것을 제외한 사립학교나 특수한 교육을 하는 학교, 기타의 교육
설비에 관해서는 조선 총독이 정하는 바에 의한다.

제4차 조선교육령(1943. 3.~1945. 8.)이 1943년 3월에 공포됨에 따라 모든 교육기관
의 교육연한이 단축되었으며, 이른바 '황국의 도에 따른 국민연성'이 모든 교육의 목적
이 되었다. 이 시기에는 전시교육체제로의 전환에 따라 황국신민화교육이 강화되었으
며, 중학교의 수업 연한이 4년으로 단축되고 전문학교도 3~6개월이 단축되었으며, 조
선어교육, 한국사, 한국지리는 완전히 폐지되었다. 또한, 신사참배, 학도대조직, 황국
식민의서 낭독 등이 강요되었으며, 사실상 학교의 교육적 기능이 변질되어 초등학교,
중등학교, 사범학교, 전문학교, 대학교 모두 황국신민 양성을 위해 군사체제화 되는 모
습을 보였다.

[그림 2-15] 신사참배하는 한국 학생들

앞에서 살펴본 바와 같이 식민지배 기간에는 4차에 걸친 조선교육령을 근간으로 하여 일본인과 차별적인 교육이 이루어졌으며, 진정한 교육이라기보다는 식민 지배를 위한 수단으로서의 교육이 시행되었다고 할 수 있다. 식민지 교육의 몇 가지 특징을 살펴보면 다음과 같다.

첫째, 일본은 한국인의 정체성을 말살하여 친일민족으로 만들기 위한 친일교육을 실시하였다. 일본은 내선일체(內鮮一體)론을 내세워 일본인과 조선인은 원래 한 민족이라는 터무니없는 주장을 하면서 동화교육을 진행하였다. 이를 위해 일본은 우리의 언어, 서적, 예의, 풍속, 전통을 말살하여 민족성을 단절시키고자 하는 노력을 지속적으로 추진하였다. 또한, 일본 천황을 살아 있는 유일신으로 내세워 참배를 강요하여 우리민족의 전통을 말살하고 정신적으로 굴복시키려 하였다.

둘째, 일본의 식민교육은 한국인을 우민화(愚民化)시키는 교육이었다. 일제강점기 일본인이 다니는 학교는 소학교, 중학교, 고등여학교인 반면, 한국인은 학교 명칭에 '보통'자를 포함한, 보통학교, 고등보통학교, 여자고등보통학교에서 다니게 하였는데, 한국인이 다니는 보통학교에서는 높은 수준의 교육이 제공되지 않았으며, 과학기술교육과 대학교육의 기회조차 부여되지 않았다. 또한, 한국인에 의해 사립대학이나 고등교육기관을 설립하는 것을 용인하지 않았다. 애당초 일본은 한국인을 하급관리나 근로자로 양성하고자 하는 목적을 갖고 있었으므로 질 높은 교육을 제공할 필요가 없었다. 이러한 일본의 교육방식은 한국인을 우민화시켜 자유의식, 비판정신, 독립심이 없이 일제에 순응하는 민족으로 만드는 것이 목적이었다.

셋째, 일제의 차별적인 교육에도 불구하고, 식민통치 기간 동안 한국인은 높은 교육열을 보이며, 근대적 교육을 실시하는 보통학교에 자녀들을 입학시켰으며, 1930년대 이후에는 보통학교 취학률이 서당 취학률을 넘어섰으며, 보통학교에 입학하기 위한 입학경쟁이 발생하면서 수요자 부담으로 학습을 증설하기도 하였다. 이와 같은 현상은 한국인이 점차 근대교육의 필요성과 학력의 중요성을 인식하기 시작하였다는 점을 보여 준다.

2) 해방 이후의 교육

1945년 일본의 식민통치로부터 해방된 이후, 한국의 교육은 크게 미군정 기간 동안의 교육과 대한민국정부수립 초기의 교육으로 나눌 수 있으며, 주된 내용은 다음과 같다(김영서, 2009; 조경원 외, 2014; 피정만, 2010).

(1) 미군정기의 교육

미군정은 해방 이후부터 1948년 8월까지 약 2년 11개월의 기간을 의미하는데, 이 기간 중 한국은 정치, 경제, 문화, 교육 등 사회 전 분야에 걸쳐 새로운 변화를 경험하게 된다. 당시 한국의 교육부문은 미군 포병 대위 로카드(E. L. Lockard)가 담당하였는데, 그는 전투병과 장교로서 교육에 대한 전문적 식견을 갖추고 있지 않았다. 다행히 로카드 대위는 교육정책의 기초를 수립하면서 영어를 잘하는 한국인 교육인사들과 많은 논의를 거쳤으며, 한국교육위원회와 조선교육심의회는 자문 역할을 담당하였다. 미군정 기간의 한국 교육의 특징과 의의를 몇 가지로 요약하면 다음과 같다.

첫째, 한국 교육의 기초를 형성하였다. 미군정 기간에 한국교육위원회와 조선교육심의회는 한국 교육의 기초 형성에 커다란 기여를 하였다. 한국교육위원회(Korean Committee on Education)는 미국에서 유학한 오천석 외 6명으로 구성되어 1945년 9월부터 활동하면서 미군정의 교육 재건에 대한 자문 역할을 담당하였으며, 1945년 11월에 조선교육심의회(National Committee on Education Planning)로 확대되었다. 조선교육심의회는 10개 분과, 100여 명으로 구성되어 1946년 3월 7일까지 활동하면서, 미군정의 기본목표에 부합하는 방향으로 한국 교육의 청사진을 제시하였으며, 교육이념과 교육제도를 제정하는 등 미군정 교육정책의 실질적인 역할을 담당하게 되었다.

둘째, 일제의 식민교육을 청산하고자 하였다. 한국교육위원회의 건의에 따라 미군정청은 1945년 9월 17일에 '일반명령 4호'를 발령하여 9월 24일부로 공립소학교의 개학과 중등학교 이상의 학교의 정상 운영을 지시하였으며, 교수 용어를 한국어로 할 것

과 한국의 이익에 반하는 교과목 개설을 금한다는 교육방침을 하달하였다. 또한, 조선
교육심의회에서는 민주주의와 민족주의를 교육의 기본 이념으로 삼고, 교육연한을
6-3-3-4제 단선형으로 정하였으며, 문교부를 중앙의 행정 조직으로 제도화하는 등
교육에 있어서 일제의 흔적을 없애고 새로운 한국 교육을 만들어 나가는 노력을 하였
다. 또한, 교육계에서는 식민지 교육에 대한 잔재를 없애고 민주주의 교육이념과 미국
식 진보주의 교육을 도입하고자 '새교육 운동'을 전개하면서 아동중심 교육과 생활중
심 교육으로의 전환을 주장하였다.

　　셋째, 민주주의 교육의 기초를 형성하였다. 미군정기는 기본적으로 일본식 전체주
의를 극복하고 민주주의 국가를 지향하였으므로, 교육에 있어서도 민주주의를 건국이
념으로 하는 교육정책이 펼쳐졌다. 특히 신분, 성 등에 관계없이 모든 사람에게 공평한
교육의 기회를 제공함으로써 교육의 민주화를 이룩하기 위한 노력이 시행되었다.

(2) 대한민국정부수립 초기의 교육

　　미군정기가 끝나고, 1948년 8월 15일에 대한민국정부가 수립되면서, 대한민국 헌법
제16조에 "모든 국민은 균등하게 교육을 받을 권리가 있다. 적어도 초등교육은 의무적
이며 무상으로 한다. 모든 교육기관은 국가의 감독을 받으며 교육제도는 법률로써 정
한다."라고 명시됨으로써 '교육의 기회 균등'과 '초등무상의무교육'이 자리 잡았다. 또
한, 1949년 12월 31일에는 교육법이 법률 제86호로 공포되었으며, 이는 현재 한국교육
법의 기초가 되었다. 당시 교육법의 주된 내용을 살펴보면 다음과 같다.

〈표 2-1〉 교육법(1949년)의 주요 내용

교육이념	교육목적	학교급 및 연한
홍익인간	• 인격 완성 • 자주적 생활 능력 및 공민자질 함양 • 민주국가 발전에 봉사 • 인류 공영의 이상 실현	• 유치원 4세 이후~취학 전 • 초등학교 6년 • 중학교 3년 • 고등학교 2~3년 　* 중학교 수료 후 입학 • 대학 4~6년 • 초급대학 2년 　* 고등학교 졸업 후 입학 • 사범학교 3년 • 사범대학 2~4년 　* 고등학교 졸업 후 입학

3. 한국의 현대교육

여기에서는 한국의 현대교육 발전사를 1950년대 이후 연대별로 한국 교육에 크게
영향을 미친 주요 변화를 중심으로 살펴보고자 한다. 이후의 내용은 서울대학교 교육
연구소(2011), 피정만(2010), 조경원 등(2015), 한국민족문화대백과사전(1991)의 내용
을 참고하여 구성하였다.

1) 1950년대의 한국 교육

1950년 6·25 전쟁의 발발로 건국 초기의 교육 계획에 많은 차질이 발생하였으나,
전시에도 교육 비상조치를 시행하는 등의 노력으로 불비한 여건하에서도 교육을 지속
하고자 하였으며, 전쟁이 끝난 후에는 황폐화된 교육을 복구하기 위한 노력이 경주되
었다.

1950년대 우리나라의 교육에 영향을 미친 대표적인 내용을 살펴보면 다음과 같다.

첫째, '전시하 교육 비상조치' 시행이다. 전쟁의 혼란 속에서도 정부는 1951년 2월
16일에 '전시하 교육특별조치 요강'을 발표하여 중단되었던 교육을 재개하고자 하였
다. 요강의 주요 내용은 피난학생의 취학 독려, 가교실 및 피난 특설학교 설치, 북한 피
난학생 수용, 도시 피난학교 설치, 전시연합대학 설치, 생벽돌 교사(校舍)의 건축, 임시
교사 1천 교실 건축 계획, 전시 교재의 발행과 교과서의 발간 및 배부에 관한 것이었다.

- 피난학생의 취학 독려: 피난지 소재의 각 학교에 등록하여 학업을 계속하도록 하
  였다.
- 가교실, 피난특설학교 설치: 가교실, 피난특설교실, 분교장의 설치, 교과별 이수
  시간제를 실시하였다.
- 북한 피난학생 수용: 북한에서 피난한 학생들을 교육하기 위하여 거제도의 각 국
  민학교에 특설학급을 설치하였다. 그리고 중등학교 학생은 거제와 하청의 두 중
  등학교에 수용하고, 통영중학교에 분교장을 설치하였다.
- 도시 피난학교 설치: 1951년 9월 새 학기에 도시에서 피난한 학교들로 하여금 국
  민학교는 현지 국민학교에 분교장을 설치하고, 중등학교는 단독 혹은 여러 학교
  가 연합하여 피난학교를 가설하여, 각기 자기의 학생을 수용하여 학업을 계속하
  도록 하였다.

- 전시연합대학 설치: 1951년 2월부터 전국에서 피난해 온 각 대학이 연합하여 학교를 설치하도록 하였다. 전시연합대학은 부산에 처음으로 설치된 이후 각 대학이 독립적으로 개설하였으나, 1년 후에 폐지되었다.
- 생벽돌 교사의 건축: 전란으로 대부분의 교실이 파괴되었으므로, 문교부는 부족한 교실 난을 타개하기 위한 조치로 생벽돌을 제작하여 임시 교실을 건설하도록 하였다. 이로써 경남에 288개, 경북에 94개, 충남에 16개, 충북에 12개의 교실을 완성하였다.
- 임시교사 1천 교실 건축 계획: 전화(戰禍)로 파괴된 교실의 부족을 충당하기 위하여, 미8군의 도움으로 1천 개 교실을 건축할 자재를 원조 받아 부산을 비롯한 여러 지역에서 가교실을 건축하였다.
- 전시 교재의 발행과 교과서의 발간 및 배부: 전시 생활에 필요한 교재를 제공하기 위하여 국민학교용 전시 생활 1 · 2학년용, 3 · 4학년용, 5 · 6학년용의 세 가지를 각기 3회에 걸쳐 발간하고, 교사들을 위하여 전시학습지도요항을 작성하여 제공하였다. 중등학교에는 전시 독본을 3회에 걸쳐 발간하였다. 교육의 비상조치에 따라서 노천수업(露天授業)과 가교실에서의 수업을 실시하였다.

둘째, '교육자치제'의 실시다. 교육자치제(educational autonomy system)는 "교육행정의 지방분권을 통하여 주민의 참여의식을 높이고, 각 지방의 실정에 적합한 교육정책을 강구 실시토록 함으로써 교육의 자주성, 전문성, 정치적 중립성을 확보할 수 있도록 하는 기본적인 교육제도(서울대학교 교육연구소, 2011)"를 의미한다. 우리나라 교육자치제는 「교육법」(1949년 12월 31일에 법률 제86호)에 명시되었으나, 전쟁으로 인해 실시되지 못하다가 1952년 4월 23일에 대통령령 제633호로 「교육법 시행령」이 제정되면서 시 · 군 단위의 교육자치제가 시작되었다. 이후 교육자치제는 1961년 5 · 16군사정변을 계기로 폐지된다. 교육자치제의 내용은 다음과 같다.

첫째, 군(郡) 단위에 교육구를 두고, 책임자로서 교육감을 두었다. 교육감은 구(區)의 교육위원회에서 선출하여 대통령이 임명하도록 하였다. 구 교육감은 구의 교육사무를 집행하였으며, 특히 국민학교의 설치는 구 교육감의 권한에 속하였다. 둘째, 시(市)에는 시교육위원회를 두었다. 셋째, 도(道) 단위에는 도교육위원회를 두고, 중앙에는 중앙교육위원회를 두었다. 도교육위원회와 중앙교육위원회는 각

교육구와 시교육위원회를 지휘·감독하는 기관이 아니라, 각 지방에 적합한 교육
행정이 실시되게 하기 위한 심의기관과 자문기관이다(피정만, 2010, p. 199).

셋째, '의무교육완성 6개년 계획'의 시행이다. 우리나라의 의무교육은 1948년에 헌
법에 "모든 국민은 균등하게 교육을 받을 권리가 있다." "초등교육은 의무이며 무상으
로 한다."라고 명시되었으며, 1949년에 제정된 교육법에는 "모든 국민은 6년의 초등교
육을 받을 권리가 있다. 국가와 지방 공공단체는 초등교육을 위하여 필요한 학교를 설
치·운영하여야 하며, 학령 아동의 친권자 또는 후견인은 그 보호하는 아동에게 초등
교육을 받게 할 의무가 있다."라고 규정되어 있다. 이에 따라 당시 문교부는 의무교육
완성 6개년 계획을 세우고, 이를 1950년 6월 1일부로 시행하고자 하였다. 그러나 갑작
스런 전쟁의 발발로 시행이 지연되다가 1952년에 「교육법 시행령」이 공포되면서 본격
적으로 의무교육 계획이 착수되었다. 의무교육 6개년 계획은 1954년 당시 아동의 취학
률 82.5%를 1959년까지 96%까지 높이는 것이었는데, 계획시행 결과 1959년에는 목표
치를 초과하여 96.4%의 취학률을 달성하였다.

넷째, '교육과정'의 제정이다. 우리나라에서는 광복 후부터 교육과정이 제정(1955년)
되기 전까지는 교수요목(敎授要目)*에 따라 교육이 실시되었다. 이후 1954년 4월
20일 문교부령 제35호로 초·중·고등학교, 사범학교의 교육과정 시간배당 기준령이
제정되었고, 1955년 8월 1일에 문교부령 제44, 45, 46호로 학교급에 따른 '각 교과의 목
적' '지도방침' '지도내용'을 포함한 교육과정이 정식으로 제정·공포되었다. 새로 제정
된 교육과정에 따라 종래 주 단위로 고정되었던 교과교육시간 대신에 교과별 연간 교
육시간 배정 기준이 정해져 지역·학교별 여건을 고려한 학교운영이 가능하게 되었
다. 또한 교육과정은 수업뿐만 아니라 학교에서 학생이 하는 모든 경험으로 보고 특별
활동에 대해서도 시간을 배당하였다. 이 외에도 전쟁으로 인해 퇴보한 국민의 도덕성
을 회복하기 위해 학교에서 도의(道義)교육을 실시하게 되었다.

2) 1960년대의 한국 교육

5·16군사정변을 통해 집권한 군사정권은 교육을 통해 사회의 부패를 바로잡고, 올
바른 국민의식을 심기 위해 매우 힘썼다. 특히 사회개혁에 앞서 국민의 의식구조를 바

---

* 한 교과의 교육내용을 주제별 항목으로 조직하여 열거한 것. 따라서 그 교과에 어떤 내용 항목들이 포함
되어야 하는가를 보여 준다(서울대학교 교육연구소, 2011).

로 잡는 소위 '인간 개조'를 우선시하였으며, 이를 위한 교육의 역할을 강조하였다.

1960년대 우리나라의 교육에 영향을 미친 대표적인 내용을 살펴보면 다음과 같다.

첫째, '교육에 관한 임시특례법' 제정이다. 교육에 관한 임시특례법은 정부의 강력한 통제하에 "사회적 비난을 받아 온 학교교육의 질서를 바로잡고 교육의 질적 향상"을 도모하고자 교육행정 또는 학교법인(學校法人)에 관한 특례를 규정한 법률로서 1961년 9월 1일에 제정·공포되었다. 이 특례법의 등장으로 당시 교육법 중 특례법과 상충되는 조문은 효력을 상실하였다. 특례법 적용이 사회적 논란이 되기도 하였으나, 교육질서의 확립, 사학(私學)의 정비·육성 측면에서 긍정적인 작용을 한 것도 사실이다. 특례법의 주요 내용은 다음과 같다.

> 교육에 관한 임시특례법의 주요 내용은 당시 문교부 장관의 자문기관인 문교재건 자문위원회의 설립, 학교·학과의 폐합(廢合) 또는 학급·학생 정원에 관한 당시 문교부 장관의 재조정권에 관한 것이었다. 이에 따라 학교설비 기준령이 공포되고(1961. 12. 9), 각급학교 상호 환치(換置), 2년제 교육대학 설치, 교원 노동운동 집단행동 폐지, 학사자격 고시제 설치, 교원 임면절차 및 사립학교 감독에 관한 사항 등이 규정되었다(서울대학교 교육연구소, 2011).

둘째, '국민교육헌장' 제정이다. 국민교육헌장은 우리나라의 교육의 방향을 정립하고 새로운 국민성을 창조하고자 정부, 학계, 종교계, 언론계 등이 참여하여 제정하였으며, 1968년 12월 5일 박정희 대통령이 전문을 낭독하며 반포하였다. 국민교육헌장의 주요 내용은 민족주체성의 확립, 전통과 진보의 조화를 통한 새로운 민족문화 창조, 개인과 국가의 조화를 통한 민주주의 발전으로 요약될 수 있다.

국민교육헌장 전문

우리는 민족중흥의 역사적 사명을 띠고 이 땅에 태어났다.

조상의 빛난 얼을 오늘에 되살려 안으로 자주독립의 자세를 확립하고, 밖으로 인류 공영에 이바지할 때다. 이에 우리의 나아갈 바를 밝혀 교육의 지표로 삼는다. 성실한 마음과 튼튼한 몸으로, 학문과 기술을 배우고 익히며, 타고난 저마다의 소질을 계발하고, 우리의 처지를 약진의 발판으로 삼아 창조의 힘과 개척의 정신을 기른다.

공익과 질서를 앞세우며 능률과 실질을 숭상하고, 경애와 신의에 뿌리박은 상부상조의 전통을 이어받아 명랑하고 따뜻한 협동 정신을 북돋운다.

우리의 창의와 협력을 바탕으로 나라가 발전하며, 나라의 융성이 나의 발전의 근본임을 깨달아 자유와 권리에 따르는 책임과 의무를 다하며, 스스로 국가 건설에 참여하고 봉사하는 국민 정신을 드높인다.

반공 민주 정신에 투철한 애국 애족이 우리의 삶의 길이며, 자유 세계의 이상을 실현하는 기반이다. 길이 후손에 물려줄 영광된 통일 조국의 앞날을 내다보며, 신념과 긍지를 지닌 근면한 국민으로서, 민족의 슬기를 모아 줄기찬 노력으로, 새 역사를 창조하자.

셋째, '중학교 무시험 진학제도'의 시행이다. 중학교 무시험 진학제도는 과열입시경쟁과 과외교육 지양, 초등교육 정상화, 학부모 교육비 감소 등을 목적으로 1969년에 서울을 시작으로 1971년에는 전국적으로 시행되었다. 이 제도의 시행으로 중학교 진학률은 1968년 55.9%에서 1972년 71%로 급격히 상승하였다. 하지만 학력하향평준화 현상, 고등학교 입시경쟁, 학생의 학교선택권 제한 등으로 비판을 받기도 하였다.

3) 1970년대의 한국 교육

1970년대에 문교부는 국민교육헌장의 구현, 주체적인 민족사관 정립, 안보교육 강화, 새마을 교육운동 추진에 목표를 두고 교육활동을 전개하였다.

1970년대 우리나라의 교육에 영향을 미친 대표적인 내용을 살펴보면 다음과 같다.

첫째로, '안보교육 강화'를 들 수 있다. 1970년대에는 8·15선언, 남북적십자회담 제의, 7·4남북공동성명발표, 6·23특별선언, 대북 식량원조 제의 등 남북관계의 변화를 위한 다양한 시도가 있었으나, 북한은 비협조적인 태도를 취하였고 무력적 위협을 지속하였다. 이에 우리 정부는 학교교육을 통한 안보교육체제를 재정비하고 강화하였는데, 그 예로 교련교사 재교육, 대학생 특수훈련 및 행군대회 개최, 반공교육 지침 교육, 교련실기대회 개최 등을 들 수 있다.

둘째, '과학기술교육의 진흥'을 들 수 있다. 정부는 2·3차 경제개발 계획의 성공에 이어 4차 경제개발 계획을 추진하고자 하였는데, 이를 위해 과학기술인력을 필요로 하게 되었다. 이에 따라 정부는 실업계 학교에 대한 지원을 강화하고, 학교교육에 있어서 과학 과목의 내용을 보완하고 실험·실습을 강조하였으며, 산학협력체제를 정비하였다. 또한, 선진국에 머물던 우수한 과학자들을 귀국시켜 기술개발 여건 마련과 함께 인재육성에 힘을 기울였다.

셋째, '고교평준화 정책'을 들 수 있다. 1969년부터 중학교 무시험 제도를 시행하면서 중학교 학생 인구는 크게 증가하였고, 이들은 좋은 고등학교에 입학하기 위해 치열한 경쟁을 벌여야만 했다. 이에 따라 과외가 극성을 부렸고, 재수생이 늘어나는 등의 문제가 야기되었다. 이에 문교부의 주관하에 입시제도연구위원회가 구성되어 고교평준화에 초점을 둔 입시제도가 마련되었다. 새 입시제도는 1974년 서울과 부산을 시작으로 전국적으로 확대되었다. 고교평준화 정책은 고등학교 교육의 기회가 확대되고, 과열된 고교입시경쟁을 완화하고, 실업교육의 발전을 가져왔다는 측면에서 긍정적으로 평가된다. 하지만 학업 능력의 하향평준화를 가져온 것과 사립 고등학교의 특수성을 고려하지 않은 점, 그리고 학생의 학교선택권과 학교의 학교선발권을 무시했다는 측면에서 비판을 받았다.

넷째, '새마을 교육 추진'을 들 수 있다. "새마을 교육이란 1970년대 초부터 정부 주도 아래 시작된 새마을 운동을 효과적으로 추진하기 위해 전 국민을 새마을 정신으로 무장시키며 지역개발 실무에 숙달된 인간으로 육성하려는 교육(서울대학교 교육연구소, 2011)"으로서 국민교육헌장 이념 구현, 새마을 정신 심화, 생산교육 강화 등에 목표를 두고 시행되었다. 새마을 교육의 실천 방안을 피정만(2011)은 다음과 같이 밝히고 있다.

> 새마을 교육의 실천 방법은 다음 일곱 가지다. 첫째, 교육과정은 향토사회 조사를 기초로 향토화하고, 그 향토사회의 기본적인 문제해결을 중심으로 운영한다. 둘째, 학습 지도는 향토사회의 모든 인적 · 문화적 · 물적 자원을 활용하여 다양화한다. 셋째, 학교는 모든 시설을 향토사회 개발을 위한 제 활동의 센터로 개방한다. 넷째, 학교는 향토사회의 청소년 및 성인 전체의 교육을 위한 각종 기회를 제공한다. 다섯째, 학교는 교육적으로 계획된 봉사활동을 전개하여 향토사회 개발에 적극 참여한다. 여섯째, 학교는 향토사회의 교육문화활동을 조정하고, 그 촉진의 주도적인 역할을 담당한다. 일곱째, 새마을 교육 전개를 계기로 학교교육 풍토를 쇄신하고 향토와 국가발전에 직결되는 교육혁신운동으로 발전시킨다(피정만, 2011, p. 214).

4) 1980년대의 한국 교육

1980년대 우리나라는 정치적으로 신군부세력이 집권하는 과정에서 학생운동이 확산되는 등 이데올로기적 갈등이 심화되었으며, 이념보다는 실리를 추구하는 분위기에 따라 국가 간 경제적 경쟁이 치열하였던 시기다.

1980년대 우리나라 교육의 특징을 살펴보면 다음과 같다.

첫째, 7 · 30 교육개혁을 들 수 있는데, 이는 과열 과외를 해소하고 올바른 교육풍토를 조성하기 위한 교육개혁이었다. 1980년대 당시에는 고교평준화로 인한 졸업자의 증가와 학력을 중시하는 사회 분위기로 인하여 대학입시 경쟁이 매우 치열하였으며, 지나친 과외교육열은 사회적인 문제가 될 정도였다. 이에 정부는 7 · 30 교육개혁을 단행하여 과외추방운동을 전개하고 각종 규제를 시행하였다. 피정만(2011)이 정리한 7 · 30 교육개혁의 내용을 살펴보면 다음과 같다.

- 1981학년도부터 대학입시 본고사를 폐지하고, 출신 고등학교의 내신 성적과 예비고사 성적으로만 대학입학자를 선발한다.
- 초 · 중 · 고등학교의 교과목 수를 줄이고, 또 그 수준도 낮추는 방향으로 교육과정을 조정한다.
- 대학의 졸업정원제를 실시하여 신입생은 정원보다 일정 수를 더 입학시키고, 졸업정원은 인가된 정원으로 한정한다.
- 대학은 전일제수업을 실시하여, 시설과 인력을 최대한 활용한다.
- 대학입학 인원을 연차적으로 확대한다.
- 교육방송의 운영을 개선하여 교육전용방송을 실시한다.
- 개방대학 제도를 개설한다.
- 방송통신대학을 5년제로 하고, 교육대학을 4년제로 한다.
- 교육세를 받아서 교육재정을 확보한다.
- 대학시설을 확충하고 교원의 처우를 개선한다.
- 정부, 산업체의 고용정책을 개선하는 등 장기 대책과 사회 대책을 추진한다.
- 과열과외 해소를 위한 전 국민운동을 전개한다.

둘째, 1980년대는 좌경급진이론들이 지식인과 대학생들 사이에 퍼지면서 우리 사회는 우방국인 미국까지도 심각히 비방하는 등 이데올로기적 갈등이 심화되는 현상을 보였다. 이에 정부에서는 이데올로기교육연구회를 전국 4년제 대학에 설치하고 문교부 공무원을 현지에 파견하는 등의 노력을 하였다.

셋째, 평생교육체제가 확대되었다. 제5공화국 헌법 제29조 제5항에 "국가는 평생교육을 진흥해야 한다."라고 명시된 이후, 평생교육과 관련된 각종 법령이 제정되고 각종 교육기관이 설치되었다. 대표적으로 「유아교육진흥법」이 시행됨으로써 유치원 취학률이 높아졌고, 교육전문방송망의 확충으로 방송통신고등학교와 방송통신대학교를 통한 교육의 기회가 확대되었다.

5) 1990년대 이후의 한국 교육

1990년대는 냉전체제가 종식되고, 세계화 속에서 모든 국가가 국가경쟁력을 높이기 위해 교육개혁에 열을 올리던 시기다. 우리나라도 1993년에 문민정부가 들어서면서 5 · 31 교육개혁안을 제시하면서 세계화 · 정보화 시대를 주도하는 경쟁력 있는 교육을 실현하기 위해 노력하였다.

1990년대 이후 우리나라의 교육의 특징을 살펴보면 다음과 같다.

첫째, 의무교육의 연한이 중학교까지 확대되었다. 중학교 무상의무교육은 1985년부터 도서 · 벽지를 대상으로, 1994년부터는 읍 · 면 지역까지 확대되어 시행되었으나, 국가의 재정 부담으로 전국적인 시행은 지연되고 있었다. 하지만 2002년부터는 전국 단위로 확대되었고, 2005년에는 중학교 3학년까지 전면 실시되었다.

둘째, 1997년 제7차 교육과정은 1955년에 1차 교육과정이 제정된 이래 일곱 번째로 개정된 국가수준의 교육과정으로서 현재까지 초 · 중등학교에 적용되고 있다. 7차 교육과정의 개정은 "21세기의 세계화 · 정보화시대를 주도할 창의적인 국민 육성"을 목적으로 시행되었다. 7차 교육과정은 1~10학년까지는 국민공통기본 교육과정으로, 11~12학년까지는 학생선택중심 교육과정으로 구성되었으며, 교육내용 및 방법을 진로와 적성에 맞게 다양화하고 학교 고유의 재량활동학습을 포함했다는 특징을 지니고 있다.

셋째, 고등교육이 보편화되었으며, 우수인재 양성을 위한 지속적인 노력이 진행되고 있다. 현재 우리나라는 세계에서 대학진학률이 가장 높은 나라 중 하나가 되었다. 많은 나라들은 '전쟁으로 폐허가 된 나라가 50년 만에 선진국 대열에 들어선 비밀'이 높은 교육열에 귀인한다고 여기고 있다. 국가적으로도 BK21(Brain Korea 21)사업, 지방인재 육성사업(NURI), 의 · 치의학 · 법학 · 경영 전문대학원의 도입, 대학구조 개혁 등 우수인재 양성을 위한 지속적인 노력이 이루어지고 있다.

┃참고문헌┃

김영서(2009). 한국의 영어교육사. 서울: 한국문화사.

김창환(2000). 체육학대사전. 전주: 민중서관.

김회용, 노재화, 방선욱, 송선희, 신봉섭, 이병석(2014). 교육학개론(개정판). 경기: 양서원.

남궁용권, 김노연, 김남근, 최옥련(2013). 이해하기 쉬운 교육의 역사와 사상. 경기: 형설출판사.

박효선(2009). 한국군의 평생교육 변천과정에 관한 평가분석 연구. 중앙대학교 대학원 박사학
　　　위논문.

백과사전부(1997). 두산백과. 서울: 두산잡지BU.

서울대학교 교육연구소(2011). 교육학용어사전. 서울: 하우동설.

성태제, 강대중, 강이철, 곽덕주, 김계현, 김천기, 김혜숙, 봉미미, 유재봉, 이윤미, 이윤식, 임웅,
　　　홍후조(2012). 최신 교육학개론(2판). 서울: 학지사.

신득렬, 이병승, 우영효, 김회용(2014). 쉽게 풀어 쓴 교육철학 및 교육사(3판). 경기: 양서원.

조경원, 김미환, 최양미, 장선희, 정광희(2014). 교육철학 및 교육사. 경기: 교육과학사.

최덕교(2004). 한국잡지백년 3. 서울: 현암사.

편집부(1991). 한국민족문화대백과사전. 경기: 웅진출판주식회사.

피정만(2010). 한국교육사 이해. 서울: 하우.

공공누리 사이트. www.kogl.or.kr

네이버. 지식백과(한국학중앙연구원 한국민족문화대백과). http://terms.naver.com

교육의 철학적 이해

 제1절 교육철학에 대한 이해

　　교육학이 여러 분과 교육과학으로 분화되기 전에는, 교육학 자체가 대체로 사변적
(思辨的)이고 철학적인 성격을 지녔기 때문에 별도로 교육철학이라는 분야가 존재하
지 않았다. 그러나 19세기 말부터 교육에 대한 경험과학적 연구가 활성화되면서 교육
학이 교육심리학, 교육사회학 등 여러 교육과학으로 분화되자, 교육의 본질적 의미와
기본적인 문제를 구명(究明)하려는 철학적인 노력이 일어났다. 교육철학이 독립된 교
육학의 분과로 자리 잡은 시점은 1941년에 미국의 교육철학회가 설립된 때로 볼 수 있
으며, 이후 「교육이론(Educational Theory)」 등 전문 학술지들이 발간되면서 본격적으
로 발전하였다(성태제 외, 2012 재인용).

1. 교육철학의 개념

　　일반적으로 교육철학은 교육의 개념, 목적 등과 같은 교육 현상이나 교육 원리를 철
학적 방법으로 분석 및 연구하는 학문으로 알려져 있으며, '교육 목적' '교육관' '교육사
상'과 같은 의미로 사용되기도 한다. 하지만 교육철학의 의미를 좀 더 엄격히 구분하고
자 하는 학자들 사이에서는 크게 두 가지 관점으로 구분될 수 있다. 이 두 관점은 바로
'지식체계'로서의 교육철학과 '탐구 활동'으로서의 교육철학이다.

지식체계로서의 교육철학에서는 루소, 페스탈로치 등의 교육사상 혹은 진보주의, 본질주의와 같은 교육이론을 주로 다루면서 교육에 관한 포괄적이고 체계적인 접근을 시도한다. 반면, '탐구 활동'으로서의 교육철학에서는 철학을 '체계'가 아닌 '활동'으로 여기면서 여러 가지 현실적인 교육 문제를 근본적인 차원에서 평가하고 탐구하는 활동을 하게 된다. 하지만 후술되는 교육철학의 기능을 통해 알 수 있듯이, 오늘날 교육철학은 두 가지 관점을 모두 받아들여 각 관점에 따라 기능을 발휘하는 경향을 보인다(김회용 외, 2014).

2. 교육철학의 영역

교육철학의 영역은 존재론, 가치론, 인식론의 세 가지로 구분될 수 있다(서울대학교 교육연구소, 2011; 신득렬 외, 2014).

존재론(ontology)은 형이상학(metaphysics)으로도 불리는데, '존재'의 궁극적 실체와 본질을 파헤치고자 한다. 다시 말해, 사물을 바라볼 때, 진실로 존재하는 것은 무엇이며, 그 존재는 무엇으로 구성되었는지를 밝히고자 한다. 존재론에 대한 이해도를 높이기 위해 존재론과 타 학문들(과학)과의 차이를 살펴보자면 다음과 같다. 예를 들어, 경제학은 경제사상을 성립시키는 경제 법칙을 연구하고, 물리학은 물리사상을 성립시키는 물리 법칙을 연구한다. 이처럼 과학은 학문 자체 혹은 본질보다는 존재하는 것의 일부분을 연구한다. 이에 반해 존재론은 부분적인 지식이 아니라 보편적이고 전체적인 개념과 구조를 탐구한다. 즉, 존재하는 것을 존재하는 것으로 여기는 것에 관한 궁극적인 근거를 탐구한다. 존재론에서는 사물의 구성을 하나로 보는 일원론자, 2개로 보는 이원론자, 3개 이상으로 보는 다원론자가 존재한다. 교육철학으로서 존재론에서는 '교육의 실체는 무엇이며, 교육은 무엇으로 구성되어 있는가?'와 같은 질문을 던지면서 교육의 본질에 관한 탐구가 이루어진다.

가치론(axiology)은 심리학·사회학·윤리학 등의 다양한 분야에서 다루어지는 '가치의 본질·기준·유형 등에 관한 이론'으로서, '가치 있는 것은 어떤 것인가'에 관해 탐구하고, '가치를 통해 우선순위를 정하는 것'에 관심을 가진다. 가치론의 기원은 플라톤(Platon)의 이데아(선의 이데아)이론과 이를 발전시킨 아리스토텔레스(Aristoteles)의 이론에서 찾을 수 있으며, 이후 에피쿠로스(Epikuros) 학파와 스토아(Stoa) 학파의 최고선(summum bonum)에 관한 탐구, 아퀴나스(T. Aquinas) 등의 기독교 철학, 칸트의

종교적 · 도덕적 · 심미적 가치에 관한 접근 등을 통해 발전하였으며, 19세기에 경험과
학이 발전되면서부터는 가치의 형이상학적 성격보다는 다양성과 상대성을 강조하는
방향으로 발전하였다. 교육철학으로서 가치론에서는 '좋은 교육은 무엇인가'와 같은
질문을 던지면서 교육의 가치에 관한 탐구가 이루어진다.

  인식론(epistemology)은 '지식론'으로도 불리는데, 앎(to know)의 과정에 대해 관심
을 가지며, '어떻게 아는지' '안다는 것은 무엇인지'에 대해 탐구한다. 인식론은 다시 합
리론과 경험론으로 나누어지는데, 두 이론 모두 '인식을 통해 지식과 진리를 발견'한다
는 점에서는 합의를 이루고 있으나, 인식의 기원을 보는 입장에서는 차이를 보인다. 합
리론(rationalism)은 비합리적이고 우연적인 것을 배척하고, 참된 인식은 인간이 선천적
으로 타고난 이성을 토대로 논리와 추리를 통해 얻어지는 것으로 본다. 반면 경험론
(empiricism)에서는 후천적 경험을 토대로 오감을 사용하는 관찰과 실험을 통해 참된
인식을 얻는다고 본다. 교육에 있어서 합리론은 논리학과 수학에서와 같이 이성적인
판단하에 이루어지는 논리적 과정을 통해 학습이 이루어진다는 관점을 취하고, 경험론
에서는 과학에서와 같이 경험 가능한 과학적 절차를 통해 진정한 학습이 가능하다는
관점을 취한다.

〈표 3-1〉 **합리론과 경험론의 비교**

구분	합리론	경험론
공통점	인식을 통한 지식과 진리의 발견	
인식의 근원	이성	경험
인식의 과정	논리와 추리	관찰과 실험
대표적 학문	논리학, 수학	과학

3. 교육철학과 교육과학의 비교

  교육철학을 교육과학과 비교하는 것은 교육철학을 이해하는 데 도움을 준다. 일반
적으로 교육과학은 교육을 사회적 사실로서 파악하고, 이를 과학적 방법을 이용하여
실증적으로 연구하는 학문으로 정의되며 '교육학' 단어와 혼용되어 쓰이기도 하는데,
이와 같은 과학적 접근은 우리에게 더 익숙한 방법론이다.

  교육철학과 교육과학의 차이를 몇 가지 관점에서 살펴보면 다음과 같다(신득렬 외,

2014).

첫째, 탐구 대상의 차이다. 교육과학의 탐구 대상은 '교육적 사실'인 데 반해, 교육철학의 탐구 대상은 '교육적 의미'다. 구체적으로, 교육과학은 교육적 사실이나 현상을 조작적으로 정의하고자 하는 데 관심을 갖고, 어떤 법칙을 발견하거나 교육내용 및 방법 등에 관해 설명하려 한다. 반면, 교육철학은 교육에 관한 일상적 의미와 규범적 의미를 탐구한다. 일상적 의미를 탐구한다는 것은 사람들이 일반적으로 사용하는 교육에 관한 말의 의미를 탐구하는 것으로써, '교육'이라는 말의 본질적인 의미나 '교육과 훈련'의 차이점과 공통점 등을 탐구하는 것을 예로 들 수 있다. 규범적 의미를 탐구한다는 것은 교육적 가치나 당위에 대해 탐구하는 것으로써 '왜 교육을 해야 하며, 어떻게 하는 것이 옳은가' 등에 대한 탐구라고 할 수 있다.

둘째, 기능의 차이다. 교육과학은 교육적 사실을 과학적인 방법으로 밝힘으로써 교육적 사실이나 현상을 설명, 예언, 통제하는 데 관심을 갖지만, 교육철학은 의미를 분석하여 특정 입장을 비판하거나 옹호하는 데 관심을 갖는다.

셋째, 다루는 명제의 차이다. 교육과학은 인간의 오감을 통해 참과 거짓을 판별할 수 있는 경험적 명제 혹은 사실적 명제를 다루지만, 교육철학은 말의 의미에 대한 분석을 통해 참과 거짓을 구별할 수 있는 개념적 명제 혹은 가치나 당위성에 관한 근거나 타당성을 통해 참과 거짓을 구별할 수 있는 규범적 명제를 다룬다.

<표 3-2> 교육과학과 교육철학의 비교

구분	교육과학	교육철학
탐구 대상	사실, 현상	의미, 가치, 당위성
기능	설명, 예언, 통제	분석, 비판, 옹호
명제	경험적 명제	개념적 명제, 규범적 명제

출처: 신득렬 외(2014, p. 272).

4. 교육철학의 기능

오늘날 교육철학은 언어로 표현된 교육에 관한 다양한 개념이나 이론이 현실과 어떤 관련성이 있는가를 성찰하고 비판적으로 검토하는 실천적 활동으로 볼 수 있다. 이러한 실천적 활동을 통해 교육철학은 교육의 본질, 목적, 방법 등을 탐색하고, 새로운 교육관을 제시하면서 교육이론과 현실 사이에 일어날 수 있는 모순을 배제하는 역할을 한다. 교육철학의 기능을 비판적 탐구 활동으로 볼 때, 이는 대체로 사변적(思辨的) 기능, 평가적 기능, 분석적 기능, 통합적 기능의 네 가지로 구분될 수 있다(성태제 외, 2012).

1) 사변적 기능

사변적 기능이란 사유를 통하여 교육이론이나 교육문제에 대한 새로운 안(案)을 제시하거나 가치 있는 조언을 제공하는 사고 과정을 의미하는데, 새로운 안(案)이란 기존의 관점이나 생각을 뛰어넘거나 변화를 줄 수 있는 해결 방안, 설명체계, 문제해결 방향, 비전 등을 의미한다. 만일, 교육철학자가 '21세기에 적합한 교사관'에 대해 기존의 견해와 다른 새로운 관점이나 비전을 제시한다면, 이것을 사변적 기능의 예로 볼 수 있다. 이러한 사변적 기능은 종종 분석적 기능과 평가적 기능을 통해 도출된 자료를 체계화하여 새로운 대안이나 관점을 제시하는 형태로 시행되곤 한다.

2) 평가적 기능

평가적 기능은 규범적 기능이라고도 하며, 교육의 가치판단에 관한 것으로 어떤 기준이나 준거에 비추어 교육적 의미체계의 바람직성에 대해 평가하는 활동을 가리킨다. 즉, 평가자가 가진 특정 관점으로 교육과정, 교육 활동, 교육 현실 등의 확실성이나 합리성 혹은 한계나 문제점, 가치성 등을 밝히는 것을 의미한다.

3) 분석적 기능

분석적 기능은 교육적 의미체계를 구성하는 언어의 의미와 이에 포함된 논리적 근거를 명확히 밝히려는 것을 가리킨다. 교육이론이나 교육현장에서 사용되는 언어의 의미가 불분명할 경우 교육과 관련된 명확한 판단기준이 제시되기 어렵다. 따라서 교육에 관한 논의에 사용되는 개념들을 명료화할 필요성이 제기된다. 이때 교육철학은 언어의 논리적 분석을 통해 개념들이 갖는 모호성을 제거하여 의미를 명백히 하고 모순을 피하게 할 뿐만 아니라, 언어가 내포하고 있는 동기, 신념, 가정, 목적 등을 드러내고 이것이 올바르고 정확하게 사용되도록 하는 역할을 한다.

4) 통합적 기능

통합적 기능은 다양한 교육현상이나 교육에 대한 의미체계를 일관되고 포괄적인 관점을 통해 이해하려는 활동을 가리킨다. 이러한 통합적 기능이 중요한 이유는 특정 교육현상에 대해 일관성과 유기적 결합을 유지함으로써, 교육현상에 대한 편협한 이해를 피하고, 균형 잡힌 관점이나 대안을 제시할 수 있기 때문이다. 예를 들어, 국가교과과정 개편에 대한 견해는 교육행정학, 교육사회학, 교육심리학 등 교육학의 분과학문에 따라 다르게 평가되고 해석될 수 있는데, 교육철학은 상호 간의 관련성을 검토하여 교육이라는 테두리 내에서 통합된 관점을 제시한다. 이에 따라 사람들은 국가교과과정 개편에 대해 균형 잡힌 시각을 갖게 되며, 개별 분과학문들의 의미 역시 통합된 전체 안에서 유기적으로 결합된다.

 ## 제2절 20세기 전반 교육철학의 사조

교육철학의 사조란 "시대와 장소에 따라서 경향을 달리하는 교육사상의 흐름(서울대학교 교육연구소, 2011)"을 의미한다. 교육에 있어서 교육철학(사조)은 교육방법, 교육과정, 교육목표 등 교육과 관련된 제반요소에 강력히 영향을 미치게 되는데, 이 절을 공부하면서 교육철학이 교육에 미치는 영향력을 잘 이해하게 될 것이다. 역사 속에 나타난 교육사조의 변화를 통해, 특정 교육사조가 탄생하여 한 시대를 풍미하지만, 곧이어 그 사조가 갖는 한계점으로 인한 비판이 일어나고, 이러한 갈등은 새로운 사조를 탄생시키는 반복적 과정을 볼 수 있다. 이러한 갈등과정을 통해 교육철학이 발전되어 왔고, 이는 곧 교육의 변화와 발전에 직접적인 영향을 미쳐 왔다. 여기서는 먼저 20세기 전반에 미국을 중심으로 발전했던 진보주의, 본질주의, 항존주의, 재건주의 교육철학에 대해 알아보고자 한다.

1. 진보주의

1) 등장배경 및 개념

진보주의(progressivism)는 20세기 미국 교육을 대표하는 교육사상으로서 전통적인

킬패트릭(W. H. Kilpatrick)

듀이

교사 중심의 교육이 빚은 편협성과 형식주의를 비판하고 교육의 자유를 추구하였다. 진보주의는 모든 교육의 중심을 아동에게 두면서 아동의 전인격적 발달을 중시하였고, '행함을 통한 학습(learning by doing)'을 추구하였다. 즉, 아동은 현재의 경험을 통해 성장하므로 교육은 아동에게 삶에서 겪을 수 있는 문제상황을 제시하고 이를 해결하도록 하는 방식으로 아동의 성장을 도와야 한다는 것이다. 또한, 아동의 흥미를 일으키지 못하는 교육을 통해서는 학습이 일어나지 않으므로, 모든 학교교육과정은 학습이 아동의 흥미를 유발하는 방식으로 구성되어야 할 것을 주장하였다.

진보주의 교육운동은 1919년 듀이와 킬패트릭(W. H. Kilpatrick)을 중심으로 형식적인 전통적 교육에 회의를 느낀 교사, 교육학자, 심리학자들이 '진보주의 교육협회'를 결성함으로써 출발하였다. 이 협회는 아동의 자기주도성과 전인격적 발달을 중시하였으며, 학습방법으로는 체험과 실험을 강조하였다. 1930년대 초반에는 협회의 회원 수는 약 30만 명에 달하였으며, 협회를 중심으로 미국의 교육개혁 운동은 활발히 전개되었다.

2) 특 징

진보주의 교육협회는 다음의 일곱 가지 교육강령을 내세우면서 기존의 학교교육을 비판하였다(신득렬 외, 2014). 첫째, 아동에게 자연적으로 발달할 수 있는 자유를 부여해야 한다. 둘째, 아동의 교육에서 흥미가 학습의 동기가 되어야 한다. 셋째, 교사는 학생의 활동을 보조하고 조언하는 안내자로서의 역할을 해야 한다. 넷째, 아동 교육의 목적은 신체적 · 지적 · 도덕적 · 사회성을 포함하는 전인적 발달에 두어야 한다. 다섯째, 교육의 제일 목표를 건강한 신체 발달에 두어야 하며 이를 위해 학교는 쾌적한 인적 · 물적 환경을 제공해야 한다. 여섯째, 학교는 가정과 긴밀한 협력하에 아동의 생활에 만족을 주도록 해야 한다. 일곱째, 진보주의 학교는 실험학교로서 과학적인 연구를 통하여 교육운동을 주도하는 역할을 해야 한다.

우리나라는 광복 후 교육정책의 기본 이념을 진보주의로 채택하고, 1950년대 초반까지 교육민주화를 이루기 위한 교육개혁운동을 펼쳤는데, 이를 새교육운동이라 한다. 1948년 8월에 미국의 교육자들이 우리나라에 중앙교육훈련소(中央教育訓鍊所)를 개설하여 약 2개월간의 기간 동안 민주주의를 이해하도록 하는 목적으로 400여 명을 교육하였다. 당시 교육된 과목은 교육철학, 인간발달, 사회생활, 체육보건, 언어기술, 학교행정, 과학교육, 수학교육, 과외활동 등이었으며, 교육 진행은 강의, 시청각교육, 견학, 시찰 등 다양한 방식으로 이루어졌다. 이러한 미국의 도움은 우리나라 교육자들이 새교육을 이해하는 데 많은 도움을 주었다.

3) 비판점

진보주의는 미국 교육에 큰 영향을 미쳤으나, 본질주의자와 항존주의자들부터 많은 비난을 받았다. 특히 미국보다 먼저 소련이 1957년에 최초의 인공위성인 스푸트니크(Sputnik) 1호 발사에 성공하자, 미국에서는 진보주의 교육방식의 문제로 과학기술의 수준이 소련에 비해 뒤떨어진 것이 아니냐는 비난이 일어났다.

진보주의 교육에 대한 비판을 정리해 보면 다음과 같다(신득렬 외, 2014). 첫째, 아동을 지나치게 존중한 나머지 어려운 교과목을 가르치지 않는다. 둘째, 지나치게 자유를 중시하여 목표가 명확하지 않은 교육이 시행되었고, 교육방식이 비효율적이다. 이로 인해 미래를 대비하는 경쟁력 있는 교육이 이루어지지 않았다. 셋째, 민주주의 교육방식을 지나치게 강조한 나머지 우수인재 양성에 소홀하였다.

2. 본질주의

1) 등장배경 및 개념

버글리(G. Baglery)

본질주의(essentialism)는 미국에서 1930년대에 항존주의와 더불어 진보주의를 비판하면서 등장한 교육사상이다. 본질주의 사상가 버글리(G. Baglery) 등은 1938년 '미국 본질주의 교육개혁위원회'를 결성하면서 발전하였다.

본질주의자들은 진보주의자가 지나치게 아동의 흥미와 자유를 중시한 나머지 인류가 쌓아 온 문화적인 전통의 전달을 망각하는 것에 대해 비판하였다. 본질주의적 관점에서 교육과정이란 인류의 문화적 전통 중에서 중요하면서 본질적인 것을 선정하여 배우기 쉽게 조직한 것이며, 이러한 내용이 교과서에 반영되어 전수되어야 한다는 입장을 취한다. 본질주의가 문화유산을 중시하지만, 이 것을 영원불변한 것으로 여기지는 않는다는 점에서 항존주의와 차이가 있으며, 진보주 의에 대해서는 권위와 전통을 망각하는 것에 대해서는 비판적이지만, 어느 정도 아동 의 흥미와 자유를 존중한다는 입장에서는 비슷한 측면이 있다. 이 점을 볼 때 본질주의 는 진보주의와 항존주의 사이에서 중간적인 입장을 취하는 것으로 분석된다(성태제 외, 2012).

2) 특 징

본질주의자들이 주장하는 교육의 기본 원리는 다음과 같다(김회용 외, 2014). 첫째, 학습은 본질상 어려운 내용과 강한 훈련을 수반하는 것이어야 하며, 엄격한 훈련을 통 해서도 흥미는 일어날 수 있다. 따라서 학습자들은 내키지 않는 경우에도 학습을 해야 한다. 둘째, 교육의 주도권은 학생보다 교사에게 있어야 한다. 아동은 스스로를 주도 할 만큼 충분히 성장하지 않았으므로, 아동이 잠재능력을 충분히 발휘하려면 보다 전 문적 지식을 갖춘 교사의 지도와 감독이 필요하다. 셋째, 학교는 전통적인 수업방식을 유지하면서 역사, 지리, 문법, 과학, 예술, 국어, 외국어, 수학, 문학, 자연과학, 종교 등 의 고전과목을 가르쳐 지적 필요를 충족시켜야 하며, 생활에 기본적으로 필요한 읽기, 쓰기, 셈하기를 철저히 교육해야 한다. 넷째, 문화유산의 전수 없이는 인류의 발전을 기대할 수 없다. 따라서 교육을 통해 이것이 후대에 전달되어야 한다.

3) 비판점

본질주의는 인문과학과 자연과학을 위주로 한 문화유산의 전달이라는 중요한 기능 을 수행하였으나, 사회과학을 등한시했다는 점과 사회개혁을 위한 교육에 관한 논의가 부족했다는 점에서 비판을 받았다. 본질주의에 관한 주요 비판을 정리하면 다음과 같 다(신득렬 외, 2014). 첫째, 본질주의자들은 상대적으로 체계화가 잘된 자연과학을 가장 중시한 나머지, 사회과학을 경시하였다. 사회과학은 진보주의자들이 중시하였는데, 본질주의자들이 사회과학을 경시한 것이 진보주의에 대한 저항 때문인 것으로 받아들 여져 더욱 비판을 받았다. 둘째, 교사의 역할을 강조함으로써 학생의 자발적 참여, 비 판적 사고, 협동학습에 대해 소홀히 하였다. 셋째, 삶에 있어서 하나의 수단인 기술의 전수를 중시하였으나, 영원한 진리나 정신적 가치에 대한 부분을 다루지 않았다. 넷째, 교육이 어떻게 사회를 혁신하고 사회문제를 해결할 수 있는가에 대한 고민이 부족했다.

3. 항존주의

1) 등장배경 및 개념

허친스(R. M. Hutchins)

아들러(A. Adler)

항존주의(perennialism)는 1930년대에 허친스(R. M. Hutchins)와 아들러(A. Adler) 등이 당시 활발히 일어났던 미국의 진보주의 교육사상에 반기를 들고 주장했던 교육철학이다. '페르(per)'라는 라틴어가 '불변' '영원'을 의미하듯이, 항존주의는 절대적이고 불변하는 진리가 존재하며, 교육은 이러한 진리를 추구해야 한다고 제시한다. 따라서 항존주의자들은 진보주의가 가정하는 자연주의나 교육의 세속화에 반대하고 보편적 진리 습득, 지적 훈련, 고전학습의 필요성을 주장하였다.

항존주의자들은 시대에 따라 사회문화적 환경이 끊임없이 변화함에도 절대불변하는 진리가 존재하며, 이성을 통해 이것을 획득할 수 있다고 본다. 따라서 세속주의와 물질주의적 성향을 띤 진보주의와 본질주의에 반대하고, 탈세속주의, 정신주의를 견지한다.

항존주의를 대표하는 학자라고 할 수 있는 허친스는 1925년 26세의 나이에 시카고 대학교 법과대학 교수가 되었다. 그는 도구주의에 물든 미국의 법학교육을 신랄하게 비판하였고, 30세에 총장으로 선임되면서부터 물질문명으로 가득했던 대학을 지성교육의 장으로 만들기 위해 22년간 개혁을 시도하였다.

허친스는 아들러 교수와 함께 1930년에 시카고 대학교 역사상 '가장 위대한 실험'으로 불리는 위대한 저서 읽기(The Great Books: GB) 프로그램을 11년 동안 시행하였는데, 그는 과거 각 시대에서의 위대한 전통을 공부함으로써 학생들이 진리를 발견하게 된다고 보았다. GB 프로그램에서 허친스는 시카고 대학교 학생들을 위한 위대한 저서들을 선정하고 대학생들과 함께 책을 읽고 토론하였으며, 이때 나누는 대화를 '위대한 대화(Great conversation)'라고 지칭하였다. GB 프로그램은 오늘날까지 시카고 대학교의 소중한 전통으로 남아 있을 뿐만 아니라, 미국의 모든 초·중등학교에서 GB를 기초로 한 위대한 저서 읽기 프로그램을 실시하고 있으며, 각 지역사회에 개설된 많은 성인독서클럽에서 GB 프로그램을 이수하고 있다.

2) 특 징

항존주의에서 인간은 이성의 계발을 통하여 인간다운 삶을 영위할 수 있으므로, 자유교양교육을 통한 이성의 계발을 교육적 이상으로 생각하였다. 이는 고대 그리스의 플라톤, 아리스토텔레스 등의 철학자들이 추구하였던 지식관과 비슷한 맥락을 지닌다. 또한 항존주의자들은 교육의 내재적 목적을 도덕성 함양, 선(善)에 대한 이해, 자유인 양성으로 보았고, 외재적인 목적은 생계 유지와 같이 교육을 수단으로 얻을 수 있는 것들로 보았다. 그리고 이 둘이 상호조화를 이루어야 하지만 내재적인 목적이 우선시되어야 한다고 주장하였다.

3) 비판점

허친스를 필두로 한 항존주의 철학은 당시 절대적 가치를 잃고 있었던 미국 사회에 많은 반향을 불러일으켰지만, 지나치게 이상적이어서 현실과 동떨어져 있다는 비판을 받았다. 항존주의에 관한 몇 가지 비판을 정리하면 다음과 같다(신득렬 외, 2014). 첫째, 개성과 다양성을 존중하는 민주주의와 걸맞지 않게 유일하고 절대적 가치만을 추구하였다. 둘째, 고전을 지나치게 강조한 나머지 현실과 미래를 위한 학문에 대한 관심이 부족하였다. 셋째, 지적인 훈련을 강조함으로써 지적으로 열세한 사람들에 대한 배려가 부족하였다는 측면에서 귀족적이고 주지주의적이다.

4. 재건주의

1) 등장배경 및 개념

재건주의(reconstructionism)는 미국을 비롯한 세계의 문명이 사상·가치관의 혼란 등으로 심각한 위기에 직면해 있으며, 기존의 교육으로는 이러한 현실을 극복할 수 없다는 위기의식에서 출발되었다. 대표적 재건주의 철학자인 브라멜드(T. Brameld)는 진보주의는 현재, 항존주의는 과거, 본질주의는 과거와 현재의 중간을 지향하므로 모두 바람직한 미래사회를 건설하는 데 적합지 않다고 인식하고 재건주의 철학을 전개하였다.

재건주의는 자유와 평화가 정착된 민주주의 사회를 건설하는 것을 지향하며, 이를 위해 교육이 중추적인 역할을 담당하여 학생들이 사회문제 해결에 관심을 갖고 주도적으로 참여하게 되기를 추구한다. 다시 말하면, 재건주의의 교육목적은 사회체계 내에서 타인과의 협력 관계 속에서 개인의 잠재력과 가능성을 실현하는 '사회적 자아실현(social self-realization)'인데, 이것이 곧 교육의 사회적 역할이며, 이를 통해 사회 개혁이 가능하다는 관점을 취한다.

2) 특 징

재건주의자들은 사회적 자아실현에 필요한 '인류 문화의 현실에 대한 이해'와 '문화 재건의 목적 · 방법' 등을 골자로 하는 교육내용을 제안하고, 이를 가르칠 수 있는 우수한 교사가 필요하다고 보았다. 또한, 교육의 목적과 방법을 결정함에 있어서 행동과학을 통해 증명된 방법을 사용할 것과 학습방법으로 직간접적인 경험, 정확한 의사소통을 위한 언어와 예술 활동, 협력학습을 제안하였다.

3) 비판점

재건주의는 사회적 자아실현을 통해 현대사회의 위기를 극복하고 건설적인 미래사회를 만들고자 하는 미래지향적 교육을 지향한다는 측면에서 이상적이지만, 재건주의에 대한 비판의 목소리도 있는데, 몇 가지를 정리해 보면 다음과 같다. 첫째, 재건주의 교육을 통해 건설하고자 하는 미래사회에 대한 구체적인 논의가 부족하다. 복잡다양하고 변화무쌍한 현실에서 지향해야 할 개혁의 방향은 무엇인지, 개혁을 위해 필요한 능력은 무엇인지 등에 관한 내용이 다루어지고 있지 않다. 둘째, 학생들을 사회문제 해결에 적극적으로 연결시키는 것이 바람직한지 등에 관한 의문점을 자아낸다. 학교기관에서 교육 중인 학생들은 대체로 정신적 · 신체적인 성숙 과정에 있으므로, 아직 사회의 문제에 대한 옳고 그름을 판단하기에는 이른 측면이 있다. 그럼에도 교육에서 사회문제를 다룬다면 자칫 사회에 대해 편협하거나 부정적인 시각을 갖게 될 가능성이 있다. 셋째, 행동과학을 지나치게 신뢰한다. 인간은 기계와 달리 매우 복잡한 존재로서, 인간 행동을 제어하거나 관리할 수 있는 일반적 법칙을 규명하는 것은 어려운 일이다. 따라서 행동과학으로 인간의 삶의 목적이나 가치 등을 모두 설명하려는 접근은 불충분하다.

[그림 3-1] 20세기 전반 교육철학 사조의 개념적 흐름
출처: 신득렬 외(2014, p. 310).

제3절 20세기 후반 교육철학의 사조

20세기 전반의 대표적인 교육철학인 진보주의, 본질주의, 항존주의, 재건주의는 교육철학을 독자적 학문영역으로 구축할 만큼의 체계를 지니지 못했다는 비판을 받았다. 이에 20세기 후반에는 교육에 대한 새로운 해석과 더불어 교육철학을 독자적 학문영역으로 발전시키려는 움직임이 일어났다. 20세기 후반의 대표적 교육철학인 실존주의 교육철학, 분석적 교육철학, 비판적 교육철학, 포스트모더니즘 교육철학의 등장 배경과 주요 내용에 대해 살펴보도록 하자(신득렬 외, 2014, 조경원 외, 2014).

1. 실존주의 교육철학

1) 실존주의 철학의 등장배경

실존주의 철학은 "존재 혹은 실존(existence)의 의미와 기능을 밝히려는 철학적 입장(서울대학교 교육연구소, 2011)"으로서 19세기의 합리주의적 관념론과 실증주의에 대한 비판에서부터 시작되었다. 제1·2차 세계 대전을 치르면서 사람들은 많은 불안감을 겪게 되었고, 기존의 사회질서나 가치 등에 대한 회의감을 갖게 되었다. 이러한 움직임은 사람들로 하여금 자신의 내면을 바라보는 것의 중요성을 일깨웠는데, 바로 개인의 내면을 '실존(existence)'으로 개념화한 것이 실존주의 철학의 시작이자 핵심이라고 할

사르트르(J. P. Sartre)

수 있다.

　실존주의 철학의 대표자 중 하나인 프랑스의 사르트르(J. P. Sartre)는 "실존이 본질(essence)에 앞서며, 실존은 곧 주체성(subjectivity)"이라고 주장하였다. '실존이 본질에 앞선다.'는 의미는 명확한 존재 목적을 갖고 만들어진 사물과 달리, 인간의 존재 목적은 단적으로 규정하기 어려우며, 인간은 지금 실존하면서 자신의 선택과 결단을 통해 자신의 본질을 형성해 나간다는 입장을 의미한다. '실존이 곧 주체성'이라 함은 인간은 객관적인 존재가 아니라 개개인의 자각, 선택, 행동을 통해 실존하는 주체적인 존재임을 의미하고 있다.

2) 실존주의 교육철학

볼노우(O. F. Bollnow)

M. 부버(M. Buber)

　실존주의 철학을 교육과 연계해서 바라본 볼노우(O. F. Bollnow)와 부버(M. Buber) 등의 교육사상을 정리하면 다음과 같다.

　첫째, 교사는 일방적인 지식을 제공하기보다는 질문과 대화를 통해 학생이 삶에서 겪을 수 있는 여러 경험에 대해 깊이 사색할 수 있는 여건을 마련해 주어야 한다. 특히 학생들의 특성은 매우 다양하므로 각자의 특수성에 적합한 방식의 만남을 준비하는 것이 필요하다.

　둘째, 실존주의 철학에서 인간의 실존을 나타내는 자각, 선택, 행동들이 중시됨에 따라 교육에 있어서도 학생이 스스로 선택하고 책임질 줄 아는 의식을 발달시키는 것이 중요하며, 이를 위해 교육의 목적은 지식습득이 아니라 전인격인 성장이 되어야 한다.

　셋째, 학교의 핵심기능은 대화와 토론을 통해 학생들의 인격성장과 자아실현을 돕는 것이다. 따라서 학교는 교사와 학생들이 삶 속의 여러 선택에 관해 자유롭게 대화할 수 있는 곳이 되어야 한다.

　넷째, 교육의 주체는 학생이며, 교육에서 중요한 것은 학생들이 창의적이고 주체적인 인간으로 성장하는 것이다. 이를 위해서는 평상시 수업에서부터 학생이 주체가 되는 교육이 이루어져야 하며, 교사는 학생들이 주체적 인간으로 성장하는 것을 돕는 보조자와 조력자로서의 역할을 수행해야 한다.

2. 분석적 교육철학

1) 분석철학의 등장배경

분석철학(analytic philosophy)은 언어에 대한 분석을 통해 언어의 논리와 의미를 명확히 하고자 하는 철학적 움직임으로써, 추구하는 목표에 따라 논리 실증주의파(logical positivism)와 일상언어학파(ordinary language analysis)로 구분될 수 있다.

논리실증주의를 추구했던 슐리크(M. Schlick), 카르나프(R. Carnap) 등은 논리적 분석을 통해 여러 과학을 하나의 통일된 과학으로 설명하려는 시도를 하였으며, 아무리 의미 있는 명제라 할지라도 현실적으로 검증될 수 없다면 배제하려는 입장을 취했다.

비트겐슈타인
(L. Wittgenstein)

그러나 이들의 논리체계나 검증방식에 대해서는 다양한 비판이 존재하였다.

일상언어학파는 사람이 일상생활에서 사용하는 단어나 문장의 용법을 밝혀서 언어의 참뜻을 밝히려는 시도를 하였다. 일상언어학파의 대표적 학자인 비트겐슈타인(L. Wittgenstein)은 "이상적인 혹은 인공적인 언어"를 비판하면서, 사람들이 일상생활에서 사용하는 언어의 의미를 명료화함으로써 사람들의 삶을 이해하고자 하였다.

논리실증주의파와 일상언어학파가 추구했던 철학은 다르지만, 둘 다 가치와 규범에 대한 문제를 다루는 대신 언어의 의미에 관해 연구했다는 공통점을 지닌다.

2) 분석적 교육철학

1950년대 중반 이후 영국과 미국에서 시작된 분석적 교육철학은 교육철학의 연구에 획기적인 변화를 가져왔다. 분석적 교육철학은 학자에 따라 다양한 방식으로 연구되었지만, 대체로 교육적 용어나 개념들의 의미를 분명히 하고, 교육적 논리와 체계를 바로 세우고 정당화하는 면에서 많은 기여를 했다는 공통점을 가진다.

셰플러(I. Scheffler)

분석적 교육철학 분야의 대표적인 학자로는 영국의 피터스와 미국의 셰플러(I. Scheffler)를 들 수 있는데, 피터스는 교육에서 일상적으로 사용되는 용어들을 규범적 준거(normative criterion), 인지적 준거(cognitive criterion), 과정적 준거(procedure criterion)를 통해 분석함으로써 용어의 개념을 명확히 하고자 하였다. 피터스가 제안한 세 가지 준거에서 규범적 준거는 '교육은 가치 있는 내용을 전달해야 한다.'는 내용으로, 인지적 준거는 '교육을 통해 지식, 이해, 그리고 사물을 바라보는 안목을 얻어야 한다.'는 내용으로, 그리고 과정적 준거는 '교육은 학습자의 의지와 자발성을 통해 이루어져야 한다.'는 내용으로 요약될 수 있다. 한편, 셰플러는 그의 저서 『교육의 언어(The Language of Education)』(1960)에서 교육의 정의를 기술적 정의, 약정적 정의, 강령적 정의로 구분하여 제시하였고, 교육에서 사용되는 여러 가지 언어의 형태를 분석하면서 정확한 의미의 전달을 강조하였다. 이러한 영향으로 미국 교육철학계에서는 '교수(teaching)' '학습' '교육' '훈련' 등의 교육적 용어들에 대한 분석이 활발히 이루어졌다.

분석적 교육철학이 갖는 교육적 의의를 살펴보면 다음과 같다.

첫째, 분석적 방법을 통해 교육적 용어와 논리의 의미가 명료해짐으로써 기존에 다소 불분명했던 교육적 개념들이 정돈되었고, 이는 곧 교육철학이 독립적이고 객관적인 학문으로서 지위를 갖는 데 기여하였다.

둘째, 교육관계자들의 언어 사용과 사고에 실제적인 시사점을 준다. 예나 지금이나 우리 사회에서 교육에 관한 논의가 끊임없이 일어나고 있지만, 이때 사용되는 용어의 의미가 불분명하거나 통일되어 있지 않을 경우, 정확한 의사소통이 어려워지고 결국 논의에 관한 의미 있는 결론이 도출되기 어려워진다. 이러한 측면에서 분석철학적 사고는 교육관계자들에게 교육적 용어와 논리를 명확히 알고 사용할 것을 일깨워 준다.

셋째, 교육학에는 교육목적 측면에서 윤리학이 자리 잡고 있지만, 교육의 기능적 측면이 강조되면서 교육의 윤리적 측면에 대한 관심이 줄어들게 되었다. 이러한 시점에 교육에 있어서 상과 벌, 교육, 훈련, 자유, 권리 등에 관한 개념이 분석철학적 방법으로 분석됨으로써 정당한 교육을 위해 윤리적 접근의 중요성이 재인식되는 계기가 되었다.

3. 비판적 교육철학

1) 비판이론의 등장배경

비판이론(critical theory)은 헤겔(G. W. Hegel)과 마르크스(K. Marx) 철학에 기초하여 특정 학설에 매이지 않고 사회적 변혁과 해방을 논하는 학문적 경향을 가리킨다. 비판이론은 기본적으로 정치·경제·사회에서의 여러 제약이 인간의 자유와 주체성을 저해한다고 보고, 이들에 대한 분석과 비판을 통해 인간 및 사회의 해방을 달성하고자 한다.

초창기의 비판이론은 호르크하이머(M. Horkheimer), 프롬(E. Fromm), 마르쿠제(H. Marcuse), 아도르노(T. W. Adorno) 등으로 구성된 프랑크푸르트학파를 중심으로, 후기

에는 하버마스(J. Habermas)를 중심으로 전개되었다. 비판이론가들은 자본주의와 마르크스주의가 갖는 한계점을 동시에 신랄하게 비판하였으며, 인간의 삶을 마치 자연과학을 연구하듯이 객관적 법칙에 적용하여 설명하려는 사회과학적 연구 방법에 대해 문제를 제기하였다. 특히 이들은 실증주의자들의 입장에 반하여 이론은 객관적이거나 가치중립적일 수 없으며, 사회적 해방을 위한 실천과 연결되어야 한다고 주장하였다.

하버마스(J. Habermas)

2) 비판적 교육철학

비판적 교육철학은 주로 하버마스가 집대성한 비판이론에 기초하여 교육을 바라보는 학문적 경향을 일컫는 말로서, 대표적인 학자로는 프레이리(P. Freire), 애플(M. W. Apple), 파인버그(W. Feinberg) 등이 있다.

비판이론과 동일한 관점으로, 비판적 교육철학은 정치·경제·사회적 억압으로부터의 해방을 통해 인간의 자유로운 사고와 주체성 회복을 추구한다. 이에 따라 비판적 교육철학자들은 교육을 통해 불합리하고 왜곡된 사회적 요인을 찾아내서 분석 및 비판할 수 있는 능력,

프레이리(P. Freire)

문제를 해결할 수 있는 능력, 효율적인 문제해결을 위한 의사소통 능력이 계발되어야 함을 강조한다.

대표적인 비판적 교육철학자인 프레이리는 기존의 교육에 대해, 교사가 쌓아 놓은 지식을 학생에게 일방적으로 나누어 주기만 하는 '은행저축식 교육(banking education)'이라고 비판하면서, '의식화(conscientization)'교육을 통해 그의 비판적 교육이론을 핵심적으로 제시하였다. 여기서 '의식화'란 "한 개인 혹은 집단이 그가 처한 상황에 맹종하는 태도로부터, 지각을 통한 비판적 시각으로 현실적 제 모순에 대항해 그것을 극복하려는 태도로 변화하는 과정 또는 그러한 변화를 유도하는 작업(서울대학교 교육연구소, 2011)"을 의미한다. 프레이리에 따르면, 대다수의 민중은 피지배계층으로 살아온 것에 익숙하므로 불합리하고 모순이 많은 사회를 변화시킬 용기가 없으며, 오히려 이러한 환경을 숙명으로 받아들이고 있다. 이러한 상태가 개선되기 위해서는 사람들의 의식이 먼저 변화해야 하는데, 이때의 변화란 사람들이 사회적 모순에 대해 문제의식을 갖고, 그것을 해결하는 데 적극적으로 참여하는 것을 의미한다. 프레이리는 의식화 교육이 성공하기 위해서는 '문제제기식 교육'과 '교사와 학생 간의 자유로운 대화'가 전제되어야 한다고 강조한다.

비판적 교육철학이 갖는 교육적 특징 및 의의를 살펴보면 다음과 같다. 비판적 교육철학에 따르면, 첫째, 학습자는 수동적인 참여자가 아니라 능동적인 교육의 주체가 되어야 한다. 교사가 가진 지식을 학생에게 일방적으로 전달하는 방식은 바람직하지 않으며, 교사와 학생이 동등한 지위에서 대화하며 상호작용하는 것이 중요하다. 이러한 과정을 통해 학생은 사고력을 배양하게 되고, 주체성을 회복하게 된다. 둘째, 학습자는 비판적인 사고력을 기반으로 현실을 개선할 수 있는 사람이 되어야 한다. 사람은 많은 사회적 제약 속에서 해방되어 자유를 누리고 주체성을 회복할 권리가 있다. 이를 위해서는 현재 사회의 모순이 무엇인가를 파악할 수 있는 비판적 사고력을 갖춰야 한다. 따라서 교사는 학생들에게 다양한 현실적 문제 상황을 제시하고, 학생이 문제를 발견하고 해결하도록 하는 실제적인 교육을 제공해야 한다. 이러한 비판적 교육철학의 관점은 '자기주도성을 가진 인재양성'을 추구하는 오늘날의 교육에도 많은 시사점을 준다.

4. 포스트모더니즘 교육철학

1) 포스트모더니즘의 등장배경

포스트모더니즘(post-modernism)은 이성중심주의와 합리적 사상으로 대표되는 기존의 '모더니즘(modernism)'에서 벗어나고자 철학, 과학, 예술, 교육 등에서 나타나는 시대적 움직임으로, '후기 모더니즘' 혹은 '탈모더니즘'으로도 불린다. 모더니즘이라 함은 대체로 18세기 계몽주의시대로부터 20세기 산업사회시대까지 풍미했던 이성과 경험 위주의 근대적 사고를 일컫는 말인데, 포스트모더니즘은 바로 이러한 근대적 사고

지루(H. A. Giroux)

에서 나타나는 보편성, 합리성, 객관성, 권위주의적 제도 등에 반기를 들고 탈권위주의, 다양성, 상대성을 추구하고자 한다.

역사적으로 포스트모더니즘은 1960년대에는 건축, 예술 분야에서 주로 논의되었으며, 1970년대에는 리오타르(J. F. Lyotard), 푸코(M. Foucault), 로티(R. Rorty)를 중심으로 철학, 사회학 등에서, 1980년대에는 지루(H. A. Giroux), 매클래런(P. Mclaren)을 중심으로 교육학에까지 확대되어 논의되었다.

2) 포스트모더니즘 교육철학

1980년대 말, 포스트모던 교육학이라는 용어를 처음 사용한 미국의 지루는 학교는 학생들의 다양성을 존중해야 하며, 사회를 변화시킬 수 있는 다원적 사고를 할 수 있는 학생을 배출해야 한다고 주장하였다.

포스트모더니즘 교육철학이 갖는 특성과 의의를 살펴보면 다음과 같다. 포스트모더니즘 교육철학에 따르면, 첫째, 전통적인 교육에서 교육내용은 주로 공교육 제도하에 보편타당하고 객관적인 지식 위주로 구성되었다. 그러나 사실상 지식은 성격상 보편타당하고 객관적이기보다 사회 · 문화적 맥락에 따라 상대적인 성격을 지니고 있으며, 지금까지 교육내용의 주류(mainstream)에 들지 못한 다양한 가치, 신념, 문화 등에 관한 내용도 실제 삶에서 매우 중요하게 작용한다. 따라서 기존의 교육내용 자체를 재구성할 필요가 있다.

둘째, 현재 교과목 위주로 단일화된 교육과정은 학생의 다양한 관심과 가치를 반영하고 있지 못하므로, 학생들의 관심, 가치, 흥미 등이 반영된 교과과정으로의 변화가 필요하다. 교과과정을 계획할 때, 학생들을 참여시키는 것 또한 좋은 방법이다.

셋째, 전통적인 교육에서 학생은 미성숙하므로 교사가 공급하는 지식을 단순히 받아들여야 하는 수동적인 존재로 인식되는 경향을 보인다. 그러나 사실 학생들은 지식

을 재해석하고 재창조할 수 있는 잠재력을 지닌 존재이므로, 능동적인 교육의 주체로 인식되는 것이 바람직하다.

넷째, 전통적인 교육에서는 주로 지식의 주입이라는 방법으로 교육이 이루어졌는데, 이로 인해 학생들은 무비판적이고 수동적인 태도를 갖게 되었다. 비판적 사고력, 창의성, 능동성을 갖춘 인재를 양육하기 위해서는 교사와 학생, 학생들 간 활발한 대화와 토론, 그리고 협동학습이 이루어져야 한다.

포스트모더니즘 교육철학은 교육에 관한 기존의 고정관념에서 벗어나 새로운 관점으로 교육을 바라보면서, 기존 교육에 대한 성찰과 변화를 자극한다는 측면에서 교육적 의의를 발견할 수 있다. 그러나 이론적 체계가 미흡하고 가치판단에 관한 뚜렷한 기준이 부재하여 자칫 교육의 질서를 흐트러뜨릴 수 있는 위험성을 안고 있다.

📝 제4절 대표적 교육철학자

삶과 교육의 구분이 없었던 고대로부터 교육의 중심에 학교가 서 있는 오늘날에 이르기까지 교육은 지속적으로 발전해 왔다. 이러한 교육의 발전에 많은 교육철학자 혹은 교육사상가들이 기여해 왔다. 여기에서는 대표적인 몇몇 교육철학자의 삶과 철학을 다루고자 한다. 이들의 철학에 대한 이해는 교육에 대한 이해를 보다 심도 있게 할 것이다(고려대학교 교육사철학연구모임, 2009).

1. 코메니우스

코메니우스

코메니우스(J. A. Comenius, 1592~1670)는 1592년 남(南) 모라비아에서 출생하여 성장하였으며, 성직자가 되고자 독일로 건너가 헤르본 대학교와 하이델베르크 대학교에서 수학하였다. 그는 대학에서 공부하면서, 당시 만연했던 형식적인 문자 위주의 교육에서 벗어나 근대적 교육을 시행해야 할 필요성을 절감하게 되었으며, 범지학(汎

知學, pansophia)*적 교육철학을 갖게 되었다. 이후 코메니우스는 폴란드, 헝가리, 스웨덴, 네덜란드에서 활동하면서 서적 집필, 교재 개발 등의 교육적 활동을 펼쳤다. 이 과정에서 그림이 포함된 최초의 교과서인『세계도해』, 최초의 교육학 이론서인『대교수학』등이 탄생하였다. 코메니우스의 교육사상이 갖는 특성과 교육학적 의의에 대해 살펴보면 다음과 같다(고려대학교 교육사철학연구모임, 2009).

첫째, 코메니우스는 당시 사회적으로 배척되었던 장애인을 포함한 모든 사람에게 전인교육이 필요하다고 주장하였다. 코메니우스에 따르면, 전인교육을 위해서는 '지식-덕성-신앙'이 조화롭게 발달되어야 하며, 아동기에서 성인으로 성장하면서 지식의 영역이 확대된다 할지라도 '지식-덕성-신앙'을 중핵으로 하는 지식체계를 구성하여야 한다.

둘째, 학습자 중심의 교육을 제안하였다. 그가 제안한 것에 따르면 다음과 같다.

- 어린 시절의 교육은 오랫동안 기억에 남으므로 성장단계에 따라 체계적으로 이성, 언어, 행동을 계발시키는 교육이 이루어져야 한다.
- 좋은 교재는 학생들의 즐거움을 유발할 수 있도록 수준별로 제작되어야 하며, 대화형식으로 구성하는 것이 좋다.
- 잘못에 대한 적절한 벌은 필요하지만, 극심한 체벌은 금지되어야 한다.
- 학생이 공부에 흥미를 느끼지 못하는 것은 교사의 책임이다.

셋째, 코메니우스는 〈표 3-3〉의 내용과 같이 연령에 따른 체계적인 교육과정을 제안하였는데, 연령별 구분을 살펴보면 오늘날 우리가 적용하고 있는 기준과 유사함을 알 수 있다.

---

* 범지학은 그리스어의 '모든(pan)'과 '지(sophia)'로 이루어졌는데, 일반적으로 '백과사전적 지식'을 의미하며, 본래의 의미는 신이 창조한 자연과 사물의 질서와 원리를 공부함으로써 신의 지혜를 발견하고자 하는 학문을 의미한다(종교학대사전, 1998).

〈표 3-3〉 코메니우스의 연령에 따른 교육과정

구 분	연 령	교육내용
어머니 무릎학교 (가정교육)	0~6세	자연학, 실물교육
모국어학교	7~12세	6개 학년별 수준에 적합한 교재 교육 ('지식-덕성-경건'을 핵심으로 구성)
라틴어학교	13~18세	• 모국어, 라틴어, 희랍어, 히브리어 • 7학 13가지 학문영역 지식 • 문법학, 자연학, 수학, 윤리학, 변증법, 수사학
대학	19~24세	신학, 정치학, 의학, 저명 사상가의 작품 요약집

출처: 고려대학교 교육사철학연구모임(2009, p. 50).

넷째, 코메니우스는 국가나 교회가 학교를 설립하고 모든 아동에게 교육을 제공하여야 함을 주장함으로써 근대적 공교육제도의 이론적 기초를 형성하였다.

코메니우스가 제시한 교육사상의 특성을 보면, 비록 체계적인 교육학 이론이 정립되기 전인 17세기의 사상임에도 불구하고 오늘날 교육에 적용되어도 손색이 없을 내용이며, 오히려 상당 부분은 오늘날 교육이 추구하는 내용에 해당한다. 특히 '전인교육'에 대한 강조는 외재적 교육목적이 지배적인 오늘날 교육자가 추구해야 할 진정한 교육목적이 무엇인가를 다시금 되짚게 하며, '학습자 중심의 교육'은 오늘날 강조되고 있는 '학습자가 주체가 된 교육'과 상당 부분 일맥상통하고 있다.

2. 루 소

루소

루소(Jean-Jacques Rousseau, 1712~1778)는 아동 중심의 교육에 관해 지대한 영향을 미친 프랑스의 교육철학자다. '자연교육'으로도 불리는 그의 교육관은 그의 저서 『에밀(Emile)』(1762)에 잘 나타나 있는데, 이 책은 소설 형식을 통해 루소의 교육관을 적나라하게 담고 있다. 『에밀』의 내용을 중심으로 한 그의 교육철학을 요약하면 다음과 같다.

기존의 교육에서 아동은 어른들의 교육을 받아들여야

하는 존재로 인식되었으나, 루소는 아동이 자연적 발달방식에 따라 스스로 보고, 생각하고, 느낄 수 있는 교육이 이루어져야 한다고 보았다. 그는 아동의 발달단계를 유아기(infant), 아동기(childhood), 소년기(pre-adolescent), 청년기(adolescent)의 4단계로 구분하였다. 유아기(1세)는 오로지 자유로운 경험이 필요한 시기로, 어떠한 형식적 교육도 불필요하다. 아동기(2~12세)는 아동의 운동 및 감각기능이 자연스럽게 발달되는 단계로 직접적인 형식교육이 불필요하며 '소극적 교육(negative education)'만이 필요한 시기다. 소년기(13~15세)는 호기심이 넘치는 시기로, 아동은 스스로 배울 준비가 되어 있으므로, 문제 상황을 제시해 주고 스스로 답을 찾아나가도록 하는 '소극적 교육(negative education)'이 '적극적 교육(positive education)'보다 강조되어야 한다. 루소는 이 시기에 아동은 스스로 과학을 깨달을 수 있다고 보았고, 책은 정답만을 알려 주므로 사용하지 않는 것이 좋다고 주장하였다. 청년기(16~22세)는 사춘기로, 열정(passion)을 다루는 방법을 배우고 사회성을 형성하는 단계다.

　아동교육에 관한 루소의 자연주의적 관점은 기존의 사상가들로부터 많은 반대와 지탄을 받았으나, 루소의 아동교육 사상은 이후 교육학자들을 통해 계승 및 발전되었으며, 근현대 교육의 발전에 커다란 공헌을 하였다.

[그림 3-2] 『에밀』의 초고

3. 페스탈로치

　페스탈로치(Johann Heinrich Pestalozzi, 1746~1827)는 스위스의 교육학자로, 대표적인 저서에는 『은자의 황혼(Die Abendstunde Eines Einsiedlers)』(1780)과 『린하르트와 게르트루트(Lienhard and Gertrad)』(1781) 등이 있다. 페스탈로치는 "사람은 착한 본성과

페스탈로치

함께 충동적 본성을 지닌 존재인데, 충동적 본성에서 벗어나 도덕적 인간이 되어야 한다."고 주장하였으며, 도덕적 인간이 되기 위한 교육으로 지·덕·체의 조화를 위한 인간교육, 실천적 교육을 위한 노작교육(work-oriented education),* 자연의 법칙에 따르는 합자연교육을 제시하였다.

페스탈로치는 그의 교육사상을 이루는 데 적합한 여덟 가지 교육원리를 제시하였는데, 그 내용은 다음과 같다.

- 자기창조의 원리: 사람은 내적 성장가능성을 가지고 있다. 따라서 교사는 학생이 이미 가진 소질을 자발적으로 발휘할 수 있도록 돕는 역할을 해야 한다.
- 교도의 원리: 교육이란 목표를 향해 나아가도록 하는 일인데, 목표를 향해 가기 위해서는 롤모델(role model)을 설정하는 것이 매우 중요하다.
- 도야의 원리: 사회구성원들과의 연대와 협력을 통해 공동체의식을 함양해야 한다.
- 기초도야의 원리: 국어, 수학, 기하학 등의 기초 과목은 가정에서부터 견실히 교육되어야 한다.
- 내면적 직관의 원리: 사물의 외면만을 보고 판단하는 제한된 이해를 극복하기 위해서는 어떤 개념에 대한 '감각적 인상(직관)'을 먼저 습득해야 한다.
- 세 힘의 균형의 원리: 전인적 발달을 위해서는 도덕성, 지적 능력, 신체적 능력 세 가지가 고르게 발달해야 한다.
- 개인과 사회협동의 원리: 교육은 사회 혁신을 위한 기능을 하지만, 그것의 수단이 되어서는 안 된다.
- 친근성의 원리: 교육은 사람에게 가장 친근한 가정에서 시작되어 학교, 사회로 점차 확대되는 것이 중요하다. 특히 가정교육은 부모와 자식 간의 유대와 기초 교육이 형성되는 가장 중요한 출발점이다.

---

* 종래의 학교교육이 주지성(主知性)을 강조하는 서적학교(書籍學校)로서 타율적이고 수동적이며 비활동적인 성격을 띠고 있었음에 반하여, 학생들의 자기 활동을 통한 노작적 학습을 전개시키려는 것을 강조하는 교육을 말한다(서울대학교 교육연구소, 2011).

4. 헤르바르트

[그림 3-20] 헤르바르트

헤르바르트(Herbart, 1776~1841)는 1776년에 독일에서 태어나 어린 시절부터 다양한 교육을 받으며 성장하였다. 고등학교 시절인 1793년에 헤르바르트는 '국가 도덕성의 성장과 퇴보에 영향을 미치는 가장 보편적인 원인에 대하여'라는 연설을 하였는데, 이를 통해 그가 일찍부터 도덕성에 대해 관심을 가지고 있었음을 알 수 있다. 헤르바르트는 대학에서 피히테 철학에 깊이 매료되었으며, 이후 스위스에서 페스탈로치와의 교류를 통해 교육방법을 연구하면서 『직관의 기초에 대한 페스탈로치의 생각』(1802)이라는 교육학 서적을 발간하였다. 이후 다시 독일로 돌아온 그는 괴팅겐 대학교, 쾨니히스베르크 대학교에서 교수로 재직하면서 교육학 이론과 교사 교육에 관한 생각을 발전시켰으며, 대표 저서로 『일반교육학(Allgemeine Pädagogik)』(1806), 『일반 실천철학(Allgemeine praktische Philosophie)』(1808), 『교육학강의 개요(Umriss Pädagogischer Vorlesungen)』(1835)를 남겼다. 헤르바르트의 교육사상이 갖는 특성과 교육학적 의의에 대해 살펴보면 다음과 같다(고려대학교 교육사철학연구모임, 2009).

첫째, 교육(학)의 목표로서 '덕성(德性) 도야'를 주장하였다. 헤르바르트에 따르면, 교육학은 교육목적 측면에서는 윤리학, 교육과정 및 방법 측면에서는 심리학을 근간으로 하는데, 이 두 학문의 과학적 결합을 통해 궁극적으로 인간의 덕성을 도야하는 것을 교육학의 목표로 규정하였다.

둘째, 교육적인 수업을 위한 교사의 자질을 중시하였다. 수업을 통한 교육만을 교육으로 규정한 헤르바르트는 '수업 없는 교육'과 '교육 없는 수업'은 구체적인 교육내용도 없이 학생의 성장을 저해한다고 비판하였다. 또한, 그는 교육적인 수업을 위해 필요한 교사의 자질로서 학문적 깊이와 사고능력을 꼽았다.

셋째, 흥미를 일으키는 수업을 중시하였다. '일방적인 지식 전달식 수업'보다 '학생의 흥미를 불러일으키는 수업'을 중시하였던 헤르바르트는 흥미의 다면성에 대한 연구를 통해 여섯 가지 흥미로, 경험적 흥미, 사변적 흥미, 미적 흥미, 공감적 흥미, 사회적 흥미, 종교적 흥미를 제시하였다. 여기서 경험적 흥미, 사변적 흥미, 미적 흥미는 인식을 통해 얻어지는 흥미이며, 공감적 흥미는 인간관계를 통해서, 사회적 흥미는 사회적 문제에 대한 관심을 통해서, 종교적 흥미는 신에 대한 관심을 통해서 얻어지는 흥미다. 헤르바르트는 교사가 수업을 통해 이와 같이 다양한 흥미를 불러일으킬 수 있어야 한다고 강조하였다.

넷째, 교사 교육에 많은 관심을 가졌다. 교사의 교육 실천을 중시하였던 헤르바르트는 '교육연구소'를 설립하여 관찰과 실습이라는 과학적인 방법을 통해 교사를 양성하고자 노력하였으며, 교사교육모델을 개발 및 적용하여 이론과 실천을 연결시키는 시도를 하였다. 이러한 노력은 교육 실천 측면에서 당시 교사들에게 매우 직접적인 도움을 주었다.

헤르바르트는 최초로 교육학 이론을 체계적으로 정리하여 교육학을 학문으로 정립하는 데 크게 기여하였으며, 그의 교육사상의 핵심이라 할 수 있는 '덕성 도야'라는 교육목표, 학습자의 흥미를 중시하는 수업, 교사의 교육 실천 등은 오늘날에도 여전히 교육이 추구해야 할 소중한 가치라 할 수 있다. 특히 '덕성 도야'라는 교육목표는 도덕성의 전락으로 많은 문제가 야기되고, 교육의 수단화로 교육의 본질적 목적이 흐릿해져 있는 오늘날, 우리의 교육이 어디로 나아가야 하는지에 대해 깊은 시사점을 제공한다.

5. 프뢰벨

프뢰벨(F. W. A. Fröbel)

프뢰벨(F. W. A. Fröbel, 1782~1852)은 '유치원의 창시자'로 잘 알려진 독일의 교육자로서, 주요 저서로 『인간의 교육(Menshenerziehung)』(1826), 『어머니와 사랑의 노래(Mutter und Koselieder)』(1884)를 남겼다. 젊은 시절 프뢰벨은 교사로 일하면서 페스탈로치를 만나게 되는데, 프뢰벨은 페스탈로치의 교육사상에 깊은 영향을 받아 기본적으로 페스탈로치의 교육사상을 이어가고자 하였다. 하지만 페스탈로치가 교육에서 도덕적 인간성을 강조한 반면, 프뢰벨은 신성(神聖)을 중시하였다.

프뢰벨이 가진 성서적 신앙관은 그의 교육사상에도 그대로 반영되었다. 프뢰벨은 사람이 만물의 으뜸이며, 모든 사람은 신성을 가졌는데, 교육의 목적은 바로 신성을 성장시키고, 신이 부여한 잠재력을 발현하도록 하는 것이라고 하였다. 또한 그는 잘 교육된 사람은 잠재된 능력을 충분히 잘 발휘하고, 원만한 대인 관계를 형성할 수 있다고 보았다.

아동교육에 있어서 프뢰벨의 사상을 알아보면 다음과 같다. 첫째, 만물이 자연법칙에 따라 성장하듯이, 아동도 스스로 성장할 수 있으므로 지나친 간섭을 피해야 한다. 왜냐하면 지나친 간섭은 성장을 방해하기 때문이다. 둘째, 아동은 자신의 의지에 따라 창조적인 활동을 할 수 있는 존재이므로, 교사는 아이들이 창조적인 활동을 흥미롭게 할 수 있도록 도와야 한다. 셋째, 아동에게 놀이는 자신의 내적 세계를 표현하는 방법으로, 아동교육은 놀이를 중심으로 이루어져야 한다. 실제 프뢰벨은 '하나님이나 부모가 주는 은혜의 선물'이라는 뜻을 가진 교육용 장난감인 '은물(恩物)'을 개발하여 놀이교육에 활용하였다. 놀이에 대한 프뢰벨의 관점은 당시의 통념을 깨는 획기적인 발상이었다. 넷째, 인간이 가진 신성은 노동을 통하여 구체적으로 발현되므로, 삶과 관련된 모든 활동인 노작교육은 장려되어야 한다. 프뢰벨의 노작교육에 대한 사상은 페스탈로치의 사상을 계승한 것이었다.

인간 속에 내재한 신성과 소질을 조화롭게 개발하여 전인격적인 성장을 도모했던 프뢰벨의 교육철학은 지식중심의 당시 아동교육에 신선한 자극이 되었을 뿐만 아니라, 교육이 다양한 목적을 위한 수단으로 사용되는 오늘날 교육의 진정한 목적이 무엇이어야 하는가를 되돌아보게 해 준다.

6. 듀 이

듀이

듀이(John Dewey, 1859~1952)는 미국의 교육학자이자 철학자로 '프래그머티즘 시카고학파'의 창시자로 잘 알려져 있다. 그가 남긴 저서로는 『논리학-탐구의 이론(Logic the Theory of inquiry)』(1938), 『민주주의와 교육(Democracy and Education)』(1916), 『철학의 재건(Reconstruction in Philosophy)』(1920) 등이 있다.

듀이는 실용주의(pragmatism)에 사상적 기반을 두고, 지식을 '사람이 정한 목적을 위해 사용되는 도구'로 간주하는 도구주의(instrumentalism)를 표방하였다.

듀이의 교육철학의 특징을 정리해 보면 다음과 같다.

첫째, 반성적 사고(reflective thinking)를 강조하였다. 반성적 사고는 '문제를 발견하고 해결하는 과정에서 일어나는 탐구'를 의미하는데, 이러한 탐구는 과학적인 방법을 통해 진행되어야 한다. 듀이는 반성적 사고의 과정으로서 '문제의 명확화-가설 설정-가설 추론-가설 검증'을 제안하였다. 또한, 반성적 사고가 적용되는 학습으로서 소집단 구성원들이 특정 주제에 대한 가설을 설정하고 이를 검증하는 '프로젝트 학습법'을 제안하였다.

둘째, 경험을 중시한다. 듀이는 인식론이나 형이상학과 같은 추상적인 철학보다 학습자가 자율적으로 참여할 수 있는 경험적 교육을 추구하였다. 이러한 교육에서 학습의 주체는 학습자이어야 하며, 교사는 학습자가 자율적이고 흥미롭게 교육에 참여하도록 동기를 부여하고 필요한 환경을 제공해야 한다.

셋째, 사람의 다양성을 존중하고 이를 개발하고자 한다. 사람은 저마다 다른 능력과 관심을 갖고 있으므로, 교사는 학생 개개인의 특성을 잘 파악하고 적극적인 상호작용(interaction)을 통해 학생이 가진 능력이 잘 발현되도록 해야 한다. 이를 위해서는 일방적 지식전달 위주의 수업은 지양하며, 교사와 학생, 학생과 학생 간의 대화와 협력이 일어나는 수업이 요구된다.

넷째, 성장과 변화를 강조하였다. 듀이는 인간을 끊임없이 성장하고 변화하는 존재로 보았으며, 교육을 통해 이러한 성장과 변화가 일어나야 할 것을 강조하였다. 또한 교육자체도 고정되어 있는 것이 아니라 시대적 필요에 따라 변화해야 한다고 주장하였다.

듀이는 교육이 이론으로만 머무르기보다는 경험적이고 실천적일 것을 강조하였으며, 방법적인 측면에서도 과학적인 탐구절차가 적용되어야 할 것을 강조하였는데, 이와 같은 관점은 실천적이고 실용적인 교육의 발전에 많은 기여를 하였다.

7. 콜버그

콜버그(L. Kohlberg)

콜버그(L. Kohlberg, 1927~1987)는 미국 뉴욕에서 태어났으며, 도덕성발달이론 정립자로 잘 알려져 있다. 콜버그는 시카고 대학교 박사과정에 재학하면서 아동 발달에 관한 연구와 아동병원에서의 실습을 진행하면서 아동의 도덕성 발달에 깊은 관심을 갖게 되었다. 아동의 발달에 관해 연구하면서 콜버그는 피아제의 인지발달이론에 심취하였는데, 이것이 도덕성발달이론을 정립하는 데 많은 영향을 미쳤다.

　기존에는 인간의 도덕성 발달이 주로 사회적 압력이나 사회화 과정에서 일어나는
것으로 설명되었으나, 콜버그는 이 같은 관점이 인간의 의사결정 과정을 지나치게 수
동적으로 바라본 나머지 인간의 내부에서 일어나는 인지구조의 변화를 무시하고 있다
고 판단하였다. 이에 따라 콜버그는 도덕성의 발달을 개인의 인지구조 내에서 일어나
는 추론과정으로 설명하고자 하였다.

　콜버그의 도덕성 발달단계는 총 6단계로서, 1단계 '처벌과 복종의 단계'는 벌을 받지
않기 위해 도덕적 행동을 하는 단계다. 2단계는 '도구적 상대주의 단계'로서 보상을 받
기 위해 도덕적 행동을 하는 단계다. 3단계는 '승인 · 동정 · 사랑의 단계'로서 다른 사
람의 미움을 받지 않기 위해 혹은 '착한 사람'으로 보이기 위해 도덕적 행동을 하는 단
계다. 4단계는 '규칙과 권리의 사회질서 유지 단계'로서 도덕적 행동을 하는 것이 사회
적 필요임을 인식하고, 도덕적 행동을 하지 않는 것에 대해 양심의 가책을 느끼는 단계
다. 5단계는 '사회계약 단계'로서, 도덕적 행동을 하는 것이 사회복지와 개인의 권리 유
지에 필요함을 인식하는 단계다. 6단계는 '보편적 도덕원리 단계'로서, 법이나 규칙 같
은 외부요인이 아니라 개인의 신념이나 양심에 따라 도덕적 사고와 행동을 실천하는
단계다.

<표 3-4> 콜버그의 도덕성 발달단계

구분	특징	도덕적 행위의 동기	인생의 가치에 대한 태도
1. 처벌과 복종의 단계	벌 또는 복종 지향	행위의 물리적 결과	삶의 가치가 신체적 대상의 가치와 혼동되고 인생의 가치는 사회적 지위나 그 지위를 가진 사람의 신체적 속성에 기초를 둠
2. 도구적 상대주의 단계	상대적 쾌락주의	반환되는 이익이나 보상을 받는 데 동조	인생의 가치는 그와 다른 사람의 욕구를 만족시키는 도구로서 간주
3. 승인 · 동정 · 사랑의 단계	착한 소년소녀 지향, 타인과 우호적 관계나 타인의 인격 유지	선한 행동이 다른 사람을 즐겁게 하거나 그들에게 인정받음	인생의 가치는 가족이나 다른 가족의 애정과 연민에 기초함
4. 규칙과 권리의 사회질서 유지 단계	권위 유지적 도덕성, 법률과 사회질서 지향	권위 · 고정된 규칙 · 사회질서 유지에 적용	인생은 그가 처한 범주적 · 도덕적 또는 종교적 질서라고 생각

5. 사회계약 단계	계약이나 개인의 권리 또는 민주적으로 인정된 법률의 도덕성	사회의 복지라는 관점에서 판단된 공명정대한 권리 및 가치를 존중	인생의 가치는 공동사회의 복지뿐 아니라 보편적 인간의 권리라는 생각
6. 보편적 도덕 원리 단계	개인의 법칙이나 양심의 도덕성	자신으로부터 비난받지 않는 것에 동조	개인을 존중하는 보편적 인간가치를 표상하는 것에 인생을 희생

출처: 고려대학교 교육사철학연구모임(2009, p. 175).

8. 블 룸

블룸(B. S. Bloom)

블룸(B. S. Bloom, 1913~1999)은 미국의 교육학자로 교육과정・교육평가・교수-학습 등 다양한 교육학 분야에 주목할 만한 업적을 남겼다. 그가 남긴 대표적인 저서에는 『교육목표분류학(Taxonomy of Educational Objectives)』(1956), 『교육평가 핸드북(Handbook on Formative and Summative Evaluation of Student Learning)』(1971) 등이 있다.

블룸은 당시 스승이었던 타일러(R. W. Tyler)와 함께 인간의 인지구조를 연구하면서 교육목표를 세부적으로 분류하는 '교육목표 분류학'을 발간하였고, 당시 비능률적인 학교교육의 시스템을 개선하고자 캐럴(Carroll)의 학교학습모형을 발전시켜 '완전학습이론(learning for mastery)'을 발표하였다.

교육을 통해 궁극적으로 얻고자 하는 능력이라 할 수 있는 교육목표는 일반적으로 인지적 영역(cognitive domain), 정의적 영역(affective domain), 운동기능적 영역(psychomotor domain)으로 분류되어 규정된다. 블룸은 이 중에서 인지적 영역에서의 교육목표를 난이도와 복잡성을 고려하여 지식(knowledge), 이해력(comprehension), 적용력(application), 분석력(analysis), 종합력(synthesis), 평가력(evaluation) 여섯 가지로 분류하여 제시하였다. 블룸의 구체적인 교육목표 분류는 보다 체계적이고 구체적인 교육과정, 교수-학습, 교육평가를 가능하게 하였다는 측면에서 기여한 바가 크다.

완전학습(mastery learning)은 "수업을 받은 학생의 약 95%가 주어진 학습과제의 약 90% 이상을 완전히 습득하게 하는 학습법(특수교육학 용어사전, 2009)"을 의미한다. 블룸은 '학습에 필요한 시간'과 '학습에 사용한 시간'을 결정하는 요인들을 고려하여 최적의 교수조건을 제공하면, 교과목에 관계없이 대부분의 학생이 완전학습을 할 수 있다고 주장하였다. 실제로 블룸은 시카고 대학교의 교수로 재직하면서 학생들을 가르칠 때 진단평가, 형성평가, 피드백 등의 방법을 적용하면서 완전학습을 실천하였다. 실제로 모든 경우에 완전학습이 가능한가에 대해서는 의문이 제기되고 있으나, 완전학습이론은 교사의 노력과 교육환경 조성을 통해 '학습 결손 방지'와 모든 학생이 학습목표를 달성할 수 있다는 '학습 가능성'을 제시하였다는 점에서 긍정적 평가를 받고 있다.

9. 브루너

브루너(J. S. Bruner)

브루너(J. S. Bruner, 1915~)는 미국의 교육학자로, 주요 저서는 『교육의 과정(The Process of Education)』(1960), 『인지발달 연구(Studies in cognitive Growth)』(1966) 등을 남겼다.

브루너는 교육에 있어서 '지식의 구조(structure of knowledge)'라는 개념을 고안하였으며, 이를 실천하기 위한 수단으로 '나선형 교육과정(spiral curriculum)'과 '발견학습(discovery learning)'을 제안하였다.

브루너에 따르면, 학교에서 가르치는 교과목이 실제 학문과 매우 다른데, 그 이유는 교과목이 학문으로서 갖추어야 할 기본 구조를 갖추지 않은 채, 단편적인 개념과 원리만으로 구성되었기 때문이다. 특정 과목을 구성하는 여러 개념과 원리가 구조적으로 연결되어 있지 않다면 이는 '중간언어'에 불과한 것이고 학문이라고 할 수 없다. 지식의 구조란 개념과 원리가 구조적으로 연결되어 실제 학문적으로 활용될 수 있는 상태를 의미한다.

나선형 교육과정이란 "지식의 구조를 가르치기 위한 교육과정의 조직 형태(서울대학교 교육연구소, 2011)"를 가리킨다. 나선형 교육과정은 "모든 인지 발달 수준에서 동일한 지식의 구조를 가르치되, 인지 발달 수준이 높아짐에 따라 학문적 깊이와 폭을 더해 간다."라는 것을 기본 원리로 하고 있는데, 이러한 개념을 도식화해 보면 '지식의 구조'라는 '축'을 중심으로 '지식의 폭'이 점차 확장되는 나선형 모양이 나타난다.

발견학습은 지식의 구조를 가르치기에 가장 적합한 교육방법으로 "교사의 학습안내 활동을 최소로 하여 학습자가 스스로 학습목표에 도달할 수 있도록 학습환경을 조성해

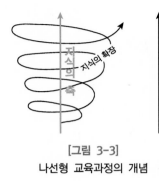

[그림 3-3]
나선형 교육과정의 개념

주는 학습형태(한국교육심리학회, 2000)"를 가리킨다. 발견학습은 '문제파악-가설설정-가설검증-일반화 및 적용' 4단계로 진행되는데, 이러한 과정을 통해 학습자는 기존에 가진 지식의 구조를 사용하게 되며, 문제해결 과정에서 새로운 원리와 법칙을 발견하면서 새로운 지식의 구조를 습득하게 된다. 효과적인 발견학습을 위해서 교사는 학습자가 능동적으로 수업에 참여하도록 동기를 유발시키고, 학습 진행에 따라 적시 적절한 학습자료를 제시할 수 있어야 한다.

참고문헌

고려대학교 교육사철학연구모임(2009). 교육사상의 역사. 서울: 집문당.

국립특수교육원(2009). 특수교육학 용어사전. 서울: 하우출판사.

김회용, 노재화, 방선욱, 송선희, 신붕섭, 이병석(2014). 교육학개론(개정판). 경기: 양서원.

서울대학교 교육연구소(2011). 교육학용어사전. 서울: 하우동설.

서창호(2008). 한국 독서운동의 전개양상 분석. 계명대학교 대학원 박사학위논문.

성태제, 강대중, 강이철, 곽덕주, 김계현, 김천기, 김혜숙, 봉미미, 유재봉, 이윤미, 이윤식, 임웅, 홍후조(2012). 최신 교육학개론(2판). 서울: 학지사.

신득렬, 이병승, 우영효, 김회용(2014). 쉽게 풀어 쓴 교육철학 및 교육사(3판). 경기: 양서원.

조경원, 김미환, 최양미, 장선희, 정광희(2014). 교육철학 및 교육사. 경기: 교육과학사.

편집부 편(1998). 종교학대사전. 서울: 한국사전연구사.

한국교육심리학회(2000). 교육심리학 용어사전. 서울: 학지사.

제II부
교육의 심리학적 기초

교육은 인간 행동의 계획적인 변화 과정이며 교육 장면에서는 교육자와 피교육자 간에 무수한 상호작용이 이루어진다. 따라서, 교육과정에서 인간의 행동과 정신 과정을 과학적으로 연구하는 학문인 심리학의 역할을 배놓을 수 없다. 교육 장면에 적용되는 심리학, 즉 교육심리학이란 무엇인가? 아울러 교육을 주관하는 교육자의 특성이 교육의 결과에 어떤 영향을 미치며, 교육의 대상이 되는 학생의 특성이 교육의 결과에 어떻게 영향을 미치는가?

제4장

교육심리학에 대한 이해

 제1절 교육심리학이란

1. 교육심리학의 정의

교육심리학(educational psychology)이란 무엇인가? 일견에 교육심리학을 학습활동에 적용된 심리학적 지식이라고 볼 수 있다. 그러나 교육심리학은 심리학의 원리를 교육 장면에 단순히 적용하는 그 이상의 학문으로 보아야 한다. 여러 이유 중 하나는 심리학과 교육의 학문적 목적에서 차이가 있기 때문이다. 전통적인 일반심리학은 교육 장면에 고유한 심리적 현상을 체계적으로 탐구한 것이 아니라 보편적 원리와 법칙을 다루어 왔다. 한편 교육은 학습자 개개인의 특성을 변화시키는 데 목적을 둔 가치지향적인 활동이다. 따라서 가치중립적인 심리학의 일반론을 그대로 교육 장면에 적용하는 데에는 다소 무리가 있을 수 있다. 또 다른 이유는 심리학의 원리나 법칙들이 통제된 실험실에서의 연구를 통하여 얻어진 반면에, 교육은 자연 상태에 가까운 학습 장면에서 이루어지는 원리들을 탐구한다는 측면에서 심리학적 지식의 단순한 적용에는 한계가 있다는 점이다.

교육심리학에 대한 정의로는 참고 1에 설명한 것과 같이 다양한 의견이 제시되고 있다. 공통된 요소들을 종합하여 정의하면, 교육심리학은 "학생과 교사 그리고 학습 및 교수 활동에 대한 연구"로 보아야 할 것이다(Reynolds & Miller, 2003). 다시 말해서, 어떤 사람이 어떤 것을 다른 어떤 사람에게 어떤 환경에서 가르칠 때 어떤 일이 발생하는지를 연구한다(Berliner, 2006). 좀 더 구체적으로 보면, 교육심리학에서는 교사의 행동이 교육 효과에 미치는 영향은 무엇인가? 교사와 학생이 어떻게 상호작용해야 하는가? 학생들은 어떤 특성을 갖고 있는가? 교육의 효과를 증진시키는 교육환경은 어떠해야 하는가? 새로운 교수법의 효과는 무엇인가? 학습자의 동기유발은 어떻게 가능한가? 수준별 교육은 효과가 있는가? 등등 교수 및 학습과 관련된 다양한 문제가 다루어진다.

교육심리학의 정의와 교육심리학에서 다루어지는 문제들에 기초하여 볼 때, 교육심리학이 궁극적으로 추구하는 바는 교육 장면에서 바람직한 방향으로의 교육을 지향하는 것이며 교육의 효율성과 효과성을 극대화시키는 것이라고 볼 수 있다. 이를 위해 교육심리학은 교육의 방법에 과학적 · 이론적 근거를 제시한다.

참고 1. 교육심리학에 대한 다양한 정의들
- 교육심리학은 다른 것과 구별되는 학습이고 독자적인 이론, 연구방법, 문제점, 그리고 기술이 있으며, 교육심리학자들은 학습과 교육을 연구하는 동시에 교육 관행을 발전시키기 위해 노력한다(Pintrich, 2003).
- 교육심리학은 교수–학습과정에 대한 심리적 연구를 바탕으로 이를 개선하기 위한 새로운 지식을 생성하는 학문영역이다(Woolfolk, 2010).
- 교육심리학은 교수–학습상황을 넘어서 다양한 교육상황에서 이루어지는 의사결정에 개재하는 여러 심리적 과정과 요소들을 연구하고, 보다 효과적이면서 실제적인 의사결정이 이루어지도록 돕는 학문 영역이다(신종호 외, 2015).

---

2. 교육심리학의 필요성

최근의 교육심리학자들은 교육 장면에서의 의사결정이 올바르게 이루어지기 위해서는 상식이 아닌 경험과학 연구에 의해 확인된 사실에 근거해야 한다는 것을 강조한다(신종호 외, 2015). 예를 들어, 고등학생에게 '밀도'와 같은 개념을 가르칠 때에도 고등학생들의 인지적 수준에 대한 교육심리학적 지식이 바탕이 된 경우와 그렇지 않은 경우 전혀 다른 교수법이 사용될 수 있다. 단순히 공식을 가지고 차분히 설명하는 방법과 여러 가지 컵과 물, 그리고 기름을 준비하여 보다 생생하게 '밀도'를 설명하는 방법이 있는데, 어떤 방법을 사용할 것인가는 학생의 수준을 고려하여 결정하여야 한다. 이처럼 교육심리학은 교육 장면에서 이루어지는 다양한 의사결정을 내리는 데에 있어서 중요한 근거가 된다.

유승구(2011)는 옴로드(Ormrod, 2000)의 교육심리에 관한 지식조사를 다음의 참고 2와 같이 소개하면서 각 문항에 대해 응답해 볼 것을 권하였다. 응답 결과, 몇 문항을 맞추었는가? 응답 결과가 좋지 않은 경우 교육심리학적 지식을 획득하기 위해 노력해야 할 것이다. 유능한 교사일수록 심리학 지식과 그 지식을 교육에 활용하는 데 대한 지식을 많이 갖추고 있어야 한다.

참고 2. 교육심리에 관한 조사

다음 문항을 읽고 옳으면 ○표, 옳지 않으면 ×표를 하시오.

1) 대부분의 5살 이상 나이의 아동은 자연적 학습자다. 그들은 학습 방법을 배울 필요 없이 가장 잘 학습하는 방법을 알고 있다. (   )
2) 남녀 학생을 비교해 보면 평균적으로 수학과 언어의 적성이 아주 유사하다. (   )
3) 새로운 사실을 학습하고 기억하는 가장 좋은 방법은 자꾸 반복하는 것이다. (   )
4) 학생들은 처음에 세상 지식에 대해 잘못된 개념을 많이 가지고 있을지라도, 교사가 그 개념과 모순되는 정보를 주면 즉시 생각을 바꾼다. (   )
5) 학생들은 가끔 자신이 한 주제에 대해 얼마나 많이 알고 있는지에 대해 잘못 판단한다. (   )
6) 강의 동안에 노트를 작성하는 것은 대개 학습에 도움되기보다는 학습을 저해한다. (   )
7) 아동으로 하여금 친구에게 수학을 가르치도록 했을 때, 그 친구만을 가르칠 뿐 가르치는 아동은 얻은 것이 거의 없다. (   )
8) 교사가 어떤 학생의 적절한 행동에 보상을 주면 다른 학생의 행동도 좋아진다. (   )
9) 불안은 가끔 학생들이 더 성공적으로 학습하고 수행하는 데 도움이 된다. (   )
10) 교사가 학생의 학습을 평가하는 방식은 학생이 실제로 배우는 내용과 방법에 영향을 미친다. (   )

정답은 1) × 2) ○ 3) × 4) × 5) ○ 6) × 7) × 8) ○ 9) ○ 10) ○ 이다.

---

3. 교육심리학의 역할

교육심리학은 어떤 역할을 수행하는가? 이에 대한 답을 얻기 위해서는 현재에 이르기까지 진행되어 온 교육심리학과 관련된 연구 활동을 간략하게 살펴보아야 한다. 사실 교육심리학의 역사는 매우 오래전부터 시작되었다고 보아야 한다. 플라톤과 아리스토텔레스 시절에 교육에 관해 다루어진 논쟁은 여전히 현재의 교육심리학에서도 진행되고 있다. 하지만 교육심리학이 하나의 독립된 학문으로 체계가 갖추어지기 시작한 것은 20세기에 들어와서이다.

1890년에 미국의 심리학자인 윌리엄 제임스(William James, 1842~1910)가 전국에 있는 교사들을 대상으로 심리학에 대한 강의를 시작하면서 교육심리학이라는 학문영역의 기반이 구축되었다. 그는 과학적 심리학과 실험심리학에 대한 저서인 『심리학의 원리(The Principles of Psychology)』를 저술하고, 미국 최초로 하버드 대학교에 실험심리학과를 개설하기도 하였다. 발달심리학의 창시자로 불리는 스탠리 홀(G. S. Hall, 1844~1924)은 아동에 대한 각별한 관심과 함께 아동연구라는 분야를 중심으로 교육심리학의 토대를 마련하였다. 그는 다양한 연구를 통하여 어린이의 마음에 대한 잘못된 상식을 지적하고, 아동기에서 청소년기에 이르기까지의 발달 과정에서 시기별로 중요한 발달과제들을 다루었다. 개인차 연구의 대가인 제임스 커텔(J. M. Cattell, 1860~1944)은 인간의 기억용량, 반응 시간 등을 측정하는 지능검사를 개발하였고, 개인차 심리학에도 큰 영향을 주었다. 에드워드 손다이크(E. L. Thorndike, 1874~1949)는 동물심리학과 실험심리학의 발전에 기여한 대표적인 학자로서 1903년에 첫 번째 교육심리학 책을 집필하였으며, 1910년에는 교육심리학 저널을 만드는 등 교육심리학을 독자적인 학문 분야로 확립하는 데 결정적인 기여를 하였다. 이처럼 1950년대 이전까지 교육심리학에서는 주로 개인차, 평가, 학습 행동 등이 다루어졌다. 그러다가 1960년대와 1970년대에는 학습과 기억, 인지적인 발달 과정에 대해 관심을 가졌다. 그 이후 교육심리학자들은 문화와 사회적 요소들이 학습과 발달에 미치는 영향에 대해 연구해 왔다(Pressley & Roehrig, 2003).

앞에서 우리는 교육심리학의 정의를 통하여 교육심리학의 목표를 "교육과정의 질과 결과를 향상시키기 위해 교육에 관계되는 심리학 지식을 이용하는 것"(Sternberg & Williams, 2010)으로 정리하였다. 이러한 목표를 달성하기 위하여 교육심리학은 교육과정에서의 원리, 법칙 그리고 이론들을 연구하기도 하고, 교사들의 교육역량을 향상시켜 보다 더 효과적인 의사결정이 이루어지도록 도와준다. 또한 특별한 교육 프로그램들의 제작이나 효과의 검증에도 기여하며, 교육정책에도 영향을 미친다. 아울러 교육과정 개발에서부터 실시 및 평가에 이르는 전체적인 교육과정에서 제반 결정에 영향을 미친다. 이와 같은 교육심리학의 역할을 정리하면 다음과 같다.

1) 상식을 뛰어넘는 원리 및 이론의 연구

프로 골프대회에서 선수들이 스윙하는 모습을 보면 상당히 쉽게 수행하는 것처럼 보인다. 그들이 그러한 모습을 보이기 위하여 얼마나 체계적이고 정교한 준비를 하였는지를 보지 않은 관중 입장에서는 선수들의 완성된 동작이 매우 쉬워 보인다. 그래서인지 상당수의 교사들은 교육심리학이 제시하는 이론이나 원리들이 상식의 수준에서 크게 벗어나지 않는 것처럼 여긴다. 그러나 교육심리학이 연구를 통하여 제시한 결과들은 상식적인 대답과 다른 경우가 많으며, 상식적인 대답이 잘못되었음을 밝혀 주기도 한다.

예를 들어, '특별하게 머리가 좋은 학생을 월반시켜야 하는가?'에 대한 상식적인 대답은 '아니다!' 이다. 왜냐하면 아무리 머리가 좋다고 해도 상대적으로 신체적이나 정서적으로 자기보다 나이가 많은 학생들과 잘 어울리지 못하게 되고, 결국에는 외톨이가 될 가능성이 높으며, 학년이 올라갈수록 학교의 중요한 사회적 상황에서 낙오될 수 있기 때문이다. 그러나 이에 대한 교육심리학적 연구 결과는 월반시키는 것이 나을 수도 있다는 대답이다. 왜냐하면 학습 속도를 내는 것은 뛰어난 아동에게 가장 효율적인 교육과정이며, 장기적으로는 학업적·사회적으로 이득이 된다는 연구 결과가 있기 때문이다.

또 다른 예는 '교사가 학업성취도가 낮은 학생들을 언제 도와주어야 하는가?'라는 질문이다. 상식적인 수준에서는 교사가 자주 도와주어야 한다고 말할 것이다. 그러나 교육심리학적 연구 결과에 의하면, 학생이 물어보기 전에 도움을 줄 경우 부작용이 있다. 왜냐하면 학생 본인과 이를 보는 다른 학생들이 해당 학생을 능력 부족으로 판단할 가능성이 높기 때문이다. 이처럼 상식적인 수준에서 주어진 문제에 대응할 경우 예상치 못한 부작용을 초래할 수 있다. 여기에 교육심리학은 체계적이고 객관적인 심리학적 방법을 통하여 논란이 되거나 애매한 문제뿐만 아니라 명백한 것으로 보이는 문제에 대해서도 체계적이고 객관적인 연구를 수행한다.

2) 교사의 유능성 향상

교육심리학은 교사들의 활동이 교육적인 효과를 극대화시킬 수 있도록 이론적·경험적 배경지식을 제공한다. 교사들은 매일매일 수백 가지 결정을 하게 되는데, 그러한 결정 이면에는 그것을 움직이는 이론들이 내재한다. 교육심리학은 수업 태도가 나쁜 학생이 왜 그런 행동을 하는가에 대한 이유와 그런 상황에 대처할 수 있는 전략을 제공해 주어 교사가 적절한 반응을 할 수 있게 해 준다. 교육심리학은 교사들이 직면하는 문제 각각에 대한 구체적인 해결책을 제시해 주지는 않지만, 인간 행동에 대한 기초적인 개념과 문제를 해결할 수 있는 검증된 방법들을 제시하여 효과적인 의사결정을 내리도록 도와줄 수 있다. 교육심리학은 교사들에게 문제를 효과적으로 해결할 수 있는 전략과 기술을 제공하며, 업무를 효율적으로 수행토록 도와준다. 아울러 당면한 문제의 경중과 완급을 판단할 수 있는 역량을 강화시켜 보다 더 정교하고 창의적인 해결책에 이르도록 도와준다.

3) 교육 상황 개선

교육심리학 연구는 교육적 실천에 의미 있는 간접적인 영향을 미친다(Hattie & Marsh, 1996). 교육심리학 연구는 다양한 교육정책의 결정에 필요한 학술적 근거를 제시해 주고, 교육과 관련된 전문적인 프로그램의 개발에 기여하며, 효과적인 수업 자료의 생성에 도움을 준다. 학급 규모가 학업성취도에 미치는 영향을 실증적으로 연구한 결과에 기초하여 적정수준의 학급 규모를 정책적으로 설정하게 하고, 학업성취도가 낮은 아동들을 별도의 학급으로 구성하는 것이 효과적인지 여부에 대한 검증을 통하여 각 학교의 학급 편성에 대한 가이드라인을 제시할 수 있다. 그 밖에도 교육심리학 연구는 다양한 교수법이 학생들의 학업성취도에 미치는 영향을 단순히 학업성취도 면에서만 분석하기보다는 인지적 · 정서적 · 행동적 차원 등 다층적인 차원에서 분석하여 최적의 교수 및 학습 활동을 위한 여건 조성에도 기여한다.

교육심리학 연구의 역할

[사례 1] 성적이 좋은 중학교 3학년 학생 김수환은 특목고를 지원할 것인지 아니면 일반고를 지원할 것인지 고민이다. 고민의 이유는 특목고가 대학 진학 면에서는 유리하다고 판단되나, 뛰어난 아이들 속에서 좌절감을 느낄 수 있을 것 같은 불안감도 들기 때문이다.

(상식 수준) 대부분의 사람은 자녀가 공부를 잘하는 학생들과 같은 반이 될 경우

비교되어 학업에 대한 자신감이 떨어질 것이라 생각한다.

(연구 결과) 우수한 학생들과 함께 생활할 경우 평소 학업성취도가 낮은 학생은 학업에 대한 자신감을 잃을 가능성이 높지만, 평소 학업성취도가 높은 학생은 자신감을 잃을 가능성이 극히 감소한다.

[사례 2] 중학교에서 수학을 가르치는 신 교사는 봄 학기 수업 시간에 학생들이 자신의 설명을 잘 이해하지 못하는 것 같아 매우 힘들었다. 이 문제를 해결하기 위하여 신 교사는 교과내용을 더 심도 있게 준비해야 하는지 아니면 더 잘 가르칠 수 있는 교수법에 대한 연수를 받아야 할지 고민 중이다.

(상식 수준) 많은 사람은 교과내용을 정확하고 풍부하게 알고 있어야 잘 가르칠 수 있다고 믿는다.

(연구 결과) 교사가 학생들을 제대로 가르치지 못하는 데에는 교사가 교과내용에 대한 심화된 지식이 부족하기 때문일 수도 있지만, 교과지식을 효과적으로 전달할 수 있는 교수법을 모를 때에도 동일한 결과를 가져온다.

－신종호 외(2015)에 제시된 사례를 요약

[사례 3] 라이 웅(Liy Wong, 1987)은 교수에 대한 12개의 연구 결과를 선정한 다음 대학생 그룹과 경험이 많은 교사그룹에 6개의 결과를 연구에 나타난 대로 제시하고 다른 6개의 결과는 그와 정반대로 틀리게 제시했다. 두 그룹 모두 틀린 결과의 반 정도를 '확실히' 옳다고 평가했다. 추후 연구에서 또 다른 피험자 그룹에게 12개의 결과와 정반대의 결과를 제시하고서 옳은 것을 고르라고 지시한 결과, 12개의 결과 중에서 8개나 '옳은 것'으로 선택하였다.

[사례 4] 초등학교의 읽기 시간에 학생을 참여시키고자 할 때 어떤 방법을 사용해야 하는가?

(상식 수준) 학생을 무작위로 시켜야 한다.

(연구 결과) 각 아동의 참여 기회를 똑같이 제공하는 차원에서 순서대로 시킬 경우 무작위보다 더 나은 성취 결과를 보였다.

－김아영 외(2014)에 제시된 사례를 요약

제2절 교육심리학의 연구영역 및 연구방법

1. 연구영역

독립된 학문영역으로 발전한 교육심리학의 관심영역은 일반적으로 교육학에서 관심을 갖고 있는 영역과 다르다. 교육학에서 관심을 갖는 영역을 교육학 개론에 기초하여 살펴보면, 교육의 철학적, 사회적, 심리적 기초에 대한 논의를 비롯하여 교육과정, 교수−학습, 교육평가, 교육공학, 생활지도와 상담, 교육행정, 평생교육 등의 주제를 다룬다. 그러나 교육심리학은 교육 장면에서 학생과 교수자 그리고 이들의 상호작용과정인 교수와 학습에 대해 더 큰 관심을 두고 있다.

<표 4-1>은 교육심리학 교재들이 다루는 내용을 정리한 것이다. <표 4-1>에서 보는 바와 같이 대부분의 교육심리학 교재들은 우선 교육심리학의 정체성에 대해 논의를 하고, 이어서 다양한 영역에서의 발달 문제를 중심으로 학습자 변인에 대해 다룬다. 교수자와 학생의 상호작용으로 이루어지는 교수(수업)와 학습도 교육심리학의 중요한 부분이다. 학습이론과 다양한 교수법의 효과성에 대한 연구는 교육심리학의 과학적 정체성을 구축하는 데 크게 기여한다. 이외에도 교육이 이루어지는 환경에 대해서도 관심을 가지며, 학습에 대한 평가도 빼놓을 수 없는 관심 영역이다.

<표 4-1> 출판된 교육심리학 교재들에서 다루는 주제 영역들

구 분	주요 내용	
개관	• 교육심리학 정의	• 교육심리학의 역할
학습자	• 인지 발달 • 도덕성 발달 • 개인차: 지능, 창의성 • 특수 학습자	• 사회성, 정서 발달 • 언어 발달 • 언어, 문화 다양성
학습과정	• 학습의 행동주의적 관점 • 복잡한 인지 과정 • 학습의 사회인지적 관점 • 자기조절 학습	• 학습의 인지적 관점 • 학습과학과 구성주의 • 학습과 교수에서의 동기 • 사고: 문제해결
교수 (수업)	• 유능한 교사 • 효과적인 수업 • 좋은 수업	• 교사 중심 수업 • 학생 중심 수업 • 수업에 대한 구성주의적 관점

학습 평가 및 교육 환경	• 학습 환경 조성 • 학습 평가와 표준화 검사 • 교실 수업 • 심리상담을 통한 학생 이해	• 모든 학생 맞춤형 교수 • 학급 편성 • 테크놀로지 • 학교폭력 및 비행 행동

1) 학습자

학습자는 교육심리학에서 교육의 효과가 생성되는 근원으로서 우선적으로 관심의 대상이 되는 변인이다. 교육의 목적이 교육과정을 통하여 학습자에게서 일어나는 행동의 변화에 있고, 교육심리학은 주로 교육과 관련된 학습자의 심리적 속성에 주된 관심을 갖는다. 여기서 심리적 속성은 기억력, 학습력, 창의력 등을 포함한 지적 능력과 흥미, 동기, 기대수준, 자아개념 등과 같은 정의적 요인을 포괄한다. 또한 학습자 변인에서는 인간의 발달과정에 대해서도 관심을 갖는다. 교육심리학은 인지적 발달에서부터 사회성, 도덕성, 언어 발달 등에 이르기까지 제반 발달과정을 이해하고 이를 효과적인 학습목표 달성에 응용한다. 동일한 교육이라 하더라도 학생의 발달수준에 따라 그 효과가 상이하게 나타나기 때문에 맞춤형 교육을 위해서는 학생의 발달적 특성에 대한 이해는 필수적이다. 교육심리학은 학습자 변인의 심리적 속성과 관련하여 정의적 요인인 흥미, 동기, 기대수준, 자아개념, 성격 등에도 관심을 갖는다. 정의적 요인은 지성과 상호작용하여 학습행동을 발생시킨다.

2) 학습과정

학습은 교육과정에서 학생에게 일어나는 현상으로서 교육심리학의 핵심영역이다. 학습은 행동의 변화이며, 학습의 기제는 곧 행동변화의 근거가 된다. 학습에 관한 이론은 다른 여타 이론들보다도 더 분화되어 있고 다른 의견도 많지만, 가장 대표적으로 행동주의이론을 들 수 있다. 이 이론에는 고전적 조건화에 의한 학습, 조작적 조건화에 의한 학습, 사회학습이론 등 다양한 관점이 있다. 학습과정과 관련하여 또 다른 대표적인 이론은 인지적 접근이다. 인지적 학습이론은 조건반응식의 행동주의에 대립되는 이론으로 기억과 사고 모형을 정보처리 관점에서 다루고 있다. 최근 들어서는 학습에 대한 구성주의적 접근이 더 큰 주목을 받고 있는데, 이는 학생들이 수동적으로 정보를 처리하는 것이 아니라 적극적으로 지식을 구성해 나간다는 것을 전제로 한다.

3) 교수(수업)

교수(instruction)와 학습은 동전의 양면과 같으며, 상호 분리되기 어렵다. 교수는 학습자의 행동변화를 유발하는 자극요인으로서 교육심리학의 핵심적인 관심사다. 교수에서 추구하는 목표 설정에서부터 교수 방식에 이르기까지의 제반 사항들이 학생과 교사의 끊임없는 상호작용 속에서 이해되어야 한다. 교사에 의한 직접 교수법, 학생 중심의 교수법, 유능한 교사, 효과적인 수업 등 다양한 주제를 다룬다. 최근에는 교육공학적 관점에서 효과적인 매체의 활용에 대한 논의도 활발히 이루어지고 있다.

4) 학습 평가 및 교육 환경

모든 교육 활동은 평가를 통하여 검증받을 수 있다. 평가는 유능한 교사가 최신 교육 방식을 적용하여 창의적인 수업을 운영한 결과가 효과적이었는지 여부를 알려 준다. 그러나 평가의 중요성은 평가의 결과가 학생과 교사 모두에게 피드백되어 학습과 교수 과정에 변화를 초래하는 데 있다. 또한 학습과 교수 활동의 효과를 극대화시키는 데 영향을 주는 변인들, 즉 학급규모, 학급편성방식, 상담 및 생활지도 등에 대한 연구를 포함한다. 교육과 관련된 평가는 우선적으로 학습자의 학습과정과 학업성취도를 평가하는 일과 평가의 결과가 학습과 교수에 어떻게 영향을 미치는가를 가늠하게 한다.

5) 기 타

교육 장면에서 교육의 주체는 교수자다. 교수자의 역량과 수업기술 그리고 교수자의 가치와 태도, 교수자의 기대와 같은 심리적 작용이 학생의 학습활동과 성과에 결정적인 요소로 작용한다.

2. 연구방법

교육심리학자들은 교수와 학습이 이루어지는 교육 장면을 포함하여 다양한 변인이 상호작용하는 상황 속에서 원리와 이론을 발달시키기 위하여 경험과학 연구방법을 사용한다. 경험과학 연구는 경험과 측정에 근거한 자료를 바탕으로 현상의 원리를 밝히는데, 여기에는 대표적으로 기술 연구, 상관 연구, 실험 연구 등이 있다.

1) 기술 연구

기술 연구(descriptive research)는 현상을 있는 그대로 관찰하여 기술하는 것이다. 기술 연구는 면담, 관찰, 설문 등을 이용하는데, 절차상에서 객관성이 유지되도록 주의를 요한다. 예로서 초등학교 학생들의 모바일 중독 실태를 설문을 통하여 조사하거나, 학생들을 직접 인터뷰하면서 모바일 기기 사용에 대한 의견을 수집한다. 또는 학생들의 공교육 참여 실태를 조사하기 위하여 교실 현장에서 장기간에 걸쳐 학생들을 관찰하고 그 결과를 소상하게 기록한다. 기술 연구의 가장 대표적인 학자는 스위스 심리학자 장 피아제(Jean Piaget)다. 그는 자신의 아이들을 대상으로 아동의 인지 발달을 기술하였다. 그러나 기술 연구는 관찰 대상이 되는 변인들을 있는 그대로 기술하는 것이기 때문에 각 변인들 간의 관계성이나 인과관계에 대한 설명은 제공해 주지 않는다. 변인 간의 관계성이나 미래를 예측하기 위해서는 상관 연구나 실험 연구를 수행해야 한다.

2) 상관 연구

상관 연구(correlational study)는 교육심리학에서 가장 자주 사용되는 연구방법으로서 둘 혹은 그 이상의 변인들 간에 존재하는 관련성을 밝혀내는 것이다. 상관 연구에서는 관심을 갖는 변인들에 대해 어떠한 조작도 하지 않으며, 기술 연구에서 얻은 자료에 기초하여 변인들 간의 상관관계를 알아보기 위해 통계적 분석을 사용한다. 상관관계는 −1~＋1에 해당하는 값으로 상관 정도가 표현되는데, '＋' 값은 정적인 상관관계를 나타내고 '−' 값은 부적인 상관관계를 나타낸다. 정적 상관은 한 변인의 값이 높을수록 다른 한 변인의 값이 높은 경우를 말한다. 정적 상관의 예로는 수학 성적과 국어 성적 간의 관계나 IQ와 과학 성적 간의 관계다. 일반적으로 수학 성적이 우수한 학생은 국어 성적도 우수하다. 부적 상관의 관계는 한 변인의 값이 높을수록 다른 한 변인의 값이 낮은 경우를 의미한다. 부적 상관의 예는 우울성향과 생활의 만족도 간의 관계다. 일반적으로 우울 성향이 높을수록 생활에 대한 만족도는 낮은 경우가 대부분이다.

상관 연구방법의 한계는 관심의 대상이 되는 변인 간에 상관이 있다는 것을 말해 줄 수 있지만, 인과관계, 즉 어떤 변인이 원인이고 어떤 변인이 결과인지는 말해 줄 수 없다는 것이다. 상관 연구를 통하여 주의집중력과 IQ 간에 정적인 상관이 있다는 것을 알았지만, 정작 주의집중력이 IQ가 높은 원인이 되는지 여부에 대해서는 알 수 없다. 변인들 간의 인과관계를 파악하기 위해서는 실험 연구를 수행해야 한다.

3) 실험 연구

실험 연구(experimental research)는 연구자가 특정 변인에 대해 처치를 가하고 그 결과가 다른 변인에 어떻게 영향을 미치는지 알아보는 연구방법이다. 일반적으로 실험 연구에서는 실험적 처치를 가하는 실험 집단(experimental group)과 아무런 처치를 가하지 않은 통제 집단(control group)을 설정한다. 두 집단의 유일한 차이는 실험자가 실험 집단에서 특정한 변인에 가한 처치뿐이다. 그런데 만약에 두 집단의 성과가 차이가 있다면 그 결과에 대한 원인이 실험자가 가한 처치라고 결론 내릴 수 있으며, 이를 통하여 결과와 처치 간의 인과관계를 규명하게 된다.

실험 연구가 기술 연구나 상관 연구와 달리 변인들 간의 인과관계를 밝혀 준다는 점에서는 매우 유용한 연구방법이나, 실험 연구를 위해서는 실험자가 조작한 변인이 실제로 조작이 가능한 변인이어야 하며, 조작을 가하지 않은 다른 변인들은 계획되지 않은 변인들에 의해 영향을 받지 않도록 통제되어야 한다. 아울러 실험 집단과 통제 집단이 실험적 처지 이전에 동질의 상태라는 것이 전제되어야 한다. 예를 들어, 새로운 교수법이 개발되었을 때, 과연 그 교수법의 효과가 어떠한지를 실험 연구를 통하여 검증해 볼 수 있다. 이를 위해서는 우선 2개의 교반을 무선적으로 선정하되 사전에 어느 정도의 유사한 여건과 수준을 유지하고 있다는 것이 전제되어야 한다. 그리고 나서 실험 교반에 새로운 교수법을 적용하여 강의하고 통제 교반은 기존의 방식대로 강의한 다음, 기말 시험에서의 성적을 비교한다. 만약 실험 교반의 성적이 향상되었다면 새로운 교수법이 효과가 있다고 말할 수 있다.

실험 연구는 수행방식에 따라 실험실 연구(laboratory experiment)와 무선현장 실험 연구(randomized field experiment)로 구분된다. 실험실 연구는 짧은 시간 동안 매우 인위적이고 구조화된 상황에서 이루어진다. 실험실 연구는 연구에 관계되는 대부분의 요인을 매우 높은 수준으로 통제할 수 있어서 내적 타당도가 높다. 하지만 연구결과를 실제 상황으로 일반화시키는 데 있어서는 상대적으로 제한을 받는다. 무선현장 실험 연구는 비교적 오랜 기간에 걸쳐 교실에서 실제 일어나는 일을 평가하는 방법이다. 무선현장 실험 연구는 다양한 수업 방식을 실험 교반에 적용하고 이를 아무런 처치를 가하지 않은 통제 교반과 비교하는 연구방법으로서 외적 타당도가 상대적으로 훨씬 높다.

제3절 유능한 교사와 학생

1. 유능한 교사

유능한 교사(expert teacher)는 어떤 사람인가? 무엇이 훌륭한 교사를 만드는가? 학생, 교사, 교장 또는 대학의 교육학 관련 교수들에게 훌륭한 교사의 특징을 나열해 보도록 요구하면 어떤 응답이 나올까? 교사의 유능성에 대한 견해는 신분과 직책 그리고 연구 관심에 따라 각기 상이할 것이다. 그럼에도 공통적으로 언급되는 특징은 어떠한 것이 있는지를 알아보기 위해 선행 연구결과에서 언급한 유능한 교사의 특성을 <표 4-2>에 제시하였다. <표 4-2>에서 보는 바와 같이 유능한 교사의 특성으로 가장 중요한 것은 교사의 전문성 또는 전문 지식이다. 그다음으로는 숙달된 교수법 또는 효과적인 수업운영 지식 및 기술, 온화함과 열정, 반성적 통찰 및 창의성이다.

<표 4-2> 유능한 교사의 특성

출 처	유능한 교사의 특성	
울포크 (A. Woolfolk, 2010)	• 명료성과 조직성 • 온화함과 열정 • 반성적 전문가	• 숙련된 교사 • 교육학적 내용 지식
슬라빈 (R. F. Slavin, 2012)	• 교과 내용 지식 • 온정, 열의, 보살핌	• 숙달된 교수법 • 특성: 의도성, 교사 효능감
스턴버그 & 윌리엄스 (R. F. Sternberg & W. M. Williams, 2010)	• 전문 지식 보유 • 효율적 • 창의적 통찰력	
신종호 외 4인 (2015)	• 좋은 교사: 교과 지식, 교육학적 지식, 신념, 효과적 수업 행동 • 명료하고 구조화된 설명 • 소통이 있는 유연한 상호작용 • 열정과 동기부여 • 효과적인 수업 및 학습 관리	

1) 전문 지식

유능한 교사는 초보자보다 풍부한 지식을 가지고 있다. 교사는 학습자가 가지고 있지 않은 어떤 지식이나 기술을 보유하고 있어야 하며, 가르치는 교육내용에 대해서도 잘 알고 있어야 한다. 그렇다면 어떤 지식이 요구되는가? 슐만(Shulman, 1987)은 교사가 갖추어야 할 전문적 지식의 범주를 크게 세 가지로 구분한다. 그중 하나는 교과 내용 지식이다. 이것은 가르칠 과목에 대한 지식이다. 교과내용 지식(contents knowledge)은 사물이나 개념에 대한 지식 자체보다는 해당 분야의 지식 구조를 이해할 수 있는 수준의 지식을 의미한다. 교사는 교과를 구성하는 원리를 알아야 하고, 타당성이 높은 설명을 구분하여 교육과정에 필수적인 내용인지 여부를 판별할 줄 알아야 한다. 다른 하나는 교육학적 지식(pedagogical knowledge)이다. 교육학적 지식은 교과내용을 가르칠 때 수업 방법을 결정짓는 지식으로 교육학에 대한 일반적인 지식이다. 이는 학습자의 발달적 특성과 교실환경, 교수 및 학습법에 대한 전반적인 지식을 의미한다. 학생의 동기를 향상시키는 방법, 교실에서 학생을 관리하는 방법, 시험을 계획하고 시행하는 방법 등을 포함한다. 또 다른 하나는 교육학적 내용 지식(pedagogical content knowledge)이다. 교육학적 내용 지식은 가르칠 내용을 어떻게 가르칠 것인가에 관한 지식을 의미한다. 예를 들어, 과학교사는 학생들이 교과내용을 오해하고 잘못된 주장을 할 때 주저 없이 수정해 줄 수 있어야 하고, 수학교사는 특정 개념을 알고 있는 수준을 넘어서서 그 개념을 설명하는 방식에 대해서도 잘 알고 있어야 한다.

내용 지식과 교육학적 지식이 높은 수준의 교사가 학생들에게 미치는 영향은 과목에 따라 다르지만 대체로 긍정적이다. 한 연구 결과는 수학교사가 더 많은 교육학적 내용지식을 갖고 있을 경우, 학생들이 인지적으로 훨씬 더 많이 참여하고, 학습에 있어서도 더 지원적이며, 더 높은 수학적 성취를 예측할 수 있다고 밝히고 있다(Baumert et al., 2010).

2) 온화함과 열정

교사가 온화하고 친절하고 이해심이 많을수록 학습자는 그 교사와 그의 수업을 더 선호한다. 교사의 열정이 학습자로 하여금 학습에 몰입하게 하는 원인이 된다고 말할 수는 없지만 강하게 연관되어 있는 것은 사실이다. 교사가 열정적으로 수업을 진행할 때 학습자들은 더 집중하여 참여하고, 학습에 더 큰 흥미를 느낀다.

3) 수업 운영 지식과 기술

유능한 교사는 문제해결에 있어서 효율적이다. 이들은 짧은 시간에 대체로 적은 노력으로 초보자보다 더 많은 일을 할 수 있다. 유능한 교사는 수업시간 중에 발생하는 다양한 문제 상황에 대해 자동적인 대처를 통하여 그 문제를 해결해 나간다. 주의가 산만한 학생을 끌어들일 때에도 다른 학생들이 전혀 의식하지 못하게 한다. 유능한 교사들은 수업 중에 학생들의 행위를 매우 빠르고 정확하게 처리하여 상황에 맞는 반응을 생성해 낸다. 또한 유능한 교사들은 계획하고 점검하고 평가하는 과정에서도 초보자와 차이를 나타낸다. 이들은 소위 말하는 초인지 과정(metacognitive process)을 더 많이 활용한다. 초인지 과정은 '생각에 대해 생각'하는 것을 의미한다.

4) 의도성

유능한 교사는 의도성(intentionality)이 높다. 의도성은 어떤 목적을 가지고 의도적으로 행동하는 것을 의미한다. 의도적인 교사는 학생들에게서 무엇을 원하는지 그리고 각 의사결정이 학생들에게 어떤 영향을 미치는지 끊임없이 생각한다. 학생들은 우연히 배우는 것이 아니라, 교사의 의도적인 계획에 의하여 학습활동에 흥미를 갖게 되고, 힘껏 노력한다. 의도적인 교사는 자신과 학습자가 추구하는 목표가 무엇인지 끊임없이 생각한다. 즉, 수업이 학생들의 배경지식과 능력을 고려할 때 적절하게 이루어지고 있는지, 과제나 평가가 수업목표 달성과 연관되어 있는지, 그리고 시간 활용이 잘 되었는지 생각한다. 의도성과 더불어 빼놓을 수 없는 유능한 교사의 특성에 교사효능감(teacher efficacy)이 있다. 교사효능감은 자신의 행동이 학습자들을 변화시킬 수 있다는 교사 스스로의 믿음이다. 자신의 효능감을 강하게 믿는 의도적 교사들은 끊임없이 노력하고, 장애에 부딪혀도 인내하며 모든 학생이 성공할 때까지 포기하지 않는다(Slavin, 2012).

5) 창의적 통찰력

유능한 교사들은 문제를 금방 해결하지 않는다. 그들은 문제를 표면적으로 보지 않고 문제의 본질을 생각함으로써 정교하고 통찰력 있는 해결책을 얻는다. 데이비드슨과 스턴버그(Davidson & Sternberg, 1998)의 연구에 의하면 전문가들은 문제에 대해 다음 세 가지 기술을 잘 적용한다고 한다. 첫째, 전문가는 문제해결에 필요한 정보와 관계가 없는 정보를 구별한다. 일반 사람들이 별로 중요하지 않다고 생각하는 정보를 중요하게 보기도 하고, 반대로 중요하다고 보는 정보에 대해 별 관심을 갖지 않는다. 토의를 할 경우에도 본질적으로 중요한 질문을 통하여 학생들이 중점적인 요소들에서 벗어나지 않도록 한다. 둘째, 전문가는 문제해결에 유용하도록 정보를 결합한다. 가볍게 넘길 수 있는 정보를 결합시켜 새로운 의미를 얻게 되고 더욱더 통찰력 있는 문제해결에 이르게 된다. 셋째, 전문가는 한 가지 상황에서 획득한 정보를 다른 문제에 적용시킨다. 즉, 지식이 구조화되고 전이될 가능성이 높다.

2. 유능한 학생

가르치는 학생들 중에서 어떤 학생이 유능한 학생인가? 어떻게 해야 유능한 학생이 될 수 있는가? 학생들을 유능하게 만들어 가기 위해서는 유능한 학생의 특성에 대해 인지하는 것이 도움이 될 것이다. 스턴버그와 윌리엄스(Sternberg & Williams, 2010)는 유능한 학생의 특성 일곱 가지를 다음과 같이 제시한다.

1) 효과적인 학습전략 사용

유능한 학생은 학습자료를 깊이 이해할 수 있는 효과적인 학습 전략을 사용한다. 이들은 이러한 전략을 스스로 획득하거나 주변인을 통하여 배우게 된다. 가장 대표적인 전략은 암기를 잘하는 것이다. 정보 간의 연결 구조 형성이나 추론을 통한 창의적인 사고를 위해서는 암기가 필수적이다. 유능한 학생은 특정 과목에서 효과적으로 사용된 전략을 다른 과목에도 쉽게 적용할 줄 안다. 유능한 학생은 여러 가지 전략 중에서 효과적인 전략이 어떠한 것인가에 대한 평가 작업을 할 줄 안다. 이들은 각 전략의 효과성에 대해 민감하기 때문에 효과성 높은 전략을 선별하여 사용하려 한다.

2) 지능에 대한 향상적 관점

지능은 타고난 것이라고 생각한다면 학습을 통하여 변화할 수 있다는 기대감도 약하다. 지능이 고정되어 있다고 생각하기보다는 향상될 수 있다는 믿음을 가질 때 성취동기가 부여되기 쉽다. 지능이 고정되어 있다고 생각하는 학생은 자신의 능력과 수행에 대해 부정적으로 평가하는 경향이 있으며, 도전을 회피한다. 그러나 지능이 향상된다고 믿는 학생들은 부정적인 평가를 얻더라도 더 많은 노력과 훈련을 통하여 극복할 수 있다고 생각한다.

3) 높은 포부 수준

어떤 사람이 될 것인가에 대한 믿음은 앞으로의 목표달성을 추구하게 하기도 하고 반대로 노력과 달성을 제한하기도 한다. 유능한 학생들은 높은 포부 수준을 갖고 있으며, 열심히 노력하면 성공할 수 있다고 믿는다. 교사는 학생들에게 성공을 위한 목표수준의 설정이 매우 중요하다는 것을 인식시켜 주고, 성공하기 위해서는 여러 가지 난관이 있지만, 중도에 포기하지 않고 끝까지 도달한다면 안정된 삶과 보상을 받을 수 있다는 것을 교육시켜야 한다.

4) 높은 자기효능감

유능한 학생은 자기에게 성공할 능력이 있다는 것을 믿는다. 자기 자신의 수행능력에 대한 믿음과 자신감, 즉 자기효능감은 개인의 직간접적인 경험과 사회적 상호작용을 통하여 형성되고 영향을 받는데, 이러한 자기효능감은 다시금 과제 선택에서부터 노력, 인내에 이르기까지 다양한 영역에 영향을 미친다. 자기효능감이 높은 학생들은 여러 가지 활동에 열심히 참여하고, 난관에 처해도 오래 견디고, 효과적인 학습전략을 탐색하며, 결과적으로 높은 학업성취도를 이룬다. 특히 학생 시절의 자기효능감이 성인기 실업과 직업만족에도 영향을 미친다는 연구 결과도 있다.

5) 과제 완성의 추구

유능한 학생은 주어진 과제를 쉽게 포기하지 않고 끝까지 해 내려고 노력한다. 과제를 수행하는 과정에서 어려운 상황에 처하면 이를 극복하기 위하여 다양한 방법을 모색하려 애쓴다. 의지력(volition)으로도 설명되는 바, 이는 일단 목표에 도달하기 위하여 행동을 시작하면 계속적으로 목표를 추구하는 경향을 의미한다. 이를 위해 학생은 자신을 잘 조절하고 주어진 과제에 집중하려고 노력하며 스스로를 동기화시킨다. 아울러 수행향상 전략을 탐색하고 선택하여 적용하려고 노력한다.

6) 자신과 행동에 대한 책임

유능한 학생은 책임감이 강하다. 결과에 대한 원인을 찾는 귀인행동에 있어서 유능한 학생은 외부귀인보다는 내부귀인을 하는 경향이 더 강하다. 일이 잘되면 자신의 노력 덕분이라고 생각하고, 잘 안 되면 책임을 느끼고 더 잘하려고 노력한다. 반대로 외부귀인을 하는 사람은 특히 일이 잘 안 될 때 자신의 책임이 아닌 외부 탓으로 돌리는 경향이 있다.

7) 만족을 지연시키는 능력

유능한 학생은 즉각적 보상이 없어도 장시간 동안 하나의 과제나 작업을 진행할 수 있다. 장기간에 걸친 일련의 연구 결과에 따르면, 만족을 미룰 수 있는 아동이 학업성취 등 삶의 여러 측면에서 더 성공적이었다.

▌참고문헌 ▌

신종호, 김민성, 최지영, 허유성, 이지은(2015). 교육심리학. 경기: 교육과학사.
유승구(2011). 교사를 위한 교육심리학. 경기: 공동체.

Baumert, J., Kunter, M., Blum, W., Brunner, M., Voss, T., Jordan, A., Klusmann, U., Klaus, S., Neubrand, M., & Tsai, Y.-M. (2010). Teachers' mathmatical knowledge, cognitive activation in the classroom, and student progress. *American Educational Research Journal, 47*(1), 133-180.

Berliner, D. C. (2006). Educational psychology: Searching for essence throughout a century of influence. In P. A. Alexander & P. H. Winne (Eds.), *Handbook of educational psychology* (2nd ed., pp. 3-27). Mahwah, NJ: Erlbaum.

Davidson, J. E., & Sternberg, R. J. (1998). Smart problem solving: How metacognition helps. In D. J. Hacker, J. Dunlosky, et al. (Eds.), *Metacognition in educational theroy and practice: The educational psychology series*. Mahwah, NJ: Erlbaum.

Hattie, J., & Marsh, H. W. (1996). The relationship between research and teaching: A meta-analysis. *Review of Educational Research, 66*(4), 507-542.

Ormrod, J. E. (2000). *Educational Psycholgoy: Developing Learners* (3rd ed.). Upper Saddle Rivers, New Jersey : Merrill Prentice Hall.

Pintrich, P. R. (2003). A motivational science perspective on the role of student mitivation in learning and teaching. *Journal of Educational Psychology, 95*, 667-686.

Pressley, M., & Roehrig, A. (2003). Educational psychology in the modern era: 1960 to the present. In B. J. Zimmerman & D. H. Schunk (Eds.), *Educational psychology: A century of contributions*(pp. 333–366). [A Project of Division 15 of the American Psychological Association]. Mahwah, NJ: Erlbaum.

Reynolds, W. M., & Miller, G. E. (2003). Current perspectives in educational psychology. In W. M. Reynolds & G. E. Miller (Eds.), *Handbook of psychology: Vol 7. Educational psychology*(pp. 3–20). Hoboken, NJ: Wiley.

Shulman, L. S. (1987). Knowledge and teaching: Foundations of the new reform. *Harvard Educational Review, 19*(2), 4–14.

Slavin, R. E. (2012). *Educational Psychology: Theory and Practice*(10th ed.). Pearson Education, Inc.

Sternberg, R. J., & Williams, W. M. (2010). *Educational Psychology*(2nd ed.). Pearson Education, Inc.

Woolfolk, A. (2010). *Educational psychology*(11th ed.). Boston, MA: Allyn & Bacon.

Woolfolk, A. (Ed.) (2014). 교육심리학(*Educational Psychology*, 12ed., p. 13). (김아영, 안도희, 양명희, 이미순, 임성택, 장형심 공역). 서울: 박학사. (원저는 2012년에 출간).

제5장

학습자의 특성 이해

 제1절 인지 발달

 교사가 수업을 설계할 때는 학습자가 인지 발달의 어떤 수준에 도달해 있는지를 알아야 하며, 어떤 부분에서의 변화를 촉진시켜야 할 것인지 판단해야 한다. 한 학급 내의 학습자들이 모두 다 동일한 수준의 인지적 역량을 갖추는 경우는 극히 드물다. 어떤 학생들은 매우 쉽게 학습내용을 이해하는 반면에, 다른 학생들은 학습내용을 잘 이해하지 못하는 경우가 종종 있다. 이렇게 다양한 수준의 학습자들을 정확히 파악하고 적절한 교육내용을 설계하기 위해서는 학습자의 인지 발달에 대한 이해가 필요하다. 인지 발달을 연구한 대표적인 학자는 스위스 심리학자인 장 피아제(Jean Piaget, 1896~1980)다. 따라서 이 장에서는 피아제의 인지발달이론에 대해 살펴보고, 추가하여 점차 영향력이 커져가고 있는 인지발달이론으로서 인지 발달과 문화를 연결한 비고츠키의 사회문화이론(socialcultural theory)에 대해서 살펴보기로 한다.

1. 피아제의 인지발달이론

 피아제는 심리학 역사에서 가장 영향력 있는 발달심리학자이며, 특히 인지 발달에 대해 가장 많이 거론되는 이론을 제안하였다. 그는 세 자녀를 대상으로 실시한 관찰 결과에 기초하여 인지발달이론을 수립하였다. 피아제의 인지발달이론에서 핵심이 되는 개념은 도식, 평형화, 동화, 조절이다.

도식(schemes)은 사고의 기본단위로서 우리가 세상의 사물과 사건을 표상하거나 생각하게 해 주는 조직화된 행동체계 또는 사고체계다. 우리는 외부 세상을 표상하고 인식하는 데 도식을 이용한다. 도식은 수저를 사용하는 도식이나 고양이를 인식하는 등의 간단한 도식에서부터 식당에 가서 음식을 주문하기와 같은 일련의 복잡한 단계의 도식이 있다. 사람들은 이러한 도식을 사용하여 자신들의 인지구조를 형성해 나간다. 사람들은 환경에 적응해 나가는 과정에서 기존의 도식을 사용하여 사물이나 사건을 인식하려 한다. 그런데 사람들은 현존하는 도식으로 더 이상 해결할 수 없는 상황에 직면하면 불평형(disequilibrium) 상태가 되고, 이때 불편함을 느낀다. 이러한 인지적 불평형 상태에서 벗어나려는 과정을 평형화(equilibration)라고 한다. 이러한 평형화는 2개의 기본 과정으로 이루어진다. 그중 하나는 '동화(assimilation)'이고 다른 하나는 '조절(accommodation)'이다. 동화는 세상을 이해하기 위해 기존의 도식을 사용하는 것이다. 예를 들어, 시골길을 가는 데 어린아이가 논두렁의 소를 보고 '저기 큰 개가 있다.'고 말하는 경우다. 이 아이는 '개'라는 도식만을 갖고 있었기 때문에 다리가 네 개이며 털이 나 있고 꼬리가 있는 동물은 개라고 생각한 것이다. 그런데 아이가 아빠로부터 '저건 개가 아니라 소라는 동물이란다.'라는 설명을 듣는 순간 불평형 상태에 빠지게 된다. 아이는 이 상황에서 '소'라고 하는 새로운 도식을 만들어서 인지구조를 변화시켜 나가게 된다. 바로 이 과정을 조절이라고 한다. 이처럼 사람들은 세상을 살아가면서 지속적으로 동화와 조절을 거듭하여 환경에 적응해 나간다. 피아제에게 있어서 인지 발달은 경험을 통해 세상에 대한 이해와 의미체계를 적극적으로 구성해 나가는 과정이다(Berk, 2006).

피아제는 인지 발달이 질적으로 변화하는 4단계로 이루어졌다고 설명하였다. 그것은 감각운동기, 전조작기, 구체적 조작기, 형식적 조작기다. 피아제가 말하는 인지 발달의 4단계를 구분하는 핵심개념은 조작(operation)이다. 조작은 물리적인 대상에 대한 조작과 정신적인 조작이 있다. 전조작기란 이러한 조작이 다소 어려운 시기이며, 구체적 조작기란 구체적 대상에 대해서 조작이 가능한 시기를 의미한다. 아울러 형식적 조작기란 추상적인 대상에 대해서도 조작이 가능한 시기라는 것을 말한다. 피아제는 아동들이 고정된 순서에 의해 각 단계를 차례대로 거쳐 발달해 나간다고 주장하였으며, 각 단계별로 구체적인 연령대를 제시하였다.

1) 감각운동기

감각운동기(sensorimotor stage)는 생후 2세 때까지를 말하며 인지 발달의 첫 단계다. 이 단계는 어린 영아에 해당되는 기간으로 주로 감각기능과 운동 기능을 통하여 세상을 탐색한다. 생후 초기에 모든 영아는 빨기 등의 반사작용(reflex)이라는 선천적 행동을 가지고 있다. 이 시기의 영아는 모든 사고 기능이 보고 듣고 움직이고 만지고 맛보는 것 등으로 이루어진다. 입술에 손을 대면 빨려고 하고, 손바닥에 물건을 주면 감싸쥐려고 한다.

감각운동기의 주된 특징은 대상영속성(object permanence)이다. 대상영속성이란 대상이 보이지 않더라고 그 자리에 그대로 존재한다는 것을 아는 것이다. 5개월 된 유아는 장난감을 보여 준 다음 그것을 나무판으로 가리면 장난감이 없어진 것으로 여기고 다른 곳을 응시한다. 즉, 눈에 보이지 않으면 존재하지 않는 것으로 여긴다. 그러나 2세경이 되면 아이는 자신이 눈으로 볼 수 없어도 그 대상이 여전히 존재할 것이라고 생각한다. 그래서 어떤 물체를 보여 주고 수건으로 가리면 아이는 그 수건을 제치고 그 물건을 찾으려 한다. 감각운동기 후반의 또 다른 특징은 표상적 사고(representational thought)를 하기 시작한다는 것이다. 표상적 사고는 외적 자극에 대해 잘 형성된 정신적 표상이나 개념을 의미한다. 유아는 어떤 물건에 대한 이미지를 그릴 수 있으며, 후반기에 가면 일련의 행동 절차를 이미지화할 수 있다. 예를 들어, 6개월 된 아기는 투명한 장난감 통 속에 들어 있는 여러 가지 알록달록한 작은 장난감들을 꺼내는 데 어려움을 느끼지만, 시간이 지나면서 장난감 통을 거꾸로 뒤집고 통을 흔들어 다 쏟아 낸 다음 다시 하나씩 집어넣는 행동을 반복한다. 즉, 행동을 역으로 수행할 수 있게 된다.

2) 전조작기

전조작기(preoperational stage)는 대략 2세에서 7세까지 나타나며, 이 시기의 아동은 사물에 관해 사고하는 능력이 점차 발달하고 대상을 정신적으로 표상할 수 있는 상징을 사용할 수 있게 된다. 언어와 개념 또한 급속도로 발달되는 시기다. 이 시기의 특징 중 하나는 행동 도식을 상징화하는 것이다. 단어, 몸짓, 심상 등과 같은 상징을 형성하고 사용한다. 빈 컵으로 마시는 시늉을 하거나 소꿉놀이를 하는 모습에서 우리는 아이들이 행위 상징을 사용하고 있다는 것을 알 수 있다.

전조작기 아이들은 언어 사용이나 세상 인식에서 자기중심적이다. 다른 사람들의 입장에서 상황을 지각하기보다는 자기 입장이나 관점에서 인식한다. 상대방의 입장에서 보는 세상과 자신의 입장에서 보는 세상이 다르다는 것을 알지 못한다. 자기가 무서움을 느끼면 다른 사람들도 모두 다 무서움을 느낀다고 생각한다. 전조작기의 후반으로 가면서 아이들은 점차 덜 자기중심적이 되고 타인에게 집중하기 시작한다.

전조작기의 아이들은 보존(conservation)의 개념에 대한 이해가 부족하다. 보존은 사물의 양이나 수가 배열이나 외관이 변한다 하여도 본질은 동일하게 유지된다는 원리다. 그런데 아이들은 바둑알 10개를 3cm 간격으로 늘어놓은 것을 보여 준 다음, 다시 5cm 간격으로 늘어놓으면 개수가 더 많아졌다고 판단한다. 또 다른 예로 10cm 직경의 비커에 담긴 물을 3cm 직경의 비커에 옮겨 담고서 2개 중에서 어느 비커의 물이 더 많냐고 물어보면 3cm 직경의 비커에 더 많은 물이 있다고 말한다. 이 시기의 아이들은 넓이와 높이라는 두 차원을 종합하여 생각하기보다는 길이나 폭이라는 하나의 차원에 집중한다. 즉, 탈중심화(decentering)에 어려움을 겪는다.

3) 구체적 조작기

구체적 조작기(concrete operational stage)는 7세부터 12세에 이르는 시기에 해당된다. 이 시기에는 전조작기에 형성 가능했던 대상에 대한 내적 표상을 조작할 수 있다. 추상적 개념에 대해서는 아직 이르지만 구체적인 사물에 대해서는 표상을 조작할 수 있다. 따라서 자동차를 머릿속에 표상하고 그 표상을 90도 회전시킬 수 있다. 이러한 심적 표상을 통하여 동일한 양의 물체가 길이가 줄어들면 폭이 넓어질 수 있다는 것을 이해하게 된다. 아동은 더 이상 보존 문제에 어려움을 느끼지 않는다. 그 이유는 아동이 가역성(reversibility)의 개념을 획득하였기 때문이다. 가역성은 하나의 과정을 정신적으로 되돌려 놓을 수 있는 능력이다.

구체적 조작기에 나타나는 또 다른 조작은 분류(classification)다. 한 무리에 속하는 물체의 한 가지 특성에 주목하고, 그 특성에 따라 물체를 묶는 능력이다. 한 도시가 여러 차원에 속할 수 있다는 것을 이해한다. 서열화(seriation)는 순서에 따라 배열하는 과정으로 논리적 연속체를 만들 수 있다. 이들은 'A는 B보다 작고 B는 C보다 작다.'라는 서술에서 B가 A보다는 크지만 C보다는 작다는 것을 이해한다. 이처럼 서열화, 분류, 보존과 같은 조작들은 구체적 조작기의 아동에게 논리적이고 다소 높은 수준의 사고체계를 가능케 한다.

4) 형식적 조작기

형식적 조작기(formal operational stage)는 대략 12세에서 성인기까지를 의미한다. 형식적 조작기에서는 잠재적이거나 가설적인 상황을 다룰 수 있게 된다. 일반적 가정에서 세부적인 함의에 이르는 연역적 추론(deductive reasoning)이 가능하고, 특별한 관찰로부터 일반적 원리를 규명하는 귀납적 추론(inductive reasoning)도 가능하다. 이 시기의 청소년은 논쟁이나 논의를 통하여 추상적이고 존재하지 않는 조건들을 추론할 수 있으므로 종종 공상과학에 흥미를 갖는다. 가령 '세 종류의 옷이 있는데 몇 가지의 조합이 가능한가?' 라고 물어보면 구체적 조작기의 아동은 몇 가지 조합만을 거론하나, 형식적 조작기의 청소년은 27가지의 조합이 있다는 것을 체계적으로 알아낸다. 또한 문제가 'A는 B보다 작고, A는 C보다 크다. 이들 셋 중에서 어느 것이 가장 클까?' 라고 주어지면 구체적 조작기의 아동은 다른 답을 제시하지만 형식적 조작기 아동은 여러 가지 관련성을 추론하고 답을 찾아간다.

피아제의 이론은 지금까지도 인지 발달에 관해 매우 지배적으로 수많은 후속연구를 낳게 하였으며, 교사들에게도 어떤 연령의 아동이 무엇을 할 수 있으며 무엇을 할 수 없는지를 제시해 주었다. 그럼에도 최근의 연구들은 피아제의 이론 중 일부에 대해 문제를 제기하고 있다. 첫째, 단계적 발달 이론에 대한 반대 의견으로 발달적 변화를 연속선상에서 보아야 한다는 주장이다. 즉, 변화가 비연속적이고 질적인 도약처럼 보일 수 있으나, 조금 더 세분화하여 들여다보면 지속적이고 점진적인 변화를 관찰할 수 있다는 주장이다. 둘째, 각 단계의 연령 설정이 아동에 따라서 그리고 과제에 따라서 더 어린 나이로 조정되어야 한다는 주장이다. 그 예로, 친숙한 과제에 대해서는 피아제가 제시한 것보다 더 어린 연령에서 과제를 수행할 수 있다는 것이다. 셋째, 형식적 조작기에의 도달 문제. 후속연구에서는 많은 성인이 전적으로 형식적인 조작기에 도달해 있지 않다는 것을 보여 준다. 넷째, 문화적 차이에 관한 것이다. 다양한 문화권의 아동들은 서구 문화에서 개발된 검사를 이해하지 못하는 경우가 많다. 그 문화에서 가치 있게 여겨지는 영역에서 과제가 제시되면 더 어린 나이에서도 쉽게 해결하였다. 중국의 초등학생과 미국의 초등학생을 비교한 연구에서는 중국의 초등학생이 미국의 초등학생보다 시간, 거리, 속도와 관련된 과제를 약 2년 정도 빨리 숙달하였다(Zhou, Peverly, Boehm, & Chongde, 2001).

5) 신 피아제 이론

신 피아제 이론가들은 특별한 단계에서 작용하는 아동들의 능력이 단계와 관련된 구체적인 과제에 의존한다는 것을 검증하였다. 이들은 인지 발달을 전체적인 단계로 보는 대신에 특정한 과업의 형태라는 측면으로 보았다(Massey, 2008). 또한 신 피아제 이론가들은 피아제가 원래 제안한 4단계보다 더 많은 단계를 제시하였다. 이들은 형식적 사고를 뛰어넘은 후형식적 사고(postformal thinking)의 가능성을 제시한다. 인지 발달의 다섯 번째 단계로 문제 발견(problem finding) 단계를 제시하였다. 이는 문제를 해결할 수 있게 되는 것이 아니라 풀어야 할 문제의 중요성을 확인하는 단계다. 또 다른 단계는 변증법적 사고(dialectical thinking)다. 이들에 의하면 우리가 사춘기를 넘어 초기 성인기가 되면, 모든 일에 단 한 가지 해결 방안만을 갖고 있는 것은 아니라는 점을 깨닫게 된다. 그리하여 두 가지 정반대의 화해할 수 없을 것 같았던 관점들을 통합하는 종합적 사고를 하게 된다는 것이다. 몇몇 발달심리학자들은 피아제 이론에 정보처리 접근을 추가하기도 하였다. 이 이론은 아동의 지식 구성 및 아동 사고의 일반적 경향에 대해서는 피아제의 이론을 유지하되 주의, 기억, 전략의 역할에 대해서는 정보처리적 접근으로 설명한다. 피셔(Fischer, 2009)는 읽기나 수학과 같은 다른 영역에서의 발달을 연구하였으며, 새로운 기술을 배울 때 아동은 행동에서 표상, 표상에서 추상까지의 3단계를 거치게 된다는 점을 강조하였다.

 교육에의 적용

피아제의 이론은 수업과 평가에 대한 많은 아이디어를 제시하고 있다.

1. **동화와 조절의 조화**

   아동들의 사고 수준보다 조금 더 높은 수준의 수업을 제공하여 아이들로 하여금 조절을 할 수 있도록 도와준다.

2. **인지 발달 수준을 고려**

   학생들이 어떤 학습내용을 숙달하기 위해 필요한 인지적 수준에 도달했는지를 알 수 있는 징후를 잘 인식하게 해 준다.

3. **아동 사고의 결과만이 아니라 과정에 초점**

   아동의 대답이 얼마나 정확한지 여부에 더하여 대답을 하기 위해 어떤 과정을 밟았는지를 이해해야 한다.

4. 새로운 인지구조는 이전의 인지구조 위에 세워진다.

   학생들의 기존 지식을 기반으로 수업을 해야 한다. 십진법은 분수의 개념에 기초하여 가르쳐야 한다.

5. 발달과정에서의 개인차 수용

   사람들은 같은 순서를 거쳐 발달해 나가지만 비율에 있어서는 개인차가 존재한다.

6. 아동의 적극적인 학습활동 참여와 자기 시도의 역할 강조

   아동 스스로가 환경과 즉각적으로 상호작용하는 가운데서 발견하는 것을 격려해야 한다.

2. 비고츠키의 사회문화적 관점

비고츠키는 러시아 심리학자로서 사회문화적 이론을 대표하는 인물이다. 그의 이론은 피아제의 이론에 이어 1980년대와 1990년대의 사고이론을 지배했다. 피아제의 이론에 의하면 발달은 학습자의 내부에서 일어나는 것이며, 학습에 선행하여 인지적 발달이 이루어진다. 그러나 비고츠키는 인간의 활동이 문화적 환경 속에서 일어나기 때문에 환경과 분리해서는 이해될 수 없다고 믿었다. 그에 따르면 인지 발달은 주로 외부에서부터 내부로 일어나는 것이며, 아동은 사람들 간의 상호작용을 지켜보고, 타인과 상호작용하며, 이러한 상호작용이 발달에 활용된다. 사회적 상호작용은 인지 발달에 단순히 영향을 주는 것 이상으로 우리의 인지구조와 사고과정을 만들어 낸다. 이러한 의미에서 이 이론을 사회문화이론(sociocultural theory)이라고 한다. 비고츠키는 학습을 발달의 도구로 보았다. 학습이 보다 더 높은 수준의 발달을 가능하게 해 주며, 이때 사회적 상호작용이 학습에서 매우 중요한 요소로 작용한다.

비고츠키의 이론은 주요한 두 가지 아이디어를 기초로 하였다. 첫째, 아동의 지적 발달은 아동이 경험한 역사적·문화적 맥락에서 이해되어야 한다. 둘째, 발달은 개개인이 성장하면서 형성한 상징체계(sign system)에 의존한다(Slavin, 2012). 상징은 문화에서 창조되는 것으로 사람들의 사고, 의사소통 그리고 문제해결을 돕는다. 비고츠키의 이론은 다음과 같은 핵심 개념들을 포함한다.

- 내면화(internalization)는 사회적 상황에서 상호작용을 통하여 지식을 흡수하거나 받아들여서 혼자서도 사용할 수 있게 되는 것을 의미한다. 아이들은 어른들이 다

른 사람들과 논쟁하는 것을 보고서 타인과 어떻게 논쟁하는지를 배우게 된다. 저 학년 학생은 고학년 학생이 노는 것과 공부하는 것을 보고 배운다. 아동은 세상과 상호작용을 많이 하면 할수록 더 많은 지식과 정보를 획득하게 된다.

- 근접발달영역(zone of proximal development)은 '스스로 문제를 풀 수 있음을 보여 주는' 아동의 현재 발달수준과 '성인의 지도나 더 유능한 또래들과의 협력에 의 해' 아동이 성취할 수 있는 발달수준 사이의 영역을 지칭한다. 또한, 이는 학생과 교사가 소통하고 이해 정도를 교환하는 역동적이고 변화하는 영역이다(Woolfolk, 2010). 근접발달영역 내에 있는 과제들은 아동이 아직 혼자서는 수행할 수 없는 것들이지만 동료나 성인의 도움을 받으면 가능한 것들이다. 이 영역이 실제로 학 습이 이루어질 수 있는 영역이다.

- 비계(scaffolding)는 비고츠키의 사회문화이론에서 강조되는 또 다른 개념이다. 비 계는 동료나 성인에 의해 제공되는 조력을 말한다. 비계설정이란 인지적 · 사회정 서적 및 행동적 발달이 이루어질 수 있도록 교사 혹은 부모가 환경의 중재를 통해 도움을 제공하는 것을 의미한다(Sternberg & Williams, 2010). 학습 초기 단계에는 많은 지원을 한 후 단계적으로 지원을 감소시켜 나가면서 아동들이 스스로 학습 할 수 있도록 도와주는 것이다. 부모가 아이들을 박물관에 데리고 가서 전시품들 의 의미를 설명해 주는 것을 포함하여 모델링, 코치 등과 같은 조력 활동들이다.

- 비고츠키 이론은 아동들이 함께 학습하는 협동학습 전략의 사용을 지지한다. 아 동들은 각기 조금씩 상이한 근접발달영역 내에서 활동하고 있기 때문에 미약하나 마 서로가 서로에게 보다 향상된 사고를 위한 모델을 제공하고 제공받을 수 있다. 다른 사람에게 자신의 내면을 이야기하기도 하고, 또 다른 사람의 추론 과정을 이 해하는 통찰력을 갖게 할 수 있다(Slavin, 2012).

비고츠키의 이론은 인지 발달에서 문화와 사회적 과정의 역할을 강조함으로써 매우 중요한 공헌을 하였다. 그러나 인지 발달의 제한된 측면만을 다루고 있다는 지적을 받 기도 한다. 아동들은 교사에게 배우기 이전부터 세상에 대해 상당히 많은 것을 이해하 고 있는 듯하기 때문이다. 비고츠키의 이론에 대한 추가적인 비판은 발달적 변화의 저 변에 흐르는 인지적 과정을 세밀히 제시하지 않고 일반적인 생각을 제시하였다는 점이 다. 예를 들면, 학생으로 하여금 보다 수준 높은 참여를 가능하게 하는 인지 활동은 과 연 어떤 것이 있는지에 대해 설명하지 않는다. 비고츠키가 이른 나이에 세상을 떠났기 때문에 자신의 이론을 구체화시킬 수 있는 시간적 여유가 없었을 수도 있다. 특히 그가 강조하는 근접발달영역은 매우 흥미로운 개념이지만 어떻게 어떤 측정도구로 측정할 수 있는 대상인지 여부가 불명확하다. 그럼에도 비고츠키의 이론은 교육 장면에 기여한 바가 크다.

 교육에의 적용

비고츠키의 이론은 교육에 관해 다음과 같은 점을 시사해 주고 있다.

1. 학생의 필요에 적합하게 비계를 설정한다.

   학생이 새 과제나 단원을 시작할 때 모델, 단서, 문장 도입부, 지도, 피드백 등을 제공한다. 학생의 유능성이 신장됨에 따라 교사의 지원을 제한한다. 학생 스스로 작업할 수 있는 기회를 더 많이 부여한다. 프로젝트 수행 시 난이도의 수준이나 독자적 작업의 정도를 학생 스스로 선택할 수 있도록 선택권을 제공한다.

2. 학생들의 문화적 지식펀드에 기초하여 가르친다.

   학생들이 서로의 가족을 인터뷰하면서 다른 가족의 직업 및 가정환경에 대한 지식에 관해 이해할 수 있도록 한다.

3. 대화와 집단학습을 자산으로 활용한다.

   또래 교습을 실험적으로 실행해 본다. 좋은 질문 및 유익한 설명을 하는 방법을 학생들에게 가르친다.

4. 역할 모델을 제시한다.

   아동은 외적대화를 내면화함으로써 학습한다. 아동은 주위 환경을 관찰함으로써 비판적으로 사고하는 것을 학습한다. 교사로서 가장 중요한 측면 중 하나는 학생들에게 역할 모델을 제공하는 것이다.

제2절　사회성 및 도덕성 발달

1. 에릭슨의 심리사회적 발달

교사는 학생들의 지적 발달만을 도와주는 것은 아니다. 학교장면에서 교사는 지적 발달뿐만 아니라 학생들의 사회성 발달과 정체성의 확립을 도와주어야 한다. 오늘날 교사들은 교육 장면에서 다양한 갈등과 관계형성의 문제 그리고 학생들의 사회적 일탈 행동을 경험하게 된다. 이러한 상황에서 교사들이 합리적이고 효과적인 의사결정을 이루기 위해서는 학생들의 사회성과 자아정체성 형성 등에 대해 숙고해야 한다. 이 장에서는 에릭슨(E. H. Erikson)이 제안한 심리사회적 이론(psychosocial theory)에 대해 알아보고 청소년기의 주요 발달과제 중 하나인 정체성과 자기개념에 대해 논의하기로 한다.

에릭슨은 피아제와 마찬가지로 발달이 단계적으로 진행된다고 보았다. 그는 사람들이 일생에 거쳐서 여덟 가지 심리사회적 단계를 거쳐 나가며, 각 단계마다 해결해야만 하는 위기(crisis) 혹은 과제를 경험하게 된다고 가정했다. 대부분의 사람들은 위기를 만족스럽게 해결해 나가지만 어떤 사람들은 위기를 완전하게 해결하지 못하고 인생의 후기까지 해결해야 할 과제로 안고 가는 경우도 있다. 에릭슨이 제시한 8단계는 다음과 같다.

1) 신뢰 대 불신(출생~18개월)

이 시기의 주요 이슈는 섭식이다. 양육자가 영아의 음식과 보살핌에 대한 욕구를 안정적이고 규칙적으로 충족시켜 주면, 영아는 세상에 대한 신뢰감을 갖게 된다. 양육자와의 안정적인 애착 형성은 영아의 신뢰감 발달에 도움이 된다. 예를 들어, 엄마가 아이를 방에 혼자 놓고 나간 상태에서 아이가 울음을 통해 엄마를 찾았지만 응답이 없는 경우 아이는 이제 엄마를 신뢰하지 못하게 된다. 이것을 경험한 아이는 나중에 엄마가 자신을 두고 자리를 떠나려고 하면 울음으로 이를 제지하려 한다. 왜냐하면 믿을 수 없다고 생각하기 때문이다. 아동이 학급 친구들을 신뢰하느냐 못하느냐는 이 단계로 거슬러 올라가서 생각해 볼 수 있다.

2) 자율성 대 수치심과 의심(18개월~3세)

이 시기의 아이는 음식 섭취와 대소변 가리기, 옷 입기 등 스스로 통제하고 무언가를 하려고 노력한다. 이 단계를 성공적으로 거치면 자율적이고 독립적인 성향을 획득하고 또래와 좋은 관계를 형성할 수 있다. 그러나 이 단계를 성공적으로 통과하지 못하면 자신에 대한 의심과 자기 능력에 대한 자신감의 결여를 보인다. 이 시기에 부모는 아이의 탐구적인 행위에 대해 허용적으로 대하고 필요시 도와주면서 자율성을 형성하도록 격려하는 것이 필요하다. 만약에 부모가 지나치게 제한적이고 엄격하게 양육할 경우 아이는 무능감과 무력감을 경험하며, 결국 자신의 능력에 대한 자신감을 잃게 되어 소극적인 아이로 생활하게 된다.

3) 주도성 대 죄의식(3~6세)

이 시기의 아이들은 운동 기술과 언어 기술이 급격히 발달하고 환경에 대한 탐색을 더 적극적으로 시도한다. 자신의 주도적인 행위가 지지받는 경험을 하게 될수록 아이는 스스로 무엇인가를 할 수 있다는 자신감을 갖게 된다. 그러나 아이의 주도적인 행동에 대해 부모가 엄하게 벌을 주면 아이들은 자연스럽게 일어나는 욕구에 대해 죄의식을 갖게 된다. 이 시기를 잘 마친 아이들은 학교생활과 더 나아가 직업 생활에서도 방향을 정할 수 있게 된다.

4) 근면성 대 열등감(6~12세)

아이들은 점차 전조작기를 벗어나 구체적 조작기로 들어서며 학교라는 새로운 환경에서 발달과업을 해결해 나가야 한다. 이 시기에는 부모들의 영향력이 감소하게 되고 상대적으로 또래 친구들의 중요성이 증가한다. 가정, 이웃, 학교라는 환경을 오고 가며 학업을 수행하고 집단 활동에 참여하고 친구들과 잘 지내는 아동의 능력은 유능감을 발달시킨다. 이런 과정에 적응을 잘하지 못한 경우 아이들은 열등감을 경험하게 된다. 이 시기의 실패 경험은 부정적인 자아상을 형성시키기 때문에 아이들로 하여금 경제적·문화적 차이를 극복하고 자신의 능력에 대한 자신감을 형성할 수 있도록 주변에서 도와주는 활동이 매우 중요한 의미를 갖는다.

5) 정체감 대 역할 혼미(12~18세)

이 시기의 청소년은 사춘기에 접어들면서 정신적으로는 형식적 조작기에 해당되고, 신체적으로는 제2차 성징과 같은 급격한 변화를 경험하게 된다. 이 시기의 주된 과업 중 하나는 '나는 누구인가?'라는 질문에 의식적으로 답하는 것이다. 청소년은 현재의 자신의 능력과 갈망 그리고 미래의 진로에 대한 고민 속에서 앞 단계에서 형성된 자신의 정체감을 재정의하게 된다. 여기서 정체성(identity)은 개인의 갈망, 능력, 신념, 그리고 개인의 발달 과정과 같은 조직화된 체계가 일관적인 자기상(self-imge)에 투입되는 것을 지칭하며, 이는 이상적인 직업, 가치관, 이데올로기, 이념에 대한 헌신을 포함한다(Miller, 2011). 청소년기의 정체성 형성에 대해서는 제임스 마샤(Marcia, 1966)의 설명을 참조한다.

6) 친밀감 대 고립감(성인 초기)

성인기 초기에는 타인과의 친밀한 관계형성이 주요 이슈다. 이 시기에는 필요에 의한 공동체 욕구 그 이상으로 타인과 관계를 형성하는 것을 말한다. 정체성이 확고하지 못한 사람은 타인에게 제압당할까 봐 두려워하며 스스로를 고립시킬 수도 있다. 애정관계에 있어서도 이 시기를 성공적으로 통과할 경우 이타적인 사랑을 배우게 된다. 그러나 이 시기의 문제를 잘 극복하지 못한 경우에는 소외감을 갖고 타인과의 친밀감 형성에 어려움을 갖게 된다.

7) 생산성 대 침체감(성인 중기)

이 시기에는 자녀 양육과 부양 문제가 있으며, 직업 생활에서의 성과가 주요 이슈다. 이 시기를 잘 마무리한 경우에는 자신이 성취한 열매를 후배 양성이나 자녀 양육을 통해 잘 전수하려고 노력한다. 그러나 성과를 얻지 못한 경우 삶의 침체를 느끼고 주변 세상에 의미 있는 공헌을 하지 못한 것으로 여긴다.

8) 통합 대 절망(성인 후기/노년기)

이 시기는 자신이 걸어온 삶 그리고 여러 가지 선택과 결정에 대해 의미를 부여한다. 성공적인 사람은 자신의 과거를 온전히 수용하고 성취감을 느끼며 자신의 삶을 통합하여 되돌아 볼 수 있다. 그러나 성공적으로 끝내지 못한 경우 자신이 범한 실수와 놓쳤던 기회를 생각하며 좌절감 속에 빠진다.

에릭슨의 심리사회적 발달이론은 환경의 역할을 강조하며 사람들이 같은 정도의 위기를 같은 시기에 경험하는 것을 제시하였다. 그러나 에릭슨이 단계별로 제시한 나이는 오늘날 관점에서 보면 다소 바꾸어야 할 것이다. 또한 특정 시기에 발달되지 못한 특성이라 하더라도 다른 시기에 환경이 변화되면 새롭게 형성될 수 있는 가능성도 있다. 예를 들어, 불우하고 불안정한 환경에서 자란 아이가 나중에 안정적인 환경에서 성장하게 될 경우 신뢰성을 획득할 수도 있다. 또한 초등학교 시절에 어려운 환경에서 능력을 발휘할 수 없었으나 중학교에 들어서서 주변인이나 환경의 변화에 따라 자신의 역량을 극대화하는 경험을 갖게 될 수도 있다. 다시 말해서 성격 및 사회성의 발달은 타인과 사회 속에서의 상호작용을 통해 지속적으로 진행된다고 보아야 할 것이다.

🏠 교육에 적용

에릭슨의 심리사회적 발달이론에서 교육적 의미를 찾으면 다음과 같다.

1. 어린 아동에게도 가급적 과제를 독립적으로 수행할 기회를 제공한다.
   아이들로 하여금 학습 활동뿐만 아니라 생활 속 행동에서 스스로 행할 수 있도록 여건을 조성해 줌으로써 자율적인 성향을 강화해줄 수 있다.
2. 아동의 여러 가지 제안을 교실 활동에 가능한 포함한다.
   아동 스스로 제시한 사안이 교실 활동에 적용되고 또 성공적인 결과를 갖게 될 경우 자신감이 형성된다.
3. 학생의 성공에 관심을 갖고 칭찬하여 자신의 능력에 자부심을 자각하게 한다.
   학습단원을 여러 단계로 나누고 학생이 완수할 때마다 칭찬하는 등 학급 내에서 칭찬할 거리를 찾아 시행한다.
4. 정체감을 잘 형성한 모델을 제시한다.
   유명한 사람들의 모델을 제시하고 이들의 성장 과정을 토의하게 한다.

🏠 정체성 형성

제임스 마샤(1966, 1999)는 청소년기에 정체감이 형성되는 유형을 정체감 확립, 정체감 상실, 정체감 혼미, 정체감 유예의 네 가지로 구분하였다. 이러한 구분의 근거는 두 가지 질문에 대한 대답에 따라 달라진다. 첫째는 '정체감을 갖기 위해 적극적으로 노력했는가'와 둘째는 '무엇인가에 전념하고 있는가'다.

1. 정체감 성취(identity achievement)

정체감 성취는 정체감을 갖기 위해 노력했으며, 그 결과 무엇인가에 전념하고 있는 것을 의미한다. 고등학교를 졸업하는 시기에 정체감을 성취하는 청소년은 얼마 되지 않는 것으로 보이며, 20대 초반까지 지속되는 경우가 흔하다. 성인의 경우에도 자신의 정체감을 찾아서 새로운 행동을 시도하는 경우도 있다.

2. 정체감 유실(identity foreclosure)

정체감 유실(혹은 유전)은 정체감 확립에 있어 탐색 과정을 거치지 않고 주변의 중요 인물들이 제시하는 목표나 가치에 헌신하는 것을 말한다. 스스로의 삶에 대하여 심각하게 생각하거나 의문을 가지지 않고 타인의 가치를 받아들인다. 예를 들어, 부모가 의대에 가면 여러 면에서 좋다는 의견을 받아들여 의대를 지망하여 의사가 되는 경우다.

3. 정체감 유예(identity moratorium)

정체감 유예는 다양한 직업적 세계 앞에서 무엇을 선택해야 할지 고민하고 있는 상태를 의미한다. 즉, 자신이 나아갈 바를 정하지 않고, 선택을 미룬 채 다양한 탐색을 해 보고 있는 시기다. 예를 들어, 자기 발견을 희망하며 이 종교 저 종교를 찾아다니는 경우다. 또는 군에 갔다 와서 결정을 하겠다면서 선택을 미루어 놓는 경우다.

4. 정체감 혼미(identity diffusion)

정체감 혼미는 정체감을 갖기 위해 어떤 노력도 하지 않고, 정체감의 어떤 측면에도 전념하고 있지 않은 상태다. 정체감 혼미 상태의 청소년은 미래에 대한 희망이 거의 없으며, 무관심하고 위축되어 있을 수 있으며, 공개적으로 반항적일 수 있다. 정체감 혼미 상태의 청소년이 학교 프로그램에 의하여 봉사활동이나 인턴 또는 멘토링의 경험을 함으로써 정체감을 새롭게 획득하는 좋은 기회가 되기도 한다.

2. 콜버그의 도덕성 발달

도덕성 발달은 자신과 타인의 행동을 평가하는 데 기준이 되는 옳고 그름의 개념을 익혀 가는 인간 발달의 과정에 관한 것이다. 피아제는 인지 구조와 능력이 먼저 발달하고 이를 기반으로 추론 능력이 결정되는 것과 마찬가지로 도덕성도 예정된 단계에 따라 발달한다고 했다. 피아제는 인간의 도덕성 발달은 낮은 연령대의 타율적 도덕성(heteronomous morality)에서 높은 연령대의 자율적 도덕성으로 변화해 가는 것을 제안하였다. 타율적 도덕성 단계에서 아이들은 주변인으로부터 규칙과 위반에 따른 벌을 경험하면서 도덕적 판단을 하게 된다. 약 7세까지는 자기중심적이기 때문에 다른 사람의 관점을 수용하기 어렵다. 이 시기의 아동은 규칙을 준수하는 것이 도덕적이라고 판단한다. 규칙을 깨뜨리는 것이 자동적으로 벌 받는 것과 연결되면, 이때 벌의 정도는 얼마나 많은 해를 끼쳤는가에 근거한다. 따라서 실수로 컵 15개를 깬 사람은 의도적으로 하나를 깬 사람보다 야단을 더 많이 맞을 것으로 생각한다. 그러다 8세 정도가 되면 아동은 규칙과 법이 절대적인 것이 아니며 사람들의 합의에 의해 형성되었다는 사실을 이해할 수 있게 된다. 나중에 추론능력이 형성되면서 점차 규칙 자체를 넘어서서 규칙에 영향을 미칠 수 있는 가설적인 조건에 대해 논의를 하게 된다. 이러한 과정에서 자율적 도덕성(autonomous morality)이 형성되어 간다.

콜버그의 도덕성 발달이론은 피아제(Piaget)의 이론을 정교화시킨 것이다. 콜버그는 아동과 성인에게 도덕적 딜레마(moral dilemmas)를 경험할 수 있는 가설적 갈등상황을 제시하고, 그 상황에서 개인으로 하여금 어려운 결정과 그 결정에 대한 이유를 언급하도록 함으로써 그들의 도덕적 추론을 평가하였다. 이처럼 콜버그는 사람들의 실제적인 도덕적 행위를 근거로 단계를 설정하기보다는 도덕적 추론들을 연구하여 이론을 제시하였다. 콜버그는 인습을 기준으로 하여 세 가지 수준, 즉 전인습적 수준, 인습적 수준, 후인습적 수준을 제시하였으며, 각 수준은 2개의 하위 단계로 구분하였다.

1) 전인습적 수준

(1) 1단계: 처벌과 복종 지향
이 단계는 복종이나 처벌이 중요한 문제가 된다. 규칙을 따르는 것은 처벌을 받지 않기 위해서이다. 따라서 벌이나 처벌을 받아야 하는 행위는 모두 다 나쁜 것이다. 아이들은 처벌을 받지 않기 위해서 권위적인 인물에 복종한다.

(2) 2단계: 도구적 상대주의 지향
2단계는 개인주의에서 상대주의로 바뀐다. 자신에게 이익이 된다고 여길 때만 규칙을 따른다. 도덕성은 상대적이어서 보상이 따르는 것이면 옳다고 여긴다. 도덕적 판단을 할 때 관계되는 모든 사람의 이익을 고려하지만, 여전히 자신의 요구가 우선이다.

2) 인습적 수준

(1) 3단계: 착한 소년, 착한 소녀 지향
이 단계의 사람들은 중요한 타인의 기대에 부응하려고 노력한다. 집단의 필요가 개인의 필요보다 더 앞서고, 다른 사람이 나에게 하기를 원하는 것을 내가 다른 사람에게 해야 한다고 생각한다. 여기서 착하다는 의미는 타인을 기분 좋게 그리고 즐겁게 하는 것을 의미한다.

(2) 4단계: 법과 질서 지향

이 단계의 사람들은 양심과 사회적 제도의 중요성을 깨닫는다. 사회의 규칙과 법이 또래 집단의 규칙과 법을 대신한다. 법은 무조건 지켜야 한다고 생각한다. 대부분의 성인은 이 단계에 속한다.

3) 후인습적 수준

(1) 5단계: 사회계약 지향

성인의 25% 정도가 이 단계에 도달한다. 사회의 법과 가치는 다소 임의적이며, 사회적 질서를 유지하고 기본적인 삶의 권리와 자유를 보장받기 위해 필요한 것이라고 생각한다.

(2) 6단계: 보편적인 윤리원칙 지향

이 단계는 이상에 가까운 단계다. 이 단계에 해당되는 사람은 사회의 다른 사람에 관계없이 보편적 원칙을 지지해야 한다고 믿는다. 보편적 원칙은 정의, 인권의 평등성과 같은 추상적인 개념을 기초로 한다. 이 단계를 성취하는 사람은 매우 드물다.

콜버그는 아동의 도덕적 수준을 도덕적 딜레마를 사용하여 발달시킬 수 있다고 믿었다. 그러나 발달은 단계적으로 일어난다고 하였다. 상위 수준의 사람들과 상호작용을 통하여 더 높은 단계로 나아갈 수 있다고 했다. 콜버그의 도덕적 추론 발달은 다양한 문화권에서도 유사한 것으로 발견되었다. 콜버그의 연구가 대부분 소년들을 대상으로 이루어졌으며, 소녀들을 대상으로 조사할 경우 다소 다른 형태로 나타난다는 연구도 있다. 이 연구들에 의하면 소년의 도덕적 추론은 정의를 중심으로 하는 반면에, 소녀들은 돌봄이나 타인에 대한 책임감 등에 중점을 두고 있다(Gilligan, 1982). 그러나 대부분의 연구는 도덕적 성숙에 있어서 남녀 간의 차이를 발견하지 못했다(Thoma & Rest, 1999).

콜버그 이론의 가장 중요한 제한점은 실제 행동이 아니라 도덕적 추론을 다룬다는 것이다. 도덕적 딜레마의 내용도 문제가 되었다. 도덕적 딜레마의 중심 인물이 누구냐에 따라 사람들의 응답 수준이 달라졌기 때문이다. 무엇보다도 사람들의 도덕적 추론과 실제적인 도덕적 행동 간의 관계가 반드시 일치하는 것만은 아니다. 사람들은 흔히 몇 개의 다른 단계를 동시에 반영하는 도덕적 선택을 제시하기도 하고, 상황에 따라 다른 단계를 반영하는 선택을 하기도 하였다. 콜버그의 이론에 대한 또 다른 비판은 사회적 관습과 도덕적 판단에 대한 구별이 모호하고, 개인적 선택의 문제를 간과했다는 점이다. 래리 루치(Nucci, 2001)는 도덕적 판단, 사회적 관습, 개인적 선택의 세 가지 영역 모두를 포함하는 도덕성 발달에 대한 설명을 제안하였다.

도덕적 행동은 어떻게 형성되는가? 도덕적 행동에 영향을 미치는 주요한 세 가지 요소는 모델링, 내면화, 자기개념화다. 첫째, 모델링은 아이들의 도덕적 행동을 강화시킨다. 성인 모델을 통해 보살핌과 관용의 모습을 일관적으로 보았던 아동은 타인의 권리와 감정에 대해 더욱 배려하는 모습을 보였다(Woolfolk & Perry, 2012). 둘째, 아동의 도덕적 행동은 처음에는 타인에 의해 통제되지만 때가 되면 아동은 자신을 이끌어 온 도덕적 규칙과 원칙의 권위를 자신의 내부로 내면화하여 자신의 것으로 채택하기 시작한다(Hoffman, 2000). 셋째, 사람들은 도덕적 신념과 도덕적 가치를 자기 자신 안에 통합시킬 수 있어야 한다. 도덕적 신념은 도덕적 가치에 대한 개인적인 중요도에 따라 다르다. 따라서 도덕적 가치를 자기 자신의 것으로 인식하고 존중할 수 있어야 한다(Arnold, 2000).

제3절　지능과 창의성

1. 지능

사람들은 지능(intelligence)의 차이가 존재한다는 것에 대부분 동의한다. 그러나 '지능이란 무엇인가?'에 대해 구체적으로 답하기는 쉽지 않다. 지능은 본질적으로 학습하는 역량, 획득하는 지식의 총합, 환경에의 적응 능력 등에 관련되어 있다고 보는 견해가 보편적이나, 최근에는 연역적 추론 능력이나 귀납적 추론 능력과 같은 고등사고 수준을 포함하는 추세다. 지능이 과연 단일한 능력인가? 아니면 다중 능력인가? 연구 결과들은 점차 지능이 다중 능력으로 설명되어야 한다는 방향을 지지한다.

1) 지능의 정의

지능이란 무엇인가? 비네(A. Binet)에 따르면 '지능은 세 가지 구성요소, 방향성(무엇을 해야 하는지, 그것을 어떻게 해야 하는지를 아는 것), 적응(과제 수행을 이해하는 것과 과제를 수행할 때 필요한 전략을 검토하는 것), 비판 능력(자신의 생각과 행동을 비판하는 능력)에 의해 결정된다(Binet & Simon, 1916). 웩슬러(Wechsler, 1939)는 지능을 "유목적으로 행동하고, 합리적으로 사고하고, 환경을 효과적으로 다루는 개인의 종합적 능력"이라고 정의했다. 1986년 지능에 대해 연구하는 학자들이 내린 지능의 정의는 "경험으로부터 학습하는 능력"과 "환경에 적응하는 능력"을 공통적으로 언급한다(Sternberg & Detterman, 1986). 그 이후의 연구자들은 자신의 사고과정을 이해하고 자신의 약점과 강점을 아는 것과 같은 초인지(metacognition)를 포함시킨다(Levine, 2003). 이처럼 지능은 직접관찰이 어려운 개념이기 때문에 그 본질을 파악하기가 어렵다. 그러나 지금까지의 견해를 종합하면 지능은 '목표지향적이고 적응적인 행동'이라고 볼 수 있다.

2) 지능검사

지능검사는 지능의 높고 낮음을 수치로 나타낸 것으로 지능을 이해하는 데 도움을 준다. 최초의 지능검사는 비네에 의해 고안되었다. 그는 일반학교에서 정상적인 수업을 받을 수 없는 아이들을 식별하기 위한 도구를 개발하였는데, 이 도구가 다른 학생들의 지적 능력을 비교하는 데에도 유용하다는 것을 알게 되었다. 비네와 사이먼(Binet & Simon)은 3~13세를 대상으로 정신연령(mental age)을 결정할 수 있는 검사지를 개발하였다. 만약 한 아동이 대부분 6세 아동이 통과한 문항을 풀면, 그 아동의 정신연령은 6세가 되는 것이다. 비네의 지능검사는 1916년 미국 스탠퍼드 대학교의 터먼(L. Terman) 교수에 의해 미국 상황에 맞게 표준화되었으며, 이때, 정신연령과 생활연령의 비에 근거한 지능지수(Intelligence Qoutient: IQ) 개념이 사용되었다(지능지수=정신연령/생활연령×100). 그런데 이 지능지수 개념은 아동의 연령이 증가함에 따라 다른 값을 산출하게 되는데, 이 경우 지능이 같은가 다른가라는 논란이 발생한다.

편차지능지수는 비율에 의한 지능지수의 한계를 보완하기 위해 제시된 것으로서 어떤 사람이 동년배 집단 다른 사람들과 비교하여 평균보다 얼마나 위에 혹은 아래에 있는지를 말해 준다. 오늘날 대부분의 지능검사는 편차지능지수를 사용하는데, 평균이 100이고 표준편차 1이 15에 해당되는 계산법을 사용한다.

3) 지능의 구성요인

영국의 심리학자 스피어먼(Spearman, 1927)은 사람의 능력이 과제에 따라 다양하나 거의 모든 학습 영역에 걸쳐 존재하는 일반적인 지능요인, 즉 'g'요인이 있다고 주장하였다. 특수요인(specific factor)은 단 하나의 검사수행과 관련이 있는 요인으로 지능과 관련이 없다고 보았다. 미국의 심리학자 루이스 서스톤(Louis Thurstone, 1938)은 스피어먼의 지능이론을 비판하고, 지능은 단 하나의 요소로 구성되어 있기보다는 7개의 상호 관련이 있는 요소로 구성되어 있다고 주장하였으며, 이것을 기본정신능력(primary mental ability)이라고 하였다. 서스톤이 제시한 7개의 기본정신능력은 언어 이해력, 언어 유창성, 귀납적 추론, 공간 시각화 능력, 수 능력, 기억 능력, 지각속도 능력 등이다.

커텔(Cattel)은 지능을 결정성 지능과 유동성 지능으로 구분하였다. 결정성 지능은 후천적 경험에 의해 발달한 지적인 능력으로 언어 이해력, 개념, 일반 추리력 등이다. 이들은 특정 문화 속에서 교육에 의해 형성된 일종의 지식체계다. 유동성 지능은 경험과는 무관한 지적 능력으로 주로 선천적으로 발달한다. 유동성 지능은 주로 주어진 자극을 바탕으로 이를 분석하고, 의미를 파악하는 능력으로 경험에 바탕을 두지 않는다(이성진 외, 2013).

스턴버그(1986)는 지능에 대한 삼원이론을 제안하였는데, 세 요소는 성분적(componential), 경험적(experiental), 그리고 맥락적(contextual) 요소다. 한편 가드너(Gardner, 2003)는 지능이 8개의 요소로 구성되어 있다는 다중지능(Multiple Intelligence) 이론을 제안하였다. 가드너가 제시한 다중지능이론의 8개 요소는 언어적 지능, 논리-수학적 지능, 공간적 지능, 음악적 지능, 신체-운동적 지능, 대인 간 지능, 개인 내 지능, 자연적 지능 등이다.

가드너의 다중지능이론은 많은 교육학자에게 받아들여지고 있으나, 과학계는 아직 폭넓게 받아들이고 있지 않다. 그 이유는 다중지능이론을 타당화하는 연구가 아직 발표되지 않았으며, 8개의 지능이 상호 독립적이지도 않기 때문이다. 일부 연구자들은 가드너가 제시한 8개의 지능요소들이 실제로는 재능이나 성격 특징이라고 비판하였다. 그럼에도 불구하고 가드너의 다중지능이론을 포함하여 지능의 복잡한 구성체계에 대한 이론들은 교육적인 맥락에서 교사들에게 어떤 의미를 주는가? 가드너는 교사들에게 두 가지 교훈을 제안하였다. 첫째, 교사는 학생들 사이의 개인차를 수용하고 각 학생에게 적합한 지도 방안을 차별화해야 한다. 둘째, 여러 적절한 방식을 통해서 과목, 기술 혹은 개념을 지도해야 한다.

4) 지능의 유전

지능이 유전에 의해 생물학적으로 결정되는지 아니면 교육을 통해 발달될 수 있는 것인지에 대한 논쟁이 있다. 유전론에 따르면 지능은 외부환경의 영향을 받지 않고 유전인자에 의해 결정된다고 본다. 유전의 영향을 검증하기 위해 가장 보편적으로 사용하는 관찰 대상은 쌍생아다. 일란성 쌍생아로 태어나 함께 양육된 자들을 보면, 상호 연관성을 말하는 상관계수가 가장 높게 나타난다. 다른 환경에서 양육된 일란성 쌍생아들도 높은 상관값을 갖지만 함께 양육된 경우에 비하면 상대적으로 낮다. 지금까지 지능의 유전 여부를 다룬 연구 결과들에 의하면 지능은 유전에 의해 75~80%가 결정되고 환경의 차이에 의해 나머지 20~25%가 결정된다.

5) 지능과 학업성취도

IQ가 좋으면 학교에서 높은 성적을 받을 수 있는가? 지능지수와 학업성취도 간의 상관관계를 조사한 연구에 의하면 양자는 약 .50~.60의 상관관계를 보인다. 이를 달리 해석하면 IQ가 학업성취도 차이의 25~30% 정도를 설명하고 있음을 의미하며, 나머지 65~70%는 다른 요인이 학업성취도 차이를 결정한다고 볼 수 있다(이성진 외, 2013). 결국은 IQ가 높다고 해서 학업성취도를 보장받는 것은 아니다. 그럼에도 불구하고 지능검사 점수가 높은 사람들은 학업을 지속하고 높은 지위의 직업을 가질 확률이 높은 것으로 나타났다. 또한 고등학교 졸업자는 그렇지 않은 사람보다 평생 200,000달러를 더 벌고, 박사학위 소지자는 2,400,000달러를 더 버는 것으로 나타났다(Cheeseman Day & Newburger, 2002).

스턴버그의 지능에 대한 삼원이론

1. **성분적 요소**: 지능의 기초를 구성하는 성분으로서 세 가지 정보처리성분, 즉 상위성분, 수행성분, 지식습득성분을 제안하였다. 상위성분은 문제를 해결하거나 어떤 과제를 수행할 때 동원되는 모든 정신과정을 조정하는 고등제어 과정이다. 수행성분은 과제를 인식하고, 관계를 분석하고, 가능한 대안들을 비교, 평가하는 것 등을 포함한다. 지식습득성분은 적절한 정보를 채택하는 것, 새로운 정보와 기존 정보를 연결하는 것 등을 포함한다.
2. **경험적 요소**: 경험을 통하여 생소한 과제를 다룰 줄 알게 되고 정보처리가 자동적으로

되게 하는 것이다. 이전에 학습된 요소를 활용하여 새로운 정보를 보다 더 효율적으로 처리하는 과정이다.

3. **맥락적 요소**: 외부환경에 대응하는 능력, 즉 현실 상황에의 적응력을 강조한다. 이 능력은 학교교육이 아니라 일상의 경험에 의해 획득되고 발달되는 능력으로 지능검사에서 측정되는 요소와는 무관하다.

－ 이성진 외(2013, p. 189)

🏠 **가드너의 다중지능이론**

1. **언어적 지능**: 소설 읽기, 시나 수필 쓰기, 말하기, 문학을 이해하기
2. **논리-수학적 지능**: 수학적 문제 해결하기, 계산하기, 수학적 혹은 논리적 증명하기
3. **공간적 지능**: 이곳에서 저곳으로 여행하기, 지도 읽기, 차의 트렁크에 가방 정리정돈 잘하기, 공간이 좁은 주차장에 주차 잘하기
4. **음악적 지능**: 노래하기, 바이올린 연주하기, 작곡하기, 심포니를 잘 이해하기
5. **신체-운동적 지능**: 야구하기, 춤추기, 달리기, 농구하기, 볼링하기
6. **대인 간 지능**: 다른 사람의 마음 잘 이해하기, 다른 사람들의 말에 적절한 방법으로 반응하기, 면접을 볼 때 좋은 인상 주기
7. **개인 내 지능**: 자신의 생각, 느낌, 행동 이해하기, 자신의 장점과 단점 이해하기
8. **자연적 기능**: 자연적 유형을 인식하기

---

2. 창의성

1) 창의성의 정의

창의성(creativity)의 정의는 창의성을 어떤 측면에서 바라보느냐에 따라 달라질 수 있다. 창의성을 결과물로 본다면 무언가 유용한 새로운 것을 만들어 내는 아이디어로 정의할 수 있고, 표현적 측면에서 보면 자신만의 독특한 방식의 표현으로 볼 수 있다. 또한 창의성은 우연한 발견이 아니라 의도에 의해서 이루어져야 한다는 주장도 있다. 창의성을 개인적 차원에서만 볼 것이 아니라 사회적 맥락 또는 사회적 과정과의 상호작용 속에서 이해되어야 한다는 주장도 있다(Plucker, Beghetto, & Dow, 2004). 즉, 창의적인 성과가 나오기까지 사회적 환경요인이 함께 전제되어야 한다는 것이다.

창의성은 "새롭고 유용한 것을 만들어 내는 능력과 태도이며, 문제를 해결할 가능성의 범위를 확장시키는 능력이다."라는 주장도 있다. 이러한 주장들은 창의성을 관계가 없다고 생각되는 사실 사이에서도 연관성을 찾아내고, 유사점이 없다고 생각되는 데서도 공통점을 발견하며, 기존의 지식을 조합하여 새로운 지식을 생성하고 문제를 해결하는 능력으로 본다. 군사적 장면에서 창의성은 극한 상황에서도 생존방법을 찾아내고 효과적인 전술전략을 개발하며, 다른 사람들이 보기에 어쩔 수 없는 상황에서도 한계에 갇혀 있지 아니하고 해결방안을 찾아내는 기술을 의미한다.

이러한 여러 가지 측면을 고려할 때 창의성은 독창적이면서도 유용한 것을 생산하는 능력(Plucker, Beghetto, & Dow, 2004)으로 보는 것이 적합하다. 여기서 유용성은 심미적, 기술적, 문화적, 과학적, 경제적 분야 등 넓은 의미에서의 유용성을 의미한다.

2) 창의성의 원천

창의적인 사람은 어떤 사람인가? 창의적인 사람은 특별한 성격을 갖고 있는가? 창의적인 사람은 보통 사람들보다 더 똑똑한가? 창의적인 사람은 생각하는 방식이 다른가? 창의적인 사람은 특별한 사회적 배경 속에서 성장하였는가? 테레사 아마빌레(Amabile, 1996)는 창의적 인물에게서 나타나는 세 가지 특징을 제안하였다. 하나는 특정 영역의 작업에 필요한 적절한 기술이다. 다른 하나는 창의성에 적절한 작업 습관이나 성격 특질이다. 또 다른 하나는 과제에 대한 지대한 호기심과 흥미와 같은 내적 동기다. 이성진(2003)은 창의적인 사람의 성격적 특징을 다음과 같이 기술한다. 창의적인 사람은 새롭고, 복잡하고, 어려운 문제를 선호하며, 모호성을 참는 역량이 있으며, 실패에 대한 불안이 적고 위험부담을 즐기는 경향이 있다. 또한 창의적인 사람은 동조하기를 거부하고, 자신의 경험에 개방적이다. 바이스버그(Weisberg, 1999)는 창의적인 사람과 그렇지 않은 사람 간에 지적인 차이가 크지 않다는 입장이다. 그에 따르면 창의적인 사람들은 그들의 전문성과 창의적인 노력에의 몰입이 더 강하다. 노력 없이 사고의 확장이 이루어지는 것이 아니라 전문 분야에서 오래, 열심히 일함으로써 혁신적인 접근과 작품이 만들어진다.

창의성의 원천에 대한 여러 가지 논의를 종합하면 결국 창의성은 창의적 사고, 창의적 성격이 합쳐져 창의성이 발휘되는 사회문화적 맥락에서 발현되는 것으로 볼 수 있다.

3) 창의성 교육

학교교육에서 창의성 교육은 세 가지 측면에서 접근할 수 있다. 첫째, 교과교육을 통한 접근으로, 인지적 사고활동이 가장 활발하게 일어나는 교육방식을 적용하는 것이다. 둘째, 별도의 창의성 개발프로그램을 시행하는 것인데, 개별 교과교육이 가진 고유의 성취목표로 인하여 창의성 교육이 제한될 수 있으므로 전문적인 프로그램을 개발하여 시행하는 것이다. 셋째, 환경적 접근인데, 창의성을 증진시키는 조직문화와 규범을 확립하여 학교생활 전반을 통해 창의적인 사고와 행동을 장려하는 것이다.

교과교육을 통한 창의력 배양에서 가장 중요한 변인은 수업방식이다. 지식 전달 및 암기 중심의 수업에서는 창의성이 발현되기 어렵다. 창의성을 개발하기 위해서는 단순히 많은 내용을 기억하기보다는 깊이 있게 이해하고 문제 상황에 주는 의미와 시사점을 파악하며 통합적으로 조망하고 자신의 관점을 형성하는 것이 중요하다. 또한 학습자의 내재적 동기를 유발시켜 줌으로써 창의력 배양을 극대화시킬 수 있다. 이를 위해 문제기반 학습방식이 적극 추천된다.

문제기반학습은 실생활과 관련되는 비구조화된 문제를 제시하여, 학습자가 문제를 정확히 이해하고 자기주도적으로 해결해 가는 과정을 통해 창의적 문제해결 능력, 변화에 대처하는 능력, 그리고 타인과 협동하는 기술을 길러 준다. 아울러 문제기반학습은 실제 상황에서 부딪치는 문제를 중심으로 학습 상황을 구성하므로 내재적 동기유발에도 효과적이다.

창의성 배양에 효과적인 또 다른 수업방식은 토의식 수업이다. 토의식 수업은 학습자로 하여금 학습과정에 자율적으로 참여하도록 하여 학습자 주도적인 지식탐구를 촉진하고, 비판적 사고를 자극하고 선입견을 수정하여 인지적 유연성을 갖게 하며, 타인과의 공유 능력과 사회성을 향상시킨다. 토의식 수업에서 교수자는 학습자가 자신 및 타인의 관점에 주목하고 비판적으로 사고하며 새로운 의미를 발견하도록 도와줌으로써 창의성 배양에 일조할 수 있다.

창의성은 개인과 환경의 상호작용을 통하여 발현된다. 다양성과 독창성이 풍부한 물리적 환경은 개인으로 하여금 창의적인 성향을 강화시켜 준다. 이러한 관점에서 어떤 기업의 연수원은 강의실과 휴게실 그리고 사무실의 조명, 디자인, 색상, 전시품 등을 매우 독특하게 배치하고 있다. 그러나 무엇보다도 창의성 배양을 위해 중요한 환경요인은 조직문화와 관습 및 규범이다. 창의성을 억제하는 심리적 환경은 획일적이고 세부적인 통제, 실패에 대한 과도한 우려, 지나친 간섭과 평가 및 경쟁 등이 특징이다.

일반적으로 군대는 통일성과 통제를 중시하고 집단주의적 압력과 금지 규칙이 강하여 행동 다양성의 범위와 비판문화가 제한되기 쉽다. 그러므로 군 교육에서는 창의적인 환경을 조성하는 데 특별한 관심을 기울여야 한다. 창의성을 증진하는 심리적 환경은 지적 도전을 자극하고, 다양한 개성 표현을 수용하며, 개방적이고 수평적인 의사소통이 활발하고, 새로운 제안에 대해서는 비판하기보다 긍정적인 피드백을 제공한다. 또한 자율적인 선택과 자기주도성을 발휘할 수 있는 영역과 범위를 확대하고, 개인을 신뢰하고 존중한다. 생활예규의 규정은 부정적인 행동을 금지하기보다는 긍정적인 행동을 장려하는 데 중점을 두어야 한다.

한편 창의성은 풍부한 지식과 정보를 기반으로 발현되므로 전문서적, 논문 등을 풍부하게 제공해 여러 가지 정보와 아이디어를 결합하고 다양한 사고가 가능하도록 학습환경을 조성해야 한다. 특히 인터넷을 편리하게 활용해 정보를 수집, 재구성하고 통합하며 창의적인 산출물과 독창적인 관점을 생성해 타인과 활발히 상호작용할 수 있는 스마트러닝 교육환경을 구축해야 한다.

다음에서는 울포크(Woolfolk, 2010)가 제안한 창의성 촉진 방안들을 소개한다. 첫째, 확산적 사고를 수용하고 장려한다. 수업에서 토론할 때 "누가 이 문제를 다른 방식으로 볼 수 있는지" 물어본다. 둘째 이의 제기를 너그럽게 받아들이되, 이의 제기는 증거와 함께 제시하도록 한다. 셋째, 학생들이 자신의 판단을 신뢰하게 만든다. 학생들이 스스로 답변할 수 있는 질문을 할 때에는 그 질문을 조금 바꾸거나 더 명확히 해서 학생에게 다시 질문한다. 넷째, 누구나 어떤 형태로든 창의성을 가지고 있다는 점을 강조한다. 다섯째, 창의적인 계획을 뒷받침하기 위해 시간과 공간, 자료를 제공한다. 여섯째, 창의적 사고를 자극한다. 수업에서 가급적 브레인스토밍(Brainstorming)을 많이 사용한다.

4) 창의성의 평가

창의성 교육에서 평가는 단지 교육의 결과를 검증하는 수단이 아니라 창의성 교육의 목적적 가치를 지닌 교육의 일환으로 이해되어야 한다.

창의성의 측정은 창의성에 대한 다양한 정의처럼 여러 가지 방법이 있다. 개인의 성격 특징이나 사고과정을 평가할 수 있고 결과물을 평가할 수도 있다. 토런스(Torrance)가 개발한 토런스 창의성 검사(Torrance Test of Creativie Thinking: TTCT)는 창의성을 평가하는 가장 대표적인 검사다. TTCT는 길포드(Guilford)의 확산적 사고를 중심으로 창의성을 측정하는데, 확산적 사고를 유창성, 융통성, 독창성, 정교성의 하위요소로 측정한다. 검사에는 도형검사와 언어검사가 있다(신종호 외, 2015). 최근에는 창의적 산물이 확산적 사고에 의존할 뿐만 아니라 수렴적 사고에도 의존한다는 사실에 대한 인식이 증가하고 있으며, 어떤 검사는 두 종류의 사고를 포괄하는 영역을 측정하고 평가한다(이성진 외, 2013).

〈표 5-1〉 창의성(확산적 사고)의 구성요소

변 인	설 명	측정의 예
유창성	주어진 문제에 대해 정해진 시간 내에 가능한 많은 아이디어를 만들어 낼 수 있는 능력	O를 다양한 그림으로 변환시키기 각기 다른 반응의 수로 측정
융통성	다양한 방식으로 사고를 변화시켜 아이디어나 해결책을 만들어 낼 수 있는 능력	그림의 범주가 다양할수록 융통성이 높음
독창성	기존의 것과는 다른 참신하고 독특한 아이디어를 산출하는 능력	검사를 치른 사람의 5~10%가 보이는 희귀한 반응을 할 때 독창성이 있다고 봄
정교성	처음 제안된 아이디어를 가다듬고 더 정교하게 표현하는 능력으로, 보다 유용하고 가치로운 것으로 발전시키는 능력	처음 제시된 아이디어의 변화 정도에 대한 질적 평가

출처: 신종호 외(2015)에서 인용.

 ## 제4절 학습자의 다양성

1. 사회경제적 지위

학생들은 민족성, 문화, 사회계층, 모국어, 성(gender) 등에 있어서 다양하다. 학습과정에서 나타나는 학생들의 수행 면에서도 매우 다양한 수준을 보이며, 학생들은 각기 다른 자신만의 학습 환경 속에서 행동한다. 학생들의 다양성은 교사로 하여금 교육목표, 교육내용, 수업방식, 교육평가에 이르는 교육과정의 전반에 거쳐 고려되어야 하는 주요 변인으로 작용한다. 학교는 학생들이 수준 높은 언어를 사용하고, 각 학년 수준에 적절한 행동에 숙달하기를 기대한다. 그러나 어떤 문화에서는 독립성이나 경쟁심보다는 동료애와 협동 지향성에 더 높은 가치를 두기도 한다. 또한 어떤 집단에서는 학업적 성취보다도 원활한 인간관계 형성에 더 큰 의미를 둔다. 따라서 학생들의 문화적 배경을 알고 이해하는 것은 학업 측면이나 행동지도 혹은 효과적인 수업에 대한 학교의 기대에 부응하기 위해 매우 중요한 문제다(Asher, 2007).

사회학자들은 개인의 수입, 직업, 교육 그리고 사회적 명성에 따라 사회계층 혹은 사회경제적 지위(socioeconomic status: SES)를 구분하는데, 이에 따라 학생들의 학업성취도가 영향을 받는다. 아동 양육 환경에서의 차이가 학교에서의 성취에 영향을 미친다는 것을 제안하는 연구들이 있다. 사회경제적 지위는 부모와 자녀 간의 활동 시간에서도 차이를 보인다. 중산층 부모들은 자녀들과 함께하는 시간이 다른 계층보다 상대적으로 많아서 여러 영역에서의 모델 역할을 하고 자녀들에 대한 높은 기대감을 표현하고 행위에 대한 보상을 하는 경우가 많다. SES가 높은 아동은 SES가 낮은 아동보다 여름방학과 같은 기간을 통하여 다양한 추가 교육 및 경험의 기회를 더 많이 갖는다(Slavin, 2012). 경제적 수준에 따라 아이들의 협동성과 경쟁 심리에서 차이가 관찰된다는 연구 결과도 있다. 대부분의 중산층 가정에서는 어린 자녀에게 경쟁을 강조하고, 경쟁에서 좋은 성과를 보일 때 칭찬한다. 그러나 하류층 가정의 학생들은 중산층 유럽계 미국인 학생들보다 경쟁을 좋아하지 않고 동료들과 협동하는 데 더 많은 흥미를 느낀다고 한다. 이러한 사실은 다른 사람들과 협동하면서 지내 온 아이들은 협동 학습에서 그리고 경쟁적으로 자란 학생들은 경쟁하는 분위기에서 최선의 학습이 가능하다는 것을 시사한다. 따라서 교사들은 자신이 담당하는 학생들의 성장환경에 따라 수업의 전략을 다르게 적용할 필요도 있다(Webb, 2008).

2. 학습 양식과 인지 양식

1) 학습 양식

학습 양식(learning style)은 학습조건에 대한 학생 개인의 선호도와 요구를 의미한다. 연구자에 따라서 학습 양식보다 '학습 선호도'가 더 적절한 명칭이라고 주장한다. 학생들은 성격과 마찬가지로 각기 다른 학습 양식을 갖고 있다. 어떤 학생은 음악을 들으면서 공부를 하고, 자신의 공부방에서 혼자 학습하기보다는 여러 사람이 함께 있는 도서실을 더 선호한다. 또 다른 학생은 아무도 방해하지 않는 조용한 곳에서 잘 정돈된 상태에서 학습해야 한다. 학습 양식에서의 차이에 관한 연구는 1970년대 말 이래 활발히 진행되고 있으나(Dunn & Griggs, 2003). 아직까지도 학습 양식의 유용성에 대한 증거는 부족한 상태다.

2) 인지 양식

학습 양식과 더불어 인지 양식(cognitive style)에도 관심을 가질 필요가 있다. 인지 양식 혹은 사고 양식은 정보처리에 대한 개인의 선호 방법을 의미한다. 인지 양식의 대표적인 차원은 장독립성(field-independent) 대 장의존성(field-dependent)이다. 장독립적인 사람은 주변 상황으로부터 자신을 잘 분리할 수 있다. 이러한 사람은 장의존적인 사람보다 뒤죽박죽인 교재를 더 잘 읽을 수 있으며, 주변 상황에 방해를 덜 받으며 과제를 더 쉽게 수행한다. 장의존적인 학생은 문학이나 역사 과목과 같이 전체 의미나 형태 인식을 요구하는 과목을 선호하는 반면에, 장독립적인 학생은 전체를 요소들로 분리하는 것을 잘하여 분석적 능력을 요구하는 수학이나 과학 과목을 선호한다. 따라서 교사는 장독립적인 학생들을 자신의 행동이 전체 집단에 어떤 영향을 주는지, 사실이 전체 속에서 어떤 의미를 갖는지를 생각해 보도록 지도해야 한다. 다음으로 고려되는 인지양식은 사려성 대 충동성이다. 사려 깊은(reflective) 사람은 의사결정을 하기 전에 대안적인 해결책을 생각하는 경향이 있는 반면에, 충동적인(impulsive) 사람은 충분한 생각 없이 대답하는 경향이 있다.

∥ 참고문헌 ∥

신종호, 김민성, 최지영, 허유성, 이지은(2015). 교육심리학. 경기: 교육과학사.
이성진(2003). 교육심리학서설. 경기: 교육과학사.
이성진, 임진영, 여태철, 김동일, 신종호, 김동민, 김민성, 이윤주(2013). 교육심리학 서설(3판). 경기: 교육과학사.

Amabile, T. M. (1996). *Creativity in context.* Boulder, Colado: Westview Press.
Arnold, M. L. (2000). Stage, sequence, and sequels: Changing conceptions of morality, post-Kohlberg. *Educational Psychology Review, 12,* 365-383.
Asher, N. (2007). Made in the (multicultural) U.S.A.: Unpacking tensions of race, culture, gender, and sexuality in education. *Educational Research, 36*(2), 65-73.

Berk, L. E. (2006). *Child development*(7th ed.). Boston: Allyn & Bacon.

Binet, A., & Simon, T. (1916). *The development of intelligence in children*(E.S. Kite, Trans.). Baltimore: Williams & Wilkins.

Cheeseman Day, J., & Newburger, E. C. (2002). *The big payoff: Educational attainment and synthetic estimates of work-life earnings*. Washington, DC: U.S. Bureau of the Census. Available online at: http//usgovinfo.about.com/od/moneymatters/a/edandearning.htm.

Dunn, R., & Griggs, S. (2003). *Synthesis of the Dunn and Dunn Learning-Style Model Reseach: Who, what, when, where, and so what?*. New York, Ny: St. John's University.

Fischer, K. W. (2009). Mind, brain, and education: Building a scientific groundwork for learning and teaching. *Mind, Brain, and Education, 3*, 2-16.

Gardner, H. (2003). *Multiple intelligence after twenty years*. Paper presented at the American Educational Research Association, Chicago, IL.

Gilligan, C. (1982). *In a different voice: Sex difference in the expression of moral judgment*. Cambridge, MA: Harvard University Press.

Hoffman, M. L. (2000). *Empathy and moral development*. New York, NY: Cambridge University Press.

Levine, M. (2003). *A mind at a time*. New York: Simon & Schuster.

Marcia, J. (1966). Development and validation of ego identity status. *Journal of Personality and Social Psychology, 130*(6), 829-830.

Marcia, J. (1999). Representational thought in ego identity, psychotherapy, and psychosocial development. In I. E. Siegel (Ed.), *Development of mental representation: Theories and applications*. Mahwah, NJ: Erlbaum.

Massey, C. (2008). Development: Prek-2. In T. L. Good (Ed.), *21st century learning*(Vol. 1, pp. 73-81). Thousand Oaks, CA: Sage.

Miller, P. H. (2011). *Theories of developmental psychology*(5th ed.). New York, NY: Worth.

Nucci, L. P. (2001). *Education in the moral domain*. New York, NY: Cambridge Press.

Plucker, J. A., & Beghetto, R. A. (2004). Why Creativity Is Domain General, Why It Looks Domain Specific, and Why the Distinction Does Not Matter. In R. J. Sternberg, E. L. Grigorenko, & J. L. Singer (Eds.), *Creativity: From potential to realization*. American Psychological Association.

Plucker, J. A., Beghetto, R. A., & Dow, G. T. (2004). Why isn't creativity more important to educational psychologists? Potential pitfalls and future directions in creativity research. *Educational Psychology, 39*(2), 83–96.

Slavin, R. E. (2012). *Educational Psychology: Theory and Practice*(10th ed.). Pearson Education, Inc.

Sternberg, R. J., & Detterman, D. K. (Eds.). (1986). *What is intelligence? Contemporary viewpoints on its nature and definition.* Norwood, NJ: Ablex.

Sternberg, R. J., & Williams, W. M. (2010). *Educational Psychology*(2nd ed.). Pearson Education, Inc.

Thoma, S. J., & Rest, J. R. (1999). The relationship between moral decision making and patterns of consolidation and transition in moral judgment development. *Developmental Psychology, 35*(2), 323–334.

Webb, N. M. (2008). Learning in small groups. In T. L. Good (Ed.), *21st century learning*(Vol. 1, pp. 203–211). Thousand Oaks, CA: Sage.

Wechsler, D. (1939). *Measurement of adult intelligence.* Baltimore, MD: Williams & Wilkins.

Weisberg, R. W. (1999). Creativity and knowledge: A challenge to theories. In R. J. Sternberg (Ed.), *Handbook of creativity*(pp. 226–250). New York: Cambridge University Press.

Woolfolk, A. (2010). *Educational psychology*(11th ed.). Boston, MA: Allyn & Bacon.

Woolfolk, A., & Perry, N. E. (2012). *Child development.* Boston Allyn & Bacon/Pearson.

Zhou, Z., Peverly, S. T., Boehm, A. E., & Chongde, I. (2001). American and Chinese children's understanding of distance, time, and speed interrelations. *Cognitive Development, 15*, 215–240.

제6장

학습이론과 학습동기

 제1절 행동주의 학습이론

학교장면에서 일어나는 여러 가지 행위의 기저에는 행동주의 학습이론에서 제기되는 원리들이 사용되는 경우가 많다. 학생이 발표를 잘하였을 때 칭찬을 하는 것은 나중에 더 잘하게 만드는 강화의 학습원리가 적용된 것이며, 학습 분위기를 저해하는 학생에게 벌을 주는 것은 교사가 처벌의 효과를 의식하고 적용하는 것이다. 한 학생이 어려운 문제를 푸는 모습을 본 다른 학생들도 자신감을 갖게 되는 것은 모델을 통한 사회적 관찰학습이 작용한다.

행동주의 학습이론의 가장 기본적인 개념은 자극에 대한 반응이다. 즉, 모든 학습의 결과는 주어진 자극에 의해 발생한다는 개념이다. 따라서 원하는 교육적 효과를 얻기 위해서는 그러한 효과를 생성할 수 있는 자극을 제공하면 된다고 본다. 행동주의 학습이론에서는 근접성의 원리에 기초한 자극과 반응의 연합(association)이 매우 중요한 의미를 갖는다. 근접성의 원리는 2개 혹은 그 이상의 사건이 함께 발생하였을 때 그것들이 연합될 확률이 높다는 것이다. 연합학습의 대표적인 학습이론에는 고전적 조건화에 의한 학습이론과 조작적 조건화에 의한 학습이론이 있다.

1. 고전적 조건화에 의한 학습이론

1) 고전적 조건화

석류를 생각하면 침이 나오고 번개가 치는 것을 보면 깜짝 놀라는 행동은 모두 다 고전적 조건화(classical conditioning)에 의해 학습된 결과다. 고전적 조건화란 아무런 반응을 유발하지 않는 중성자극이 특정한 생리적 반응이나 정서적 반응 내지는 행동적 반응을 유발하는 힘을 갖게 되는 것을 의미한다. 이 분야의 가장 대표적인 연구자는 이반 파블로프(Ivan Pavlov)다. 그는 개의 소화과정을 연구하는 과정에서 개들의 침분비 반응이 음식뿐만 아니라 음식과 함께 여러 차례 제공되었던 중성자극에 대해서도 보이는 점에 주목하였다. 구체적으로 보면, 원래 침(무조건 반응)을 유발시키는 음식(무조건 자극)과 함께 종소리(중성 자극)를 제시하여 음식과 종소리가 근접성에 의거하여 연합을 형성토록 하면 나중에 종소리(조건 자극)만 들려주어도 침(조건 반응)을 흘리는 반응을 유발시킬 수 있게 된다. 특정한 종소리에 의해 고전적 조건화가 형성되고 나면, 유사한 종소리에 대해서도 반응을 보이게 되는 일반화가 이루어진다. 그러나 음식과 같은 무조건 자극이 수반되지 않은 채 종소리(조건 자극)만 계속 제시되는 경우 점차 연합의 고리가 약해지며 나중에 가서는 조건 반응을 일으키지 못하는 소멸 단계에 이른다.

2) 고전적 조건화 사례

일상생활 속에서 고전적 조건화가 응용되거나 적용된 사례는 매우 많다. 가장 대표적인 사례는 유명한 연예인을 등장시키는 광고다. 제품과 아무런 연관성이 없지만 연예인이 함께 등장하게 되면 그 제품을 선호하는 좋은 정서적 반응이 조건화되고 나아가서는 그 제품을 좋아하게 되고 선택하게 되는 원리다. 학교 장면에서는 시험불안의 경우가 있다. 시험에 대해 불안이 심한 경우에는 학교에 대한 혐오감이 형성되기도 한다. 학생이 싫어하는 교사가 있는데 그 교사가 갖고 다니는 물건에 대해서 부정적인 정서가 형성되는 경우도 고전적 조건화의 예다. 쥐가 나타났을 때 깜짝 놀란 경험을 한 어린이가 쥐를 보면 무서워하게 되고 더 심해져서 털을 가진 인형에 대해서도 혐오 반응을 일으키는 경우가 바로 고전적 조건화의 일반화다.

3) 교육적 시사점

교사의 입장에서 시험불안으로 인하여 학업성취도에 문제를 겪고 있는 학생을 도와줄 수 있는 방법은 고전적 조건화가 형성되는 원리를 응용하는 것이다. 체계적 둔감화 기법은 시험불안이 있는 학생으로 하여금 아주 사소한 테스트를 치르게 하고 좋은 성과를 얻는 경험을 시킴으로써 시험에 대해 긍정적인 정서가 형성되게 한다. 점차 시험의 형식을 일반적인 형식으로 전환시켜 나가면서 좋은 정서가 계속 유지되도록 하는 방법이다.

2. 조작적 조건화에 의한 학습

고전적 조건화는 무조건 자극에 대한 무조건 반응에 기초하여 이루어지는 학습의 원리로서 비교적 자동적으로 이루어지는 과정이다. 그러나 사람들의 모든 행동이 자동적인 것은 아니다. 때로는 원하는 결과를 얻기 위해 환경을 적극적으로 조작한다.

1) 조작적 조건화

조작적 조건화(operant conditioning)는 인간이나 다른 유기체가 환경과의 상호작용 과정에서 보여 주는 능동적이고 적극적인 행동에 대해 보상하거나 벌함으로써 학습이 이루어지는 것을 말한다. 조작적(operant)이라 불리는 능동적인 행동은 유기체가 환경에 어떤 작용을 가하는 것이다(Sternberg & Williams, 2010). 행동주의의 대표적 학자인 벌허스 스키너(Burrhus F. Skinner, 1904~1990)는 고전적 조건형성에서 언급하는 반사행동이 모든 행위 중에서 아주 일부분만을 설명할 수 있다고 제안했다. 그는 행동과 그 결과들 간의 관계에 관심을 가졌으며, 결과를 조작함으로써 행동을 변화시킬 수 있음을 제안하였다. 손다이크(E. Thorndike)가 제안한 효과의 법칙(law of effect)도 조작적 조건화의 기본원리인데, 이 법칙은 유기체가 어떤 반응을 한 후 보상을 받게 되면 그 반응의 빈도는 높아지고, 반응 후 보상이 없거나 벌이 뒤따르면 그 반응의 빈도가 낮아진다는 것이다.

2) 강화와 강화 효과

조작적 조건화에서 핵심적인 개념은 강화(reinforcement)다. 강화란 일종의 보상(reward)

을 의미하며, 강화물(reinforcer)은 조작적 행동의 발생 가능성을 증가시키는 자극이다. 조작적 조건화는 반응과 강화물의 연합에 의하여 이루어진다. 강화물에는 정적 강화물과 부적 강화물이 있다. 정적 강화물은 조작적 행동에 뒤따르는 보상으로 인하여 그 조작 행동이 다시 나타날 가능성을 높여 준다. 교사가 가장 빈번히 사용하는 정적 강화물의 예는 칭찬과 성적이다. 부적 강화물은 불쾌한 자극을 말하며, 이 불쾌한 자극을 제거해 줄 경우 특정 반응의 발생 가능성이 증가하는 부적 강화가 일어난다. 강화물에는 즉각적인 만족이나 즐거움을 주는 일차적 강화물도 있지만 돈, 성적과 같이 일차적 강화물과 결합되어 강화의 효과를 나타내는 이차적 강화물도 있다. 교사들이 자주 사용하는 이차적 강화물은 토큰이다.

학생들의 행동에 대해 칭찬을 하는 것은 강화의 효과를 갖는다고 한다. 그렇다면 모든 행동에 대해 매번 칭찬하는 것이 가장 효과적일까? 강화의 효과에 관한 연구 결과에 의하면, 연속적인 강화보다 간헐적인 강화가 더 효과적이다. 도박의 경우가 간헐적 강화의 대표적인 예인데, 도박을 할 때마다 돈을 따는 것이 아니라 가끔 돈을 따기 때문에 도박 행위에 탐닉하게 된다.

3) 조작적 조건화 사례

교육 장면에서 이루어지는 교사의 대부분의 행동이 조작적 조건화 원리를 응용한 경우가 많다. 학생들의 행동에 대해 칭찬을 하거나 미소를 짓거나 또는 좋은 성적으로 피드백하는 행위들이 모두 다 강화의 의미를 갖는다. 어린 학생들이 숙제를 잘해 온 경우 스티커를 발부하거나 토큰을 제공하는 경우도 조작적 조건화의 예다. 서커스단에서 조련사가 동물들의 행동을 원하는 방향으로 형성시켜 나가는 것도 조작적 조건화의 대표적인 예라고 볼 수 있다. 돌고래 쇼에서 돌고래가 특정한 행동을 하게 되면 조련사가 수시로 먹이를 주는 모습을 볼 수 있다. 미신 행동도 조작적 조건화의 대표적 사례다. 오늘날 과학적 상식에서 보면 기우제를 지낸다고 해서 비가 올 것이라고 생각하지 않는다. 그러나 기우제를 지냈는데 우연히 비가 왔다면 기우제와 비의 연합이 형성되어 사람들은 비를 원할 경우 기우제를 지내게 된다.

4) 벌

강화는 행동의 발생 가능성을 증가시키는 반면에 벌은 행동의 발생 가능성을 약화시킨다. 벌은 체벌이나 꾸중과 같이 혐오스러운 자극을 제시하는 방법과 놀이 시간을 제한하는 것과 같은 유쾌한 자극을 제거 또는 감소시키는 방법이 있다. 그러나 교육 장면에서 벌을 잘못 사용하는 경우 학생들의 정서적인 거부감을 일으켜 본래의 의도와는 전혀 다른 결과 행동을 유발시킬 수 있다. 벌은 도피 행동이나 공격성을 유발할 수 있으며, 무관심을 일으킬 수 있다. 따라서 벌을 주어야 할 경우에는 반드시 다음 사항들을 고려해야 한다. 첫째, 벌은 정적 강화와 함께 사용해야 한다. 학생의 공격적 행동이 문제가 될 경우, 친절한 행동을 하면 보상을 주어야 한다. 둘째, 문제 행동 자체에 대해 설명을 해 주어야 한다. 셋째, 즉시 벌해야 한다. 넷째, 일관성 있게 벌해야 한다. 다섯째, 벌을 피할 수 없다는 것을 알게 해야 한다. 여섯째, 불쾌한 자극을 제시하는 것보다는 유쾌한 자극을 제거하는 벌칙을 주는 것이 더 효과적이다.

3. 사회학습이론

앨버트 밴듀라(A. Bandura, 1977)에 의해 발전된 사회학습이론(social learning theory)은 행동주의 학습이론의 전통에 기초하면서도 행동주의와는 다른 특징을 갖고 있다. 행동주의 학습이론은 특정 행동에 따른 성과를 강화하여 그 행동을 학습시키는 데 초점을 두었지만, 사회학습이론에서는 직접적으로 강화를 받지 않은 상태에서 타인의 행동을 관찰하여 학습하는 원리 등을 연구하면서 보다 더 내적인 정신 과정에 더 큰 관심을 갖는다.

1) 직접학습과 관찰학습

밴듀라는 학습에서 직접 행동하여 학습하는 직접학습과 타인(모델)의 행동을 관찰하여 배우는 관찰학습을 제시하였다. 밴듀라가 언급하는 직접학습은 행동에 대한 강화라는 측면에서 전통적인 행동주의 학습이론과 유사하나, 강화의 개념에서 차이가 있다. 행동주의 학습이론의 하나인 조작적 조건화에서는 결과가 행동을 강화시키거나 약화시킨다고 믿는다. 그러나 직접학습에서 결과는 정보를 제공하는 것이며 강화는 그 정보에 대한 해석으로 인하여 형성된 '성과에 대한 기대'(내가 그 행동을 하면 어떻게 될까?)를 심어 주는 것이다. 관찰학습은 대리학습(vicarious learning)이라고도 일컬어지는데, 이는 타인을 관찰함으로써 배운다는 의미다. 사람들은 다른 사람들이 학습하는 것을 관찰하는 것만으로도 학습할 수 있다는 관찰학습은 행동주의 학습이론가들이 배

제한 인지적 요인을 강조한다.

2) 학습과 수행

밴듀라는 행동주의 모델의 제한점을 설명하기 위해 '지식의 획득'(학습)과 '그 지식을 기초로 한 관찰 가능한 수행'(행동)을 구별한다. 아동들이 모델을 통하여 관찰학습을 하였지만 실제 행동으로 옮기는 문제는 별개다. 이것은 SNS을 통하여 '나쁜 행동'을 보았으나 수행하지 않는 경우를 설명하는 것이다. 관찰학습을 통하여 학습된 행동이 수행되기 위해서는 적절한 '유인가'가 전제되어야 한다. 또한 약분하는 것을 학습하였지만 불안으로 인하여 잘 수행하지 못하는 경우도 있다. 따라서 객관적으로 관찰이 가능한 행동을 대상으로 학습의 여부를 판단하는 접근 자체에 모순이 있을 수 있다.

3) 관찰학습의 4단계

밴듀라는 관찰학습이 주의집중, 파지, 운동재생, 동기화라고 하는 네 단계로 이루어진다고 보고한다. 첫 단계는 주의집중 단계다. 환경의 수많은 정보 중에서 집중된 정보는 빠르고 정확하게 처리되고 오랫동안 기억된다. 유명 인기인의 행동을 따라 하기 위해서는 그 사람에게 주의를 기울여야 한다. 두 번째 단계는 파지 단계다. 특정 행동을 따라서 하려면 기억해야 한다. 세 번째 단계는 운동재생 단계다. 자신의 행동을 모델의 행동과 비교하여 같게 되도록 노력한다. 네 번째 단계는 동기화 단계다. 어떤 행동을 하면 칭찬받을 수 있을 것이라고 믿고 그 행동을 모방하는 것이다.

 ## 제2절 인지주의 학습이론

행동주의 학습이론에서는 학습을 이해하기 위해 외적으로 관찰이 가능한 행동에 초점을 두었으며, 관찰이나 실제적인 측정이 어려운 내적인 정신과정에 대해서는 연구자의 관심 밖에 두었다. 이들은 인간의 행동 변화를 자극에 대한 반응의 결과로 보았으며, 학습은 행동의 변화로 나타나야 한다는 것을 강조하였다. 그러나 인간의 정신 과정, 즉 인지과정은 고대 그리스 철학자 시대부터 논의되어 온 영역이다. 인지 과정에 대한 논의가 1920년대 후반부터 등장한 행동주의의 영향을 받아 약화되었으나, 행동주의를 대신하는 인지주의적 관점이 재차 강조되면서 다시금 그 의미가 강조되어 가고 있다.

인지주의 학습이론은 인간의 내적 인지 기능에 초점을 두며, 학습은 인간의 정신 구조가 변화된 것이라고 설명한다. 다시 말해서 인지주의 학습이론에 의하면 학습은 사람들이 노력한 결과로 나타나는 정신 과정과 구조의 변화를 의미하며, 결국 행동의 변화는 지식의 내적 변화에서 유발된다. 인지주의 학습이론에서 학습자는 더 이상 수동적으로 반응하는 존재가 아니라 환경의 정보를 능동적이고 적극적으로 선택하여 처리하는 존재다. 즉, 학습자는 자신의 정신 구조에 따라 환경을 이용하고 지배하는 존재다. 인지주의 학습이론에서는 행동의 변화를 내적 사고체계의 변화를 보여 주는 결과물로 보기 때문에 직접 관찰이 불가능하여도 내적 사고체계의 변화를 탐색하고자 노력한다. 이와 같은 인지주의 학습이론에 영향을 준 이론에는 형태주의 심리학의 이론들을 비롯하여 피아제의 인지발달이론과 정보처리이론 등이 있다.

형태주의 심리학의 경우 인간의 지각 과정이 기계적으로 이루어지기보다는 감각기관을 통하여 처리된 감각정보들을 능동적으로 처리하는 과정으로 이해하였다. 이들은 감각정보를 인지하고 해석하는 지각(perception)에 대한 문제에 관심을 가지면서, 지각된 정보가 구조화되고 조직화되는 원리를 밝히고자 하였다. 이를 가장 잘 나타내는 형태주의 심리학자들의 슬로건은 '전체는 부분들의 단순한 합 그 이상'이라는 문장이다. 하지만 인지주의 학습이론을 가장 잘 나타내는 것은 정보처리이론일 것이다. 따라서 이 장에서는 정보처리이론에 대해 살펴보기로 한다.

1. 정보처리이론

인지주의 학습이론의 주된 관심사 중 하나는 기억에 관한 것이다. 감각기관을 통하여 입력된 정보는 대부분 즉시 사라져서 인식하지 못하지만 어떤 정보는 잠시 기억되기도 하고 또 어떤 정보는 평생 동안 기억되기도 한다. 그렇다면 어떤 정보가 기억되며 어떤 정보가 사라지는가? 기억에 관해서는 많은 이론이 있지만 가장 보편적인 것은 정보처리이론이다. 정보처리이론은 인간의 정보처리 과정을 컴퓨터의 논리에 비유하여 설명한다. 정보처리이론에서는 인간들이 감각정보를 인지적 표상으로 변형시키는 부호화(encoding)와 부호화된 정보의 저장(storage) 그리고 저장된 정보의 인출(retrieval)

에 관해 관심을 갖는다. 또한 감각기억, 단기기억, 장기기억, 작업기억 등 기억의 유형
과 더불어 기억과 망각의 기제에 대해서도 관심을 갖는다.

1) 기억의 유형

정보처리이론에서 제시하는 기억의 유형에는 감각기억, 단기 혹은 작업기억, 그리
고 장기기억이 있다. 감각기억은 기억의 첫 번째 저장소로서 환경으로부터 감각을 통
해 들어온 감각정보들이 잠시 유지되는 곳이다. 감각기억의 용량은 거의 한계가 없을
정도이며 모든 자극이 입력되지만, 아주 짧은 시간(시각정보의 경우 1초 미만) 동안만 유
지된다. 감각기억의 존재에 관한 초기의 고전적 실험은 스펄링(Sperling, 1960)에 의해
이루어졌다. 감각기억의 존재는 불꽃놀이에서 지각되는 잔상을 통해서도 쉽게 경험할
수 있다. 감각기억의 정보가 작업기억으로 이동되기 위해서는 주의(attention)가 요구
된다. 학생들의 집중 여부에 따라서 입력되는 정보의 지속적인 처리 여부가 결정된다.

작업기억(working memory)은 초기에 단기기억(shortterm memory)으로 일컬어졌다.
단기기억은 5~9개의 단위로 제한된 양의 정보를 수 초간 파지할 수 있는 저장체계다.
기억에 관한 마법의 숫자 7±2는 단기기억의 용량에서 나온 것이다. 단기기억이라 하
면 단순히 정보가 저장된다는 의미를 갖는 반면에, 작업기억은 사고가 정보를 조작하
고 구성하는 적극적인 활동을 내포한다. 작업기억의 개념에서는 처리되는 정보의 유
지시간이 약 20~30초다. 작업기억의 존재를 가장 쉽게 이해할 수 있는 컴퓨터의 기능
은 램의 역할이다. 작업기억의 정보를 계속 유지하기 위해서는 반복적으로 암송하는
시연(rehearsal)이나 청킹(chunking)과 같은 전략을 사용해야 한다.

장기기억(longterm memory)은 정보가 매우 오랜 기간 동안 저장되는 곳이다. 장기기
억의 용량은 거의 무제한이며, 지속시간도 거의 영원하다고 볼 수 있다. 장기기억에 저
장된 정보가 잊혀졌다고 생각되는 것은 저장된 정보 자체가 없어진 것이 아니라 기억 속
에서 정보를 여러 가지 이유에 의해서 찾아내지 못하기 때문일 가능성이 크다. 장기기억
은 일화기억(episodic memory), 의미기억(semantic memory), 절차기억(procedural memory)
으로 분류된다. 여기서 일화기억은 각자가 경험하고 기억하고 있는 사건들에 대한 기
억이다. 의미기억은 교실 수업에서 배운 내용처럼 개념, 원리, 규칙 등에 대한 정보를
포함한다. 절차기억은 운전, 운동 능력과 같이 어떤 작업을 어떻게 해 낼 것인가를 회
상해 내는 능력이다. 장기기억의 유지에 영향을 주는 요인으로는 학습자의 적극성, 정
보의 처리 수준, 정보의 부호화 다양성 등이 있다.

2) 장기기억에 영향을 주는 요인들

작업기억에서 처리된 정보가 장기기억에 오랫동안 유지되기 위해서는 어떠한 작용이 요구되는가? 지금까지의 연구 결과에 의하면, 장기기억의 유지에 영향을 주는 요인들로는 정교화와 조직화, 정보의 처리수준, 이중 부호화 등이 있다. 정교화는 새로운 정보를 기존의 지식과 연결함으로써 의미를 보태는 것이다. 암송이나 기존의 지식과 다양한 관점에서 연결시켜 봄으로써 처리되는 정보를 정교화시킬 수 있다. 정교화할수록 이해가 더 깊어지고 자신의 것으로 만들어져서 더 오래 기억된다. 정교화는 달리 보면 처리수준이론과 유사하다. 여러 각도에서 특정 정보를 해석하고 비유하고 관계를 파악해 보면 처리의 깊이가 깊어진다고 볼 수 있다. 조직화는 작은 덩어리의 정보를 큰 덩어리로 뭉쳐 더 의미 있는 묶음을 만드는 과정으로, 조직화된 정보일수록 더 오래 기억된다. 이중 부호화는 시각적 부호화만을 활용하는 경우보다 시각적 부호화와 청각적 부호화 모두를 활용할 경우 더 잘 기억된다는 이론이다.

앞에서 언급한 내용은 입력된 정보가 장기기억에 오랫동안 유지되는 데 영향을 주는 활동에 관한 것이다. 그런데 기억이 잘된다고 하는 것은 꼭 잘 저장하는 것만으로 해결되지 않는다. 저장이 잘되었다 하더라도 인출에 실패하여 기억하지 못하는 경우가 있다. 따라서 인출을 쉽게 하는 것 또한 기억을 증진시키는 방법이다. 인출을 쉽게 하는 방법 중 하나는 인출단서(retrieval cue)를 활용하는 것이다. 학습이 이루어지는 과정에서 인출을 용이하게 하는 인출단서를 사용하여 장기기억에 저장한다. 특정 단어를 배울 때 연관된 이미지를 함께 짜 넣어서 이야기를 만드는 심상(imagery) 활동을 사용할 수 있다. 장소법(loci method)은 자기 방과 같이 익숙한 장소를 떠올리고 각각의 기억 항목이 특정한 장소에 있다고 상상하는 방식으로 정보를 저장하는 것이다. 첫 글자 외우기(initial letter strategy) 방법도 매우 널리 사용되는 방식으로 암기할 항목의 첫 번째 글자를 따서 외우는 것이다.

2. 학습 전략

앞에서 우리는 기억에 영향을 주는 요인들을 정보가 처리되는 과정상에서 살펴보았다. 즉, 정보를 부호화하는 단계와 정보를 저장하는 단계 그리고 정보가 인출되는 단계를 고려하여 각 단계별로 기억을 용이하게 하는 활동들에 대해 언급하였다. 기억 활동은 학습과정에서 매우 중요한 비중을 차지하지만 학습 그 자체는 아니다. 학습의 효과는 기억술뿐만 아니라 학습을 위한 다양한 전략에 의해서도 영향을 받는다. 그렇지만 학교장면에서 학생들에게 효과적인 학습 전략에 대해 소개하거나 가르쳐 주는 경우는 매우 드물다. 학생들은 나름의 방식을 사용하여 학습하지만, 대부분 플래시 카드나 단순히 암기하는 방식을 사용할 뿐이다. 그러나 학습 방식은 학습하는 내용의 기억에 매우 큰 영향을 미친다.

울포크(김아영 외, 2015)는 효과적인 학습방식의 기본 원칙 세 가지를 제시한다. 첫째, 학생들이 학습하기 위해 인지적 참여를 해야 한다. 즉, 학습 자료의 중요한 부분에 주의를 기울여야 한다. 둘째, 학생들이 깊이 사고하고 처리하기 위해 노력을 기울여야 하며, 연결, 정교화, 의미 이해, 개발, 조직화, 재조직화 등의 처리를 많이 해야 한다. 셋째, 자신의 학습을 조절하고 점검하는 것과 같은 초인지적 활동을 해야 한다. 다음에서는 학생들이 쉽게 사용 가능한 다양한 학습 전략에 대해 소개한다(Slavin, 2012).

1) 핵심 파악

학습에서 중요한 것은 무엇이 중요한지를 결정하는 것이다. 즉, 중요한 것에 주의를 집중하는 것이다. 그런데 무엇이 중요하고 덜 중요한 것인지를 구분하는 것이 쉽지만은 않다. 흥미로운 내용에 현혹되기도 하고, 농담에 관심이 가기도 한다. 특히 사전 지식이 없는 경우 중요도 파악은 더욱 힘들다. 여기에 교수자가 교수 내용 중에서 중요한 부분을 특징적으로 명시해 주는 것도 도움이 된다.

2) 모의시험

효과적인 학습 전략 중 하나는 모의시험을 치르는 것이다. 단순 암기식 시험보다는 생각하게 하는 시험을 통하여 이해와 기억을 증진시킬 수 있다. 시험은 학생들로 하여금 무엇을 알고 있고 무엇을 모르는지에 대한 피드백을 제공해 줌으로써 학습의 완벽성을 기하게 한다.

3) 노트하기

수업 시 효과적인 학습 전략은 노트를 활용하는 것이다. 노트 적기는 무엇을 적을 것인가에 대해 고민하게 함으로써 학습해야 할 내용을 정신적으로 처리하게 만들어 준다. 노트하기의 효과는 그냥 받아 적는 방식보다 생각한 다음에 적는 방식으로 활용할

때에 더 효과적이다. 어떤 내용을 듣고서 노트에 적을 때 유사어로 적거나 또는 문장의
형태를 바꾸어 적는 등의 작업 과정은 기억을 용이하게 만들어 준다.

4) PQ4R법

학생들이 읽고 있는 내용을 이해하고 기억하는 데 도움을 주는 가장 잘 알려진 방법
중 하나는 PQ4R법이다(Thomas & Robinson, 1972). PQ4R는 Preview(예습), Question
(질문), Read(읽기), Reflect(숙고), Recite(암송) 그리고 Review(복습)의 앞 글자를 딴 것
이다. 이 방식은 처음에 학습할 내용을 개략적으로 살펴보고, 각 부문에 대한 질문을
만들어 본다. 그런 뒤에 자세하게 읽고서 반성적인 생각을 해 본다. 다음에는 교재를
보지 않고서도 스스로 이야기할 수 있도록 하고 나중에는 기존의 정보와 새로운 정보
를 토대로 복습을 한다. 이러한 PQ4R법은 학습자로 하여금 의미 있는 정보의 구성에
관심을 갖게 하고, 질문하기 등의 학습전략을 적용토록 한다.

5) 개념도 작성하기

개념도 작성하기는 개념 작성, 개념 연결하기, 개념도 작성을 포함한다. 개념 작성
은 학습한 내용을 개략적인 윤곽으로 표현하는 것이며, 개념 연결하기는 주된 아이디
어를 파악하고 그 관계를 연결하여 도식화하는 것이다. 일반적으로 'mind-map'이라
알려져 있는 방식과 유사하다.

6) 밑줄 치기

학습장면에서 가장 흔하게 사용되는 학습전략은 중요하다고 생각되는 부분에 밑줄
을 치는 전략이다. 그러나 밑줄 치기는 널리 쓰이는 방법이나, 학습의 효과 측면에서는
아직까지 불명확하다. 밑줄 치기의 가장 큰 문제는 많은 학생이 너무 많은 밑줄을 치기
때문에 어느 것이 실제로 중요한지 여부를 가늠하기 어렵다는 점이다. 흥미로운 연구
결과는 학생들이 밑줄을 칠 수 있는 양을 제한하였더니 학습 능률이 향상되었다는 것
이다.

7) 요약하기

요약하기(summarizing)는 읽은 정보를 나타내는 주된 요점을 간략하게 쓰는 방식이

다. 이 활동은 학생들에게 무엇이 중요하지에 대해 심각하게 생각하게 한다. 잔 옴로드(Ormrod, 2004)가 제시한 요약 방법을 보면, 먼저 각 단락이나 절의 주요 문장을 적고, 세부사항을 포괄하는 큰 아이디어를 찾은 다음, 그 아이디어를 지지하는 정보를 찾고 나머지 불필요한 세부사항을 제거해 나간다. 이러한 방식은 짧고 쉬운 글부터 연습하여 복잡한 글로 바꾸는 방식으로 훈련할 수 있다. 하지만 요약하기가 정말 학습의 효과 증진에 도움이 되는가에 대해서는 아직도 불명확하다.

제3절 구성주의 학습이론

구성주의(constructivism) 학습이론은 티치너(E. B. Titchener)를 중심으로 한 구성주의 심리학파의 주장을 학습 활동에 도입한 이론으로서, 행동주의 및 인지주의와는 상당히 다른 학습이론이며 근래에 들어 주목을 받고 있는 이론이다. 행동주의와 인지주의는 객관주의적 지식관에 기초한 이론인데 반하여 구성주의는 구성주의적 지식관에 기초하고 있다. 구성주의 학습이론은 산업화 시대를 지배했던 논리실증주의와 과학주의로 대표되는 이른바 객관주의 인식론에 대한 대안이론이며, 객관적으로 검증된 지식의 존재를 부정하는 상대주의적 인식론에 철학적 기초를 두고 있다. 구성주의(constructivism)는 철학, 심리학, 교육학 등 여러 학문 분야에서 광범위하게 사용되는 개념으로 듀이, 장 레이브(Jean Lave), 피아제, 비고츠키, 형태주의 심리학자들, 바틀릿(F. Bartlett) 등의 연구에 기초하고 있다. 하지만 현대의 구성주의 학자들의 생각은 대부분 비고츠키의 생각에서 유도되었다.

구성주의적 학습이론에서 학습은 단순히 지식을 전달받는 과정이 아니라 학생들 스스로 자신의 마음속에서 지식을 구성하는 것이다. 학생들은 적극적이고 능동적인 학습자이며, 교사는 모든 수업을 통제하기보다는 학생 중심의 수업이 가능하도록 돕는 사람의 역할을 수행한다.

학습에 대한 구성주의적 관점은 두 가지 중심 사상을 갖는다. 첫째, 학습자는 자신의 지식을 구성하는 데 능동적이라는 것이다. 학생들은 현재의 지식에 근거하여 새로운 지식을 이해하고 통합하여 끊임없이 자기화하려고 노력한다. 둘째, 이러한 지식의 구성 과정에서 사회적 상호작용이 매우 중요하다는 것이다. 교사와 상호작용을 하거나 혹은 학습자들 간의 협력적 활동을 통해 근접발달영역의 개념을 습득하게 된다.

　구성주의 학습이론은 관점에 따라서 인지적(개인적/심리적) 구성주의와 사회적 구성주의로 구분한다. 인지적 구성주의는 피아제의 인지발달이론에 기초한 것이며, 개인의 내적인 인지구조와 평형화, 동화, 조절의 개념에 중점을 둔 것이다. 인지적 구성주의는 개인의 지식, 신념, 자기 개념 혹은 정체성과 같이 인지적이고 개인의 내적인 인지적 구조 변화에 관심을 갖는다. 새로운 정보가 들어와서 인지구조의 평형이 깨졌을 때는 조절을 통해 사고를 재구성하면서 문제를 해결한다고 하기 때문에 발견지향적인 학습활동이 중요하다. 사회적 구성주의는 비고츠키의 인지발달이론에 기초한 것이며, 지식은 사회적 관계를 통해 형성되며 개인의 마음속에 고립적으로 표상되는 것이 아니라 처음부터 다른 사람들과 공유되는 것이라고 제안한다. 사회적 구성주의는 지식 구성에서 사회·문화적 요인, 언어, 타인의 역할 등에 관심을 갖는다. 사회적 구성주의에 따르면 학습자들이 사회적 맥락 내에서 먼저 지식을 구성하고 이후에 개인이 그 지식을 자기 것으로 내면화한다고 주장한다(신종호 외, 2015). 구성주의 학습이론에 기초한 수업이론으로는 인지적 도제학습, 상보적 교수-학습, 협동학습, 발견학습, 문제중심학습 등이 있다.

1. 인지적 도제학습과 상보적 교수-학습

1) 인지적 도제학습

　인지적 도제(cognitive apprenticeship)는 비고츠키의 근접발달영역에 기초하여 제기된 개념으로 미숙한 학습자가 전문가나 숙련가 혹은 성인이나 동료와의 상호작용을 통하여 지식과 기술을 점진적으로 습득해 가는 과정을 말한다. 도제는 기술 중심의 직업세계에서 흔히 볼 수 있는 활동으로 경험이 많은 전문가가 신참에게 시범을 보이고 실습 간 조언 등을 통하여 가르친다. 신종호 등(2015)은 인지적 도제의 구성요소로 모델링, 비계 설정, 언어화, 복잡성 증가 등 네 가지를 제시한다. 모델링(modeling)은 교사들이 문제를 해결하는 방법과 같은 기술을 시연할 때 동시에 말로 묘사함으로써 그들의 생각을 본보기로 제시하는 것을 의미한다. 비계설정(scaffolding)은 학생이 과제를 수행할 때, 교사들은 질문을 하고 학생들의 과제 수행을 지원하는데, 점차 학생들의 기량이 증가함에 따라 비계의 양을 줄여 나가는 것을 말한다. 언어화(verbalization)는 학생들로 하여금 이해를 발전시켜 나갈 때 말로 생각을 표현하도록 격려하는 것을 말한다. 복잡성 증가(increasing complexity)는 학생들의 기량이 증가해 감에 따라 교사는 그들에게 좀 더 도전적인 문제나 다른 과제를 보여 주는 것을 의미한다.

2) 상보적 교수-학습

상보적 교수(reciprocal teaching)는 읽기학습 시 사용되는 수업 모형으로 교사와 학생이 번갈아 가면서 교사 역할을 하고 대화를 통해 이루어지는 학습을 의미한다. 상보적 교수의 목적은 학생들이 읽고 있는 내용을 제대로 이해하고, 보다 깊은 사고를 하도록 도움을 주는 것에 있다. 소규모의 읽기 집단에 적용되는 상보적 교수 활동은 다음의 네 가지 전략을 사용한다(Woolfolk, 2012). 첫째, 문단의 내용을 요약하는 것이다. 둘째, 핵심 내용에 대해 질문을 하는 것이다. 셋째, 내용 중 어려웠던 부분을 확인하는 것이다. 넷째, 다음에 배울 내용에 대해 예상해 보기다. 앞에서 언급한 네 가지 전략은 읽기에 능숙한 사람은 의식하지 않은 채 자동적으로 사용되지만, 읽기에 익숙하지 않은 사람은 어떻게 사용해야 하는지를 모르는 경우가 많다. 이들에게는 효과적인 전략 사용법에 대한 추가적인 도움이 필요하다. 상보적 교수-학습의 효과에 관한 연구들에 의하면, 상보적 교수활동은 학업 성취도 향상에 매우 효과적이라고 보고하고 있으며, 읽기에서 상보적 교수활동을 적용할 경우 발판화를 통해 학습자들이 독립적으로 독해 능력을 숙달하게 된다고 한다(Rosenshine & Meister, 1994).

2. 협동학습

협동학습(cooperative learning)은 공동의 목표 성취를 위해 소집단을 형성하여 한 회기에서 몇 주간의 수업 시간에 걸쳐 타인과 함께 작업하는 방식을 의미한다(Gillies, 2003). 협동학습의 크기는 두 명에서부터 여러 명에 이르기까지 다양하지만, 상호 간에 원활한 상호작용이 이루어질 수 있어야 한다. 집단의 목표가 정보를 뒤집어 보고 연습하는 것에 있다면 4~6명이 적절한 인원이지만, 각 학생들을 토의, 문제해결, 컴퓨터 학습에 참여시키기 위해서라면 2~4명이 가장 효과적인 인원이다. 흥미로운 사실은 집단 내의 여학생 수가 적으면, 이 학생들이 집단 내에서 가장 뛰어난 실력을 갖고 있지 않는 이상 집단 내에서 소외되기 쉽다(Woolfolk, 2012). 정보처리 이론가들에 의하면 협동학습은 학생들의 지식 확장, 연습, 정교화 과정에 도움을 준다고 한다. 그렇다고 해서 협동학습이 항상 효과적일 수는 없다. 효과적인 협동학습이 되기 위해서는 교사의 섬세한 계획과 모니터링이 함께 이루어져야 한다.

3. 발견학습 및 문제중심학습

1) 발견학습

발견학습(discovery learning)은 학생들 스스로가 실험을 수행하고 경험하면서 개념과 원리들을 학습할 수 있도록 교사들이 고무시키는 방법이다. 발견학습은 학생의 호기심을 자극하여 정답을 찾을 때까지 탐구하게 하는 동기를 유발시킨다. 아울러 정보를 분석하고 조직하면서 독립적인 문제해결 방법과 비판적 사고방식을 배운다. 발견학습에는 시간이 많이 소모되고 실수가 나타나기도 한다. 발견학습은 대부분 과학 같은 과목에서 많이 사용된다.

2) 문제중심학습

문제중심학습(problem-based learning)은 주로 의학 분야의 전문가 지식에 관한 연구에서 나온 것으로서, 학생들로 하여금 쓸모없는 지식이 아닌, 많은 상황에 적용될 수 있는 융통성 있는 지식을 개발하도록 돕는 것이다. 아울러 문제중심 학습은 문제해결, 협력, 증거 중심 의사결정, 그리고 자기주도적 평생학습에서의 내재동기와 기술을 고양시킨다.

문제중심학습에서 학생들은 해결책을 찾기 위해 협력하면서 그들이 탐구를 시작하고자 하는 문제를 접하게 된다. 학생들은 시나리오에서 나온 사실에 기초해서 문제를 확인하고 분석한다. 그런 다음 해결에 관한 가설을 만들어 내기 시작한다. 가설을 제안하면서 빠진 정보를 찾는다. 그다음에 학생들은 그들의 새로운 지식을 적용하고, 그들의 문제해결책을 평가하고, 만약 필요하다면, 다시 연구로 돌아가고, 마지막으로 그들이 얻은 지식과 기술에 대해 반추한다.

4. 구성주의적 관점 교수자의 행동 특징

구성주의적 관점을 지닌 교수자가 보이는 교수 행동은 다음과 같은 특징을 보이며, 교수자는 단순히 정보제공자나 행동 관리자가 아니라 학습자와 환경의 매개자다(추병완, 최근순 역, 2008).

- 구성주의적 관점을 지닌 교수자는 학습자의 자율성과 주도권을 격려하고 수용한다.
- 구성주의적 관점을 지닌 교수자는 조작적, 상호작용적, 물리적 자료들과 함께 생생한 원자료와 일차 자료를 사용한다.
- 과제를 구성할 때, 구성주의적 관점을 지닌 교수자는 '분류하다' '분석하다' '예측하다' '창조하다'와 같은 인지적 용어들을 사용한다.
- 구성주의적 관점을 지닌 교수자는 학습자들의 반응이 수업을 조종하고 교수 전략을 변화시키며 내용을 변경하는 것을 허용한다.
- 구성주의적 관점을 지닌 교수자는 개념에 대한 자신의 이해를 학생들과 공유하기 전에 그러한 개념들에 대한 학생들의 이해를 먼저 알아본다.
- 구성주의적 관점을 지닌 교수자는 학생들이 교수자와의 대화와 학생 상호 간의 대화에 참여하도록 장려한다.
- 구성주의적 관점을 지닌 교수자는 사려 깊고 개방적인 질문을 하고, 학습자 상호 간의 질문을 장려함으로써 학생들의 탐구를 고무시켜 준다.
- 구성주의적 관점을 지닌 교수자는 학습자들의 초기 반응에 대한 정교화를 추구한다.
- 구성주의적 관점을 지닌 교수자는 학습자들을 먼저 자신의 초기 가설에 대한 모순을 유발하는 경험에 연루시키고 그 후에 토론을 장려한다.
- 구성주의적 관점을 지닌 교수자는 질문을 제기한 후 기다리는 시간을 갖는다.
- 구성주의적 관점을 지닌 교수자는 학습자들에게 관계를 구성하고 은유를 만들어 낼 시간을 제공한다.
- 구성주의적 관점을 지닌 교수자는 학습 사이클 모델을 빈번하게 사용하여 학습자들의 자연스런 호기심을 길러 준다.

구성주의 학습이론이 제공하는 수업 방법에 대한 교육적 시사점을 정리하면 다음과 같다. 첫째, 교수자는 학습자의 학습에 도움을 주는 조언자의 역할을 한다. 둘째, 학습자들 상호 간에, 또는 교수자와 학습자들 사이에 이루어지는 협동학습을 통하여 협동심을 키워 준다. 셋째, 자율적인 지식의 형성자로서 학습자의 학습에 대한 주인의식을 키워 준다. 넷째, 문제해결 중심의 학습을 실시하고 수행평가를 도입하며 자아성찰적 실천을 하도록 함으로써 학습자들이 지식을 구성해 가도록 도와준다.

제4절 학습 동기   193

제4절 학습 동기

동기(motivation)란 일반적으로 행동을 유발하고, 방향을 제시하고, 유지시키는 내적 상태를 말한다. 동기는 흔히 목표라고 하는 방향성이 있다는 점에서 부족한 것을 채우고자 하는 욕구(drive)와 구분된다. 자연스러운 상황에서 한 학급 내의 학생들이 모두 다 동일한 동기를 갖고 있는 경우는 극히 드물며, 오히려 각기 다른 동기를 갖는 경우가 흔하다. 그럼에도 동기화된 학생들은 학교에서의 성취도가 더 뛰어난 경향이 있기 때문에 교사의 입장에서는 학생들로 하여금 학교생활에 대한 동기를 촉진시키는 것이 중요한 의미를 갖는다. 동기화된 학습자는 학습활동에 능동적이고 적극적으로 임하며, 과제에 대한 흥미와 즐거움을 느낀다. 또한 동기화된 학습자는 목표 달성을 위해 다양한 학습전략을 주도적으로 계획하고 더 나은 성과를 위해 자신을 조절하고 변화시키는 노력을 기울인다. 이처럼 동기화는 학습활동에서 가장 중요한 에너지원이다.

1. 내재 동기와 외재 동기

무엇이 동기를 유발시키는가? 좀 더 구체적으로 학생들이 공부를 하는 이유는 무엇일까? 여기에는 기본적 욕망, 유인물, 목표, 사회적 압력, 흥미, 호기심, 신념, 가치관, 기대 등 다양한 것이 있을 수 있다. 공부하는 것 자체에 흥미를 느끼고 즐겁기 때문에 공부를 하는 학생들이 있을 수 있다. 아니면 부모님의 기대에 부응하기 위해 노력하는 경우도 있으며, 좋은 대학을 가기 위해 공부할지도 모른다. 이처럼 다양한 동기를 크게 나누면 내재 동기와 외재 동기로 구분된다.

1) 내재 동기

내재 동기(intrinsic motivation)는 활동 그 자체가 흥미롭고 즐거움을 주기 때문에 그 활동을 지속하는 것이다. 내재적으로 동기화된 사람은 활동 그 자체가 보상으로 작용하기 때문에 어떤 유인물이나 처벌을 필요로 하지 않는다. 내재 동기는 인본주의 심리학자들과 인지주의 이론가들이 관심을 갖는 대상이다. 인본주의에서는 인간의 동기에 대해 '자기실현에 대한 욕구' '실현 경향성' '자기 결정에 대한 욕구'와 같은 내재적 근원을 강조한다. 인지적 이론에서는 인간을 자신과 관련된 문제를 해결하기 위해 정보를 찾는 능동적이고 호기심 많은 존재로 본다.

2) 외재 동기

외재 동기(extrinsic motivation)는 과제 그 자체와는 별 관계가 없는 이유에서 혹은 보상을 받기 위해서 하거나 처벌을 피하기 위해서 하는 경우를 의미한다. 외재 동기에는 칭찬에서부터 점수, 인정, 보상 등이 포함된다. 행동주의적 관점은 인간의 행동을 자극에 대한 반응으로 이해하기 때문에 유인물이나 보상 그리고 처벌 등의 외재적 수단에 의해 학생들을 동기화시키려 한다.

3) 내재 동기와 외재 동기의 관계

학습동기를 연구하는 학자들은 내재 동기와 외재 동기가 상호 어떤 관계에 있는지에 대해서도 관심을 갖는다. 예를 들어, 학생들은 어떤 과목에 특별한 흥미와 관심이 없는데도 중요한 목표에 도달하는 데 그 과목이 중요하기 때문에 열심히 학습하기로 마음먹을 수 있다. 이 경우는 내재 동기에 의해 활동하는 것인가 아니면 외재 동기의 영향인가? 아마 외재 동기를 내면화한 경우에 해당할 것이다. 어떤 학생은 내적 동기와 외적 동기, 전부 높은 반면 두 가지 동기가 다 낮은 학생도 있다. 또한 어느 한 가지 동기만 높은 학생도 있다. 이를 두고 커빙턴(Covington, 2000)은 외적 동기와 내적 동기가 동일 직선상에 있는 양극단으로 파악할 수 없고, 서로 독립적으로 작용한다고 제안하였다.

동기에 관한 또 다른 중요한 관심은 외적 보상이 내적 동기를 감소시키는지 여부에 관한 것이다. 래퍼와 동료들(Lepper et al., 1973)은 내적으로 흥미 있는 활동에 대해 외적 보상을 약속하는 것은 아동들로 하여금 해당 활동을 약화시키는 결과를 초래한다는 실험 결과를 제시하면서 보상의 사용에 대해 유의할 것을 강조하였다. 이들은 매직펜으로 그림을 그리는 데 흥미를 갖는 취학 전 아동들을 세 집단으로 나누었다. 한 집단은 그림을 그리면 보상을 준다고 말하고, 다른 한 집단에게는 보상을 예고하지 않았으나 그림을 그린 후 갑자기 보상을 주었고, 또 다른 한 집단은 보상에 관해 일체의 조치가 취해지지 않았다. 1~2주 후에 자유롭게 그림을 그리는 시간을 관찰한 결과, 보상을 예고한 집단의 어린이들만 그림을 그리는 시간이 감소하였다. 이러한 실험 결과는 학생들의 활동에 대한 물질적 보상의 무분별한 사용에 대해 주의를 요한다. 그렇다고 해서 보상이 학습 활동의 지속성에 긍정적인 영향이 없다는 것을 의미하는 것은 아니다. 보상이 단지 활동에 대한 단순한 참여가 아니라 수행의 질과 관련이 있을 때, 보상이 수행에 대한 정보를 제공하고 능력의 인정과 연관될 때, 내적 동기를 증가시켜 주었다.

2. 동기에 관한 이론

동기에 관한 이론들은 동기의 근원에 대한 입장과 동기에 영향을 미치는 요인에 대한 가정에서 매우 다양하다. 여기에서는 동기에 대한 행동주의이론, 인본주의이론, 인지적 이론, 사회인지이론, 그리고 사회문화적 이론에 대해 살펴보기로 한다.

1) 동기에 대한 행동주의적 시각

행동주의적 관점에 따르면 학생들의 동기는 보상과 처벌에 대한 반응의 결과에 의해 만들어진 행동으로 본다. 행동주의자들은 학생들이 교사의 승인, 높은 학점, 자격증 등과 같이 외재적 수단인 보상에 의해 동기화된다고 본다. 따라서 행동주의적 시각에서 보면 학생들의 학습 동기는 적절한 보상을 통하여 유발시킬 수 있다고 믿는다. 하지만 보상은 앞서 언급하였듯이 긍정적인 측면과 더불어 부정적인 측면도 내포하고 있다. 예로서, 학생들은 보상에 의해 자신의 행동이 통제되고 조종된다는 느낌을 받을 때 심한 경우 불쾌감과 분노를 느끼게 된다. 이처럼 행동주의는 학습자의 인지적 사고 과정 또는 신념에 따라 학생들의 동기가 다양하게 나타나는 현상을 설명하는 데 한계가 있다.

2) 동기에 대한 인지적 시각

인지적 접근은 외적 환경에 대한 분석보다는 인간의 내적 과정에 관심을 갖는다. 내재 동기를 강조하는 이들은 인간을 능동적인 정보 탐색자로 이해하며, 행동은 사고과정의 결과로 이해한다. 동기에 대한 인지적 관점은 학생들의 목표 설정, 타인이나 환경에 대한 기대의 역할, 자기결정성, 귀인의 영향, 자기 인식과 신념, 기대 효과, 자기결정성의 영향 등을 연구한다. 인지적 시각의 다양한 측면에 대해서는 다음 부분에서 자세히 살펴보기로 한다.

3) 동기에 대한 인본주의적 시각

칼 로저스(Carl Rogers)와 같은 인본주의 심리학자들은 학습동기가 단순한 외적 보상이나 행위의 결과에 대한 신념이 아니라 그 이상의 것을 통해 유발된다고 보았다. 인본주의자들은 인간이 '자아실현(self-actualization)'이라는 선천적 욕구를 갖고 태어난다고 보기 때문에 동기의 내재적 근원을 강조한다. 인본주의적 시각에서 동기의 유발은 결국 잘 보살펴 주고 격려하고 자아존중감을 발달시킬 수 있도록 도와줌으로써 가능하다. 매슬로(A. H. Maslow)는 인간의 욕구가 유기체 수준에서부터 자아실현의 욕구까지 단계를 이룬다고 가정하며, 학생들로 하여금 자아실현과 같은 성취 지향적인 욕구를 지향하도록 권장한다.

4) 동기에 대한 사회인지적 시각

동기에 대한 사회인지적 관점은 한 개인의 내적 조건과 외적 환경이 결합되어 동기가 유발된다고 본다. 기대 × 가치 이론(expectancy × value theory)라고 불리는 이 관점은 동기를 두 가지 주요 요인, 즉 목표치에 대한 개인의 기대와 목표 달성이 제공해 주는 보상(가치)의 산물이라고 본다. 즉, 내가 노력을 하면 어느 정도로 성공할 수 있을까?와 성공할 경우 나에게 주어지는 보상은 무엇이며 그 보상은 어느 정도의 가치가 있는 것인가?라는 두 질문에 대한 답의 곱에 의해서 동기가 결정된다는 주장이다.

5) 동기에 대한 사회문화적 시각

동기에 대한 사회문화적 관점은 한 개인이 공동체에 참여하고자 하는 의지에 따라서 학습동기가 유발된다고 본다. 자신이 속한 학급이나 조직의 유능한 구성원들을 통해 자극받고 배우는 것이다. 처음에 주변인의 입장에서 점점 집단의 정체성을 형성하게 됨에 따라 중심적인 활동을 하게 된다. 사회문화적 관점에서 동기의 근원은 내재적인 것이며 정체성을 유지하기 위해 공동체의 가치와 관례를 배우도록 동기화된다.

<표 6-1> 동기에 대한 다섯 가지 견해

구 분	행동주의적	인지적	인본주의적	사회인지적	사회문화적
동기의 근원	외재적	내재적	내재적	내재적 외재적	내재적

중요한 영향	강화물, 보상, 유인물, 벌	신념, 성공과 실패에 대한 귀인, 기대	자기존중, 자기충족, 자기결정성에 대한 욕구	목표, 기대, 의도, 자기효능	학습공동체에의 적극적 참여, 집단 활동 참여를 통한 정체성의 유지
주요 이론가	Skinner	Weiner, Graham	Maslow, Deci	Locke, Bandura	Lave, Wenge

출처: 김아영 외(2015, p. 438).

3. 동기와 목표

목표(goal)란 노력해서 성취하고자 하는 그 무엇이다. 경험적으로 보면, 목표가 뚜렷한 학생들은 학습활동을 지속적으로 유지하는 경우가 많다. 또한 학생들의 효과적인 목표 설정 여부가 학업성취와 밀접하게 연관되어 있다. 로크와 나삼(Locke & Natham, 2002)은 목표가 수행 성과에 긍정적인 영향을 미치는 이유로 다음 네 가지를 제시했다. 첫째, 목표는 가용한 역량을 과제에 집중하게 한다. 둘째, 목표가 있는 사람은 자신에게 주어진 시간과 노력을 목표 달성을 위한 활동에 투자하게 한다. 셋째, 목표는 인내심을 강화시켜 준다. 넷째, 목표는 성취를 촉진시킨다.

목표는 새로운 지식과 전략의 발달을 촉진시켜 더 높은 성취를 이루게 한다. 그렇다고 해서 목표 설정이 항상 긍정적이고 효과적인 결과를 제공해 주는 것은 아니다. 목표설정을 어떻게 하느냐에 따라서 그리고 어떤 목표를 설정하느냐에 따라서 성과가 다르게 나타날 수 있다. 목표는 구체적이고, 정교하고, 적당히 어렵고, 가까운 장래에 도달할 수 있어야 긍정적인 결과를 제공할 수 있다. 목표가 개략적인 경우, 너무 쉽거나 너무 어려운 경우, 너무도 멀고 먼 시기에 도달할 수 있는 경우 효과를 기대하기 어렵다. 학습장면에서 목표 설정은 크게 두 가지 유형으로 구분된다. 하나는 숙달 목표이고, 다른 하나는 수행 목표다.

1) 숙달 목표와 수행 목표

숙달 목표(mastery goal)는 학습 목표 또는 과제 목표로도 불리는데, 학습에 대한 이해를 도모하고 자신의 능력이나 관련 기술을 개발하고 향상시키는 것을 추구하는 것이다. 숙달 목표를 가진 학생은 다른 학생들과의 비교나 평가에 연연하지 않으며, 도전을 추구하고, 어려움에 직면해도 지속적으로 노력하며, 성적보다도 숙달에 더 큰 의미를 둔다. 반면에 수행 목표(performance goal)는 경쟁을 통하여 남들보다 우월하다는 인정을 받는 데 목적이 있다. 따라서 숙달 목표를 가진 학생은 자신의 능력을 다른 사람들에게 보이는 데 신경을 쓴다. 이들에게는 무엇을 학습하였는가보다는 그들의 수행에 대한 타인의 평가가 더 중요하다. 수행 목표를 가진 학생은 자신의 능력이 낮다고 생각하게 되면 학습된 무기력감에 빠져들기 쉽다. 또한 수행을 의식하기 때문에 부정행위 가능성이 더 높고, 성적이 잘 나오는 쉬운 과목을 선택한다. 숙달 목표 대 수행 목표에 관한 논의의 중요한 시사점은 교사들이 학생들에게 점수보다는 학습이 학업의 목표라는 것을 인식시키기 위해 노력해야 한다는 것이다.

<표 6-2> 숙달 목표 대 수행 목표 비교

구 분	숙달 목표	수행 목표
초점	과제의 숙달, 학습, 이해	우수하고, 이기고, 최고가 되려 함
성공의 정의	개선, 진보	높은 점수, 높은 수행
만족의 근원	열심히 공부하고 도전하는 것	남보다 더 잘하는 것
실수에 대한 인식	학습의 부분	불안 유발

2) 사회적 목표

학생들은 학습활동과 밀접하게 연관되어 있는 숙달 목표나 수행 목표 이외에도 사회적 목표를 설정하는 경우가 종종 있다. 사회적 목표(social goals)는 또래 친구들을 포함하여 다른 사람들과의 사회적 관계를 형성하는 것이다. 사회적 목표는 대부분 학습활동과 관련성이 없기 때문에 오히려 학습 활동을 방해할 수도 있다. 친구들과 즐기거나 '책벌레'로 놀림을 받지 않으려는 목표는 여러 면에서 학습을 방해한다.

3) 목표 설정 효과에 영향을 주는 요인

학급에서의 목표 설정을 효과적으로 만드는 세 가지 요인이 있다. 첫째, 피드백이다. 현재 자신의 위치에 대한 정보를 제공함으로써 어느 정도의 노력을 추가해야 할 것인지를 알 수 있으며, 성취를 강조하였을 때 효과를 나타낸다. 둘째, 목표 구성이다. 학생들이 외재적 목표보다는 내재적 목표를 수립하였을 때에 더 큰 효과를 보인다. 셋째, 목표 수용이다. 이를 위해서는 목표 자체가 도달 가능하되 너무 쉽지도 너무 어렵지도 않은 정도여야 한다. 그리고 목표가 내재적 동기일수록 수용도가 높다. 특히 교사가 학생에 대해 품는 기대감은 학생들의 동기 유발에 매우 큰 효과를 발휘하는 것으로 알려져 있다. 유능한 교사일수록 자신의 기대가 학생들의 성취동기에 지대한 영향을 미친다는 것을 잘 알고 있다. 로즌솔과 제이컵슨(Rosenthal & Jacobson, 1968)의 연구에서 나타난 피그말리온 효과(Pygmalion effect)는 교사의 높은 기대가 학생들의 높은 성취와 연관성이 매우 높다는 것을 입증해 준다.

4. 동기와 귀인

귀인(attribution)은 특정 행동이 나타난 원인에 대한 설명이다. 귀인을 연구하는 학자들은 사람들이 귀인을 통해 자신을 둘러싸고 있는 세계를 이해하고 자신과 타인의 행동이 어떤 이유에서 수행되었는지에 대해 끊임없이 사고한다고 가정한다. 사람들은 '왜?'라는 질문을 통해 결과의 원인을 추론한다. 이러한 귀인은 크게 두 가지 유형으로 나타난다. 하나는 개인적 귀인으로 능력, 노력, 기분, 지식과 같은 개인의 내적인 특징에 기초하여 행동의 원인을 설명하는 것이다. 다른 하나는 상황적 귀인으로 운, 도움, 타인의 방해 등 외적인 요인에 기초하여 결과의 원인을 찾는 것이다.

1) 귀인의 세 가지 차원

버나드 와이너(Bernard Weiner)에 따르면 성공이나 실패의 원인에 대한 귀인은 세 가지 차원에서 이루어진다. 첫 번째 차원은 소재다. 즉, 원인의 소재가 개인의 내부에 있는가 혹은 외부에 있는가의 문제다. 좋은 학점을 받은 것은 특별히 노력을 많이 했기 때문이라고 귀인하는 것은 내적 귀인에 해당된다. 두 번째 차원은 안정성이다. 사건의 원인이 시간이나 상황에 관계없이 항상 같은가의 문제다. 안정성 차원은 귀인을 개인의 지속적인 특성으로 봐야 할 것인지, 일시적인 상황에 의한 것인지에 대한 판단과 관련된다. 세 번째 차원은 통제 가능성이다. 개인이 그 원인을 통제할 수 있는가의 문제다. 노력은 개인의 통제 범위에 있지만 운이나 난이도 등은 개인의 통제를 벗어난 것으로 생각한다.

2) 성공과 실패의 귀인

학습자가 가지는 귀인 성향은 학습동기의 형성에 영향을 미친다. 만약 학생들이 실패를 과제의 난이도나 교사의 불공정성과 같은 안정적인 요인에 귀인한다면, 이후에도 그 과목에서 실패할 것을 기대하게 된다. 그러나 기분이나 운과 같은 불안정적인 요인에 귀인할 경우, 다음에는 더 나은 결과를 기대할 수 있다. 성공을 내적 요인에 귀인할 경우 자부심을 느끼고 동기를 증진시키지만 실패를 내적 요인에 귀인할 경우 자존감이 감소된다. 또한 실패를 자기 책임으로 느낄 경우 죄책감을 느끼게 되고, 성공을 자기 책임으로 느끼면 자부심을 갖게 된다. 이와 같은 귀인에 교사의 피드백은 매우 중요한 역할을 한다. 교사의 정확한 피드백과 실패의 원인을 노력 부족으로 귀인시키는 활동을 통하여 학습동기를 긍정적인 방향으로 유도할 수 있다.

5. 동기와 자기효능감

심리학자들은 인간의 동기를 다양한 관점에서 설명하고 있는데, 학습동기 및 성취행동과 관련해 자기효능감 개념에 대한 관심이 커지고 있다. 이들의 주장에 따르면, 학습자의 자기효능감이 학습동기의 수준을 결정하며, 그 결과 학업성취에 의미 있는 영향을 미친다고 한다.

자기효능감은 자신이 어떤 일이나 상황에 직면했을 때, 그 일을 잘해 낼 수 있다는 자신의 능력에 대한 믿음이다. 다시 말해서, 자기효능감은 자신에게 주어진 과제를 성공적으로 수행하고 스스로 상황을 극복할 수 있다는 신념이나 기대로서, 인간 행동의 주된 동기요인이다. 자기효능감은 자신에 대한 총체적인 자기 지각인 자기 개념과 달리, 구체적인 장면에서 자기가 의도한 성과를 도출하는 데 필요한 행동을 성공적으로 수행할 수 있는가에 대한 개인적 판단이다.

자기효능감은 사람들이 어떻게 느끼고 생각하며 스스로를 동기화시키고 행동하는가에 영향을 미친다. 또한 자기효능감은 행동의 방향을 결정할 뿐만 아니라 사고 과정에 대한 자기 조절, 동기 및 정서적 상태와도 밀접한 관련이 있다. 특히 성취 상황에서 자기효능감은 특정 활동을 선택하고 노력을 투입하며 어려운 상황을 얼마나 끈기 있게 극복하는가에 영향을 미친다.

자기효능감이 높은 사람은 자신의 능력에 대한 자신감을 바탕으로 더욱 향상되고 발전할 것이라고 기대하며, 학습활동에 적극적으로 참여하고 학습에 대한 집중력과 지속력이 높다. 어려움에 직면했을 때는 더 많은 노력을 기울이고 끈기 있게 매달리며, 자기통제적인 학습전략을 사용한다. 이런 사람들은 실패를 능력보다는 노력 부족으로 귀인하는 경향이 있어서 실패 후에도 빠른 속도로 자신감을 회복한다. 반면에 자기효능감이 낮은 사람은 자신감과 의욕이 떨어지고 자신을 평가절하하며 부정적으로 생각한다. 또한 목표 의식이 부족하고 공부에 대한 집중력과 지속력이 떨어지며 두뇌의 인지적 기능도 저하된다. 실패도 자신의 노력보다는 능력 부족으로 귀인하고 과제를 두려워하여 피하거나 마지못해 하는 경향이 있다.

사람들은 자신의 성공 및 실패 경험, 타인의 성공 및 실패 경험에 대한 관찰, 언어적 설득, 정의적 각성 등을 기초로 자신이 특정 과제를 얼마나 잘 수행할 수 있는가를 판단하게 된다. 그러면 학교교육 현장에서 학습자의 자기효능감을 증진시키기 위해 시행할 수 있는 방안에는 어떤 것들이 있을까?

첫째, 학습자들이 다양한 상황에서 성공적인 성취 경험을 체험할 수 있도록 해야 한다. 개인의 성공 경험은 자기효능감에 가장 큰 영향을 미친다. 성공 경험은 자기효능감을 증진시키고 실패 경험은 자기효능감을 훼손시킨다. 작은 과제라도 자신의 의지와 능력으로 성취하여 인정을 받은 성공 경험은 자기효능감을 증진시키며, 더 큰 과제에 대한 도전의식과 성공적 성취에 대한 기대치를 높여 준다. 따라서 처음에는 학습자의 능력 수준보다 약간 쉬운 과제를 부여하여 학습자 스스로 성공적인 결과를 산출하게 하고, 점진적으로 과제의 난이도를 높여 가면서 더 큰 목표를 추구하도록 해야 한다.

둘째, 타인의 성취를 통한 간접적인 대리 경험(모델링)을 활용하는 것이다. 특히 자기와 유사한 타인이 성공적으로 수행하는 것을 관찰하거나 타인의 성공담을 들려주면, 자신감을 가지고 적극적으로 필요한 정보를 습득하며 상황을 예측하고 대비하는 능력을 향상시킬 수 있다. 수업에서는 동료들과의 협동학습 기회를 제공하여 공동 작업을 통해 성공적인 성취를 직접 체험함과 동시에 타인의 성취 과정을 관찰하며 배우도록 하는 것이 좋다.

셋째, 학습자를 언어적으로 설득하고 지지와 격려를 보내 주는 것인데, 이는 학교 교육 현장에서 적용하기가 비교적 쉬운 방안이다. 학습자가 실패를 경험하고 지쳐서 힘들어하며 의욕이 부족할 때, 교수자는 진솔한 대화를 통해 지지하고 격려하며 긍정적인 성과에 대한 피드백을 해 줘야 한다. 이때 지지는 막연한 것이 아니라 학습자가 가진 잠재 능력이 어떤 것이고 그 능력을 활용하여 어떤 성과를 낼 수 있는지를 구체적으로 제시해 주어야 한다.

넷째, 학습자의 생리적·정서적 상태에 대한 학습자 본인 및 주위 사람들의 인식과 평가에 유의하여야 한다. 학습자가 감당하기 어려운 과제나 실패에 직면했을 때 겪게 되는 정서적 긴장과 불안에 효과적으로 대처하는 기술을 습득하도록 도와주어야 한다.

한편, 학습자의 자기효능감을 증진시키는 특별프로그램을 개발하여 적용하는 것도 시도해 볼 만하다. 이러한 프로그램은 학습과정에서 학습자에게 자기주도적 학습전략을 사용하도록 장려하고 노력에 대한 피드백을 해 주거나, 실제적인 주제 탐구 훈련과 함께 자기조절학습 전략을 사용하도록 지도하는 방안이 포함된다. 또한 학습목표를 설정할 때도 학습자를 참여시켜 협동적으로 목표를 설정하는 것이 권장된다.

6. 동기와 욕구

학생들이 지니고 있는 욕구 역시 동기유발에 도움이 된다. 맥크렐랜드(McClelland)에 따르면 사람들은 권력 욕구, 성취 욕구, 그리고 친애 욕구를 갖고 있다고 한다. 권력 욕구(need for power)는 세상을 통제하고 인정받기를 원하는 욕구다. 권력 욕구가 강한 학생은 대중이나 친구들 앞에 나서기를 좋아하고, 책임을 맡고 싶어 하며, 자신감 있게 자신의 능력을 과시하려 한다. 성취 욕구(need for achievement)는 비범한 사람이 되거나 성공하고자 하는 욕구다. 성취 욕구가 강한 사람은 도전적인 과제를 선택하여 자신의 분야에서 성공한 인물이 되려고 한다. 이들은 목표가 성취되면 또다시 새로운 목표를 추구한다. 친애 욕구(need for affiliation)는 다른 사람과 긴밀한 관계를 맺고 싶은 욕구다. 친애 욕구가 강한 사람은 동료들과 좋은 관계를 형성하려고 노력하며, 경쟁을 회피한다. 동기를 인본주의적 시각에서 소개한 매슬로의 동기이론에 따르면, 사람들에게는 일곱 가지의 욕구가 위계적으로 나타난다. 그의 위계모형에서 수준 1에서 4까지는 결핍 욕구라 하고, 수준 5에서 7까지를 성장 욕구라고 한다. 매슬로가 언급한 성장 욕구는 곧 성취동기(achievement motivation)를 의미한다. 성취동기가 높은 사람들은 스스로 자신에게 맞는 목표를 설정하여 성취의 가능성을 높인다. 성취 욕구와 더불어 학습동기에 영향을 미치는 또 다른 욕구는 자기결정에 대한 욕구다.

자기결정성(self-determination)은 자율성과 유능감을 발전시키고자 하는 욕구다. 이에 따르면, 사람들은 세상과 상호작용을 하면서 유능함을 느끼고, 스스로 삶을 통제할 수 있음을 느끼고, 타인과 연결되어 사회적 집단에 소속되고자 하는 욕구를 갖고 있다(Deci & Ryan, 2006). 데시와 라이언(Deci & Ryan)의 연구에 따르면, 학생들에게 더 많은 선택권을 준 경우 더 열심히 학습활동에 참여하고 학습결과도 향상되었다. 그렇다고 해서 선택권의 부여가 모든 상황에서 효과적인 것은 아니다. 아이엔거와 래퍼(Iyengar & Lepper, 1999)의 연구에 의하면, 선택권의 가치는 문화적 배경에 따라 다르게 나타난다. 백인계 학생들은 자기 스스로 선택했을 때 내적 동기 수준이 가장 높았으나, 아시아계 학생들은 오히려 권위 있는 인물이나 동료가 선택권을 부여했을 때 내적 동기수준이 가장 높았다.

7. 동기와 흥미, 정서

책이 흥미 있을 때 우리는 휴식하기보다 계속해서 몰입하는 경우가 많다. 교사가 흥미 있게 학급을 이끌어 가면 학생들은 그 과목을 좋아하게 되고 학업 성취도 높아진다. 반면에 불안은 학습활동에 부정적인 영향을 미친다. 불안한 학생은 학습과정에서도 어려움이 있지만, 지식의 활용과 전이 그리고 지식의 발휘에서 어려움을 갖는다. 히디(Hidi, 1990)는 사람들이 정보를 처리하는 과정에서 특정 정보를 선택해서 계속 처리할 것인가를 결정하는 데 흥미가 결정적인 역할을 한다고 하였다.

1) 흥 미

흥미는 특정 활동에 대한 참여 동기를 유발시키고 지속성을 갖게 한다. 흥미는 두 가지 유형이 있는데, 하나는 개인적 흥미이고 다른 하나는 상황적 흥미다. 개인적 흥미는 성격적 특성이나 개인적인 특질로서 비교적 오래 지속되는 성향을 갖는데, 특정 과목이나 음악, 춤, 운동과 같은 구체적인 활동을 즐기는 경향성이다. 일반적으로 학습에 개인적 흥미가 있는 학생들은 학교생활과 학습활동에 대해 긍정적인 반응을 보인다. 한편 상황적 흥미는 학급과제에 관한 지시나 학습내용 등의 환경적 요인에 의해 자발적으로 나타나는 일시적인 흥미다. 상황적 흥미와 개인적 흥미는 상호 연관되어 있어서 처음에 상황적 흥미에서 발생된 활동이 개인적 활동으로 발전되기도 하고, 개인적 흥미에 직접적인 영향을 주기도 한다. 그런데 학습 장면에서 개인적 흥미에 따라 학습 내용을 맞춤형으로 유지하는 데에는 어려움이 많다. 따라서 상황적 흥미를 유발시키고 유지하는 활동에 관심을 갖는 것도 의미가 있다. 쉬로우, 플라워데이와 리먼(Schraw, Flowerday, & Lehman, 2001)은 수업시간에 학생들의 상황적 흥미를 유발시키는 지침을 다음과 같이 제시하였다. 첫째, 학생들에게 의미 있는 선택을 하도록 하라. 둘째, 흥미를 촉진시킬 수 있도록 구조화가 잘된 과제를 선택하라. 셋째, 생생한 과제를 선택하라. 넷째, 주체를 충분히 이해하는 데 필요한 배경적 지식을 제공하라. 다섯째, 능동적인 학습자가 되도록 격려하라. 여섯째, 학생들에게 적절한 단서를 제공하라.

2) 정서(불안)

학습 장면에서 인지적인 처리 과정과 더불어 성과에 영향을 미치는 중요한 요인은 정서다. 정서의 여러 요인 중에서도 특히 불안은 학업성취도와 연관성이 높다. 학교에서 불안의 주 원천은 실패에 대한 두려움이며, 이는 자부심과 연결된다. 학생들이 가장 많이 경험하는 불안은 시험불안일 것이다. 시험불안은 정서에 관한 연구에서 살펴보았듯이 인지적 요소와 생리적 요소를 동반한다. 그리고 불안 상태는 이를 극복하기 위한 다양한 대처 기제를 유발시키기도 한다. 결과적으로 시험불안은 학업 수행에 부정적인 영향을 미친다. 시험불안은 주의집중력 저하와 인출 능력 약화를 유발하고 학습 전략이나 시험 전략의 활용도를 떨어뜨린다. 이러한 시험불안에 대처할 수 있는 전략은 어떠한 것들이 있는가? 가장 쉬운 전략은 수용적이고 편안하며 경쟁적이지 않은 수업 분위기를 만드는 것이다. 또는 쉬운 문제에서 시작하여 점점 어려운 문제로 가는 방법도 있다. 직접적으로 시험불안을 극복할 수 있는 다양한 방법을 시험불안이 심한 학생에게 적용해 볼 수도 있다.

🏠 학습 동기 향상 방법(Slavin, 2012)

1. 내적 동기 향상시키기
- 흥미 일으키기
  예로서, 학습할 내용의 유용성에 대한 정보를 제공하거나, 학습할 내용을 학생들 스스로 선택하게 하는 방법이 있다.
- 호기심 유지시키기
  학생들을 놀라게 하거나 당황하게 하는 시범을 보인다거나, 학생들의 현재 지식으로 해결할 수 없는 문제를 제시하는 방법 등이 있다.
- 재미있는 발표 형식의 다양성 활용하기
  영화, 초청인사, 시범 등을 교대로 사용하여 학생들의 흥미를 유지시킬 수 있다. 게임이나 모의 실험을 통해 흥미를 증가시킬 수도 있다.
- 학생들 스스로 자신의 목표 세우기

남이 설정한 목표보다 자신이 설정한 목표에 더 적극적으로 참여한다.

2. 외적 동기 향상시키기

- 명확한 기대 표현하기
  학생들에게 그들이 무엇을 해야 하는지, 어떻게 평가될 것인지, 성공의 결과가 무엇인지를 정확하게 알릴 필요가 있다.
- 명확한 피드백 제공하기
  개인의 행동의 결과에 대한 정보제공이 적절한 보상이 될 수 있다. 명확하고 구체적인 피드백을 수행 직후에 제공한다. 피드백은 가급적 자주 제공하는 것이 좋다.
- 칭찬하기
  칭찬은 유관적이고, 구체적이며, 신뢰할 만한 것이라는 한도 내에서 사용될 경우 긍정적인 효과가 있다.

▌참고문헌 ▌

신종호, 김민성, 최지영, 허유성, 이지은(2015). 교육심리학. 경기: 교육과학사.

추병완, 최근순 역(2008). 구성주의 교수 · 학습론(Jacqueline G. Brooks & Martin G. Brooks 저). 서울: 도서출판 백의.

Bandura, A. (1977). *Social learning theory. Englewood Cliffs.* NJ: Prentice−Hall.

Deci, E., & Ryan, R. (2006). The self−regulation and the problem of human autonomy: Does psychology need choice, self−determination, and will? *Journal of Personality, 74*(6), 1557−1585.

Covington, M. (2000). Goal theory, motivation, and school achievement: An integrative review. *Annual Review of Psychology, 51*, 171−200.

Gilles, R. (2003). The behaviors, interactions, and perceptions of junior high school students during small−group learning. *Journal of Educational Psychology, 96*, 15−22.

Hidi, S. (1990). Interest and its contribution as a mental resource for learning. *Review for Educational Research, 60*(4), 549−571.

Iyengar, S., & Lepper. M. (1999). Rethinling the value of choice: A cultural perpective on intrinsic motivation. *Journal of personality and social psychology, 76*(3), 349−366.

Lepper, M. R., Greene, D., & Nisbett, R. E. (1973). Undermining children's intrinsic interest with extrinsic rewards: A test of the overjustification hypothesis. *Journal of Personality and Social Psychology, 28,* 129-137.

Locke, E. A., & Latham, G. P. (2002). Building a practically useful theory of goal setting and task motivation: A 35-year odyssey. *American Psychologist, 57,* 705-717.

Ormrod, J. E. (2004). *Human learning* (4th ed.). Columbus, OH: Merrill/Prentice-Hall.

Reisberg, D. (1999). Learning. In R.A.Wilson & F.C. Keil (Eds.), *The MIT encyclopedia of the cognitive science* (pp. 460-461). Cambridge, MA: MIT Press.

Rosenshine, B., & Meister, C. (1994). *The use of scaffolds for teaching less structured academic tasks.* Paper presented at the annual meeting of the American Educational Research Association, San Francisco, CA.

Rosenthal, R., & Jacobson, L. (1968). *Pygmalion in the classroom.* New York: Holt, Rinehart & Winston.

Schraw, G., Flowerday, T., & Lehman, S. (2001). Increasing situational interrest in the classroom. *Educational Psychology Review, 13*(3), p. 211.

Slavin, R. E. (2012). *Educational Psychology: Theory and Practice* (10th ed.). Pearson Education, Inc.

Sperling, G. A. (1960). The information available in brief visual presentations. *Psychological Monographs, 74*(498).

Sternberg, R. J., & Williams, W. M. (2010). *Educational Psychology* (2nd ed.). Pearson Education, Inc.

Thomas, E. L., & Robinson, H. A. (1972). *Improving reading in every class: A sourcebook for teachers.* Boston: Allyn & Bacon.

Woolfolk, A. (2015). 교육심리학(*Educational psychology*, 12ed). (김아영, 안도희, 양명희, 이미순, 임성택, 장형심 공역). 서울: 박학사.

제 III 부
교육의 실천적 이해

교육을 통해 의도한 결과를 얻기 위해서는, 교육이 구체적인 활동으로 계획되고 실천되어야 한다. '어떻게 교육 내용을 선정하는가?' '어떻게 효과적이고 효율적인 교수(teaching)와 학습(learning)이 가능한가?' '어떻게 체계적이고 과학적인 방법으로 교육을 설계할 것인가?' '어떻게 교육의 효과를 측정할 수 있는가?' '제III부 교육의 실천적 이해'를 공부하면서 이 질문들에 대한 답을 찾을 수 있을 것이다.

제7장

교육과정

📝 제1절 교육과정에 대한 이해

1. 교육과정의 개념

일반적으로 체계적인 교육은 학교기관에서 이루어지지만, 사실상 교수자와 학습자가 만나는 곳, 즉 교육이 이루어지는 어느 곳에서든지 보다 효율적이고 효과적인 교육을 위한 모종의 과정, 즉 교육과정이 존재한다고 볼 수 있다(성태제 외, 2012). 교육과정의 개념은 학자에 따라 혹은 시대에 따라 다소 다르게 사용되고 있다. 여기에서는 여러 개념들 중에서 비교적 잘 알려져 있는 몇 가지 개념에 대해 살펴보고자 한다.

먼저, 단어의 뜻을 통한 접근을 통해 교육과정의 개념을 이해해 보자. 교육과정은 일반적으로 교육기관에서 교수자와 학습자가 주고받는 내용의 일체라는 의미로 이해된다. 교육과정은 영어로는 'Curriculum'으로 표현되는데, 이는 '달린다' 혹은 '달리는 코스'라는 의미를 가진 'Curre'라는 단어에서 유래되었다. 일반적으로 달리는 행위는 일정한 목표를 향하여 이루어지므로, 교육과정은 학습자가 특정한 목표를 이루기 위해 밟아야 하는 일정한 코스, 즉 과정으로 해석될 수 있을 것이다(김회용 외, 2014).

교육학용어사전을 살펴보면, 교육과정은 "일정한 교육기관에서 교육의 모든 과정을 마칠 때까지 요구되는 교육목표·교육내용, 그리고 그 내용을 학습하기에 필요한 연한과 연한 내에 있어서의 학습시간 배당을 포함한 교육의 전체 계획, 즉 학교의 교육목적을 달성하기 위하여 선택한 문화 또는 생활 경험을 교육적인 관점에서 편성하고 그들 학습활동이 언제, 어디서, 어떻게 행해질 것인가를 종합적으로 묶은 교육의 전체 계획"으로 정의되어 있으며, 교육과정이 교과학습뿐만 아니라 생활 영역까지도 포함하는 개념임을 강조하고 있다(서울대학교 교육연구소, 2011).

교육과정의 개념을 좀 더 쉽게 이해하기 위해, 교육학의 주류를 이루는 몇몇 분과학문의 주된 관심과 교육과정의 주된 관심에 어떤 차이가 있는지 살펴보자. 교육철학은 '왜 가르치고 배우는가?'라는 질문에 관심을 가지며, 이는 교육목표와 연관된다. 교수-학습은 '어떻게 가르치고 배우는가?', 즉 교육방법에 대해 관심을 가지며, 교육평가는 '제대로 가르치고 배웠는가?'에 대해 관심을 갖는다. 이에 반해 교육과정은 '무엇을 가르치고 배우는가?', 즉 교육내용에 관심을 가지며, 이와 같은 질문에 답하기 위하여 가르칠 내용을 직접 제공하거나, 가르칠 내용을 개발하는 원리나 절차를 제공하게 된다. 또한, 교육과정학자들은 현재의 교육과정에 대한 비판적 이해, 즉 현재 가르치고 배우는 내용의 적합성 및 타당성에 대한 검토를 통해 창의적이고 발전된 미래 교육과정을 개발하는 것에 관심을 갖는다(성태제 외, 2012).

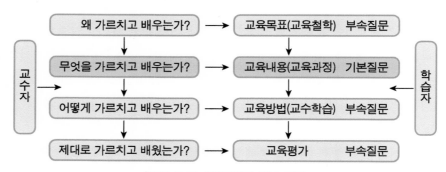

[그림 7-1] 교육과정의 기본 질문
출처: 김희용 외(2014, p. 198).

2. 교육과정 학습의 목적

교육과정의 성공 여부는 교육과정의 개발자와 교육과정 실현자에게 달려 있다고 할 수 있는데, 가르치는 사람인 교사가 주로 이 두 가지 역할을 수행하게 된다. 따라서 현재 교사의 역할을 수행하고 있는 사람과 장차 교사의 역할을 수행하게 될 사람들은 교육과정에 대해 깊이 이해할 필요가 있다.

　가르치는 입장에 있는 사람이 교육과정을 학습해야 하는 이유를 요약하면 다음의 세 가지로 표현할 수 있다. 첫째, 교육과정을 자율성 있게 계획하기 위해 교육과정을 이해해야 한다. 교사는 교육과정을 계획할 때 학습자의 성장을 위한 목표와 내용을 소신 있고 자율적으로 계획하여야 한다. 그러나 현실적으로 교육과정을 계획함에 있어 다양한 이해당사자들의 개입이나 간섭이 있을 수 있다. 이러한 제한사항을 극복하고 소신 있는 교육과정을 계획하기 위해서는 무엇보다 교사가 교육과정을 정확히 이해하여 교육과정 계획에 관한 전문성을 갖추어야 한다. 둘째, 교사로서 가르칠 내용을 선정하고 이를 효과적으로 조직할 수 있는 능력을 마땅히 갖추기 위해 교육과정에 대해 알아야 한다. 흔히 교사의 임무는 잘 가르치는 것이라 생각하기 쉽지만, 사실 잘 가르치기에 앞서 교사는 가르칠 만한 좋은 내용을 선정하고 이를 체계적으로 조직할 수 있어야 한다. 이를 위해 교사는 담당하는 교과에 대한 전문적인 지식과 교육과정에 대한 이해를 바탕으로 교수내용을 생산하고 가공할 수 있어야 한다. 셋째, 교사는 교육을 통해 학생들이 보다 성숙한 사회의 구성원이 되며 그들이 가진 능력과 꿈을 펼칠 수 있도록 도움을 줘야 한다. 이를 위해 교사는 '과연 학생들의 성장을 위해 어떤 내용을 가르쳐야 할 것인지' '어떤 활동이 그들의 성장에 도움이 되는지' '교육을 통해 어떤 가치와 신념이 전달되어야 하는지' 등의 교육과정적 질문에 대해 끊임없이 고민하고 연구하여야 한다(홍후조, 2016).

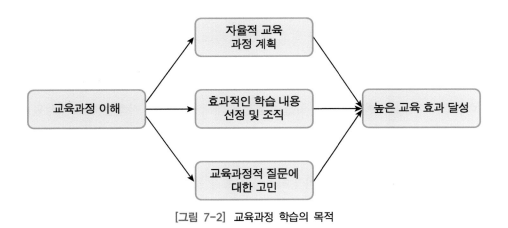

[그림 7-2] 교육과정 학습의 목적

3. 교육과정 결정요소

　교육과정, 즉 가르치고 배워야 할 대상 혹은 내용은 어떻게 결정되는가? 과거부터 이루어진 교육과정에 관한 연구들을 통해 볼 때, 일반적으로 '사회, 학습자, 교과' 이 세 가지 요소의 복합적인 작용을 통해 교육과정이 결정되는 것으로 알려져 있다. 예컨대, 세 요소에 부여되는 중요도의 정도에 따라 상이한 교육과정이 탄생할 수 있는 것이다 (성태제 외, 2012; 홍후조, 2016).

1) 사 회

사실 교육은 사회를 떠나서 이루어질 수 없다. 교육은 사회 내에서 이루어지며, 교육받은 자들은 결국 사회에 소속되어 나름의 역량을 발휘하며 살게 된다. 사회는 사회의 유지 및 발전을 위해 가치 있고 유용한 지식과 경험이 교육과정에 포함될 것을 요구한다. 실제로 오늘날 교육과정은 중요한 문화의 보전, 기본적 교양 및 도덕성 함양, 경쟁력 있는 인재 양성, 첨단 과학기술 습득 등과 같은 사회적 요청에 부응하기 위해 상당부분 조직되고 있다. 이러한 교육을 향한 사회의 요구를 간단히 표현하면 '유용성 (usefulness)'이라고 할 수 있는데, 유용성은 사회를 '유지'하기 위한 유용성과 사회를 '변화'시키기 위한 유용성으로 구분될 수 있다(성태제 외, 2012; 홍후조, 2016).

먼저 사회를 '유지'하기 위한 유용성에 대해 살펴보자. 기본적으로 사회는 사회적 질서를 확립하여 안정된 사회를 유지하고자 한다. 사회적 질서를 확립하기 위해서는 사회구성원 모두가 해당 사회의 역사와 문화, 예의범절, 기본적 교양, 기초지식 등과 같은 지식과 가치에 대해 잘알고 이를 존중할 수 있어야 하는데, 이러한 기능을 교육이 담당해 주길 요구하게 된다. 다른 말로 하면, 사회는 사회구성원들, 특히 자라나는 세대가 교육을 통해 '사회 적응력'을 갖추게 됨으로써 기존 사회에 잘 적응하고 융화되기를 기대하는 것이다.

다음으로, 사회를 '변화'시키기 위한 유용성에 대해 살펴보자. 사회는 때로 구성원들에게 변화를 요구한다. 변화에 대한 요구는 주로 지금보다 더 나은 사회를 만들고자 하는 내·외부의 요구에 의해 발생한다. 예를 들어, 우리 사회를 이끌어 나갈 새로운 지도층은 구성원들에게 새로운 가치와 사상을 심고자 할 수 있으며, 세계화 시대의 경쟁력에 뒤쳐지지 않기 위해서는 외국어 능력, 첨단기술, 다문화의 이해 등과 같은 새로운 지식과 태도를 습득해야 할 필요성이 발생한다. 이러한 경우, 사회는 교육을 통해 구성원들이 변화를 수용하고 변화를 주도할 수 있는 능력을 갖추게 되길 기대한다.

사회와 관련한 다음과 같은 질문들은 교육과정에서 매우 중요하다(홍후조, 2016, p. 78).

> • 교육과정은 그 사회의 정치 · 경제 · 문화적 특징과 요구를 잘 반영하고 있는가?
> • 교육과정은 학습자들로 하여금 그 사회의 바람직한 전통에 적응하는 능력을 키워 주고 있는가?
> • 교육과정은 학습자들로 하여금 그 사회의 잘못된 관례를 변화시킬 능력을 키워 주고 있는가?

2) 학습자

학습자가 교육과정 결정에 있어서 중요한 고려요소인 이유를 정리해 보면 다음과 같다(김희용 외, 2014; 홍후조, 2016).

첫째, 교육과정의 궁극적 목적은 학습자의 소질과 능력을 개발시켜 그것을 발휘할 수 있도록 하는 일이다. 만약 사회와 교과의 요구가 잘 반영된 교육과정이 개발되었다 할지라도 그것이 학습자의 소질과 능력을 성장시킬 수 없는 교육과정이라면, 그 교육 과정의 존재 목적은 어디에서도 찾을 수 없을 것이다.

둘째, 교육과정에 있어서 학습자는 배우고 성장하는 주체이므로, 교육과정의 범위 와 수준을 결정함에 있어서 학습자의 요구와 특성은 중요한 기준이 된다. 아무리 좋은 교육과정이 존재한다 하더라도 그것이 학습자의 발달수준, 요구, 적성 등 학습자의 특성에 부합하지 않는다면, 효과적인 학습이 일어날 수 없고, 결국 교육과정의 목적도 달성할 수 없게 될 것이다.

셋째, 실제로 교육과정은 학습자들이 가진 상이한 경험, 인지 발달의 수준 차이, 소질과 적성, 진로에 대한 욕구 등을 반영하여 만들어지고 운영되고 있다. 예를 들어, 초등교육에서 학습자들의 발달수준의 차이가 크지 않아 대부분 공통된 지식, 가치 등을 배우게 되지만, 중등교육을 받는 학습자들은 적성, 능력, 진로 욕구 등이 뚜렷해지므로 이러한 특성들을 고려한 교육과정이 시행된다. 그 예로써, 문 · 이과, 일반계 · 실업계 · 예체능계 등으로 구분하여 서로 다른 교육과정을 적용하는 경우를 들 수 있다. 교육과정의 구성과 운영에서 학습자의 특성은 중요한 준거가 되므로 현실적으로 학습자를 고려하지 않는 교육과정은 존재할 수 없다.

학습자와 관련한 다음과 같은 질문들은 교육과정에서 매우 중요하다(홍후조, 2016, p. 84).

- 교육과정은 학습자들의 성장, 변화, 발달 수준과 이해 수준을 반영하고 있는가?
- 학습자들은 교육과정을 통해 그들의 타고난 소질과 적성을 계발하고 있는가?
- 학습자들은 자신의 학업적 · 직업적 관심과 진로 요구에 따른 적절한 교육과정을 접할 수 있는가?

3) 교 과

교과, 즉 학문(disciplines)은 "학자들의 연구를 체계적으로 축적해 놓은 지식체계(서울대학교 교육연구소, 2011)"로서, 사회와 학습자의 요구를 실현하는 구체적인 수단이다. 학문은 지식체계의 축적 결과로서의 학문과 지식체계의 축적 과정으로서 학문으로 구분될 수 있으나, 둘은 불가분의 관계에 있다. 왜냐하면 대부분의 학문이 기존의 축적된 지식체계를 기반으로 현재 새로운 연구과정을 진행 중에 있으며, 결국 현재 진행 중인 연구도 언젠가는 축적된 지식에 추가되거나 기존의 것을 확장시키는 역할을 하게 될 것이기 때문이다. 학문이 교육과정에 포함될 때는 '결과'와 '과정' 두 측면이 모두 포함되는 것이 바람직하다. 예를 들어, 과학 과목에서 축적된 결과로서 특정 이론을 다룬다면, 그 이론을 적용하여 연구를 진행할 수 있는 실험실습도 포함되는 것이 바람직하다(서울대학교 교육연구소, 2011).

학문이 교육과정에 포함된다고 하지만, 모든 학문이 교육과정에 포함된 교과가 될 수는 없다. 해당 학문이 인간의 삶에 유용한 인류의 문화유산인지, 학생의 지적 · 인격적 성장에 유용한 것인지, 도덕적으로 바람직한 내용인지, 교수-학습, 즉 가르치고 배우는 것이 가능한 내용인지 등 사회문화적 기준에 따른 검토 기준을 거쳐 교과로 결정된다. 홍후조(2016)는 교과의 자격에 대하여 다음과 같이 밝히고 있다.

교과는 교과가 대변하는 대상 세계의 표상에 있어서 포괄성(comprehensiveness) 과 정확성(accuracy)이 있어야 하며, 그 내용과 활동은 체계적으로 잘 조직되어 논리정연함(coherence)이 있어야 한다. 선택이 되어 교육과정에 포함된 교과의 정당성의 강약 여부는 교과가 담고 있는 내용이 학생의 좁은 경험을 넘어 외부적 실재를 얼마나 폭넓게, 그리고 정확하게 대변해 주는가에 달려 있다. 이를 교과의 외부 세계 반영의 포괄성과 정확성이라고 부를 수 있다. 즉, 좋은 교과는 그 교과가 다루고 있는 기본 대상의 세계에 더 잘 뿌리내리고 있으며, 나아가 그 대상 세계를 더욱 포괄적이고 정확하게 전달하고 있어야 한다. 이러한 교과는 기초적 지식과 당대까지의 학문적 최신 성과의 체계적 반영, 내용의 폭과 깊이의 균형, 학습내용의 전이력(transferability) 등을 지녀야 할 것이다. 결국 교과는 교과가 대변하는 세계에 대한 기술의 포괄성과 정확성, 내용 조직 체계의 논리 정연성 때문에 교육과정 결정에서 핵심 지위를 차지해 왔다. 이 세 가지는 교과의 기본 특성이자 강점이라고 할 수 있다. 학교학습은 이미 정설화된 것으로서 안정성(stability)과 계속해서 다른 연령대 학생들에게도 동일하게 필요할 것이라는 반복성(replicability)을 지니고 있다(홍후조, 2016, p. 85).

교과와 관련한 다음과 같은 질문들은 교육과정에서 매우 중요하다(홍후조, 2011, p. 89).

- 교과는 학습자를 둘러싼 세계의 실재에 대해 적절하게 설명해 주고 있는가?
- 교과는 교과 자체의 고유한 논리를 반영하고 있는가?
- 교과는 최근에 정설이 된 학문적 성과를 반영하고 있는가?
- 교과는 역사와 사회의 요구를 제대로 반영하고 있는가?
- 교과는 필수적으로 가르칠 가치가 있는가?

교육을 통하여 달성하려는 목표는 크게 일반목표와 특수목표로 대별된다. 교육의 일반목표는 교육을 통해 달성하려는 본질적인 목표로서, 학교 수준(초·중·고·대학교)이나 교과목에 영향을 받지 않는다(서울대학교 교육연구소, 2011). 바로 이러한 일반목표를 결정하는 요소가 사회와 학습자인데, 사회는 사회의 발전을 위해 유용성이 교육을 통해 길러지기 원하며, 학습자는 교육을 통해 균형 잡힌 성장과 자아실현을 이루고자 한다. 이러한 교육의 일반목표는 여러 교과목이 특징적으로 가진 특수목표와 융합되어 최종적으로 전달된다. 따라서 교과목이 교육과정의 내용을 구성하는 직접적인 요소이기는 하지만 교과목은 사회와 학습자를 위해 존재하는 것이다. 즉, 교과목의 궁극적인 가치는 과연 그 교과목을 통해 얼마나 교육의 일반목표를 효과적으로 달성하였는가에 따라 평가된다고 할 수 있다(성태제 외, 2012).

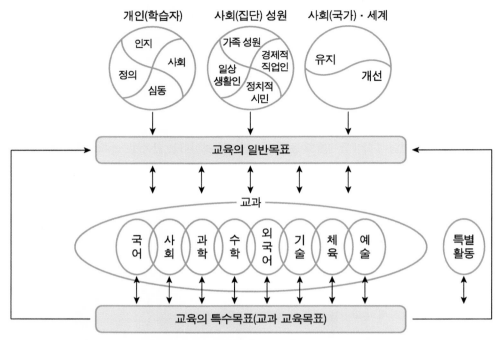

[그림 7-3] 교육과정 결정요소와 교육목표의 관계
출처: 성태제 외(2012, p. 200).

제2절 교육과정의 유형

교육과정의 개념은 시대에 따라 또한 교육과정의 기반이 되는 교육철학에 따라 다양하게 나타난다. 따라서 교육과정에 대해 보다 정확히 이해하기 위해서는 실제 현실에서 적용되고 있는 교육과정의 유형을 이해할 필요가 있다. 교육과정의 다양한 유형은 교육과정이 어떤 점에 중점을 두고 구성되었는지에 따라서 구분된다(김종서 외, 2009).

1. 공식화 정도에 따른 교육과정

교육과정의 종류는 공식화 정도에 따라 공식적 교육과정, 잠재적 교육과정, 영 교육과정 세 가지로 분류할 수 있다. 세 종류의 교육과정을 빙산(氷山)에 비유하자면, 수면 위로 분명히 드러나는 부분은 '공식적 교육과정', 드러날 듯 말 듯하는 부분은 '잠재적 교육과정', 그리고 전혀 드러나는 않는 부분은 '영 교육과정'에 해당한다.

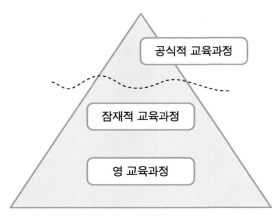

[그림 7-4] 공식화 정도에 따른 교육과정 분류

1) 공식적 교육과정

공식적 교육과정(official curriculum)은 분명한 교육목적과 목표에 따라 조직되어, 학습자들이 실제로 공식적 교육기관에서 배우고 경험하게 되는 교육과정으로, 계획된 교육과정, 형식적 교육과정, 구조화된 교육과정, 가시적 교육과정으로도 불린다. 예를 들어, 국가교육과정 기준에 따라 작성된 문서, 교육청의 교육지침, 공인된 교과서, 학교에서 실시되는 수업, 특별활동 등은 공식적 교육과정에 해당한다고 할 수 있다.

2) 잠재적 교육과정

잠재적 교육과정(latent curriculum)은 학교기관의 공식적 교육과정에서 포함되어 있지는 않으나, 학교교육을 통해 자연스럽게 경험하게 되는 교육과정을 가리킨다. 학생들은 수업이나 생활을 통해 자연스럽게 공식적 교육과정에서 의도하지 않은 가치, 태도, 행동 등을 습득하게 되는데, 예를 들어 상과 벌, 다양한 관행, 물리적 배치, 인간적 차별 등은 잠재적 교육과정을 형성한다. 잠재적 교육과정은 학생들이 어떤 것을 습득하게 되느냐에 따라 긍정적인 측면과 부정적인 측면을 모두 갖고 있다. 따라서 교사는 잠재적 교육과정이 존재한다는 것을 인식하고 학생들이 긍정적인 경험을 하도록 노력할 필요가 있다.

3) 영 교육과정

영 교육과정(null curriculum)은 의도적으로 공식적 교육과정에 포함시키지 않은 지식, 가치, 태도 등을 일컬으며, 학생들이 경험하지 못한 교육과정이다. 예를 들어, 우리나라의 과학에서는 진화론은 교육내용에 포함되어 있는 공식적 교육과정의 일부이지만, 창조론은 비과학적인 것으로 여겨져 의도적으로 교육내용에서 배제된 영 교육과정의 일부라고 할 수 있다.

2. 교과를 중심으로 한 교육과정

1) 교과중심 교육과정

교육과정의 유형 중에서 가장 오랜 역사를 갖고 있는 교과목 중심 교육과정(subject-centered curriculum)은 1920년대부터 학문적으로 연구되었다. 인간이 교육을 할 때 가장 먼저 던지는 질문은 아마도 '무엇을 가르칠 것인가'에 관한 것이며, 이에 대한 대답으로 제시되는 것이 교과목이라고 할 수 있다. 예를 들어, 고대 그리스·로마시대로부터 중세시대까지는 7자유학과(seven liberal arts), 즉 문법, 수사학, 논리학, 산수, 기하학, 천문학, 음악 7개 교과목이 교육의 주요한 내용이었으며, 오늘날 우리나라의 경우 초·중·고등학교에서는 국어, 영어, 수학이 중요 교과목으로 자리 잡고 있다. 이와 같이 교과중심의 교육과정은 교육현장의 가장 기본적인 질문에 대한 답이 되므로 상대적으로 가장 오랜 역사를 갖고 있으며, 실제로 일선의 많은 교사들이 교육과정을 교과목과 동일시하는 경향을 보인다.

교과목 중심의 교육과정은 다음과 같은 몇 가지 특징을 갖고 있다. 먼저, 주된 교육내용이 문화유산으로부터 비롯되었다. 즉, 선조들부터 내려오는 전통적인 가치, 개념, 원리 등을 공부함으로써 이성을 계발하고 논리성을 배양하는 것을 중시한다. 또한, 이러한 내용은 교육받은 자로서 필수적으로 갖추어야 하는 것으로 여겨진다. 둘째, 교과목 간의 경계를 명확히 하려는 특성을 지닌다. 각 교과목은 독립적이고 명확히 구분된 것으로 여겨진다. 이는 오늘날 학문 간 경계가 불분명하고, 융합 학문처럼 학문 간의 교류나 혼합이 중요시되는 풍조와는 사뭇 다른 모습이라고 할 수 있다. 셋째, 교육의 주체는 학생이 아니라 교사로서, 교사는 월등한 지식을 바탕으로 학습내용을 학생들에게 명확히 잘 설명할 수 있어야 하며, 평가 역시 교육내용이 학생들에게 얼마나 잘 전달되었는지를 알아보는 방식으로 실시된다.

2) 학문중심 교육과정

학문중심 교육과정(discipline-centered curriculum)은 지식을 전달하려는 교과중심 교육과정과는 달리 '지식의 구조, 개념, 법칙, 원리' 등을 강조하고 있으며, 1950년대 말에 미국에서 대두되었다. 냉전시대였던 1957년 소련에서 역사상 최초로 인공위성 스푸트니크 1호가 발사되자 국가 안보에 위기를 느낀 미국에서는 과학교육에 대한 비판이 강하게 일어났다. 특히 경험중심 교육과정으로 소련의 과학기술을 앞지를 수 있을 것인가에 관한 의구심과 불신이 증폭되면서 새로운 교육과정 개발에 대한 필요성에 직면하였다.

[그림 7-5] 스푸트니크 1호 발사장면

한편, 20세기 후반에 들어서면서 지식의 양은 기하급수적으로 증가하였으며, 학교교육에서 모든 지식을 가르치는 것은 사실상 불가능하게 되었고, 학교에서 반드시 가르쳐야 할 핵심 지식을 선별하는 것이 중요한 문제가 되었다. 또한 학생들이 많은 지식을 습득하는 것은 불가능하지만, '지식의 구조'를 습득한다면, 이는 단순히 지식의 양을 늘리는 것보다 더 의미 있는 것으로 여겨졌다. 즉, 고기를 잡아 주는 것보다 고기 잡는 법을 가르쳐 주는 것이 더 중요하다고 여겨진 것이다. 이러한 지식에 대한 관점의 변화 역시 학문중심 교육과정을 등장시킨 배경이 되었다.

학문중심의 교육과정은 다음과 같은 몇 가지 특징을 가지고 있다. 첫째, '지식의 구조'를 중요시한다. 브루너(J. S. Bruner)는 학문중심 교육과정의 입장을 체계적으로 정리한 학자로서, 그의 저서 『교육의 과정』에서 지식의 구조란 각 학문의 '기본 개념' '일반적 원리' '핵심 아이디어'로 설명하고 있으며, 이러한 것들이 실제 현장에서 활용될 때 진정한 의미의 '지식의 구조'가 된다고 밝히고 있다(이홍우, 1973). 브루너의 주장과 같은 맥락으로, 학문 중심 교육과정에서는 지식의 구조를 체계적으로 정리하여 교육내용을 구성하는 것뿐만 아니라 효과적인 학습을 위해 발견학습(discovery learning)이나 탐구학습(inquiry learning)을 강조하고 있다. 둘째, 나선형 교육과정(spiral curriculum)을 추구한다. 나선형 교육과정은 '지식의 구조'를 가르치기 위한 교육과정의 조직 형태로서 '모든 지식은 모든 발달단계에서 수준에 맞게 효과적으로 가르칠 수 있다.'라는 가정을 전제로 하고 있다. 즉, 교육내용으로서 '지식의 구조'는 교육수준에 관계없이 동질적이며, 동질적인 내용을 인지 수준이 높아짐에 따라 더욱 확장하여 심도 있게 가르쳐야 한다는 원리다. 이러한 교육과정의 진행은 마치 달팽이 껍질 같이 나선형 모습을 하고 있기 때문에 나선형 교육과정이라고 부르게 되었다(서울대학교 교육연구소, 2011). 예를 들어, 수학 과목에서 '집합'이라는 교육내용, 즉 '지식의 축'은 동일하지만, 인지 발달 수준을 고려하여 초등학교에서는 쉽고 간단한 내용을 가르치고, 고등학교에서는 보다 확장되고 심도 있는 내용을 가르침으로써 배운 것이 점점 명백하고 성숙한 형태를 띠게 된다는 것이다(김종서, 이영덕, 정원식, 2009).

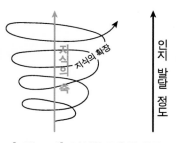

[그림 7-6] 나선형 교육의 구조

셋째, 해당 분야의 전문가와 동일한 탐구 방식으로 학습할 것을 요구한다. 즉, 학습자들이 물리를 공부할 때는 물리학자가 탐구하는 방식으로, 생물을 공부할 때는 생물학자가 탐구하는 방식과 동일한 절차로 학습하는 것이 가장 효율적이고, 이러한 학습을 지속한다면 전문가가 될 수 있을 것으로 판단한다. 즉, 학문 중심 교육과정에서는 모든 지적 활동의 본질은 동일하며, 단지 인지 발달 수준에 따라 깊이의 차이만 존재하는 것으로 고려된다(McNeil, 2005). 그러나 이러한 전문가적 탐구 방식을 적용하기 위해서는 학습자의 자발적인 내적 동기(intrinsic motive)가 필수적이라고 할 수 있다. 사실상 학습자가 해당 학문 탐구에 대한 진정한 관심과 흥미가 없다면, 전문가적 탐구를 취하지 않을 가능성이 높기 때문이다.

3) 행동주의 교육과정

학문중심 교육과정이 수학자와 과학자들을 중심으로 1950년대와 1960년대에 활발히 연구·개발되자, 행동주의 심리학자들은 그들이 발전시켜 온 학습방법에 대한 위협을 느끼고 행동주의 교육과정의 발전을 위해 적극적인 노력을 하게 되었다. 행동주의 심리학의 창시자라 할 수 있는 손다이크는 정신측정, 학습의 법칙, 수리심리학, 훈련의 전이에 관한 연구결과를 제시했으며, 타일러는 교육목표를 내용 차원과 행동 차원으로 제시하는 등 목표 지향 교육과정 정착에 힘을 쏟았다. 교육과정에 있어 행동주의자들은 행동목표의 성취, 즉 교육과정을 마친 후 학습자들이 할 수 있는 기능에 주된 관심을 가지며, 교육과정은 이러한 기능을 달성하기 위한 내용으로 구성되어야 함을 주장한다.

행동주의 교육과정의 특징들을 정리하면 다음과 같다(홍후조, 2016). 첫째, 행동주의자들은 모호한 교육목표와 이에 따른 비체계적인 교육과정을 비판하며, 교육의 목표는 구체적인 '성취 행동'으로 제시되어야 함을 강조한다. 둘째, 교육과정은 가장 기초적이고 필수적인 내용으로부터 시작하여 최종적으로 종착점 행동(intended learning outcomes)을 할 수 있도록 구성되는, 상향식 교육과정이어야 한다. 셋째, 학습자들이 반복숙달을 통해 행동목표를 성취할 수 있는 교육과정이 시행되어야 한다. 넷째, 평가는 학습자들의 행동목표 성취 여부를 양적 방법을 통해 객관적으로 측정할 수 있어야 한다. 이에 적합한 평가방법은 준거지향평가다.

3. 학습자를 중심으로 한 교육과정

1) 경험중심 교육과정

경험중심 교육과정(experience-centered curriculum)이 등장하게 된 배경은 교과중심의 교육과정에 대한 회의, 경험의 중요성을 강조하는 학계의 움직임, 교육사조의 변화 등으로 볼 수 있다. 미국에서는 1930년 전후로 진보주의 교육사조가 등장하여, 기존의 교육내용과 방식으로는 학생들이 사회에 효과적으로 적응하기 어렵다는 비판이 일어났고, 교육이 현실에서의 생활과 연계되어야 함이 강조되었다. 생활을 강조한다는 측면에서 경험중심 교육과정은 '생활중심 교육과정'으로도 불린다.

존 듀이는 교과를 교육활동의 수단으로 여겼고, 진정한 가치는 구체적인 경험에 있다고 보았다. 이런 그의 철학은 실용주의, 도구주의, 실험주의 등으로 잘 알려져 있다 (박철홍 외, 2013). 레이간(Ragan) 역시 진정한 교육과정은 아동의 삶 속에 존재하고, 학교에서의 학습내용이 아동의 경험과 연계되어야 하며, 각 아동에 대해 고유한 교육과정이 존재한다고 주장하였다(Ragan, Shepherd, & Lavatelli, 1966). 이러한 학계에서의 주장 역시 경험중심 교육과정의 위상을 높였고, 경험중심 교육과정이 하나의 이론으로 자리 잡도록 하는 데 크게 기여하였다. 경험중심 교육과정은 1950년대 말 학문중심 교육과정이 등장할 때까지 교육계에 많은 영향을 미쳤다.

언뜻 생각하면 경험중심 교육과정이 교과중심 교육과정과 반대되는 입장을 취하는 것으로 보일 수 있다. 교과중심 교육과정은 문화유산의 전달을 목적으로 교과과정을 결정하였으나, 경험중심 교육과정은 학습자 삶에서의 경험에 기초하여 교육과정을 결정한다는 입장이기 때문이다. 그러나 경험중심 교육과정 옹호자들이 교과중심 교육과정을 반대하거나 부인했다고 보기는 어렵다. 교과중심 교과과정 자체를 부인했던 것이 아니라, 교과목의 내용이 최대한 학습자의 경험과 연계되어 경험이 재구성되는 것을 바람직한 것으로 보았고, 학습자의 경험이 각자 다르기 때문에 교과목 구성이나 전달에서 경험의 차등을 고려하고 존중해야 한다는 입장을 취한 것이라고 볼 수 있다(김종서 외, 2009).

이러한 경험중심 교육과정은 몇 가지 특징을 가지고 있다. 첫째, 생활인을 양성하기 위한 목표를 갖고 교육내용을 구성한다. 따라서 교육은 대인 관계, 사회적 책임감, 경제적 능률성, 자아실현 등에 중점을 둔다. 둘째, 교과 활동뿐만 아니라 과외 활동을 중요시한다. 그 이유는 다양한 경험을 통해서 교과내용을 보다 잘 이해할 수 있을 뿐만 아니라 현실에서의 문제를 해결할 수 있는 능력을 기를 수 있기 때문이다. 따라서 견학, 전시회 참석, 실습, 동아리활동, 봉사활동, 학술 탐사 등의 다양한 활동을 장려하는 입장을 취한다. 셋째, 교육의 주체를 교사가 아닌 학생으로 여긴다. 교과중심 교육과정에서는 교사가 중심이 되어 이미 정리된 지식을 잘 설명하는 방식으로 교육이 이루어졌지만, 경험중심 교육과정에서는 학생의 흥미와 관심사항이 무엇인지, 그들이 경험을 재구성하도록 어떤 것을 어떻게 가르쳐야 할 것인지, 그들의 능력에 맞게 어떻게 잘 가르칠 것인지 등이 중요한 질문이 된다. 넷째, 문제해결 능력 배양을 중시한다. 진보주의 교육자들은 미국에 경제공황이 불어닥쳤을 때, 학교에서 배우는 내용은 이러한 위기로 둘러싸여 있는 사회에서 아무런 힘이 되지 못한다는 점을 강하게 비판했다. 즉,

기존의 교육을 통해서는 실제 현장에서의 문제해결 능력을 갖출 수 없다고 지적한 것이다. 따라서 경험중심 교육과정에서는 학교에서 문제해결 능력을 키워 주는 수업 구성, 문제 구성, 태도 학습 등이 이루어져야 한다는 점을 강조한다.

2) 인간중심 교육과정

인간중심 교육과정(humanistic curriculum)은 1960대에 등장하였으며, 인간 중심의 사상이나 행동체계를 중요시하는 입장을 취하고 있다. 인간중심 교육과정의 등장배경에는 사회와 학교교육에 대한 비판이 자리 잡고 있다.

사회가 산업화되고 과학기술이 발전함에 따라 과거에는 사람이 했던 많은 일이 기계에 의해 대체되어 사람 간의 교류가 줄어들었고, 사람이 기계처럼 하나의 자원으로 취급되었다. 이에 따라 사람이 사회에서 요구하는 특정한 능력이나 기술을 갖추고 있지 않으면, 쓸모없는 자원으로 여겨지는 등 인간성이 존중받지 못하는 현상이 사회 도처에 발생했다. 교육 역시 이러한 사회적 요구에 부응하기 위하여 전인적인 교육보다는 특정 지식, 기능, 기술을 익혀 사회에서 좋은 일자리를 얻게 하는 것에 목표를 두게 되었다. 인간중심 교육과정은 바로 이러한 사회와 학교의 비인간화 현상에 반대하고 교육 본연의 목적을 회복하여 인간의 진정한 삶의 가치를 찾도록 하려는 움직임 가운데 발전하게 되었다.

이론적인 면에서는 행동주의 심리학이나 인지 심리학과는 다른 인본주의 심리학에 기초를 두고 있다. 인본주의 심리학에서는 인간의 자유의지의 발현과 자아실현을 중시하며, 인간은 실재적 경험과 주관적 감정을 통해 세상을 이해하는 능동적인 존재로 규정하고 있다. 로저스에 의하면, 인간은 스스로 잠재역량을 키우고 이를 실현하려는 자아실현에 대한 욕구를 가지고 있으며, 자아실현을 통해 자신의 존재의 의미를 발견하는 것이 궁극적인 목표다. 매슬로는 욕구위계설에서 인간을 동기화시키는 다섯 가지 욕구, 즉 생리적 욕구, 안전과 신체적 보호 욕구, 소속과 사랑의 욕구, 존중 욕구, 자아실현 욕구를 제시하였는데, 이 중 자아실현 욕구를 최상의 욕구라고 밝혔으며, 인간은 스스로 자신의 잠재력을 발휘하고자 하는 경향이 있다고 주장하였다(한국교육심리학회, 2000).

인간중심 교육과정은 다음과 같은 몇 가지 특성을 가지고 있다. 첫째, 교육과정의 목적을 자아실현(self-realization)에 두고 있다. 자아실현의 의미에 대해서는 철학, 사회학, 심리학, 신학 등 학문적 관점에 따라 다소 차이가 있으나, 대체로 "개인이 지니고 있는 소질과 역량을 스스로 찾아내어 그것을 충분히 발휘하고 계발하여 자기가 목적한 이상(理想)을 실현하는 것"이라는 점에 대해서는 동의를 얻고 있다. 이에 따라 교육내용과 교육방법은 학습자가 자신의 이상적 가치를 발견하고, 실현하는 것을 돕는 과정이 되어야 한다. 둘째, 표면적 교육과정과 잠재적 교육과정을 모두 중요시하는 특징을 가진다. 즉, 학교에서 '공식적 교육과정을 통해 제공되는 교육내용과 경험'을 의미하는 표면적 교육과정뿐만 아니라, 학교에서 의도하지는 않았으나 학교생활을 통해 갖게 되는 심리적 변화, 경험 등과 같은 잠재적 교육과정 또한 중요시한다는 것이다(서울대학교 교육연구소, 2011). 따라서 학교는 단순 지식의 전달뿐만 아니라, 학생들이 올바른 가치관, 도덕성, 생활 태도 등을 형성할 수 있는 여건을 조성해 줄 필요가 있다. 셋째, 인간중심적 교육환경을 조성하는 것이 매우 중요하다. 이를 위해서는 학교의 문화와 제반시설 및 여건을 학생 중심으로 구성할 필요가 있다. 인간중심 교육환경의 궁극적 목표가 자아실현임을 고려할 때, 학생들이 자유롭게 활동하고 생각할 수 있는 시간, 공간, 분위기 조성에서부터 정서적인 안정을 느낄 수 있는 적정 인원의 교실 편성, 학생 주도의 동아리 활동 등의 총체적인 노력이 필요하다. 특히 교사의 역할이 매우 중요하다. 교과중심 또는 학문중심 교육과정에서는 교사가 주로 주도적인 역할을 한다. 그러나 인간중심 교육과정에서 교사는 학생들과 상호작용을 하며, 학생들의 의견과 경험을 존중하고, 학생들과 끊임없이 대화하고 교감하면서 학생들이 스스로의 삶의 의미와 가치를 찾도록 도와주는 조력자로서의 역할을 담당하는 것이 요구된다. 즉, 인간주의적인 교사가 필요한 것이다.

 ## 제3절 교육과정의 개발 모형

교육과정 개발 모형은 교육과정 개발 과정이나 활동 등을 이해하기 쉽도록 간단히 모형화한 것으로 종류는 매우 다양하다. 다음에서는 다양한 개발 모형 중에서 널리 사용되고 있는 대표적인 몇 가지 모형에 대해 알아보고자 한다.

1. 타일러의 목표지향 모형

타일러는 그의 저서 『교육과정과 수업지도의 기본원리(Basic principles of curriculum

and instruction)』(1996)에서 교육과정과 수업에서 반드시 고려해야 할 요소에 관하여
기록하였다. 타일러의 모형은 합리적 모형, 목표지향 모형 혹은 목표 중심적 모형으로
불리기도 한다. 타일러는 교육과정과 수업은 하나의 과정이며, 이를 계획하기 위해서
는 교육과정을 통해 달성하고자 하는 교육목표를 설정하고, 이어서 설정된 교육목표
달성에 유용한 학습경험을 선정하고, 이를 효과적으로 조직한 후 마지막으로 학습경험
을 효과적으로 평가해야 한다고 주장하였다.

　타일러의 모형을 간단히 요약하면, 교육목표 설정, 학습경험 선정, 학습경험 조직,
학급성과 평가의 네 가지 과정으로 볼 수 있다. 이러한 타일러의 모형은 다음과 같은
몇 가지 특징을 가지고 있다. 첫째, 교육과정 중에서 교육목표를 가장 중요시하며, 목
표를 곧 평가의 준거로 보기 때문에 목표중심 모형 혹은 평가중심 모형이라고 할 수 있
다. 둘째, 매우 단순하고 이해하기 쉬운 네 가지 요소로 모형을 제시함으로써 많은 사
람이 쉽게 활용할 수 있다는 측면에서 합리적 모형이라 할 수 있다. 셋째, 전체 교과내
용을 정하고, 세부 단원을 개발한다는 측면에서 연역적이라고 할 수 있다. 넷째, 교육

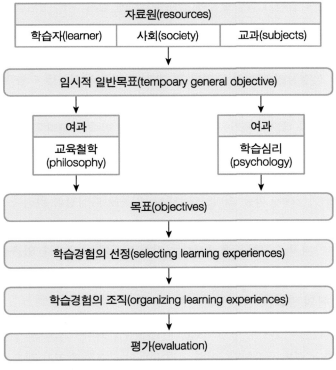

[그림 7-7] 타일러의 교육과정 개발 모형

과정 개발자들이 마땅히 따라야 할 절차를 제시하고 있기 때문에 처방적이라고 할 수 있다.

1) 교육목표의 수립

교육목표 설정의 원천은 학습자, 사회, 교과 세 가지로 볼 수 있다. 첫째, 학습자의 흥미와 관심이 무엇인가에 대한 심리적 필요를 파악하는 것이 요구된다. 둘째, 사회적인 요구에는 어떤 것들이 있는지 파악하기 위해 학교 밖의 지역적·국가적 상황에 대한 이해가 필요하다. 셋째, 교과 전문가의 조언을 통해 교과 자체에 대한 심도 있는 이해가 요구된다. 이러한 세 가지 원천을 통해 임시적 일반목표를 설정하게 되며, 일반목표는 다시 학습심리학과 교육철학을 통해 과학적인 학습 메커니즘과 교육적 가치 측면에서 검토된 후 최종적으로 교육목표가 설정된다.

2) 학습경험의 선정

학습경험이란 학습자가 학습활동에 참여함으로써 얻게 되는 경험을 의미한다. 즉, 학습 교재나 학습내용에 대한 학습자의 반응이라 할 수 있다. 따라서 학습경험의 선정이란 교수목표를 달성하는 데 필요한 경험과 활동 내용을 선정하는 것을 가리킨다.

학습경험을 선정함에 있어서 고려할 몇 가지 원리를 제시하면 다음과 같다. 첫째, 기회의 원리다. 이는 교육목표 달성과 연관하여 학습자가 스스로 주도할 수 있는 경험을 제공하는 것이다. 둘째, 동기유발의 원리다. 이는 만족의 원리로도 불리는데, 흥미와 관심을 유발하는 학습내용을 선정하여 학습자에게 만족감을 줄 수 있어야 함을 의미한다. 셋째, 학습 가능성의 원리다. 이는 학습내용과 경험이 현재 학습자의 지적·신체적 발달수준에 적합해야 함을 의미한다. 넷째, 일목표 다경험의 원리다. 이는 하나의 목표 달성을 위해 다양한 경험을 제공해야 함을 의미한다. 다섯째, 일경험 다성과의 원리다. 이는 한 가지 학습경험을 통해서도 다양한 결과가 나타날 수 있음을 의미한다.

3) 학습경험의 조직

학습경험이 선정되었다면, 다음으로는 학습경험을 효과적으로 조직하여 교육효과를 높이기 위한 노력이 필요하다. 이때 고려해야 할 중요한 원리가 계속성, 계열성, 통합성이다.

계속성(continuity)은 교육내용을 종적으로 조직하는 것과 관계되는 원리로서, 중요한 교육내용이나 학습경험을 단절됨 없이 어느 정도 반복적으로 경험할 수 있도록 조직하는 것을 가리킨다. 예를 들어, 물리 교과를 고등학교 1학년부터 3학년까지 가르칠 때 핵심 내용을 반복적으로 가르친다면, 이는 계속성이 유지되는 것으로 볼 수 있다.

계열성(sequence)은 역시 교육내용을 종적으로 조직하는 것과 관계되는 원리로서, 가르칠 교육내용에 대한 우선순위를 정하는 것을 가리킨다. 즉, 교육의 효과를 높이기 위해 먼저 가르칠 내용과 나중에 가르칠 내용의 순서를 결정하는 것을 의미한다. 일반적으로 학습자의 인지 발달 단계를 고려하거나, 교육내용 자체의 논리적 순서를 고려하여 우선순위를 결정하는 방법이 자주 쓰인다. 예를 들어, 특정 내용을 가르칠 때, 단순한 것에서 복잡한 것으로, 부분에서 전체로, 연대기적 순서로, 개념으로부터 구체적 경험의 순서로 가르치는 것은 계열성이 고려된 것으로 볼 수 있다.

통합성(integration)은 교육내용을 횡적으로 조직하는 것과 관계된 원리로서, 교육내용의 구성요소들이 모순이나 충돌 없이 잘 응집되어 있으며, 상호 관련성이 높게 조직된 상태를 가리킨다. 예를 들어, 고등학교에서 동일 학년에게 국어, 영어, 수학을 가르친다면, 과목별로 교육목표나 수준 등이 상호 관련성 있게 잘 조직되어야 한다. 통합성은 효율적인 학습과 발달을 촉진키며, 교육내용과 학습자의 경험이 균형 잡히고 조화를 이루는 데 긍정적인 작용을 한다.

4) 교육평가

교육평가는 교육목표가 교육과정을 통해 얼마나 잘 실행되었는가를 평가하는 도구를 제작하는 과정을 의미한다. 평가의 중점이 교육목표라는 점이 특징적이라 할 수 있다.

2. 타바의 단원 개발 모형

타바(Taba)의 모형은 타일러의 모형이 진화된 형태라고 할 수 있다. 타일러의 모형이 연역적인 데 반해 타바의 모형은 귀납적이다. 또한, 타일러의 모형이 교육행정가적인 접근이라고 한다면, 타바의 접근은 현장에 있는 교사적인 접근이다. 타일러는 교육행정가가 교육과정을 설계하고 교사가 이를 시행하면 된다고 생각하였다. 반면 타바는 교사가 학생의 요구를 알아야 하며, 단원 수준의 교육과정을 개발하고 이를 현장에서 시행할 수 있어야 한다고 생각했다. 따라서 타바는 교육과정 개발자를 교사라는 전제하에 모형을 구상하였다. 또한 타바는 특정 사회나 조직의 교육적 요구에 대한 연구가 선행된 후, 목표를 설정하는 것이 바람직하다고 보았다. 이러한 관점은 끊임없이 변화하는 교육에 대한 요구를 교육과정에 반영할 수 있다는 측면에서 타바 모형이 갖는 강점이라고 할 수 있다(Läänemets, 2013).

타바의 교육과정 개발 모형은 시험적 교수 학습단원 구성, 시험단원 검증, 개정 및 통합, 구조 개발, 새 단원 정착 및 보급의 다섯 단계로 구성되며, 단계별 내용은 다음과 같다(홍후조, 2016).

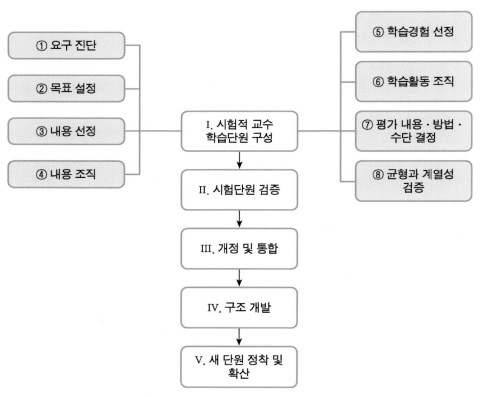

[그림 7-8] 타바의 교육과정 개발 모형
출처: 홍후조(2016, p. 168).

1) 시험적 교수 학습단원 구성

특정 학년 혹은 특정 교과를 선택하여, 교사가 교육목적에 맞게 시험적으로 학습단원을 만드는 단계로서, 다음 8개의 하위 단계로 구성된다.

(1) 요구 진단

교육과정은 학습자의 요구가 무엇인지를 파악하는 것에서부터 출발해야 한다.

(2) 목표 설정

목표에는 기본지식(basic knowledge), 사고력(thinking skills), 태도(attitudes), 학문적 능력(academic skills) 네 가지 범주가 있으며, 각각의 범주에 적합한 교수-학습전략이 필요하다.

(3) 내용 선정

교육내용은 목표에서 추출되어야 하며, 과학적이고 논리적인 과정을 통해 선정되어야 한다. 내용을 선정할 때 고려해야 할 사항으로는 과학적 타당성, 사회문화적 의의, 학습자의 인지 발달 수준과 흥미 등이 있다.

(4) 내용 조직

선정된 교과내용을 어떤 수준과 계열로 나열할 것인지를 정하는 단계다. 이때 고려해야 할 사항으로는 학습자의 학업성취도 및 발달수준, 이전 및 이후 교과과정과의 관련성, 목표 달성과의 연계성에 따른 우선순위 선정, 전후 학년과의 관련성, 점차적인 심화 등이 있다.

(5) 학습경험 선정

학습자들이 교과 내용을 공부할 때 사용하게 될 학습방법과 전략을 선택하는 단계로, 학습경험은 교육학과 심리학적으로 타당해야 하고, 교수목표 달성에 목적을 두어야 하며, 교과내용 및 교수방법과 일관성 있게 선정되어야 한다. 학습자들은 학습경험을 통해 교과 내용을 습득하게 되기 때문에 학습방법과 전략 선정에 신중을 기해야 한다.

(6) 학습경험 조직

학습활동을 어떠한 순위에 따라 조직하고 전개할 것인가를 결정하는 단계로, 학습자의 특성을 고려하여 조직하는 것이 중요하다.

(7) 평가 대상, 방법 및 도구 결정

무엇을 어떻게 평가할지를 결정하는 단계다. 일반적으로 교육과정 개발자는 학습자의 성취도를 확인하고, 교육프로그램을 통해 교육목표가 달성되었는지 여부를 알기 위해 최적의 방법을 선정하여야 한다.

(8) 균형과 계열의 점검

단원의 내용 구성요소들 간의 일관성, 학습경험의 적절한 조직, 학습 유형 및 표현 등이 균형을 이루고 있는지를 점검하여야 한다.

2) 시험단원 검증

시험적으로 구성한 학습단원을 다양한 학습 능력, 교육 여건, 교수 형태를 지닌 학급들에 적용해 봄으로써 학습단원의 신뢰성과 타당성을 검증하는 단계다. 이때, 교사가 구성한 학습단원의 교육목표를 학생들이 달성할 수 있는가를 확인하는 것이 중요하다.

3) 개정 및 통합

시험단원 검증을 통해 나타난 문제점을 보완하여 학습단원을 개정하고, 모든 유형의 학급에 적합한 보편화된 교육과정으로 발전시키는 단계다.

4) 구조 개발

여러 개의 단원을 개발한 후에 범위와 계열성을 고려하여 단원들을 체계적으로 구조화하는 단계다.

5) 새 단원 정착 및 확산

새로 개발된 단원을 보급하여 정착시키는 단계로서, 교육행정가들의 도움을 통해 교사들은 현직 연수와 같은 방법을 통해 새 단원을 접하게 된다.

3. 워커의 숙의 모형

워커(D. F. Walker)는 타일러식 합리적 교육과정 절차를 다소 인위적인 것으로 보고, 실제 교육현실 속에서 교육과정이 어떻게 자연스럽게 개발되는가에 관심을 가졌다. 숙의(deliberation) 모형에서 워커는 교육과정 개발위원회의에서 이루어지는 교육과정 개발에 관한 의사결정 과정을 '강령-숙의-설계' 3단계로 묘사하였다. 숙의 모형은 실제로 교육과정이 이루어지는 자연스러운 모습을 나타내고 있다는 점에서 '자연주의적 모형 (naturalistic model)'으로도 불린다(Walker, 1971).

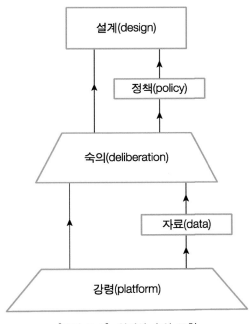

[그림 7-9] 워커의 숙의 모형
출처: Walker(1971, p. 58).

1) 강 령

교육과정 개발자들이 백지 상태로 개발에 착수하지는 않는다. 그들은 교육적으로 가능한 것과 바람직한 것이 무엇인지에 대한 신념을 갖고 개발을 시작한다. 강령(platform)이란 바로 개발자가 가진 신념과 가치체계, 특정한 아이디어나 비전을 의미하며, 강령은 교육과정 개발의 과정을 이끌고, 개발자의 의사결정에 기준이 되는 역할을 한다.

2) 숙 의

숙의(deliberation)는 교육과정에 대한 최선의 안을 찾기 위하여 개발자들이 상호작용하는 단계로서, 개발자들은 각자가 생각하는 대안들을 구체적으로 제시하면서 상호 간에 의견을 주고받는다. 이러한 과정을 통해 각각의 대안들이 가진 장점과 단점을 분석해 가면서 최선의 안에 점차 다가가게 되며, 결국 합의점에 도달하여 최선의 안을 선택하게 된다.

3) 설 계

설계(design)는 숙의 과정에서 결정된 최선의 안을 구체화하는 단계다. 이론적으로 설계는 교육과정 개발 과정을 통해 나타나는 의미 있는 결과물이라 할 수 있는데, 이러한 결과물이 구체적 형태를 띠게 되면 현실에 적용할 수 있는 하나의 교육과정으로 탄생하게 된다.

개발된 교육과정에 대해서는 다음과 같은 질문을 던져보는 것이 중요하다.

- 교육과정의 특징은 무엇인가?
- 교육의 특징들 각각의 장점과 단점에 대해 교육과정 관련 이해 당사자들은 어떻게 생각하는가?
- 교육과정의 적용을 통해 개인과 사회는 어떤 영향을 받게 되는가?

 ## 제4절 교육과정의 구성

교육과정의 개발 및 시행 순서에 따라 교육과정의 구성을 살펴보면 크게 '교육목적 및 목표 설정' '교육내용의 선정 및 조직' '교육과정의 운영' '교육과정의 평가' 네 가지로 구분할 수 있는데, 각각에 대해 살펴보도록 하자.

1. 교육목적 및 목표 설정

1) 교육목적 설정

교육목적은 교육이 지향하는 기본 방향을 제시하는 내용으로서, 국가나 사회의 요구를 포함하고 있다. 교육 역사를 통해 볼 때, 일반적으로 교육목적에는 지적 능력의 개발, 사회의 유지 및 개선, 개인의 성장에 관한 사항들이 포함되어 있다. 우리나라의 경우, '교육법 2조의 교육이념'과 2009년 국가수준 개정 교육과정에 나타난 '인간상'의 내용을 대표적인 교육목적으로 볼 수 있다(김대현, 김석우, 2011).

> **교육기본법 제2조(교육이념)**
>
> 교육은 홍익인간의 이념 아래 모든 국민으로 하여금 인격을 도야하고 자주적 생활 능력과 민주시민으로서의 자질을 갖추게 하여 인간다운 삶을 영위하게 하고 민주국가의 발전과 인류 공영의 이상을 실현하는 데 이바지하게 함을 목적으로 한다.

> **2009년 개정 교육과정에 나타난 '인간상'**
>
> 첫째, 전인적 성장의 기반 위에 개성의 발달과 진로를 개척하는 사람
> 둘째, 기초 능력의 바탕 위에 새로운 발상과 도전으로 창의성을 발휘하는 사람
> 셋째, 문화적 소양과 다원적 가치에 대한 이해를 바탕으로 품격 있는 삶을 영위하는 사람
> 넷째, 세계와 소통하는 시민으로서 배려와 나눔의 정신으로 공동체 발전에 참여하는 사람

교육목적은 교육에 대한 포괄적인 기본방향으로서 구체적인 교육방법이나 교육내용을 제시하지는 않지만 교육목표 설정, 학습내용의 선정과 조직, 교육과정의 운영 및 평가 등 모든 교육활동의 방향을 바로잡는 핵심적 기능을 하고 있다.

2) 교육목표 설정

교육목표는 교육의 일반목표와 교과의 특수목표로 나뉘는데, 교육의 일반목표는 교육목적의 기본 방향을 따르면서 사회와 학습자의 요구를 반영하고 있으며, 교과의 특수목표는 개별 교과의 내용과 성격을 반영하여 만들어진다(홍후조, 2016).

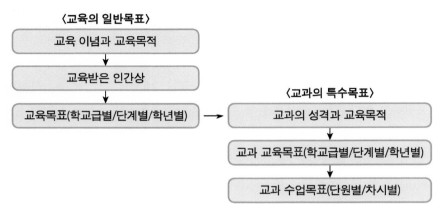

〈교육의 일반목표〉
교육 이념과 교육목적
↓
교육받은 인간상
↓
교육목표(학교급별/단계별/학년별) → 〈교과의 특수목표〉
교과의 성격과 교육목적
↓
교과 교육목표(학교급별/단계별/학년별)
↓
교과 수업목표(단원별/차시별)

[그림 7-10] 교육의 일반목표와 교육의 특수목표의 관계

(1) 교육의 일반목표

교육의 일반목표는 사회와 학습자의 요구가 반영된 지식(knowledge), 기능(skill), 태도(attitude)에 관한 내용으로서, 교육목적과 교과의 특수목표를 연결하는 역할을 한다. 교육의 일반목표는 교육목적보다 구체적이고, 대체로 적용 기간이 더 짧다. 교육의 일반목표는 다시 학교급별 목표들로 구체화되는데 이는 유치원, 초등학교, 중학교, 고등학교와 같은 학교급에 따라 학생들의 발달 정도와 사회적 요구가 다르기 때문이다. 학교급별 교육의 일반목표에서는 해당 학교를 졸업할 때 학생이 구비해야 할 바를 나열하고 있다. 한 가지 예로, 2009년 개정 교육과정에서 제시하고 있는 고등학교 교육의 일반목표는 다음과 같다.

🏠 고등학교 교육의 일반적 목표

고등학교 교육은 중학교 교육의 성과를 바탕으로, 학생의 적성과 소질에 맞는 진로 개척 능력과 세계 시민으로서의 자질을 함양하는 데 중점을 둔다.
가. 심신이 건강한 조화로운 인격을 형성하고, 성숙한 자아의식을 가진다.
나. 학문과 생활에 필요한 논리적, 비판적, 창의적 사고력과 태도를 익힌다.
다. 다양한 분야의 지식과 기능을 익혀 적성과 소질에 맞게 진로를 개척하는 능력을 기른다.
라. 우리의 전통과 문화를 세계 속에서 발전시키려는 태도를 가진다.
마. 국가 공동체의 형성과 발전을 위해 노력하여 세계 시민으로서의 의식과 태도를 가진다.

학교급별 목표는 여전히 포괄적인 측면이 있어 이를 학교에서 실제적인 교육지침으로 활용할 경우, 학년별 목표를 정하여 활용할 수 있다. 또한, 학교급별 목표를 토대로 교육청과 개별학교는 해당 지역 및 학교의 특수한 여건을 반영하여 교육의 일반목표를 규정하기도 한다.

(2) 교과의 특수목표

교과의 특수목표는 개별 교과의 내용과 성격에 따라 설정되는데, 실제로 교육의 일반목표는 교과의 특수목표를 달성함으로써 실현된다고 할 수 있다. 현재 우리나라의 경우 국가수준 교육과정에 교과의 특수목표가 제시되어 있다. 한 예로, 2007년 개정 중학교 국어과 교육과정의 목표를 살펴보면 다음과 같다.

2007년 개정 중학교 국어과 교육과정의 목표

국어 활동과 국어와 문학의 본질을 총체적으로 이해하고, 국어 활동의 맥락을 고려하여 국어를 정확하고 효과적으로 사용하며, 국어 문화를 바르게 이해하고, 국어의 발전과 민족의 국어 문화 창달에 이바지할 수 있는 능력과 태도를 기른다.

가. 국어 활동과 국어와 문학에 대한 기본 지식을 익혀, 다양한 국어 사용 상황에서 이를 활용하면서 자신의 언어를 창조적으로 사용한다.

나. 담화의 글을 수용하고 생산하는 데 필요한 지식과 기능을 익히며, 다양한 유형의 담화와 글을 비판적이고 창의적으로 수용하고 생산한다.

다. 국어 세계에 흥미를 가지고 언어 현상을 계속적으로 탐구하여, 국어의 발전과 국어 문화를 창조한다.

실제 학교교육 현장에서 교과의 특수목표는 과목 특성, 교육 시간, 학습내용 및 활동 등을 고려하여 보다 구체적으로 진술되는데, 대체로 '과목 목표' '대단원 목표' '소단원 목표' 순으로 세분화되는 모습을 보인다.

2. 교육내용의 선정과 조직

1) 교육내용의 선정

교육내용이란 교육과정의 주체인 학습자가 배워야 할 내용이다. 현실적으로 학습자는 제한된 시간 동안에 교육을 받게 되므로, 교육과정 개발자들은 교육내용이 될 수 있는 방대한 지식, 기능, 태도, 가치 중에서 가장 중요하고 유용한 것을 선별하고, 이것을 교과라는 그릇에 담아야만 한다(김대현, 김석우, 2011).

교육내용을 선정함에 있어서 유용한 원리로서, 김대현과 김석우(2011, pp. 147-149)는 타당성의 원리, 확실성의 원리, 중요성의 원리, 사회적 유용성의 원리, 인간다운 발달의 원리, 흥미의 원리, 학습 가능성의 원리를 제시하였다.

★ 타당성의 원리
교육내용은 교육의 일반적 목표 달성에 도움을 주는 것이어야 한다. 교육의 일반적 목표는 어떤 교과를 가르쳐야 하는가를 시사해 주며 그 속에 어떤 지식, 기능, 가치들이 포함되어야 하는가를 대략적이나마 알려 준다. 교육내용이 교육의 일반적 목표와 무관하게 선택된다면 목적 없는 교육이 된다.

★ 확실성의 원리
지식으로 구성되는 교육내용은 가능한 한 참이어야 한다. 참인가의 여부는 논리적이거나, 경험적인 경우에는 간단하지만 윤리적이거나, 미학적 지식인 경우에는 가리기가 쉽지 않다. 그럼에도 불구하고 교육내용은 원칙적으로 참이어야 한다.

★ 중요성의 원리
흔히 학문을 토대로 교과를 구성할 때는 학문을 구성하는 가장 본질적인 것들로 교육내용을 삼아야 한다. 학문을 구성하는 가장 본질적인 부분을 나타내는 것으로 사실, 개념, 원리, 이론들을 가리키는 학문의 구조와 탐구 방법이 있으므로, 교육내용은 학문의 구조를 확인하고 그 학문에 특유한 탐구 방법을 포함해야 한다.

★ 사회적 유용성의 원리
사회 적응ㆍ재건주의 관점에서 볼 때 교육내용은 사회의 유지와 변혁에 도움을 주는 것이어야 한다. 사회기능 분석법, 항상적 생활사태법 등은 학생들이 장차 살아 나갈 사회에서 필요로 하는 지식, 기능, 가치가 무엇인지를 제시하고 있다. 또한 사회를 개조하거나 이상적인 미래 사회를 만드는 데 필요한 지식, 기능, 가치가 어떤 것인지를 찾아 제시해야 한다.

★ 인간다운 발달의 원리
인본주의 관점에서 교육내용은 학생의 성장과 자아실현에 도움을 주는 것이어야 한다. 교육내용은 그 자체로서 가치를 가지는 것이 아니며, 인간다운 발달에 기여할 때 빛을 발하는 것이다. 또한 교육내용은 지식, 기능, 가치 등의 요소들로 분리된 것이 아니라 통합된 것으로 간주되어야 한다.

★ 흥미의 원리
학생들이 흥미를 갖지 않을 때 학습될 가능성은 그만큼 줄어든다. 학생들의 흥미는 자주 바뀌고 그들이 아직 미성숙하다는 이유 때문에 교육내용을 선정할 때 고려의 대상이 되지 않는 경우가 많다. 하지만 학생들의 흥미가 다양하다는 점은 어떤 학생들에게 어떤 내용이 적합한지를 가려내는 데 도움을 준다. 오늘날 교육내용 선택의 폭이 확대되는 것은 흥미가 교육내용 선정에 주요한 원리가 되고 있음을 보여 준다.

★ 학습가능성의 원리
학생들이 학습할 수 있는 교육내용을 선정해야 한다. 학생들은 능력, 학습 여건 등에서 동질적이지 않기 때문에 우수한 학생에게 초점을 맞추거나 학습 여건이 좋은 학생을 겨냥하여 교육내용을 선정한다면 보통이거나 능력이 부족한 학생들이 피해를 입게 된다. 마찬가지로 보통이나 능력이 다소 떨어지는 학생을 표준으로 교육내용을 선정한다면 우수 학생들은 낮은 수준의 내용에 학습 의욕을 잃게 될 것이다. 따라서 하나의 교육과정 속에서 심화, 보통, 보충 교육내용을 제시함으로써 이 문제를 해결하려는 시도가 생기게 된다.

2) 교육내용의 조직

교육내용을 조직한다는 것은 '선정된 교육내용'을 교육목표를 이루기에 가장 효과적인 방법으로 배치하는 것을 의미한다. 간단히 예를 들면, 초등학교부터 고등학교 때까지 가르쳐야 할 과목들이 선정되었다면, 이 과목들이 효과적으로 교육될 학년을 결정하는 것이다. 교육내용을 잘 조직하려는 목적은 교육과정에 "중복, 편중, 비약, 후퇴, 누락, 혼란 등과 같은 현상을 없애서 교육과정 내용의 일관성과 통일성을 달성하고, 교육활동의 노력과 시간의 낭비를 막기 위함(홍후조, 2016, p. 232)"이다.

교육내용을 효과적으로 조직하기 위해서는 '수평적 조직'과 '수직적 조직'을 고려해야 한다. 수평적 조직은 동일 시간대에 교육내용을 배치하는 것을, 수직적 조직은 시간의 흐름에 따라 교육내용을 배치하는 것을 의미한다. 수평적 조직에서는 범위(scope)와 통합성(integration)을, 수직적 조직에서는 계속성(continuity)과 계열성(sequence)을, 전체적 측면에서는 연계성(articulation), 균형성(balance), 통일성(coherence)을 고려하여야 한다.

(1) 수평적 조직: 범위, 통합성

범위는 특정한 시점에서 학생들이 배우게 될 내용의 폭과 깊이를 가리킨다. 즉, 범위는 어떤 시점에서 학생들이 배워야 할 내용은 무엇이고, 그것들을 얼마나 깊이 있게 배워야 하는가를 결정한다. 여기서 배워야 할 내용은 학교급, 학년, 교과, 과목에 따라 달라지고, 깊이는 대체로 배울 내용에 할당된 시간 수로서 간접적으로 표현된다(김대현, 김석우, 2011, p. 156).

통합성은 교육내용의 관련성을 바탕으로 교육내용을 하나의 교과나 단원으로 묶는 것을 말한다. 또는 통합성은 수업의 효과를 높이기 위하여 관련 있는 내용을 동시에 혹은 비슷한 시간대에 배열하는 것을 말한다(김대현, 김석우, 2011, p. 162).

(2) 수직적 조직: 계속성, 계열성

계속성은 일정 교육 기간 동안 동일 내용을 수준을 높여 가며 몇 차례 반복함으로써 학습자들이 해당 내용을 익히고 숙달한 기회를 주도록 배열하는 일이다(홍후조, 2016, p. 233).

계열성은 교육내용을 배우는 순서를 말한다. 즉, 계열성은 학습자가 어떤 내용을 먼저 배우고 어떤 내용을 뒤에 배우는가를 결정하는 것이다. 여기서 배워야 할 내용의 순서는 학교급, 학년, 학기, 월, 주, 차시별로 결정된다(김대현, 김석우, 2011, p. 157).

일반적으로 계열화에 자주 사용되는 방법들로는 연대순 방법, 주제별 방법, 단순에서 복잡으로의 방법, 전체에서 부분으로의 방법, 논리적 선행 요건 방법, 추상성의 증가에 의한 방법, 학생들의 발달에 의한 방법이 있다.

(3) 전체적 측면: 연계성, 균형성, 통일성

연계성은 이전에 배운 내용과 앞으로 배울 내용의 관계에 초점을 둔 것으로, 특정한 학습의 종결점이 다음 학습의 출발점과 잘 맞물리도록 교육내용을 조직하는 것을 말한다(김대현, 김석우, 2011, p. 160).

균형성은 학년 간, 교과 간, 교과 내 단원 간, 교과–학습자–사회의 요구 상호 간, 교육목표 상호 간, 이론과 실제 간, 교양과 전공 간, 배당된 시간과 분량 비중 간의 횡적 구성 및 종적 배열이 적절하게 이루어졌는가를 점검하고 조율하는 일 등 교육과정 구성요소 간 내용의 균형을 이루는 일이다(홍후조, 2016, p. 233).

통일성은 조직된 교육과정 내용을 수평적 · 수직적 · 전체적으로 수미일관하게 유기체적 체계성을 이루도록 조율하는 일로서 학습자 중심일 때 학습과정의 전체성(wholeness)과 통일성(unity)을 강조하게 된다(홍후조, 2016, p. 233).

3. 교육과정의 운영

1) 교육과정 운영의 의미

교육과정의 운영이란 개발된 교육과정을 실제 학교현장에서 실천하는 과정을 의미한다. 아무리 훌륭한 교육과정이 개발되었다고 할지라도 그것이 학교 교육현장에서 제대로 시행되지 않는다면, 교육과정의 목표는 달성될 수 없을 것이다. 따라서 교육과정의 운영은 교육과정의 목표 달성에 실제적인 영향을 주게 된다.

학교는 국가 수준의 교육과정과 지역 수준의 교육과정의 요구를 그대로 이행하기도 하지만, 필요에 따라 그러한 요구를 학교 현실에 맞게 수정하여 적용할 수도 있으며, 학교에서 자체적으로 개발한 사항들을 실천하기도 한다. 홍후조(2016, p. 335)는 이에 대해 다음과 같이 설명하고 있다.

교육과정 운영은 학교 밖에서 개발되어 주어지는 것을 실천에 옮기는 것과, 학교 안에서 자체적으로 개발하여 실천하는 것으로 나눌 수 있다. 또한 교육과정 개발자와 실천자의 일치 여부에 따라 교육과정의 운영은 이행(implementation)과 실행(enactment)으로 나누어진다. 교육과정 '이행'은 보통 전문가 집단들이 개발한 교육과정을 학교와 교실에서 교사들이 실천에 옮기는 것이므로 '적용'이라고도 불린다. 교육과정 운영은 외부에서 개발한 것을 단순 적용(adoption)하는 것부터 수정하거나 재구성하는 응용(application)과 실행자들이 직접 창출(creation)하여 실행하는 것에 이르기까지 그 방법도 다양하다(홍후조, 2016, p. 335).

2) 교육과정 운영의 기본 원리

교육과정 운영의 기본 원리들은 학교와 교원들이 교육과정을 제대로 실천하고 있는지에 대한 근거 기준이 되며, 교육과정 평가의 척도가 되기도 한다. 다음은 홍후조(2016, pp. 336-339)가 제시한 교육과정 운영의 기본 원리를 요약하여 제시한 것이다.

🏠 교육과정 운영의 기본 원리

★ 합목적성의 원리
합목적성은 목적과 목적 달성을 위한 수단이 타당함을 의미한다. 학교에서 교육과정을 편성하고 운영할 때 가장 먼저 할 일은 학교가 설정한 교육목표가 타당한지, 학교에서 편성하고 운영하는 교육과정이 목적 달성을 위한 효과적인 수단인가를 점검하는 것이다.

★ 합법성의 원리
합법성은 교육과정 운영이 합헌적이고 법률 적합성을 지녀야 한다는 것이다. 교육과정 운영은 국가가 정한 법령 및 기준의 테두리 속에서 진행되어야 한다. 학교는 교육과정과 관련하여 지닌 법적인 책무와 권한을 분명히 하고, 이러한 범위 내에서 의사결정 권한을 행사할 수 있다.

★ 민주성의 원리
민주성의 원리란 교육과정의 운영을 통한 민주주의 이념의 구현을 의미한다. 교육 운영에 있어서 권한의 이양과 위임을 통하여 독선과 전횡을 막는 장치를 필요로 한다. 학교에서는 이를 위하여 교장과 교사가 상호존중하며, 각기 역할을 분담해야 한다.

★ 학습자 존중의 원리
교육과정의 운영은 학습자의 발달, 능력, 적성, 진로, 애로를 존중하는 가운데 이루어져야 한다. 성숙하고 경험이 많은 교원들이 학생을 가르치게 되지만, 학습자의 요구를 존중하는 원칙 속에서 이루어져야 한다.

★ 자율성의 원리

자율성은 교육과정 운영에서 학교와 교원이 부당한 외부의 간섭으로부터 벗어나 독립적인 자기결정과 실천을 할 수 있음을 인정하는 것이다. 합법적으로 위임, 이양된 권한을 행사하고, 훈련되고 자격 있는 전문가 집단으로서 업무를 전문적으로 수행하게 하는 원리다.

★ 전문성의 원리

교육과정의 운영은 일상인의 교육활동과 다른 차원의 전문성을 띠어야 한다. 교육과정에 대한 이해를 바탕으로 교육과정 연구, 개발, 운영, 평가, 개선에 이르는 전문 지식과 기술을 전문적으로 연구하고 토론하는 연구 조직과 실행 조직이 구성되어야 할 것이다.

★ 책무성의 원리

학교와 교원들은 교육과정에 제시된 학교급별 목표, 학년별 교과별 목표, 교과의 단원 목표 및 정해 놓은 성취 기준을 달성해야 한다. 교육에서는 교원의 노동권보다 학습자의 학습권이 우선된다.

★ 효과성의 원리

교육과정 운영을 통해 교육목표가 달성된 정도를 효과성으로 볼 수 있다. 교육목표 달성을 극대화하기 위해서는 인적·물적 자원과 시간 자원이 유기적으로 조직되어 최대의 효과를 발휘해야 한다.

★ 효율성의 원리

교육과정의 운영은 주어진 자원을 바탕으로 최소의 인적·물적 자원과 시간을 투입하여 최대의 효과를 올리는 효율성을 달성하는 방향으로 이루어져야 한다. 이때 효율성은 단순히 양적·합리적·공리적 효율성을 넘어 사회적 효율성, 즉 사회의 목적을 실현하고 그 속에서 인간적 가치를 구현하는 합목적·인본적·장기적 측면의 효율을 추구해야 할 것이다.

★ 현실성의 원리

학교의 교육과정 운영은 교사 조직의 특성, 교원들의 전문성, 학생의 특성, 학교의 물리적 환경, 지역사회의 여론과 가용 자원, 동원 가능한 재정, 시간, 관련 법규, 외부 기관의 지원과 통제의 정도 등 주어진 실현 가능성을 바탕으로 한다. 따라서 학교 교육과정을 운영할 때는 학생에 대한 이해와 현 시점에서 지역사회가 요구하는 바를 잘 알아야 하며, 이를 위하여 각종 조사와 함께 조사 결과를 바르게 해석하여 반영해야 한다.

4. 교육과정의 평가

1) 교육과정 평가의 의미

"교육과정 평가란 특정 교육과정의 장점, 가치, 중요성에 관하여 체계적으로 기술 및 판단하는 일(한국교육평가학회, 2004)"로서, 교육과정 평가는 교육과정의 목표가 이루어지고 있는지, 교원 등 교육과정 운영자들이 계획된 교육과정을 제대로 시행하고 있는지, 학습자·사회·교과의 변화에 대응하기 위해 개선될 필요는 없는지 등을 확인하고 점검하기 위해 실시된다.

이러한 교육과정 평가는 단순 학업성취도 평가가 아니라, 문서화된 교육과정, 교육 현장에서의 실천, 학생이 경험하고 성취한 교육과정 등을 포함한 포괄적인 평가이므로 교육과정에 대한 인식, 평가 결과의 활용 목적, 평가 대상, 평가 준거, 적용된 평가 모형 등에 따라 다양한 형태로 실시될 수 있다.

2) 교육과정 평가 모형

교육과정 평가는 교육과 관련된 제반 내용을 평가하는 매우 포괄적인 평가이므로, 평가에 활용되는 평가 모형 역시 매우 다양하게 존재한다. 실제 교육과정 평가 시에는 목적에 따라 단독 혹은 여러 개의 모형이 사용될 수 있으며, 필요에 따라 모형들을 결합 혹은 변형하여 사용하거나 새로운 모형을 개발할 수도 있다. 여기에서는 몇몇 대표적인 교육과정 평가 모형을 소개하고자 한다.

(1) 평가 개념에 따른 분류

일반적으로 교육과정을 평가하기 위해 교육프로그램 평가 모형이 자주 활용된다. 넓은 의미에서 교육과정이 교육프로그램에 포함될 수 있으며, 둘의 성격이 유사하기 때문이다. 교육프로그램 평가 모형은 목적에 따라 다양하게 존재한다.

워슨과 샌더스(Worthen & Sanders, 1973)는 교육프로그램 평가의 개념적 유형을 경험이나 과정의 가치를 판단하는 활동으로서 '판단적 전략 모형(judgemental strategies)', 의사결정에 도움이 될 수 있는 정보를 제공하는 활동으로서 '결정–관리 전략 모형 (decision-management strategies)', 의도한 목표나 요구한 바를 달성했는가를 확인하는 활동으로서 '결정–목표 전략 모형(decision-objectives strategies)'으로 분류한 바 있다(홍후조, 2016 재인용).

〈표 7-1〉 교육프로그램 평가 모형 분류

구 분	평가 개념	평가 모형
판단적 전략 모형	경험이나 과정의 가치를 판단하는 활동	Stake(1970)의 반응적 평가 모형, Scriven(1974)의 탈목표 모형 등
결정–관리 전략 모형	의사결정에 도움을 주는 정보를 제공하는 활동	Alkin(1969)의 CSE 모형, Stufflebeam(1971)의 CIPP 모형 등
결정–목표 전략 모형	의도한 목표나 요구의 달성 여부를 확인하는 활동	Tyler(1942, 1949) 목표 달성 모형, Provus(1971)의 불일치 격차 모형, Hammond(1973)의 평가 모형 등

출처: Worthen & Sanders(1973), 홍후조(2016, p. 375)에서 재인용.

(2) 평가 목적에 따른 분류

위슨, 샌더스와 피츠패트릭(Worthen, Sanders, & Fitzpartrick, 2004)은 교육프로그램 평가의 목적에 따라 목표 성취를 판단하기 위한 '목표 중심(objective-oriented) 평가 접근', 의사결정에 유용한 정보를 제공하기 위한 '관리 중심(management-oriented) 평가 접근', 구매나 채택에 있어서 의사결정을 돕는 정보를 제공하기 위한 '수혜자 중심 (consumeroriented) 평가 접근', 양질의 전문가적 판단을 제공하기 위한 '전문가 중심 (expertiseoriented) 평가 접근', 평가 관련자들의 요구에 대한 응답 제공을 목적으로 하는 '참여자 중심(participant-oriented) 평가 접근'으로 분류하기도 하였다(홍후조, 2011 재인용).

〈표 7-2〉 교육프로그램 평가 모형 분류

구 분	평가 목적	평가 모형
목표 중심 평가 접근	목표들의 성취 정도를 판단	Tyler(1942, 1949) 목표 달성 모형, Provus(1971)의 불일치 격차 모형, Hammond(1973)의 평가 모형 등
관리 중심 평가 접근	의사결정에 유용한 정보 제공	Alkin(1969)의 CSE 모형, Stufflebeam(1971)의 CIPP모형 등
수혜자 중심 평가 접근	구매나 채택에 있어서 의사결정을 돕는 정보 제공	Scriven(1974)의 주요평가 체크리스트 Morrisett과 Steven(1967)의 체크리스트
전문가 중심 평가 접근	양질의 전문가적 판단 제공	공식적 전문 심의체제 비공식적 전문 심의체제 특별전담위원회 심의 특별전담 개인 심의 Eisner(1975, 1991)의 교육적 감식과 교육비평
참여자 중심 평가 접근	평가 관련자들의 요구에 대한 응답 제공	Stake(1970)의 교육평가 안모반응 평가 Rippey(1973)의 교류적 평가 Parlett와 Hamilton(1976)의 조명적 평가 MacDonald(1974)의 민주적 평가 Guba와 Lincoln(1981)의 자연주의적 평가 Fetterman(1994)의 역량 부여 평가

출처: Worthen, Sanders, & Fitzpartrick(2004), 홍후조(2016, p. 376)에서 재인용.

앞에서 제시한 워슨과 샌더스(1973)와 워슨, 샌더스와 피츠패트릭(2004)의 평가 모형에 대한 분류는 평가에 대한 개념 및 목적에 따라 적합한 평가 모형에 어떤 것들이 있는지를 나타낸다.

(3) 진행 과정에 따른 분류

교육과정은 일반적으로 '계획-실행-산출'의 순서로 진행된다. 따라서 교육과정의 평가 역시 '계획된 교육과정에 대한 평가' '실행된 교육과정에 대한 평가' '산출된 교육과정에 대한 평가'로 이루어질 수 있다. 진행 순서에 따른 평가 모형은 논리적으로 이해가 용이하다는 장점을 지닌다.

홍후조(2016)가 재구성한 배호순(2004)의 '평가 논리 및 평가 모형'은 '계획-실행-산출' 진행 과정에 따른 교육과정 평가의 전체적인 모습을 잘 보여 주고 있다. 특히 이 모형은 교육과정을 진행 과정에 따라 파악하는 것이 교육과정 관(觀), 평가 중점 사항, 평가 논리, 평가 모형을 복합적이고 논리적으로 연결되게 한다는 것을 보여 주고 있다.

〈표 7-3〉 교육과정 진행단계에 따른 평가논리 및 평가 모형

구분	교육과정 관(觀)	평가 중점 사항	평가 논리	평가 모형
계획 단계	내용 개요 (교수요목)	• 내용의 체계성, 논리성, 계열성, 균형성, 통일성 • 계획의 실현 가능성	예측논리, 인과율 논리, 판단논리, 감정 논리, 비평논리	• 전문성 중심 평가 모형 • 판단 중심 평가 모형
실행 단계	학생들의 학습경험의 총체	• 학습경험 또는 교육활동의 교육적 가치 • 교육과정 계획과 실제 운영과의 일치성 • 교육과정 운영상의 자율성, 융통성 • 교사의 전문성	대조 및 기술논리, 판단논리, 감정논리, 체제논리	• 참여-반응 중심 평가 모형 • 수행 과정 평가 모형
산출 단계	학습목표 달성	• 교육과정 효과 및 산물 파악 • 의도한 교육목표의 달성도 • 의도하지 않은 성과의 파악 • 학생들의 경험과 발달 정도 • 평가 결과의 개발로의 반영 정도	예측논리, 인과율논리, 비교논리, 대조 및 기술논리	• 목표 중심 평가 모형 • 실험 중심 평가 모형

출처: 배호순(2004), 홍후조(2016, p. 380)에서 재인용.

다음으로 '계획-실행-산출'의 진행 개념을 반영한 모형으로 스터플빔(Stufflebeam, 1971)의 CIPP(context, input, process, product evaluation) 평가 모형을 들 수 있다. 스터플빔은 교육평가의 기능이 단순히 교육목표의 달성 여부를 확인하는 것이 아니라 교육프로그램을 개선하기 위한 의사결정에 필요한 정보를 제공하고, 그 결정이 갖는 장점과 단점을 파악할 수 있도록 하는 것이라고 주장하였다. CIPP 모형은 계획 단계의 의사결정을 위한 '상황평가(context evaluatin)', 구조화 단계의 의사결정을 위한 '투입평가(input evaluation)', 실행 단계의 의사결정을 위한 '과정평가(process evaluation)', 순환 단계의 의사결정을 위한 '산출평가(product evaluation)'로 구성된다(김대현, 김석우, 2011).

<표 7-4> 스터플빔(1971)의 CIPP 평가 모형

구 분	목 적	방 법
상황평가	• 교육환경을 둘러싼 다양한 상황 (context) 확인 • 적용 대상(target population)의 요구 확인 및 해결 방안 강구 • 설정한 교육목표가 적용 대상의 요구를 충족하는 데 적합한 것인가를 확인	체계평가(system evaluation), 조사(surveys), 문헌 연구, 면접, 진단검사, 델파이 기법 등
투입평가	• 교육목표 달성을 위한 적합한 절차 및 교육 전략 확인 • 현행 시스템의 적절성 검토 및 대체 전략 구상	• 가용한 인적 · 물적 자원과 예산 확인 및 분석 • 설계된 계획의 실현 가능성 확인 · 비용 대 효과 측면에서의 우수성에 대한 분석 등
과정평가	• 계획된 활동목록의 수행도 파악 • 최초 계획에서 수정되어야 할 사항이 있는지 확인	현장 관찰, 참가자와의 인터뷰, 설문조사, 기록 분석, 사진 촬영 및 분석, 사례연구, 스태프를 대상으로 한 자기 성찰, 예산 사용 확인 등
산출평가	• 산출물의 장점, 가치, 의미에 대한 평가를 통해 최초에 식별된 요구가 성공적으로 충족되었는지를 확인 • 산출평가를 통해 교육 계획에 관한 의미 있는 피드백을 제공	기록물 분석, 관련자들과의 인터뷰, 사례 연구, 포커스 그룹 인터뷰, 성취도평가, 설문조사, 종단 자료 분석, 비용 대 효과 분석 등

▌참고문헌 ▌

김대현, 김석우(2011). 교육과정 및 교육평가(4판). 서울: 학지사.

김종서, 이영덕, 정원식(2009). 최신 교육학개론(개정 · 증보판). 경기: 교육과학사.

김희용, 노재화, 방선욱, 송선희, 신붕섭, 이병석(2014). 교육학개론(개정판). 경기: 양서원.

박도순(2012). 교육평가-이해와 적용-(수정 · 보완판). 경기: 교육과학사.

박철홍, 강현석, 김석우, 김성열, 김회수, 박병기, 박인우, 박종배, 박천환, 성기선, 손은령, 이희수, 조동섭(2013). 현대 교육학개론. 서울: 학지사.

서울대학교 교육연구소(2011). 교육학용어사전. 서울: 하우동설.

성태제, 강대중, 강이철, 곽덕주, 김계현, 김천기, 김혜수, 봉미미, 유재봉, 이윤미, 이윤식, 임웅, 홍후조(2012). 최신 교육학개론(2판). 서울: 학지사.

이홍우 역(1973). 브루너 교육의 과정. 서울: 배영사.

한국교육심리학회(2000). 교육심리학 용어사전. 서울: 학지사.

한국교육평가학회(2004). 교육평가 용어사전. 서울: 학지사.

홍후조(2016). 알기 쉬운 교육과정(2판). 서울: 학지사.

LääNEMETS, U. (2013). The Taba-Tyler Rationales. *Journal of the American Association for the Advancement of Curriculum Studies, 9.*

McNeil, J. D. (2008). 현대 교육과정의 이론과 실제(*Contemporary Curriculum*). (권낙원 역). 경기: 아카데미프레스. (원저는 2005년에 출간).

Ragan, W. B., Shepherd, G. D., & Lavatelli, C. S. (1966). *Modern elementary curriculum.* Holt, Rinehart and Winston New York.

Tyler, R. W. (1942). General statement on evaluation. *The Journal of Educational Research, 35*(7), 492-501.

Tyler, R. W. (1996). 타일러의 교육과정과 수업지도의 기본원리(*Basic principles of curriculum and instruction*). (진영은 역). 경기: 양서원. (원저는 1969년에 출간).

Walker, D. F. (1971). A naturalistic model for curriculum development. *The school review*, 51-65.

교수 – 학습

 제1절 교수에 대한 이해

1. 교수의 정의

교수(教授)는 영어의 teaching을 의미하는 것으로 교수자가 학습자에게 지식이나 기술을 가르치고, 제반 능력이나 가치관을 형성시키는 교육활동이다(두산백과). 교수는 수업과 혼용되어 사용되는 경우가 있는데, 성태제 등(2012)은 수업을 교사의 수업활동을 의미하는 것으로 한정하고 교수(teaching)는 수업 전·중·후의 모든 활동을 의미하는 것으로 구분하고 있다. 이에 따르면 교수는 교수자가 수업시간에 가르치는 활동들을 포함하여 그것을 준비하고 실행하며 평가하는 일련의 모든 활동이며, 수업은 교수의 영역 중 교수자의 적용과 실행에 중점을 두는 활동으로 구분할 수 있다. 다시 말해서, 교수는 수업에 비해 포괄적인 의미를 갖는 것으로서 구체적으로는 설계, 개발, 실행, 관리, 평가를 포함하며, 수업은 주로 교수자의 적용과 실행에 중점을 둔다(Reigeluth, 1983).

교수라는 용어 대신에 교육학 분야에서는 교수–학습(Teaching-Learning)이라는 개념을 사용하기도 한다. 교수–학습이라는 개념은 교수활동이 학습자 변인을 무시한 채 이루어질 수 없으며, 제반 교수 활동이 학습자의 특성과 학습활동을 염두에 두고 행해져야 한다는 것을 강조한다. 실제로 교수와 학습 상황을 보면 어디서부터 어디서까지가 교수활동이고 또 학습활동에 해당되는지 구분하기 어렵다. 이러한 점을 고려하여 이 장에서는 교수활동의 개념에 교수-학습에서 강조하는 의미를 포함하여 기술한다는 의미로 교수라는 개념을 그대로 사용하고자 한다.

교수의 개념을 설명할 때 대표적으로 인용되고 있는 세 가지 정의를 살펴보면 다음과 같다. 첫째, 코리(Corey, 1971)의 정의다. 그는 교수를 "개인이 구체적인 조건하에서 또는 구체적인 상황에 대한 반응으로서 특정 행동을 나타내게 하거나 그 행동에 관여할 수 있게 하기 위하여 그의 환경을 의도적으로 조작하는 과정"으로 정의한다. 이는 특정의 행동을 하도록 최적의 학습환경을 조성하는 과정이 교수라는 점을 강조한다.

둘째, 가네(Gagné, 1985)의 정의다. 그에 따르면 교수는 "학습자의 내적 학습과정을 지원하기 위해 의도적으로 설계된 일련의 외적 사상들의 집합"이다. 이 정의에서는 교수가 학습자의 학습을 고려한 것이라는 점을 강조한다.

셋째, 진위교 등(1988)이 내린 정의다. 이들은 교수를 "목표로 설정한 행동 유형의 변화, 즉 학습이 인간 학습자에게 일어나도록 그의 내적 과정에 맞추어 그의 외적 조건과 상황을 설계·개발·관리하는 과정"으로 정의한다.

이들의 정의에 포함된 핵심 내용을 몇 가지로 정리할 수 있는데, 먼저 교수의 목적을 학습자의 행동을 바람직하고 가치 있는 방향으로 변화시키는 데에 둔다는 점이다. 또한 교수는 학습자의 내적 학습과정에 맞추어서 이루어져야 하는 활동이며, 학습자의 개별적인 특성을 적극적으로 고려해야 함을 강조한다. 아울러 교수는 학습자가 처한 외적 조건과 상황을 설계·개발·관리하는 적극적인 과정이라는 점이다. 가네가 선정한 교수활동은 모두 아홉 가지인데, 주의집중, 목표 제시, 선행학습 상기, 학습자료 제시, 학습 안내 및 지도, 연습, 피드백 제공, 형성평가, 파지 및 전이 증진 등이다.

지금까지 교수에 대한 다양한 정의와 그 정의들에 함축된 중점들에 대하여 살펴보았는데, 이러한 의미의 교수는 학습과 여러 가지 면에서 구분된다. 이상적으로는 모든 교수활동이 학습으로 나타나는 것이 바람직하지만 실제로는 매우 소수의 학습자에게서만 온전하게 나타나며, 대부분의 학습자에게서는 교수자가 수업한 내용의 일부만이 학습된다. 교수자는 학습자가 주어진 수업목표를 모두 달성하기를 바라면서 수업을 하지만 실제로는 수업의 과정과 학습의 과정이 여러 측면에서 서로 다르기 때문에 의도했던 수업목표를 달성하기가 쉽지 않다. 또한 학습이 반드시 교수의 결과로만 일어나는 것은 아니며, 교수 활동이 없다 하더라도 환경과의 상호작용을 통해서 학습은 일어날 수 있다.

2. 교수의 본질적 의미

교수활동이 이루어지는 장면 혹은 공간을 생각하면 크게 교육목표에 따른 내용과 방법이 있으며, 이를 전달하는 교수자와 수용하는 학습자, 그리고 내외적인 교육환경이 있다. 이를 도식하면 [그림 8-1]과 같다. 먼저, 교수활동의 내용과 방법을 결정하는 데 있어서 가장 큰 기준점은 바로 교수 목적이다. 교수방법은 교육목적에 따라 다르게 적용된다. 교수목적이 단순히 인지적인 능력의 함양이 될 수 있으며, 사회성을 개발하는 데 그 목적이 있을 수 있다. 또는 내면적인 자아개발이나 행동수정을 목표로 설정할 수도 있다. 아울러 교육자와 학습자는 유기적인 상호작용을 통하여 교육내용을 다루게 된다. 그리고 이러한 모든 활동은 독립적으로 이루어지는 것이 아니라 교육 상황 내지는 교육환경의 영향을 받는다.

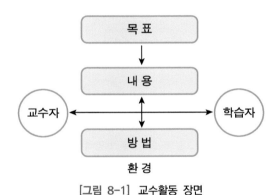

[그림 8-1] 교수활동 장면

[그림 8-1]을 보면 몇 가지 교수의 본질적인 의미를 생각하게 된다. 첫째, 교수와 학습이 분리되어서 생각될 수 없으며, 상호 교호적(reciprocal)인 관계를 유지한다고 보아야 한다. 이는 곧 교수자의 교수활동이 계획된 성과를 달성하기 위해서는 학습자의 적극적인 참여가 이루어져야 함을 의미한다. 둘째, 교수활동은 단순히 교육내용을 전수하는 것만을 의미하지 않는다. 교수 활동은 사회적 상호작용이기도 하며, 삶의 일부가 되어야 한다. 따라서 교수자는 철학자, 직장 상사, 운동 코치, 전문가, 촉매자, 평범한 인간, 예시자, 해설자 등 매우 다양한 역할을 수행하는 주체가 될 수 있어야 한다. 셋째, 학습자의 특징이나 능력 그리고 태도 등은 교수과정에서 매우 중요한 요인 중 하나다. 학습자가 교수과정에 참여하는 동기유형에 따라서 교수자의 교육방법이 다르게 요구된다. 넷째, 교육환경의 역할이다. 교수자들의 심리적 환경이나 학생들의 문화 그

리고 교육기관의 동기유발책 등이 교수 과정에 영향을 미친다.

3. 교수의 하위 영역

교수 활동은 교실에서 학생들에게 가르치는 실제적인 활동뿐만 아니라 교수 실행에 선행하여 교수를 설계하고 개발하는 활동과 교수프로그램들을 관리하는 활동 그리고 마지막으로 평가하는 활동들을 포함한다(Reigeruth, 1983). 이들 영역을 도식하면 [그림 8-2]와 같다.

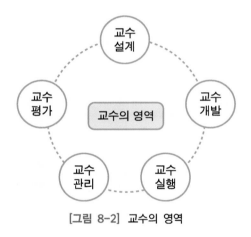

[그림 8-2] 교수의 영역

각 단계에서 이루어지는 세부 활동들을 살펴보면 다음과 같다(성태제 외, 2012).

1) 교수 설계

교수 설계 단계에서는 가용한 자원을 최대한으로 활용하여 최적의 학습활동 계열을 수립하는 일이 이루어진다. 교수 설계를 통하여 학습 조건이 규정되고, 수업활동들이 명시되며, 실행 및 관리를 위한 전략과 절차가 기획된다. 교수 설계에서 이루어지는 주요 활동을 보면 다음과 같다.

- 상황 분석
- 요구 분석 및 학습자 분석
- 교수 범위, 의도, 목적 결정

- 교수 전략 선정
- 과제 분석, 내용 분석, 절차 분석
- 형성평가 및 총괄평가 계획 수립
- 교수 계획서의 초고 준비
- 교과 전문가와의 협의

2) 교수 개발

교수 개발은 교수 설계안에 기초하여 요구되는 교수 절차 및 매체를 산출하는 과정이다. 교수 절차 및 매체는 설계안에서 제시된 학습목표에 의해 결정된다. 아울러 여러 가지 대안적인 교수전략들이 개발 단계에서 개정되고 확정된다. 교수 개발 단계에서 이루어지는 주요 활동을 보면 다음과 같다.

- 교수 설계안 검토 및 논평
- 교수 설계안의 보완 및 개정
- 제안된 교수 아이디어와 전략 및 자료에 대한 현장실습 수행
- 각종 매체 제작
- 기본 교수안을 개발

3) 교수 실행

교수 실행은 개발된 교육 프로그램을 실제 현장에서 활용하고 이를 기존의 교육과정에 통합하여 유지하는 과정이다. 이 단계에서 이루어지는 주요 활동은 다음과 같다.

- 프로그램의 현장 실행
- 새로운 프로그램에 대한 지원 확보
- 프로그램 운영 강사 확보
- 관련자들의 의견 수렴
- 장기적인 유지 계획 수립
- 프로그램의 제도화를 위한 관리

4) 교수 관리

교수 관리는 일련의 교수 활동을 지원하는 인적·물적 자원과 수업전후 활동을 포함한 교수활동 전반을 감독하는 일을 주관한다. 대표적인 교수 관리의 실제는 다음과 같다.

- 비용-효과 분석 관리
- 관련 인원 선발
- 시간 계획 수립
- 예산 관리
- 필요 자원 공급
- 교수 진행 관리 주도
- 계획이나 인원, 시설과 같은 자원지원체계를 조직
- 기록 관리
- 보고서 준비

5) 교수 평가

교수 평가는 교수 활동의 최종 단계에서만 이루어지는 활동이 아니다. 교수 평가는 교수 설계 및 교수개발 단계에서도 이루어지며, 이 단계에서 얻어진 평가 결과는 교수 방략 및 교수매체의 교정을 위한 기본 자료로 활용된다. 따라서 교수평가는 전체 개발 과정 동안 지속적으로 이루어진다. 대표적인 교수평가의 실제는 다음과 같다.

- 상황평가 수행
- 성취 수행 문제 분석
- 형성평가 수행
- 파일럿 검증 관리
- 현장검증과 외부전문가의 판단을 통해 총괄평가 수행
- 평가도구와 절차를 수립하고 타당도 검증
- 교수 개발 과정과 그 결과물에 대한 정성 및 정량 자료를 수집
- 특정 교수활동의 가치를 판단
- 투입 자원과 수업목표 달성도 간의 비율을 통해 수행 비용을 심사하여 결정

제2절 교수 이론

앞에서는 교수의 하위요소로서 교수 설계, 교수 개발, 교수 실행, 교수 관리, 교수 평가에 대해 소개하였다. 여기에서는 다섯 가지 하위요소 중에서 교수활동의 시발점이 되는 교수 설계에 대해 구체적으로 살펴보도록 한다. 교수이론은 교수 설계를 수행하는 데 있어서 가이드라인을 제공해 주는데, 지금까지 다음과 같이 매우 다양한 주장이 제기되었다.

- 글레이저(Glaser)의 수업체제이론
- 브루너(Bruner)의 교수이론
- 가네(Gagné)의 처방적 교수이론
- 블룸(Bloom)의 완전학습이론
- 크론바흐(Cronbach)의 적성-처치 상호작용 모형
- 캐럴(Carroll)의 학교학습 모형
- 플랜더스(Flanders)의 수업분석 모형
- 오수벨(Ausubel)의 유의미학습이론

이들 교수 이론이 제시하는 내용을 살펴보면 주로 다음과 같은 사항들이 언급되고 있는 바, 각기 이론에 따라서 강조하는 관점과 제시한 사항들이 조금씩 다르다.

- 교육목표는 무엇을 기준으로 설정하는가?
- 교육목표 구현을 위해 어떤 내용을 어떻게 전달해야 하는가?
- 수업 절차를 어떻게 구성하는가?
- 동기나 강화와 같이 학습활동에 영향을 주는 요인들을 어떻게 관리하는가?
- 지식의 구조를 어떻게 가정하는가?

이 장에서는 특정한 학자의 교수이론을 개별적으로 살펴보기보다는 앞서 언급한 질문들에 대하여 개별적인 교수이론들이 제시한 내용을 종합적으로 살펴보기로 한다.

1. 학습영역

학습영역을 가장 포괄적으로 기술한 대표적인 이론은 가네의 교수이론이다. 가네는 학습결과 획득된 능력을 크게 다섯 가지 영역으로 구분하였다. 여기에는 언어 정보 (verbal information), 지적 기능(intellectual skills), 태도(attitude), 운동 기능(motor skills), 인지 전략(cognitive strategy) 등이 해당된다. 언어 정보 영역은 다시 세 가지로 세분되고, 지적 기능 영역은 다섯 가지로 세분화되어 총 열한 가지 학습성과 영역을 이룬다. 그리고 이들 영역 각각에 해당되는 학습목표를 기술할 때 사용하기를 권장하는 표준능력 동사들이 있다(성태제 외, 2012).

〈표 8-1〉 가네의 학습영역

학습성과 영역 및 하위 영역		표준 능력 동사	목표 진술 예시
언어 정보	축어적 학습	암송하다(recite)	구구단을 구두로 암송할 수 있다.
	사실 학습	진술하다(state)	3·1운동의 주요 요인을 구두로 진술할 수 있다.
	요지 학습	요약하다(summarize)	독립선언서의 내용을 글로 써서 요약할 수 있다.
지적 기능	감각적 변별	변별하다(discriminate)	같은 모양의 도형을 짝지어서 변별할 수 있다.
	구체적 개념	확인하다(identify)	저항기와 축전기를 확인할 수 있다.
	정의된 개념	분류하다(classify)	포함 원소에 따라 유기물과 무기물을 분류할 수 있다.
	원리 활용	시범 보이다(demonstrate)	최소공배수를 활용하여 분수합을 시범 보일 수 있다.
	고차 원리	산출하다(generate)	수질오염 방지안을 구두로 산출할 수 있다.
인지 전략		창안하다(originate)	작품을 기억하는 새로운 방법을 채택할 수 있다.
태도		선택하다(choose)	취미에 맞는 특별활동을 선택할 수 있다.
운동 기능		실행하다(execute)	이단넘기를 실제로 수행할 수 있다.

브루너는 교수 활동을 통하여 추구하여야 할 지식의 구조를 교과중심 교육과 학문 중심 교육으로 구분하였다. 교과중심 교육은 전통적인 형식으로서 교과 내용을 자체를 중시하고, 교과 자체를 목적시하며, 체계적인 지식의 전수를 강조한다. 브루너는 이

러한 전통적인 교과중심 교육에서 교사들이 학생들에게 지식을 단순히 전달하고 주입하는 역할을 수행한다는 점에서 문제를 제기하였다. 브루너는 지식의 전달과 함께 지식을 발견하고 탐구하는 과정을 수업에 도입해야 한다는 주장이다. 부르너가 주장하는 지식의 구조는 다음과 같다(권낙연, 김동엽, 2006).

〈표 8-2〉 브루너의 '지식의 구조'

내용 (contents)	교과나 학문 분야가 획득한 지식의 축적 • 이론적이고 분석적인 방법에 의한 **개념과 원리의 누적** • 증명과 고증을 통한 문헌적 의문점 해소 방법과 **역사적 정보의 누적**
과정 (processes)	특수한 탐구 방법, 지식 획득 전략 • **이론적이고 분석적인 방법**에 의한 개념과 원리의 누적 • **증명과 고증**을 통한 의문점 해소 방법과 역사적 정보의 누적

2. 학습과제의 위계

가네의 교수이론에서는 학습과정이 단순한 것에서 복잡한 것으로, 낮은 차원에서 높은 차원으로 위계를 이루고 있다고 가정한다. 따라서 모든 학습이 이러한 위계에 따라서 순차적으로 진행되어야 한다. 예를 들어, 지적 기능의 학습을 위한 학습위계(learning hierarchy)는 신호 학습, 자극-반응 학습, 연쇄 학습, 언어연합 학습, 변별 학습, 개념 학습, 원리 학습, 문제해결 학습의 8단계로 구성되어 있다(권낙연, 김동엽, 2006).

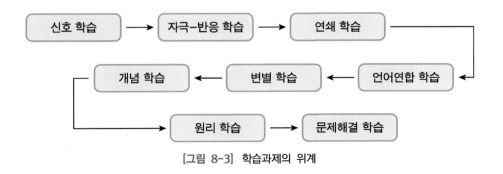

[그림 8-3] 학습과제의 위계

• 신호 학습: 신호 자극에 대한 반응으로서 학습이 이루어지는 고전적 조건화 형식의 학습과제 수행

- 자극-반응 학습: 어떤 목적을 성취하기 위한 도구로서 반응이 유도되는 조작적 조건 형식의 학습과제 수행
- 연쇄 학습: 자극-반응의 연결이 일정한 계열 속에서 이루어져 전체적으로 연속성을 유지하는 학습과제 수행
- 언어연합 학습: 언어들이 연상에 의해 연결되는 학습과제 수행
- 변별 학습: 여러 유형의 변별 기준에 의해 변별 활동이 요구되는 과제 수행
- 개념 학습: 외관적인 유사성보다 추상적인 속성에 기초하여 공통적인 반응을 유도하는 학습과제 수행
- 원리 학습: 3개 이상의 개념이 연쇄적으로 구성된 규칙과 원리를 학습하는 과제 수행
- 문제해결 학습: 원리를 조합하여 새로운 사태의 문제를 해결하는 과정으로 가장 고차원적인 학습 유형

브루너는 모든 학생에게 똑같이 적용될 보편적인 최종의 학습계열은 없지만 대체로 작동적 표현, 영상적 표현, 상징적 표현의 순서에 따라서 학습과제가 제시되어야 한다고 주장하고 있다(김범준, 구병두, 2007).

블룸이 제시한 교육목표 분류학(taxonomy of educational objectives)에서는 교육목표와 행동 영역이 인지적 영역(cognitive domain), 정의적 영역(affective domain), 운동기능적 영역(psychomotor domain)의 세 영역으로 구분되었다. 브루너에 따르면, 인지적 영역은 지식(knowledge), 이해력(comprehension), 적용력(application), 분석력(analyse), 종합력(synthesis), 평가력(evaluation)의 여섯 가지 행동요인으로 구분되며, 이들은 낮은 수준에서 높은 수준으로 위계를 이루고 있다. 정의적 영역의 행동 분류는 선정된 현상에 단순히 주의를 기울이는 것에서부터 복잡하면서도 내면적으로 일관성 있는 인격과 양심에 이르기까지 넓은 범위에 걸쳐 있다. 정의적 영역에는 인격화 정도에 따라서 감수(receiving), 반응(responding), 가치화(valuing), 조직화(organizing), 인격화(characterizing) 등이 포함되었다.

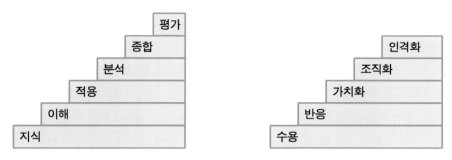

[그림 8-4] 인지적 영역(좌)과 정의적 영역(우)

3. 교수설계

1) 시스템적 관점에서 본 글레이저 수업 모형

수업을 하나의 시스템적 관점에서 파악하는 교수 이론들이 있다. 이 이론들은 수업 과정이 효율화되고 과학화될 수 있다고 보며 합리적인 분석과 조작 및 관리의 대상이 될 수 있다고 본다. 시스템적 관점에서는 수업 과정이 투입, 과정, 산출 변인으로 구성되어 있다고 본다.

시스템적 관점에서 수업설계를 강조하는 대표적인 이론은 글레이저의 모형이다. 글레이저의 수업모형에서는 교수목표 설정, 출발점 행동 진단, 학습 지도, 평가 등의 네 단계를 제시하고, 이들이 절차적으로 구성될 것을 강조한다(권낙원, 김동엽, 2006).

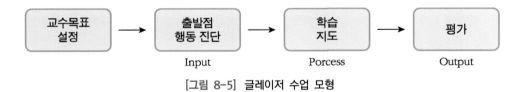

[그림 8-5] 글레이저 수업 모형

(1) 교수목표 설정

교수목표란 한 단위의 수업이 끝났을 때 학습자가 성취하기를 기대하는 행동이다. 교수목표는 추상적인 진술보다는 관찰과 측정이 가능한 구체적인 행동으로 진술되어야 한다. 교수목표가 분명하게 진술되어야 그것을 달성하는 데 적합한 교수활동, 교수매체, 교수자료의 선정 지침을 제공할 수 있다. 또한 명확한 교수목표를 통하여 평가의 기준을 마련할 수 있다.

(2) 출발점 행동 진단

출발점 행동이란 특정의 과제를 학습하려는 출발선상에서 학습자들이 가지고 있는 지식, 기술, 태도 등을 의미한다. 교수목표를 성공적으로 달성하기 위해서는 학습자들이 해당 과제를 학습하는 것과 관련된 능력을 구비하고 있어야 한다. 출발점 행동의 진단은 세 가지 기능을 갖는다. 첫 번째는 선수학습 능력의 진단이다. 선수학습 능력의 진단은 새로운 학습과제를 성취하는 데 필요한 지적 능력이나 기능을 충분히 습득하고 있는지 여부를 파악하는 것이다. 두 번째는 사전학습 정도의 진단이다. 이는 새로운 학습과제의 교수목표 중에서 학습자가 이미 알고 있거나 습득하고 있는 정도를 파악하는 것이다. 세 번째는 학습자의 흥미, 자신감, 경험, 자아개념, 성격 등과 같은 심리적 특성을 파악하는 것이다. 출발점 행동의 진단은 교수활동의 효율성 증대와 맞춤형 교수 활동의 적용을 위해 선행되어야 하는 중요한 과정이다.

(3) 학습 지도

교수절차는 수업이 실제로 이루어지는 단계이며 교수 활동이 전개되는 핵심적인 과정이다. 이 단계에서는 교수목표를 달성하는 데 적합한 교수방법과 절차들을 선정하여 실행한다. 과제의 특성과 학습자의 특성을 고려한 최적의 교수전략과 교수매체를 활용한다. 교수 활동의 전개는 일반적으로 도입, 전개, 정리의 과정으로 진행된다.

수업이 시작되는 도입 단계에서는 학습자의 주의를 집중시키고, 학습해야 할 내용의 핵심과 도달해야 할 학습목표를 제시하며, 적절한 선행 조직자를 활용하여 다루려는 학습내용과 관련이 있는 과거의 학습내용을 회상하도록 유도하여 본 수업의 내용과 연관시켜 준다.

전개 단계는 수업의 중심 활동으로서 학습과제를 본격적으로 전개시켜 나가는 단계다. 이 단계에서는 학습과제와 학습자의 특성을 고려하여 다양한 교수방법을 적용하여 학습내용과 학습자료를 제시하고, 학습활동에 대한 학습자의 적극적인 참여를 유도한다.

정리 단계는 수업의 종결 부분으로서 학습내용을 요약하고 현실 상황에 주는 시사점을 정리하며, 학습내용을 일상생활이나 실무적인 문제에 적용시킬 수 있는 기회를 제공하거나, 이와 관련된 사고를 자극한다. 또한 수업시간에 충분히 다루지 못한 내용에 대해서는 추가적인 보충 자료를 제공하여 학습자 주도적인 탐구활동을 촉진하고, 다음 과정의 수업 과제를 예고하여 관심과 흥미를 자극하고 사전에 준비하도록 한다.

도입 단계	전개 단계	정리 단계
• 주의 집중 • 목표 제시 • 선행 학습 상기	• 학습 자료 제시 • 학습 안내 및 지도 • 연습 • 피드백 제공	• 형성 평가 • 파지 및 전이 고양

[그림 8-6] 교수활동의 과정

(4) 평 가

교수과정의 마지막 단계는 학습결과를 평가하는 과정이다. 학습결과의 평가는 학습자의 학습 결과에 대한 평가와 교수과정에 대한 평가로 나눌 수 있다. 학습자의 학습 결과에 대한 평가는 설정했던 교수목표를 학습자가 얼마나 성취하였는가를 평가하는 것이다. 즉, 교수 활동이 완료된 시점에서 교수목표의 달성 여부와 학습자들의 성취 수준을 종합적으로 판정하는 총괄평가를 실시하여 학습자의 학업성취도를 확인하는 것이다.

교수과정에 대한 평가는 교수활동의 전반적인 과정을 종합적으로 평가하는 것인데, 교수목표의 설정이 타당했는지, 출발점 행동의 진단은 제대로 이루어졌는지, 수업 진행은 적절했는지, 평가는 타당하고 신뢰할 수 있게 이루어졌는지 등을 평가한다. 이는 차후에 실시될 교육과정 설계의 참고 자료로 활용된다.

2) 한국교육개발원의 수업 모형

한국교육개발원은 1972년부터 10여 년간 학교에서의 현장 검증을 거쳐 수업 모형을 개발하였다. 이는 초등학교를 대상으로 개발하였으나, 그 개념은 대학교육에서도 참조할 수 있기에 소개하도록 한다.

한국교육개발원의 수업 모형은 크게 계획-진단-지도-발전-평가의 다섯 단계로 이루어져 있다. 단계별 세항은 [그림 8-7]에 제시되어 있다(윤정일 외, 2010).

계 획	진 단	지 도	발 전	평 가
학습과제 분석 수업계획 실천계획	진단 실시 결손정도 분류 심화교정학습	도입 전개 정착	형성평가 완성도 분류 심화보충학습	종합평가 결과검토 결과활용

[그림 8-7] 한국교육개발원의 수업 모형

제3절 좋은 수업을 위한 원칙들

이 절에서는 좋은 수업이 이루어지기 위해서 전제되어야 할 원칙들에 대해서 알아보고자 한다.

1. 좋은 수업의 요건

마이어(Meyer, 2011)는 『좋은 수업이란 무엇인가』라는 저서에서 좋은 수업이 되기위한 요인 아홉 가지를 제시하였다.

1) 수업의 명료한 구조화

좋은 수업은 구조화가 명료하게 이루어진 수업이다. 먼저, 과정적 구조가 명료해야하는데, 수업의 외적인 측면인 수업의 경영과 내적인 측면인 교수-학습 방법상의 전개 과정이 명료해야 한다. 따라서 수업의 목적, 내용, 그리고 방법은 상호 연관되고 조화롭게 일치되어 있어야 한다. 조화로운 일치는 좋은 수업 계획, 교수자의 노련한 교수방법, 학습자의 구성적인 협력을 통해서 이루어질 수 있다.

명료하게 구조화된 수업은 교수방법상의 진행과정에 일관성이 있는 수업이다. 이는첫 번째 수업 단계에서 두 번째 수업 단계가 연결되어 나오고, 두 번째 수업 단계로부터 세 번째 수업 단계가 나오는 것을 말한다. 또한 교수방법상의 진행과정은 대개 도입-전개-정리로 이루어지는데, 이 과정을 수업의 근본 리듬이라고도 한다.

또한 수업 과제, 규칙 및 역할이 명료해야 한다. 수업과제의 명료성은 학습자들이수업의 목적, 내용, 방법의 연관성을 분명히 이해하여 '수업에서 무엇이 다루어지고있는가'를 알도록 하는 것이다. 규칙의 명료성은 학습 관계의 신뢰성을 창출하고, 역할의 명료성은 수업 진행과정에서 요구되는 역할의 차별화가 교수자와 학습자 사이에 정확히 인식되고 용인되어 준수되는 것을 의미한다.

2) 학습 몰입 시간의 높은 비율

'학습 시간'은 학습 성과에 영향을 미치는 결정적인 요인이다. 이때의 학습 시간은양적인 의미이며, 학교에 오래 다니면 더 많이 배운다는 것이다. 이 명제는 질적인 관점에서도 타당하다. 즉, 집중하는 학습자, 다시 말해서 질적으로 우수한 수업에 참여한 학습자가 더 많이 배운다. 이 요인에는 교수자의 전문적 지식과 능력이 결정적으로 중요한 역할을 한다.

'학습 몰입 시간'은 의도된 목표를 달성하기 위하여 학습자가 실제로 사용하는 시간이며, 학습자가 강의에 집중하여 주의 깊게 듣는 등 학습을 위해 능동적으로 활용한 시간이다. '학습 몰입 시간'은 수업을 진행한 시간과 반드시 같은 것은 아니다. 선행 연구에 따르면 한 교수자의 수업이 다른 교수자의 수업보다 2~3배나 더 많은 내용을 가르치는 사례도 있었다(손승남, 정창호, 2004).

3) 학습 촉진적인 분위기

수업 분위기라는 개념은 교수자-학습자, 학습자-학습자 관계의 특성을 표현하기 위한 것이다. 학습을 촉진하는 분위기에는 상호존중, 규칙의 준수, 책임의 공유, 개별 학습자와 학습 집단 전체에 대한 교수자의 공정한 태도, 교수자의 학생에 대한 배려 및 학습자 상호 간의 배려가 포함된다.

상호 존중은 상대에 대한 경의이며 서로에 대한 예의바름으로 표현된다. 규칙의 준수는 수업 분위기와 결과에 긍정적인 영향을 미치며, 작업 관계 신뢰성의 기초가 된다. 책임의 공유는 공동적인 학습의 본질적인 요소이며, 자신의 학습과정과 동료의 학습과정에 대해 책임을 진다는 것이다. 공정성은 사랑, 진리, 그리고 시간을 분배하는 원칙이며, 배려는 교수자의 수업 진행 과정에서, 그리고 학습자 상호 간에 서로 돕는 동지적 관계에서 표현된다.

수업 현장에서 존경, 규칙의 준수, 책임, 공정, 그리고 배려는 서로 상충될 수 있으므로 상호 간의 적절한 균형을 유지하는 것이 중요하다.

4) 학습내용의 명료성

학습내용의 명료성은 좋은 수업의 핵심 요건이며 불가결한 전제다. 학습내용의 명료성은 수업의 목적, 내용, 방법이 일관성이 있고 학습과제가 적절한 것을 의미한다. 학습과제를 적절하게 설정하기 위해서는 학습 구조의 분석과 학습 상태의 분석이 필요하다.

학습 구조의 분석은 수업 내용의 구조를 분명히 하는 것과는 다른 것인데, 교육목적을 달성하기 위하여 학습자들이 어떤 종류의 행동을 해야 하는가를 상세하고 구체적으로 판단하는 작업이다.

학습 상태의 분석은 교수자가 학습자들이 배워야 할 과제를 달성하는 데 요구되는 능력(선행학습, 학습 전략 등)과 태도(호기심, 흥미 등)를 가지고 있는지 판단하는 것이다.

학습내용의 명료성은 또한 전체 수업시간과 관련하여 주제의 전개 과정이 순조로워야 하고, 수업 결과의 정리를 명확히 하여, 교수자와 학습자가 수업을 통해 어떠한 지식과 능력을 습득했는가를 명확히 하는 것이다.

5) 의미 생성적 의사소통

의미 생성적 의사소통은 교수자와 학습자들 간의 교류 속에서 교수-학습 과정과 그 결과에 어떤 개인적이고 개별적인 의미를 부여하는 과정을 말한다.

수업 과정에서 의미의 생성은 짧은 반복, 학습활동 계획에 대한 참여, 의미 있는 눈빛과 대화, 피드백 등을 통해 형성될 수 있으며, 학습자들의 생각을 진지하게 묻는 교수자의 질문이 학습자들로 하여금 더 깊은 의미를 찾도록 하는 계기가 된다.

6) 수업방법의 다양성

수업방법의 다양성은 과제 설정의 다양성, 학습자 개개인의 학습 전제 조건들과 흥미의 이질성으로 인해 필요한 것이다. 수업방법의 다양성은 수업 과정에서 다양한 연출 기법을 사용하고, 다양한 범례적 행동 방식들을 도입하며, 수업의 진행 형식이 유연하게 적용될 때 확보된다.

연출기법에는 질문하기와 대답하기 등의 언어적 요인과 표정과 몸동작 등 비언어적 요인이 포함된다. 범례적 행동 방식은 역할 분담, 시작과 과정 및 결말을 분명히 하는 것을 말한다. 수업의 진행 형식들은 일상적 수업에서는 다소 정형화된 형식이 있는데, 그것은 대부분 도입-전개-정리 순으로 이루어진다.

7) 개별적인 촉진

개별적인 촉진은 다양한 학습자가 개인적으로 필요로 하는 지원을 받으며, 개인적인 특성을 고려하여 각자의 강점을 발달시키고 약점을 보완하는 학습 상황을 만드는 데 필요하다. 개별적인 촉진은 모든 학습자에게 그들의 신체적·지적·정서적·사회적 잠재력을 포괄적으로 발전시킬 수 있는 기회를 제공하는 것이다.

8) 지능적 연습

지능적 연습은 이전에 배운 것을 자동화하고 질적인 향상을 추구하며(심화) 새로운 지식 및 활동 영역에 적용하도록(전이) 하기 위한 것이다. 지능적 연습을 위한 학습전략에는 정교화 전략, 환원과 조직화 전략, 검사 전략 등이 있다. 정교화 전략은 추상적인 사태에 대한 예를 생각해 내도록 하고 어떤 사실적 사태에 대한 이미지와 은유를 만들어 내는 전략이다. 환원과 조직화 전략은 새로 학습한 내용 내에서 여러 연관성을 만들어 내는 데 도움을 준다.

9) 분명한 성취 기대

학습자의 성취는 학습내용의 제시와 성취 능력 및 투입의 함수다. 또한 성취에 대한 기대는 학습을 자극하는 중요한 요인인데, 성취 능력이 약한 학습자뿐만 아니라 성취 능력이 강한 학습자에게도 개별적인 방식으로 표현해 주어야 한다. 성취에 대한 기대는 교수자가 의도한 바대로 학습자가 이해한 경우에만 제 효과를 발휘할 수 있다.

2. 교수-학습 과정에 따른 수업 원리

좋은 수업을 하기 위해 고려해야 할 사항은 수업 목표를 달성하기 위해 제공되는 교수-학습의 과정에 따른 원리 측면에서도 살펴볼 수 있다. 교수-학습 과정의 원리에 따르면 수업목표의 설정 및 제시, 학습동기 유발, 학습결손의 발견 및 처치, 학습내용의 제시 및 학습활동, 연습 및 적용, 형성평가와 피드백, 전이 및 일반화 등 일곱 가지 요건에 대해 관심을 갖는다(변영계, 김영환, 손미, 2007; 권인탁 외, 2006).

1) 수업목표의 설정 및 제시

교수 계획표 작성 시 가장 서두에 하는 것은 수업목표를 기술하는 일이다. 학교에 따라 교수 계획표 양식에 과목목표, 교육목표, 수업목표, 학습목표 등의 용어로 항목화되어 있다.

교수자는 수업설계 시 수업목표를 명확히 설정해야 하고, 수업을 시작하는 도입 단계에서 해당 수업을 통해 학습자들이 달성해야 할 수업목표를 분명하게 제시해 주어야 한다. 학습자가 수업목표를 분명히 인지하고 있느냐의 여부에 따라 수업의 성과가 달라진다. 즉, 학습자들은 자신의 수업목표를 정확하게 인식하고 학습에 임할 때 학습 효과가 촉진된다. 학습자들이 무엇을 알아야 하는지, 그 이유는 무엇인지, 또한 그 내용을 어느 분야에 적용하고 활용할 것인지를 이해하였을 때 교수자의 수업 진행에 적극적으로 참여하게 되며, 그 결과 성공적인 학습이 이루어질 수 있다.

수업목표를 명확하게 제시하기 위해서는, 먼저 교수자가 수업을 통해 최종적으로 달성하고자 하는 것이 무엇인지를 구체적으로 진술함으로써 교수자 스스로가 수업목표를 분명하게 인지하고 숙지할 필요가 있다. 수업목표를 구체적으로 진술하기 위해서는 우선 수업목표에 내용요소와 행동요소가 포함되도록 진술하여, 어떤 내용을 어떤 행동으로 표출되도록 할 것인가를 분명히 진술하고, 목표한 학습 결과가 일어나기 위한 조건, 구체적인 행동, 수업목표 도달 수준을 구체화하여 작성한다.

교수자는 학습자들이 수업목표를 분명히 인식하도록 다음과 같은 방법을 강구하여야 한다(조용개 외, 2009). 첫째, 학습자들의 학습목표에 대한 명확한 인지다. 이를 위해서 교수자는 수업목표를 구두로 설명하거나, 칠판을 활용한 판서나 자료를 통해 제시하거나, 수업 전에 유인물로 된 평가문항을 제시하거나, 학습 후에 완성될 결과물을 제시하거나, 시범을 보이거나, 수업목표를 질문의 형태로 바꾸어 제시하는 등의 방법을 활용할 수 있다.

둘째, 학습자들에게 수업목표를 달성하는 절차를 알려 준다. 교수자가 학습자들에게 수업목표에 쉽게 도달할 수 있는 일련의 순서나 절차를 설명해 주는 한편, 학습자들이 수업목표에 도달하는 절차를 스스로 탐색하도록 한다. 이를 위한 방안으로는 교수자가 학습자들이 이해할 수 있는 용어를 사용하여 구두로 설명하거나, 절차가 복잡하거나 언어로 설명하기 어려운 절차인 경우 순서도나 그림을 그려서 제시하거나, 발견학습일 경우에는 수업목표의 도달 절차를 학습자가 발견하도록 암시적인 질문을 활용하는 방법이 사용될 수 있다.

셋째, 학습자들이 기대되는 결과나 모범 작품을 관찰하도록 한다. 즉, 학습자들에게 학습이 완료되었을 때 기대되는 정확한 시범 동작이나 모범 작품을 관찰하도록 함으로써 모방학습의 기회를 제공한다. 그리하여 정확한 동작과 부정확한 동작을 변별할 수 있는 기회를 부여한다.

이를 위한 구체적인 방법으로는 모범적인 작품과 잘못된 작품을 비교하여 제시하거나, 숙달된 사람들의 시범 동작을 제시하거나, 흔히 오류를 범하기 쉽거나 잘못하기 쉬운 동작을 제시하는 방법 등이 활용될 수 있다.

2) 학습동기 유발

주어진 학습내용이나 학습활동에 대한 관심과 흥미는 적극적인 학습에 매우 중요한 요인이며, 학습자들이 학습에 주도적으로 참여하였을 때 학습효과가 촉진된다는 것은 자명한 사실이다. 학습자들이 학습할 내용에 주의를 기울이도록 하려면 교수자는 학습자들이 학습내용에 흥미를 갖도록 하고 스스로 학습하려는 자세를 갖도록 학습동기를 유발하여야 한다.

학습동기에 관한 가장 유명한 이론은 켈러(Keller)가 제안한 네 가지 학습동기 유발 전략이다(Keller, 1993). 이 학습동기 유발 전략은 ARCS 모형이라고도 하는데, ARCS는 Attention(주의), Relevance(관련성), Confidence(자신감), Satisfaction(만족감)의 머리글자를 딴 것이다.

(1) 주 의

학습자들의 주의집중을 이끌어 내고 이를 유지시키는 방법을 강구해야 한다. 주의를 끌게 하는 방법으로는, 첫째 예상하지 못했던 신기한 소리나 움직임, 인상적인 그림이나 도표, 재미있는 애니메이션, 믿기 어려운 통계 제시 등의 지각적 각성을 유발하는 전략이 있다. 둘째, 학습자들에게 흔치 않은 비유나 내용과 관련된 연상을 스스로 만들어 보게 하는 것과 같이 보다 깊은 수준의 지적 호기심을 자극함으로써 학습하고자 하는 마음을 갖게 하는 탐구적 각성을 유발하는 방법이 사용될 수 있다. 셋째, 교수-학습 방법을 수업의 전체적인 흐름을 깨트리지 않는 범위 내에서 다양화하여 수업에 변화를 주고 수업에서 하는 학습자의 활동을 다양하게 바꾸어 보는 방법이 있다.

(2) 관련성

수업목표가 학습자 자신에게 어떤 의미가 있는지를 깨닫게 한다. 즉, 교수자는 학습자들이 수업의 내용과 그들 자신이 어떻게 관련되는지를 알게 하는 방법을 찾아 미리 계획하여 실행해야 한다. 이를 위해서는 다음 세 가지 방법이 사용된다. 첫째, 목표지향성이다. 학습자들이 수업내용에 대해 분명한 목적을 가지도록 수업내용을 학습한 이후에 갖게 될 유용성을 실제 사례를 활용하여 설명해 준다. 즉, 수업목표를 달성하였을 때 어떤 실용적 활용성이 있는지를 알게 해 준다. 둘째, 친밀성이다. 학습자가 이미 알고 있는 사실, 경험, 가치에 바탕을 두고 설명하고, 학습자들에게 익숙한 내용과 방법을 사용하여 친밀감을 강화하는 방법을 사용한다. 셋째, 성취 욕구와 소속감의 욕구 충족이다. 성취목표를 학습자의 개별적 능력을 고려하여 단계적으로 제시하고 인간적인 관심과 배려를 바탕으로 학습 의욕을 북돋아 준다.

(3) 자신감

학습자가 수업목표에 대해 자신감을 갖도록 북돋아 줌으로써 학습동기를 유발한다. 이를 위하여, 첫째, 학습에 필요한 조건을 분명하게 구조화하여 제시한다. 둘째, 수업 목표는 학습자가 재미있어 하면서도 적절한 수준의 난이도를 갖도록 구성한다. 셋째, 학습자가 학습을 스스로 조절하고 있다고 느낄 수 있도록 수업을 구성한다.

학습자들이 수업을 통하여 수업목표를 성공적으로 성취할 수 있다는 긍정적 기대감을 갖게 하거나, 수업에서 이루어지는 활동들의 결과로 수업목표를 성공적으로 성취할 수 있을 것이라는 자신감을 갖도록 수업을 설계해야 한다.

(4) 만족감

학습자들이 자신의 학습경험과 성취에 대해 긍정적인 느낌을 갖고 만족할 경우 학습동기가 유지되고, 다음 학습에도 긍정적인 영향을 미친다. 만족감은 유발된 학습동기를 다음 학습과제로 전이시켜 주는 데 중요한 역할을 한다.

만족감을 높이기 위해서는, 첫째 학습한 결과를 실제에 활용하고 적용하면서 만족해할 수 있는 기회를 제공하여, 이전에 학습한 내용이 가치 있고 의미 있는 것이라는 사실을 확인시켜 줌으로써 내적 동기를 유발시킨다. 둘째, 학습자가 달성한 좋은 결과에 대해서 칭찬, 인정, 상점 등 긍정적인 보상이나 피드백을 제공하여 외적 동기를 유발시킨다. 셋째, 공평한 학습 기회를 제공하고 수업 내용과 평가 내용을 일치시키는 등 수업을 공정하게 진행하는 것도 만족감에 영향을 미친다.

3) 학습결손의 발견 및 처치

성공적인 학습을 하기 위해서는 새로운 과제의 학습에 필요한 선수학습 능력을 갖추고 있어야 한다. 학습에 요구되는 선수학습 능력을 갖추고 있지 않으면 교수자의 수업이 무의미하게 되고 선수학습 능력의 결손으로 인해 학습에 곤란을 받게 된다. 따라서 새로운 학습 과제에 대한 수업이 시작될 때 학습결손을 진단하여 적절한 처치를 실시하여 보완해 주는 일은 효율적인 수업 진행을 위해 대단히 중요한 활동이다.

이를 위해서는 먼저 선수학습 능력을 진단할 수 있는 평가를 실시하여, 어느 부분에 얼마만큼의 결손이 있는지를 파악하고 학습자가 자신의 결손을 인식하도록 한다. 발견된 결손에 대하여는 학습자가 무엇을 얼마나 공부해야 하는지를 알려 주고 결손 부분을 보완할 수 있는 자료나 보충학습의 기회를 제공한다. 이때 개별화 수업 프로그램을 활용하면 효과적이다.

4) 학습내용의 제시 및 학습활동

수업의 질은 어떤 학습내용을 어떤 방식으로 제시하느냐에 따라, 그리고 학습자들을 어떻게 학습활동에 참여시키느냐에 따라 달라진다. 즉, 학습내용의 조직화와 제시, 학습 집단의 편성, 개인차 고려 등이 중요한데, 구체적으로 살펴보면 다음과 같다.

첫째, 학습자들의 능력과 발달 수준을 고려하여 그들에게 적절한 언어와 방식으로 학습내용을 설명한다. 수업은 가능한 한 개별 학습자들의 특성을 고려한 개별화 수업을 지향해야 한다. 교수자는 학습자들의 학습능력 수준을 구분할 수 있는 사전학습 평가를 준비하고 그 평가결과에 따라 개별학습을 실시할 수 있는 학습자료를 준비해야 한다. 복잡한 개념이나 원리를 설명해야 할 때는 적절한 예를 제시하고, 그 개념이나 원리와 혼돈하기 쉬운 예도 함께 제시하는 것이 정확한 개념을 형성하는 데 효과적이다. 또한 수업에서 활용하는 매체를 다양하게 하는 것도 필요하다. 강의식 수업을 하더라도 사진, 삽화, 오디오 자료, 멀티미디어 자료, 실물, 모형 등 다양한 수업매체를 활용한다면 학습효과가 높아질 것이다.

둘째, 학습자들을 수업의 전 과정에 적극적으로 참여시키고, 학습자와 교수자, 학습자 상호 간, 학습자와 제공된 학습자료 간 상호작용을 최대한 촉진시킨다. 이를 위해서 교수자는 학습자에게 논리적이고 창의적인 사고를 자극하는 질문을 준비하여 수시로 질문하고, 학습자의 질문과 답변 및 발표에 칭찬과 격려를 적극적으로 표현하며, 수업활동에 변화를 주고 다양한 활동으로 구성하여 실행한다.

셋째, 학습목표는 그것을 달성하기 위해 단계적으로 학습해야 할 하위 구성요소를 계열적으로 순서화하여 제시하고 실행한다. 교수자는 수업목표의 하위요소를 체계적으로 분석하고 이를 위계화하여 순서에 따라 수업을 전개한다. 쉬운 것에서 어려운 것으로, 단순한 것에서 복잡한 것으로, 구체적인 것에서 추상적인 것으로, 대표적인 것에서 덜 대표적인 것으로, 순서에 따라 학습이 이루어지도록 한다.

넷째, 새로운 개념이나 원리를 학습할 때는 선행조직자(advanced orgarnizers)를 적절히 활용한다. 선행조직자란 새로운 과제와 관련된 인지구조를 미리 설정해 주기 위하여 교수자가 추상성, 일반성, 포괄성의 정도가 높은 입문적 자료를 새로운 학습과제에 앞서 제시하는 것을 말한다. 선행조직자는 새로운 정보를 인지구조 내에 포함시키기 위한 발판을 마련하는 역할을 한다(Gagné, 1985, p. 162). 다시 말해서, 선행조직자란 학습자의 인지구조 안에 적절한 정착 아이디어를 제공하고, 새로운 학습자료에 잠재적인 의미를 부여하여, 생소한 내용을 친숙하게 파악하고 기존의 장기기억 속에 가지고 있던 유사한 개념과 통합시키는 것이다.

선행조직자를 통하여 학습자는 자신의 기억 속에 있는 유의미한 맥락을 새로운 학습과 관련시킬 수 있으며, 수업할 내용과 학습자의 인지구조를 연결함으로써 유의미학습을 유발한다(권인탁 등, 2006). 선행조직자를 형성하기 위해서는 과거에 학습한 지식체계를 상기하도록 하거나, 새로운 학습내용과 학습자의 인지구조를 관련지어 주거나, 학습할 내용의 개요를 기록한 인쇄물이나 그림으로 도해화한 자료를 보여 주는 등의 방법을 사용하면 효과적이다.

5) 연습 및 적용

성공적인 수업이 이루어지려면, 학습자들이 자기가 무엇을 왜 알아야 하는지를 이해하고, 해당 수업목표를 성공적으로 달성하는 것이 자신에게 어떤 의미가 있는 것인지를 깨달아서 교수자의 수업 진행에 적극적으로 참여해야 한다. 이를 가능하게 하는 방법은 수업을 통해 학습한 결과가 학습자의 삶에 어떻게 구현되는지를 경험할 수 있는 기회를 제공하는 것이다. 학습자는 연습과 적용을 통해 학습한 것을 좀 더 분명하게 이해할 수 있게 되고 망각의 확률도 감소시킬 수 있다.

학습자로 하여금 학습의 결과를 연습하고 적용할 수 있는 기회를 계획할 때는 다음의 사항에 유의할 필요가 있다.

첫째, 단순한 암기나 공식에 의한 학습보다는 심화된 이해 중심의 학습을 하면 학습내용의 기억과 학습의 전이 및 일반화가 촉진된다.

둘째, 학습한 행동을 익숙한 일상생활이나 실무적인 상황에 적용해 보는 시도와 경험을 많이 하게 되면 학습의 일반화와 전이가 촉진된다. 그러므로 교수자는 학습내용과 유사한 연습문제를 제시하고, 학습자가 학습한 내용을 실제 상황이나 일상생활에 다양하게 적용할 수 있는 기회를 제공해야 한다.

셋째, 교수자는 학습자의 능력과 적성 및 시간적 여건을 고려하여 각자에게 적절한 정도의 연습이 이루어지도록 해야 한다. 또한 연습을 하기 전에, 연습을 통해 달성할 목표나 수준을 제시하고, 그 수준에 도달했을 경우 교수자의 확인을 받고 다음 단계의 연습에 들어가도록 한다.

넷째, 특정 내용을 학습한 직후에 학습내용을 정리하도록 하면 기억의 파지와 전이 및 일반화가 촉진된다. 교수자는 일련의 학습과정이 끝난 후 학습자들이 학습내용을 회상하게 한다든지, 주요 내용을 요약해 준다든지, 학습자 스스로 내용을 요약해 보도록 하는 기회를 제공한다.

다섯째, 연습의 효과는 한 번에 많은 시간을 투입하여 연습하는 것보다 여러 번에 나누어 연습할 때 더 효과적이다. 즉, 연습에 투입할 시간을 적절히 배분하여 반복해서 연습할 때 효과가 더 크다.

6) 형성평가와 피드백

형성평가는 교수-학습이 진행되는 중에 학습자의 학습과정을 확인하는 평가다. 교수자는 수업을 설계하는 단계에서 수업의 효과를 평가하기 위하여 어떤 자료를 수집하고 분석할 것인가를 계획해야 하며, 학습자의 학습과정이 제대로 진행되고 있는지 수시로 확인할 필요가 있다. 특정의 교수-학습과정을 종료하는 시점에 평가계획을 수립하게 되면 평가에서 측정하는 내용이 본래의 수업목표, 즉 그 과목에서 배우고 도달해야 할 수업목표가 아니라 교수자가 수업 중에 다루었거나 강조하였던 내용에 대해서만 한정하는 일이 발생한다.

교수자는 평가에서 학습자가 올바르게 반응했거나 목표 수준에 도달했을 때는 그 내용을 학습자에게도 알려 주고, 학습의 성과에 따라 적절한 강화를 제공해 주어야 한다. 반면에 학습자가 올바르게 반응하지 못했거나 오답을 했을 경우에는 그 오류를 즉각 교정해 주어야 한다. 교수자는 평가를 효과적으로 실시하기 위해서 평가의 준거를 사전에 제시하고, 오류의 원인을 학습자가 스스로 찾을 수 있도록 하는 것이 좋다.

평가는 수업목표에 비추어 진행된 수업의 내용과 방법이 적절했는지의 여부를 확인하는 수업 자체에 대한 평가도 이루어져야 한다. 근래에는 학기 종료 후 학습자들의 온라인 강의 평가를 통해서 교수자의 수업과정이나 결과에 대하여 피드백하고 있지만, 종강 후의 수업평가로는 학습자의 요구에 직접 대응할 수 없으므로 학기 진행 중에 수

업의 진행 과정과 수업내용 및 방법에 대한 적절성을 점검하는 중간평가를 실시하기도
한다.

7) 전이 및 일반화

교수-학습과정을 통해 학습된 행동은 학습한 상황과 같지는 않지만 유사한 다른 상
황에서도 적용되어야 하며, 후속되는 학습을 위해 높은 수준의 전이가 일어나도록 학
습되어야 한다. 그러므로 전이는 학교교육이 추구하는 중요한 목표 중 하나다.

전이(transfer)는 특정 장면에서 학습한 지식을 새로운 장면이나 관련된 맥락에서 활
용할 수 있는 것을 말한다. 다른 학습자가 배운 구체적인 문제해결 기법을 다양한 문제
상황에서 어떻게 사용할 수 있는가를 아는 것은 해당 학습 내용의 가치와 유용성을 증
가시킨다. 전이는 학습자가 자신이 이미 학습한 지식이나 기술을 새로운 학습과제나
문제해결 장면에 적용하려는 의지, 즉 동기를 필요로 한다는 점에서 동기유발과 밀접
한 관련이 있다.

일반화(generalization)는 개별적인 것 또는 특수한 것이 일반적인 것으로 되는 현상
을 말한다. 학습에서는 어떤 특정한 자극에 대한 반응이 확립된 뒤, 그 자극과 다소 다
르지만 유사한 자극에 대해서도 같은 반응이 나타났을 때 우리는 일반화가 일어났다고
말한다.

전이와 일반화를 촉진하기 위해서는 단순한 암기나 공식에 의한 학습보다는 확실하
고 심화된 이해가 이루어지도록 수업을 진행하고, 학습한 행동을 일상생활이나 실무적
상황에서 직면하는 문제에 적용해 보도록 하며, 수업을 한 후 학습한 내용을 정리하고
요약하는 방법이 활용될 수 있다.

3. 바람직한 교수방법

EBS에서는 다방면에 걸친 자료 조사와 15년에 걸친 연구 끝에 『미국 최고의 교수들
은 어떻게 가르치는가』라는 책을 펴낸 뉴욕대학교 '최고 교수법 연구소'의 소장인 켄
베인(K. Bein) 박사의 추천을 통해 선정된 마이클 샌델 교수(M. Sandle, 하버드대학교 정치
학과), 더들리 허슈바크 교수(D. Herschbach, 하버드대학교 화학과), 샹커 교수(R. Shankar,
예일대학교 물리학과), 자넷 노던 교수(J. Norden, 밴더빌트대학교 세포생물학과), 메리 앤
홉킨스 교수(M. Ann Hopkins, 뉴욕대학교 외과교육과), 앤 우드워드 교수(A. Woodward,

노스웨스턴대학교 연극학과), 도널드 골드스타인(D. Goldstein, 피츠버그대학교 국제정치학과), 켄 베인 교수(K. Bain, 몽클레어대학교 역사학과) 등 명성 있는 교수들의 강의 준비부터 강의 기술, 시험 채점, 그리고 강의 평가에 이르기까지, 최고의 교수를 구분하는 여섯 가지 질문을 토대로 하여 그들의 수업 방법을 상세하게 분석하여 제시하였는데, 그 주요 내용을 살펴본다(EBS 최고의 교수 제작팀, 2008).

최고의 교수를 구분하는 여섯 가지 질문은 다음과 같다.

> • 최고의 교수들은 학습에 대하여 무엇을 이해하고 있는가?
> • 최고의 교수들은 어떻게 강의를 준비하는가?
> • 최고의 교수들은 학생들에게 무엇을 기대하는가?
> • 최고의 교수들은 어떤 방법으로 수업을 진행하는가?
> • 최고의 교수들은 학생들을 어떻게 대하는가?
> • 최고의 교수들은 어떤 방법으로 학생들과 자신을 평가하는가?

1) 학습에 대한 이해

교수의 역할은 정보 전달이 아니라 학생들의 호기심을 자극하고 과목과 배움에 관한 열정을 깨워서 학습에 대한 도전의식을 불러일으키는 것이다(마이클 샌델, 하버드대학교 정치철학과, 하버드 역사상 가장 많은 학생들이 수강함).

진정한 학습은 학생들을 지적으로 자극하는 것이며, 가장 강력한 지적 자극제는 질문이다. 질문은 지식을 구축하는 과정에서 매우 중요한 역할을 한다. 인간은 질문을 받거나 또는 문제에 부딪혔을 때, 배움의 깊이가 깊어지기 때문이다(샹커, 예일대학교 물리학과).

교수라는 직업을 가진 사람은 자신이 아는 것을 가르치는 것이 아니라, 학생들이 알수 있도록 가르치는 것이다(도널드 골드스타인, 피츠버그대학교 국제정치학과).

교육철학의 핵심은 자유다. 단순한 지식이 아니라 학생 스스로 생각하고 논의하는 방법을 깨닫게 하는 것이다. 교수의 임무는 학생들이 생각하도록 자극하는 것이다(데니스 노블, D. Noble, 옥스퍼드대학교 벨리올 칼리지 생리학과).

종합하면, 훌륭한 교수는 그들 나름의 방식으로 배움의 의미를 이해하고 있으며, 정보전달자가 아니라 학습에 대한 도전의식을 불러일으키는 사람이다. 또한 훌륭한 교수는 학습과정에 주목하고 학생의 지적 능력을 자극하려 하며, 적절한 질문을 준비하여 필요한 상황에서 학습자에게 질문하는 교수다. 따라서 교수는 교수로서의 역할을 인식하고 교수-학습의 목표에 대하여 분명히 이해해야 한다.

2) 강의 준비

수업의 내용은 학생들이 수업을 어떻게 따라오고 이해하는지에 따라서 결정된다. 학생의 반응에 따라서 수업 내용은 변화한다. 따라서 기본적인 개요만을 준비하고, 학생들과 상호작용하는 것이 중요하다(메리 앤 홉킨스, 뉴욕대학교 외과교육과).

수업은 끊임없는 대화의 연속이다. 최고의 교수법은 학생들의 말을 잘 들어주는 것과 명확하게 말해 주는 것이기 때문에 학생들이 대화의 주체가 되도록 강의를 준비한다. 또한 학생들에게 하나의 주제에 대해 서너 가지의 다른 배경 지식을 동시에 알려주고, 공동 작업을 통해 다른 사람으로부터 영감을 받을 수 있도록 수업을 설계한다(찰리 캐넌, C. Cannon, 로드아일랜드디자인스쿨 산업디자인학과).

학생들을 어떻게 참여하게 할 것인가에 중점을 두고 강의를 준비한다. 무엇보다 학생들의 수업 참여는 수업에 대한 그들의 기대치와 비례하기 때문에, 학생들이 수업에서 기대하는 것이 무엇인지를 먼저 생각해야 한다. 또한 학생들이 알아 두어야 할 기본적인 지식과 학생들이 이미 알고 있다고 생각하는 지식에 대하여 강의 노트에 기록해 둔다. 4단계의 지식수준을 가지고 있다고 가정하고, 가장 필요하고 기본적인 지식부터 학습자의 이해에 따라 적절히 제시한다(자넷 노던, 밴더빌트대학교 세포생물학과).

종합하면, 우수한 교수들은 학생들과의 상호작용을 중요시하고, 개인차와 수준차를 고려하여 학생들의 이해 수준에 맞추어서 내용의 완급을 조절한다. 훌륭한 교수는 학생들의 수업에 대한 기대를 분석한 내용에 기초하여 흥미를 유발하고 수업 참여를 유도한다. 교수는 과목의 내용뿐만 아니라 개별 학생들의 특성도 잘 이해해야 한다.

3) 학생들에 대한 기대

최고의 교수들이 학생들에게 기대하는 것 중 하나는 학생들의 지적 발전이다. 수업에서 던진 질문에 관해 학생들이 좀 더 심오한 대화에 참여하기를 기대한다. 따라서 교재 내용을 가르치기보다, 비판적으로 생각할 수 있도록 토론을 진행한다(마이클 샌델,

하버드대학교 정치철학과).

　궁극적으로 의학은 사람들과 소통해야 하는 일이므로, 수업시간에는 학생들이 꼭 알아야 하는 지식만을 알려 준다. 대신 학생들의 내면적인 발전과 인격 발달을 위해 정신적이고 감정적인 발달을 돕는 데 많은 시간을 투자한다(자넷 노던, 밴더빌트대학교 세포생물학과).

　교수로서의 두 가지 주요 목표는 어떻게 학생들의 인생의 경험과 인류를 향한 관심을 발전시키는가 하는 것이다. 따라서 연기 수업을 통해 학생들에게 기대하는 것은 세계와 사회와 사람을 보는 열린 시각이다. 그리고 내가 아닌 다른 사람을 진정으로 이해하는 것이다(앤 우드워드, 노스웨스턴대학교 연극학과).

　종합하면, 최고의 교수들은 사전에 교재를 읽고 과제를 하고 토론을 할 준비를 갖추는 것과 수업 중 대화에 참여하여 사고하는 것을 중요시하고, 지식에 대한 수동적 수용이 아니라 토론을 통해 자기의 것으로 발전시키는 것을 강조한다. 또한 내면적인 인격 발달과 타인의 관점에서 생각하기를 장려하며, 인성교육 및 전인교육을 강조하는 입장에서 수업을 진행한다.

　또한 과목의 궁극적 목표에 따라 과목별로 학생들에 대한 기대치가 다르다. 예를 들어, 철학은 비판적 사고 능력 배양을, 의학은 내면적 인격 발달과 감정적인 발달을, 연극학은 타인에 대한 이해를 중요시한다.

4) 수업 진행 방법

　책과 부여된 독서는 현재와 관련이 있어야 한다. 변화와 업데이트 없이 30년 동안 사용한 케케묵은 노트를 사용하는 것보다 나쁜 것은 없다. 학교에 출근해서 하는 첫 번째 일은 학생들이 가장 관심을 가질 만한 기사를 선택하여 분리하고, 일일이 학생들의 이름을 붙여 두는 것이다(도널드 골드스타인, 피츠버그대학교 국제정치학과).

　학생들이 흥미를 느끼기 시작하면 그다음부터는 어느 누구도 학생들의 열의를 멈추게 할 수 없다. 학습의 열쇠는 바로 흥미다. 이를 위해 신문이나 잡지 같은 글을 미끼로 활용하고, 학생들이 관심 있어 하는 주제와 과목의 연관성을 깨닫게 해 주기 위해 많은 이야기나 우화를 만들어 낸다(더들리 허슈바크, 하버드대학교 화학과, 1986년 노벨화학상).

　학생들의 관심사가 무엇인지 파악하고 그 심리를 알려는 노력이 중요하다. 즉, 교육은 과목이 아니라 학생에서 시작해야 한다. 따라서 학생들이 좋아하고 이미 알고 있는 것들을 가지고 강의를 시작하는데, 현재 이슈가 되는 사건들과 관련지을 때 학생들은 더욱 공부에 열의를 보인다(마이클 샌델, 하버드대학교 정치철학과).

요약하면, 최고의 교수들은 학습의 열쇠는 흥미라고 생각하며, 학생들의 주의를 집중하도록 하고 유지시킨다. 학습내용 도입 시에는 흥미를 유발하는 헤드라인을 사용하고, 학생들의 관심사를 파악하여 학생들이 좋아하고 이미 알고 있는 것에서부터 수업을 전개해 나간다. 학생들과 개별적인 대화를 통해 관심사를 수시로 파악하며, 강의실에서 배울 수 없는 다양한 학습경험을 제공한다.

5) 학생들을 대하는 방식

학생은 소비자이면서 가장 중요한 생산품이다. 학생은 나를 위해 존재하는 것이 아니라, 내가 학생을 위해 존재한다(도널드 골드스타인, 피츠버그대학교 국제정치학과).

최고의 교수법은 단 한 명의 학생과 수업을 한다고 생각하는 것이다. 전체가 아니라 한 사람 한 사람을 학습의 주체로 생각하기 때문에 학생들의 질문과 지적을 주의 깊게 경청하고 100% 피드백을 준다(상커, 예일대학교 물리학과).

가르침을 잘 이해하지 못하는 교수들은 뛰어난 학생을 찾으려고 하지만, 최고의 교수들은 그들의 모든 학생이 재능과 잠재력을 가지고 있다고 여긴다. 즉, 최고의 교수들은 학생들이 열심히 하면 무엇이든 더 나은 결과를 얻을 수 있다는 믿음을 가지고 있다(켄 베인, 몽클레어대학교).

항상 학생들을 존중하는 이유는 자신의 환자들을 존중하는 마음으로 대하기를 바라기 때문이다. 아픈 환자들과 고통을 겪는 가족들을 존중하는 마음 없이 치료만 하는 것은 옳지 않다. 이러한 존중은 서로 간에 통하는 것이기 때문에 한 방향에서만 갖추어야 할 예의가 아니다(자넷 노던, 밴더빌트대학교 세포생물학과).

요약하면, 최고의 교수들은 모든 학생이 재능과 잠재력이 있다고 생각하며 IQ는 문제가 되지 않는다. 학생들을 한 사람 한 사람 존중하며, 학생의 성장 가능성을 신뢰한다.

6) 학생과 자신에 대한 평가

교육평가는 학생의 학업에 점수와 등급을 매기는 것이 아니라 학습을 돕기 위해 평가를 실시하는 것이다. 최고의 교수는 자기만의 평가 프로그램을 가지고 있다.

학생끼리 경쟁시키는 것이 아니라 절대평가를 실시한다. 고등학교까지 경쟁을 많이 했으므로, 대학에서는 서로의 학습에 관심을 갖기 시작하고, 서로 도우면서 공부하며, 잘하는 학생이 못하는 학생에게 도움을 준다. 과학 분야는 다른 사람들과 함께 일하는 분야다. 경쟁이 있지만 경쟁자의 성과가 자신에게 도움이 되거나 자신의 성과가 경쟁자에게 도움이 된다는 점을 인식하도록 한다(더들리 허슈바크, 하버드대학교 화학과).

과제는 한 학기 동안 배울 넓은 영역 중에서 각자 관심 분야를 정하여 깊이 연구하게 하는 것인데, 역사와 현실과 이슈가 포함되어야 한다. 많은 독서량을 필요로 하기 때문에 기간이 따로 정해져 있지 않고, 각자 준비가 되면 언제든지 발표할 수 있다(충분한 준비). 학생들의 과제물과 그에 대하여 자세한 평가를 써 주는 것은 훌륭한 가르침의 도구가 된다(도널드 골드스타인, 피츠버그대학교, 국제정치학과).

학습의 결과보다는 학습과정에 중점을 두고 평가를 한다. 평가하는 과정을 통해서 학생들은 발전할 수 있기 때문이다. 따라서 학기 마지막에 평가하기보다는 학기 중간에 평가를 실시하여 학생들을 개선시킨다(메리 앤 홉킨스, 뉴욕대학교 외과교육과).

시험은 교수와 학생이 효과적으로 대화하였고 소통하였는지에 대한 한 평가 방법일 뿐이다. 학기의 첫 수업에서 학생들에게 받고 싶은 학점을 기록하게 한 후, A학점을 받고 싶은 학생들이 읽어야 할 책의 분량과 B학점을 원하는 학생들이 공부해야 할 내용을 알려 주고, 노력한 만큼의 학점을 준다. 따라서 성적평가는 학생과 맺은 일종의 계약이며, 이를 위한 최선의 환경을 만들어 주면 학생들은 자신의 몫을 찾아가는 것이다(자넷 노던, 밴더빌트대학교 세포생물학과).

요약하면, 평가는 학습을 돕기 위한 것이며, 학습 결과보다는 학습과정에 중점을 두고 평가를 실시한다. 또한 절대평가를 통해 학생들이 서로 돕도록 유도한다. 집단평가를 도입하고 다양한 요소들을 평가하며, 중간평가를 활용한다.

결론적으로 교육이란 학생들이 배우고 싶어 하는 환경을 만드는 것이다. 최고의 교수들은 가르침보다는 학생의 배움에 주목했던 교수들이고, 학생들을 그들의 가르침의 중심에 두었던 교수들이며, 심도 깊은 학습으로 탁월한 성과를 이루어 냈던 교수들이다. 최고의 교수는 많은 학생들을 심도 깊은 배움으로 이끄는 교수다.

▌참고문헌 ▌

김범준, 구병두(2007). 교육학개론. 경기: 공동체.
권낙연, 김동엽(2006). 교수-학습 이론의 이해. 서울: 문음사.

권인탁, 김진곤, 김인홍, 김천기, 노상우, 박세훈, 박승배, 송재홍, 온기찬, 유평수, 최태식 (2006). 교육학의 이해. 경기: 양서원.

변영계, 김영환, 손미(2007). 교육방법 및 교육공학(3판). 서울: 학지사.

성태제, 강대중, 강이철, 곽덕주, 김계현, 김천기, 김혜숙, 봉미미, 유재봉, 이윤미, 이윤식, 임웅, 홍후조(2012). 최신교육학 개론(2판). 서울: 학지사.

조용개, 심미자, 이은화, 이재경, 손연아, 박선희(2009). 성공적인 수업을 위한 교수전략. 서울: 학지사.

윤정일, 허형, 이성호, 이용남, 박철홍, 박인우(2010). 신 교육의 이해. 서울: 학지사.

진위교, 장언효, 이종승, 김순택(1988). 교육방법 · 교육공학. 서울: 정민사.

Corey, S. M. (1971). The nature of instruction. In M. D. Merrill (Ed.), *Instructional design: Readings*. Englewood Cliffs, NJ: Prentice-Hall.

Gagné, R. M. (1985). *The conditions of learning* (4th ed.). New York: Holt, Rinehart & Winston.

Meyer, H. (2011). 좋은 수업이란 무엇인가(*Was ist guter Unterricht*). (손승남, 정창호 역). 서울: 삼우반. (원저는 2004년에 출간).

EBS 최고의 교수 제작팀(2008). 최고의 교수. 서울: 위즈덤하우스.

Reigeluth, C. M. (Ed.). (1983). *Instructional-design theories and models: An overview of their current status*. Hilsdale, NJ: Lawrence Erlbaum Associates.

교수-학습 전략 I

 제1절 강의 중심의 설명식 수업

1. 개념 및 특징

교육방법은 교육목표를 성공적으로 달성하기 위하여 선정된 교육내용을 학습자에게 효과적으로 전달하는 수단이다. 교육방법은 논의되는 맥락에 따라서 수업방법, 교수방법, 교수형태, 수업전략 등의 다양한 용어로 지칭된다. 어떤 수업방법이 좋은지의 문제는 교육목적이 무엇인지에 따라서, 교육내용의 특성에 따라서, 교수자 및 학습자의 특성에 따라서, 또는 교수-학습이 전개되는 상황에 따라서 달라지며, 많은 경우에 몇 가지 유형의 수업방법이 혼용되어 사용된다. 그러므로 수업방법은 설정된 교육목표를 달성하기 위하여 전개되는 하나의 종합예술과 같다(강영삼 외, 2008).

설명식 수업은 학교교육에서 실시되는 가장 전통적인 교수법이며 고대 그리스시대에는 웅변이나 강연에 사용하였다. 이는 수업을 통해 학생이 학습해야 할 내용을 최종적인 형식으로 교수자가 학습자에게 제시하는 방식의 수업 유형이다(한국교육심리학회, 2000). 설명식 수업은 흔히 강의법이라고도 하며, 가장 전통적이고 보편화된 수업방식으로 지식이나 기능을 교수자 중심의 언어적 해설이나 설명을 통해서 학습자에게 전달하고 이해시키는 교수법이다. 언어 중심의 일방적 강의라는 점에서 비판도 있었으나 최근에는 스마트미디어를 포함한 다양한 매체들을 활용하는 것이 보편화되고 있다. 특히 수업내용이 특정 분야의 체계적인 지식에 대한 내용으로 구성되어 있을 경우 설명식 수업이 자주 사용된다.

설명식 수업은 학습자 개개인의 특수한 여건이나 개인차에 대한 고려가 없으며, 학습자의 능동적인 참여가 어렵다는 점 때문에 많은 비판을 받고 있다. 그러나 시간, 학생 수, 교재 및 매체의 제약이 적고 교수자가 많은 학습자를 동시에 교육할 수 있다는 장점으로 인해 실제 학교교육 현장에서는 여전히 많이 사용되고 있다.

설명식 수업은 오수벨이 사용한 개념인 유의미 학습(meaningful reception learning)과 같은 맥락에서 접근할 수 있는 수업방식이다. 설명식 수업은 학습자들이 새로운 자료를 위계화하거나 부호화시키는 방식으로 조직하여 이해를 통해 학습해 나갈 수 있도록 도와주는 수업방법이다. 설명식 수업은 기존의 지식이 새로운 내용을 점차 포섭하여 지식의 폭을 넓혀 갈 수 있도록 하며, 언어 정보, 관념, 관념들 간의 관련성, 또는 이들 간의 연결과 재구성을 통해 유의미 학습이 일어나도록 하는 수업방법이다.

유의미 학습은 새롭게 받아들인 내용이 이전에 학습하여 기존의 장기기억에 저장된 지식과 논리적으로 관련성을 가지게 될 때 일어난다. 다시 말해서, 학습자가 새로 배워야 할 내용은 그가 이미 가지고 있는 기존의 인지구조와 관련지어질 때 새로운 의미를 부여하게 되고, 그 결과 학습이 유의미하게 된다(서울대학교 교육연구소, 2011). 그러므로 설명식 수업에서 교수자는 학습자로 하여금 학습내용의 단순한 나열과 암기가 아니라, 특정의 이론이나 개념을 학습하는 목적과 의미를 이해하고, 어떤 상황에서 어떤 문제를 해결하는 데 그것을 적용하고 응용할 수 있는지에 대하여 생각할 수 있도록 해야 한다.

설명식 수업과 주입식 수업은 교수자가 중심이 된다는 점, 다시 말해서 교수자가 권위주의적인 입장에서 주도적으로 진행하고 학습자는 수용적 또는 수동적 입장에서 수업이 진행된다는 점에서는 유사하다. 그러나 설명식 수업은 이른바 주입식 수업 또는 암기식 수업과는 구별된다. 유의미 학습은 암기식 학습보다 더 오랫동안 기억되고 다른 지식과 더 잘 통합되며, 전이가 용이하고, 적용을 위해 쉽게 활용된다. 주입식 수업은 학생의 흥미, 의욕, 능력, 선행학습 수준과 관계없이 무의미한 학습을 기계적으로 행하도록 하는 반면에, 설명식 수업은 학생의 능력, 특히 선행학습 수준을 고려한 유의미한 수용학습을 자극한다는 특징을 가지고 있다.

그럼에도 불구하고 설명식 수업을 주입식 수업과 혼돈하여 무조건 비효과적이고 부정적인 형태의 수업으로 인식하는 경향이 있다. 특히 설명식 수업은 교수자 중심의 교수법이기 때문에 학습자가 능동적으로 참여할 수가 없고, 학습자의 주의를 집중시킬 수 없다는 비판을 받는다. 하지만 학교에서 다루는 학습과제의 유형에 따라서는 설명식 수업이 매우 효과적인 것이 많이 있다. 사물의 이름, 사실, 사건과 같은 정보, 그리고 이들의 체계적인 조직과 같은 형태의 지식은 설명식 수업이 효과적일 수 있다.

설명식 수업은 선행학습이 이루어진 학생에게 효과적이며, 선행학습이 되어 있지 않은 학생에 대해서는 학습과제를 제시할 때 적절한 선행조직자를 제시한 다음 수업을 점진적으로 진행하는 것이 효과적이다(서울대학교 교육연구소, 2011).

2. 장점과 단점

설명식 수업의 장점과 한계점을 살펴보면 다음과 같다(변영계, 김영환, 손미, 2007; 강영삼 외, 2008).

먼저 설명식 수업의 장점은 다음과 같다. 첫째, 교수자가 교육내용에 대하여 잘 알고 있을 때 짧은 시간 동안에 다수의 학습자에게 많은 양의 지식을 전달하는 데 효과적인 수업 방법이다. 둘째, 제한된 시간 내에 학습자들에게 다양한 지식과 개념을 교육하는 데 효과적이다. 셋째, 교육내용을 교수자 재량으로 보충하고 삭제하기가 용이하다. 넷째, 교수자의 설명력이 뛰어나고 상황이 적절할 경우, 짧은 시간에 학습자의 동기를 자극하고 명료하게 설명할 수 있다. 다섯째, 학습자가 집중할 수 있는 조건이라면 버스나 야외 등 장소에 구애받지 않고 수업을 실시할 수 있다.

반면에 설명식 수업의 단점 및 한계점은 다음과 같다. 첫째, 일방적인 전달 방식으로 인해 학습자 개인의 흥미나 능력을 고려할 수가 없으며, 학습의 개별화나 사회화가 어렵다. 둘째, 학습자의 참여도가 낮으며 수동적인 학습 태도를 유발하기 쉽다. 셋째, 교수자가 권위적이기 쉬우며, 교수자의 능력에 따라 수업의 질이 크게 좌우된다. 설명식 수업은 기본적으로 교수자가 학습내용을 설명하고 학습자는 그것을 이해하고 받아들이는 수업 방식이기 때문에, 교수자의 권위가 없으면 학습자들이 수업내용을 이해하고 받아들이지 않으려 한다. 따라서 설명식 수업을 하는 교수자는 더욱 권위적인 태도를 보이려 하고, 그로 인해 학습자는 더 수동적이고 소극적으로 변화되기 쉽다. 넷째, 학습동기가 부족하고 주의가 산만하거나 준비가 안 된 학습자들에게 설명식 수업을 실시하면 수업목표를 달성하는 데 효과적이지 못하다.

3. 고려요소

설명식 수업을 효과적으로 실시하기 위해 고려해야 할 원리에는 선행조직자의 원리, 점진적 분화의 원리, 통합 조정의 원리, 선행학습 요약·정리의 원리, 내용의 체계적 조직 원리, 학습준비도의 원리 등이 있다(변영계, 2006).

1) 선행조직자의 원리

교수자는 수업목표를 명확히 하고 적절한 선행조직자(advanced organizer)를 제시한다. 선행조직자를 통하여 학습자는 자신의 기억 속에 가지고 있는 유의미한 맥락을 새로운 학습에 관련시킬 수 있고, 기존에 가지고 있던 유사한 개념과 통합할 수 있으며, 생소한 내용을 친숙하고 안정되게 파악하고, 학습에 대한 준비도와 교수목표에 대한 집중도를 높일 수 있다.

선행조직자는 새로운 학습과제에 대한 학습의 점진적 증진 효과를 최대화하기 위하여 새로운 학습과제를 제시하기 전에 먼저 제시되는 추상성, 일반성, 포괄성의 정도가 높은 자료 또는 내용을 말한다(Gagné, 1985). 즉, 학습자가 이전에 배운 내용을 기억하고 회상하여, 새로이 학습할 내용과 연관을 짓고 새로운 학습자료에 잠재적인 의미를 부여하도록 하는 것이다.

오수벨은 유의미 학습이 이루어지기 위해서는 학습할 지식이나 과제가 학습자의 인지구조와 관련을 맺어 정착되고, 그것이 학습자에게 심리적 의미를 부여해야 한다고 하면서, 이를 위해 선행조직자를 적극적으로 활용해야 한다고 주장하였다(Ausubel, 1960).

2) 점진적 분화의 원리

점진적 분화의 원리란 교수자가 학습내용을 제시할 때 학습 위계상 가장 상층부에 있는 일반적이고 포괄적인 지식을 먼저 제시하고, 점진적으로 보다 구체적이고 점차 세분화되며 특수한 의미로 분화되도록 제시하는 방식이 효과적이라는 원리다. 즉, 개개의 사실을 먼저 제시하여 고도의 추상화에 이르게 하는 방법보다, 가장 추상적인 의미를 먼저 제시하여 점진적으로 교과의 내용을 세분화하여 다룸으로써 구체적인 개념에 이르게 하는 것이 효과적임을 시사한다.

예를 들면, 생물이라는 개념을 먼저 설명하고 그것이 동물과 식물로 나뉘며 그 각각은 또 어떻게 세분화되는가를 설명해 나가는 방법이다. 이 원리는 여러 가지 독립적인 아이디어들을 상호 관련지어 이해시키는 데 도움을 준다.

3) 통합 조정의 원리

이 원리는 새로운 개념이나 의미는 이미 학습된 내용과 일치되고 통합되도록 한다는 것으로, 교육과정의 계열은 계속 이어지는 학습이 이전에 학습된 것과 관련 지을 수 있도록 조직되어야 한다는 원리다.

4) 선행학습 요약 · 정리의 원리

새로운 과제의 학습을 시작할 때 현재까지 학습해 온 내용을 요약하고 정리해 주면 학습이 촉진된다는 원리다. 이를 위해서는 해당 학습과제를 반복하고, 확인하며, 교정하고, 명료화하며, 연습과 복습을 하는 방법 등을 사용할 수 있다.

5) 내용의 체계적 조직 원리

학습내용이 계열적이고 체계적으로 조직되어야 학습이 극대화된다는 원리다. 이른바 교육프로그램이라고 하는 것은 이 원리를 반영한 교육 계획이다.

6) 학습준비도의 원리

수업은 학습자가 가지고 있는 기존의 인지구조를 고려할 뿐만 아니라 학습자의 학습준비도를 고려해야 한다는 원리다. 학습준비도란 학습자의 발달수준을 고려하는 것으로서 단순히 유전적인 영향만이 아니라 선행학습 및 경험을 포함하여 개인의 인지능력과 인지구조에 영향을 주는 모든 발달적 요인을 포함한다.

4. 실행요소

1) 설명식 수업의 단계 및 절차

오수벨의 유의미언어학습이론을 토대로 한 선행조직자 수업 모형을 중심으로 하여 설명식 수업의 효과적인 절차를 제시한다면, 다음과 같은 3단계로 정리할 수 있다 (Ausubel, 1960; 변영계, 2006; 변영계 외, 2007).

설명식 수업은, 먼저 선행조직자를 활용하여 학습목표를 보여 주고, 이어서 학습과제와 자료를 제시한 후 학습문제를 해결하며, 마지막으로 요약과 정리를 통해 학습자의 인지구조를 굳히고 일반화를 촉진시킨다.

(1) 1단계: 학습문제를 파악하고 학습목표를 명확히 한다

설명식 수업의 첫 번째 단계는 학습자들에게 학습목표를 명확히 제시하는 단계다. 이를 위해서는 먼저 학습자와 우호적인 관계를 형성하는 것이 무엇보다 선행되어야 한다. 그러므로 수업의 서두에서는 학습자의 주된 관심사항이나 최근에 있었던 시사적인 사건을 소재로 삼아 대화를 시작하면서 점차 수업내용을 연계시켜 나감으로써 수업에 대한 흥미와 관심을 유발한다.

이어서 적절한 선행조직자를 제시하여 학습자가 가지고 있는 사전 지식과 경험을 현재의 수업 내용과 연결 지을 수 있도록 자극한다. 수업 초기에 제시되는 선행조직자는 학습자가 이전에 이미 학습한 내용을 기억하고 회상하여 앞으로 학습할 내용과 연계시키는 데 도움을 준다.

학습목표는 수업설계 시에 설정해야 하는데, 학습목표를 설정할 때는 학습자에 대한 사전검사를 선행하는 것이 좋다. 학습자에 대한 사전검사를 통해 학습자의 학습경험과 학습능력 등 선수학습을 확인하고 출발점 행동을 진단하며, 선수학습이 부족한 학습자에게는 적절한 보충조치를 취하고 학습자들의 수준에 적합한 수업목표를 수립한다.

(2) 2단계: 학습과제를 제시하고 학습문제를 해결해 나간다

설명식 수업의 두 번째 단계는 학습할 개념과 원리 및 법칙 등 학습내용을 제시하고 설명하며, 학습문제를 해결해 나가는 단계다. 학습과제는 학습자에게 어떤 의미를 가져야만 학습자의 흥미를 유지하고 인지구조에 의미 있게 관련 지어질 수 있다. 오수벨의 유의미학습은 새로운 학습내용이 기존의 학습내용과 유의미하게 연결되면 될수록 학습이 더 잘 이루어진다는 것이다. 유의미하게 학습한 내용은 기계적으로 학습된 내용에 비해 정보처리가 심층적으로 이루어지고 장기기억에 효율적으로 저장되며 재생과 인출도 용이하다는 장점이 있다.

반면에 학습자가 새로운 내용을 받아들일 때 이전에 학습한 내용과 유의미하게 연결을 짓지 못하고 단순히 받아들이기만 하여, 기계적인 학습과 단순 암기를 하게 되어 장기기억으로 전이되거나 정보를 효과적으로 활용하는 데 한계가 있다. 기계적인 학습을 방지하고 유의미학습을 촉진하기 위해서 앞에서 설명한 선행조직자를 적절히 활용하고 점진적 분화의 원리를 기초로 설명을 전개해 나가는 것이 좋다.

(3) 학습내용을 요약하고 정리하며 일반화가 일어나도록 한다

설명식 수업의 마지막 단계는 학습내용을 요약하고 정리하여 학습자의 인지구조를 굳히는 단계다. 이 단계에서는 수업시간에 학습한 내용이 학습자의 인지구조에 의미 있게 관련지어졌다는 가정하에 다시 한 번 중요한 부분을 강조하고 요점을 정리하여, 새롭게 학습한 지식이나 정보가 이전에 학습했던 내용과 통합되고 조정되도록 하는 것이 중요하다. 특히 학습내용의 의미, 시사점, 적용과 관련하여 정리하고 질문을 함으로써 학습자들이 지금까지 학습한 사실과 개념들 사이의 유사점과 차이점을 정리하고, 관련 개념들 사이의 불일치성을 파악하며, 그것들 사이에 의미 있는 연관성을 발견하고 정리할 수 있도록 한다.

이 단계는 일반화 단계이기도 한데, 2단계의 문제해결 과정에서 습득한 개념이나 기능을 실제 상황에 적용하고 연습하면서 일반화와 전이를 촉진시킨다. 이를 위해 교수자는 학습내용을 요약하고 반복 설명할 뿐만 아니라, 학습자에게 적용과 일반화를 자극하기 위한 질문을 하고, 학습자의 질문을 유도하고 격려하며, 필요한 부분을 심화하여 설명해 준다. 수업 말미에는 수업내용에 대한 과제나 평가에 대하여 알려 주고, 다음 수업에 대하여 예고함으로써 학습자의 자기주도적 탐구활동이 일어나도록 한다.

2) 효과적인 설명 기법

앞에서 서술한 바와 같이 설명식 수업은 개별 학습자에 대한 고려와 학습자의 능동적인 참여를 유발하기가 어렵다는 비판점이 있음에도 교육현장에서 가장 많이 사용되는 수업방법이다. 따라서 설명식 수업은 그 단점을 보완하면서 장점을 최대한 살릴 수 있도록 하는 전략이 필요하다. 효과적인 설명식 수업을 위하여 교수자가 취할 수 있는 전략을 정리하면 다음과 같다(변영계 외, 2007; 조벽, 2000).

첫째, 수업의 내용을 충분히 연구하여 이해하는 것은 교수자가 준비해야 할 필수요인이다. 해당 수업내용뿐만 아니라 관련된 주변 주제들을 포함하여 명확하고 심층적으로 이해해야 힘차고 자신감이 넘치며 열정적인 수업을 진행할 수 있다. 특히 핵심 논점을 자극하는 일련의 질문들을 사전에 준비하는 한편, 학습자들이 제기할 것으로 예상되는 질문에 대해서도 사전에 대비해야 한다.

둘째, 설명은 일반적인 서술을 사용하고, 비교 형식을 사용하며, 실례나 사실을 제시하고, 증명과 통계를 활용하며, 반복적으로 실시한다.

셋째, 일방적 강의를 지양하고 시범과 다양한 시청각적 보조물을 적절히 활용한다. 학생들의 주의집중 지속 시간은 한계가 있으며 일방적 강의는 학습자를 피동적으로 만들므로 설명 내용을 보완해 주는 다양한 보조자료를 활용함으로써 학습자의 관심과 흥미를 자극하고 이해를 쉽게 한다.

넷째, 비언어적 의사소통 기법을 적절히 활용하는 한편, 불필요한 몸동작을 하지 않아야 한다. 의사소통에 영향을 미치는 요인별 영향력은 비언어적 요인인 몸짓 요인이 55%, 목소리 요인이 38%인 데 비하여, 언어 요인은 7%라고 한다(Mehrabian, 1968). 그러므로 교수자는 목소리의 크기와 말하는 속도에 적절한 변화를 주어서 생동감과 열정이 느껴지도록 하고, 몸동작, 시선, 학습자와의 거리 등을 적절히 조절한다. 한편 호주머니에 손을 넣는다든가 다리를 떠는 것과 같은 불필요하고 부적절한 몸동작은 학습자의 주의를 분산시키므로 하지 않아야 한다.

다섯째, 수업내용의 특성에 따라 귀납적 설명방법과 연역적 설명방법을 적절히 선택적으로 사용한다. 귀납적 설명방법은 예시를 먼저 제시하고 그 예제를 해결하는 과정에서 원리나 법칙을 찾아 내도록 하는 방법이다. 예를 들어, 물건이 위에서 아래로 떨어진다, 사과가 떨어진다는 등의 실제 사례를 제시한 다음에 물리학에서의 중력의 법칙을 설명하는 방식이다.

이에 비해 연역적 설명방법은 어떤 원리나 법칙을 먼저 설명한 다음, 그 원리가 적용되는 실례를 제시하는 방법이다. 예를 들어, 앞의 문제를 다룰 때, 중력의 법칙을 먼저 설명한 다음 중력이 작용하여 나타나는 물리학적 현상들을 예로 제시하여 설명하는 방법이다.

3) 효과적인 판서 기법

판서는 설명식 수업은 물론 여러 다른 형태의 교수법에서도 빼놓을 수 없는 중요한 수업 기법 중 하나다. 그러므로 교수자는 강의내용을 충분히 소화하고 판서로써 체계적으로 정리하여 제시하는 훈련을 반드시 하여야 한다.

저자는 미국과 일본에 있는 전통 있는 유명 대학들의 강의실들을 방문하여 살펴본 적이 있는데, 교실의 앞면과 뒷면에 대형 칠판이 설치되어 사용되고 있다는 공통점을 발견하였다. 이는 그만큼 수업에서 판서가 많이 사용되고 있고 중요하다는 사실을 반중한다. 근래에는 각종 미디어의 활용이 증대되고 빔프로젝터를 통해 파워포인트 자료를 활용하는 수업이 일반화되면서, 칠판에 판서를 잘하지 않는 경향이 있지만 수업에서 판서는 대단히 의미 있는 기능을 한다.

판서는 교수-학습과정에서 강의 내용 전체를 구조화시키고 통합시키는 데 매우 큰 도움이 된다. 교수자는 판서라는 매개체를 통해서 강의의 내용과 흐름을 구조화시키고, 판서의 과정과 내용을 통해서 학습내용을 분명하게 전달하며, 판서를 통해 핵심 부분을 강조하고 반복하여 설명할 수 있다. 학습자는 판서의 시각적 활동과 내용을 통해 강의의 핵심에 대한 정보처리를 체계적으로 할 수 있고, 수업 내용을 자신의 머릿속에 정착시키며 사고를 체계적이고 효과적으로 정리할 수 있게 된다. 또한 학습자는 판서 내용을 주의 깊게 살펴보고 스스로 필기를 하는 과정을 통해 지식의 재구성이 촉진된다. 효과적인 수업을 위한 판서 기법을 살펴보면 다음과 같다.

- 판서는 즉흥적으로 하는 것이 아니라 사전에 계획하고 충분히 준비해서 해야 한다. 강의 내용 중 어떤 내용을, 칠판의 어느 부분에, 쓸 것인지를 사전에 결정하고, 글씨를 어떤 크기와 색깔로 쓸 것인지도 검토하여 준비한다.
- 판서는 강의 내용의 단순한 나열이 아니라 강의의 핵심 요체를 체계화하여 간략하고 명확하게 정리해야 하며, 관련 개념들 사이의 연결 관계와 강조점을 중심으로 하는 것이 좋다.
- 판서를 할 때 강의 내용을 한꺼번에 너무 많이 적지 않으며, 글씨는 학습자가 잘 이해할 수 있도록 크고 바르게 적는다. 또한 판서는 가급적 지우지 말고 칠판을 모두 활용하여 기록한다. 그리하여 한 수업의 전반적인 흐름을 학습자들이 보고 이해할 수 있도록 하는 것이 좋다.
- 교수자는 학습자에게 오랫동안 등을 돌린 채로 판서를 하지 않아야 하며, 판서하는 도중에도 가끔씩 학습자와 눈을 맞추면서 진행해 나가야 한다.

4) 바람직한 질문 기법

질문은 교수자와 학습자 사이에 의미 있는 상호작용이 이루어지는 데 가장 효과적이고 핵심적인 수단이다. 이는 설명식 수업은 물론 다른 여러 유형의 수업에서도 중요한 수업 기법 중 하나다(Leinhardt & Steele, 2005).

교수자는 논리적 사고와 창의적 사고를 자극하는 질문을 사전에 준비하여 적시에 질문하는 기술을 익히고, 학습자도 질문에 적극적으로 응답하고 또 질문을 하려는 능동적인 태도를 가져야만 효과적인 수업이 가능해진다. 좋은 질문을 능숙하게 하는 일은 쉽지 않지만 교수자는 꾸준한 연습, 노력, 경험을 통해 유능한 전문가가 될 수 있다.

질문은 수업 초기에 선수학습 내용을 상기하는 것에서부터 시작하여 수업 말미에 학습내용을 정리하는 단계에 이르기까지 강의의 효율성을 높이기 위해 실로 다양하게 활용되는 수업기법이다. 교수자와 학습자는 상호 질의응답을 통해 교수자-학습자 간 상호작용을 촉진하고, 학습내용에 주의를 집중시키며, 논리적인 정보처리와 추상적인 사고를 하도록 자극하고, 표현력을 길러 줄 수 있다. 또한 교수자는 질문을 통하여 수업에 활기를 불어넣고 학습자의 능력과 이해하는 정도를 파악할 수 있다. 또한 질문은 학습자의 수업에 대한 참여를 촉진시키고, 참여는 성취를 향상시킨다. 적극적인 참여는 학습동기 유발에 필수적인 학습자의 통제감과 자율성을 증진시킨다(Eggen & Kauchak, 2007).

수업에서 질문을 사용하는 목적은 다음과 같다(Clark & Starr, 1986; 변영계 외, 손미, 2007).

- 학습내용과 관련하여 학습자가 무엇을 알고 있고 무엇을 모르고 있는지를 파악한다.
- 학습자의 주의와 관심을 이끌어 내고 학습동기를 유발한다.
- 수업내용의 원만한 이해를 돕고 사고력을 개발한다.
- 학습자가 학습자료를 조직하고 해석하도록 도와준다.
- 수업내용의 요점을 강조하고 복습을 점검한다. 학습한 내용을 학습자가 자신의 언어로 표현하는 연습을 하도록 한다.
- 학습 결과의 진단과 평가를 위해 질문을 활용한다.

설명식 수업에서 질문을 활발히 사용했을 때 기대할 수 있는 장점은, 첫째, 학습내용에 대한 학습자의 관심과 동기를 자극한다. 둘째, 학습자가 문제에 대한 해결책을 찾아보도록 자극한다. 셋째, 학습자가 수업에 적극적으로 참여하여 학습자 주도적 학습을 가능하게 해 준다.

한편 질문을 중심으로 한 설명식 수업은 다음과 같은 제한점과 유의사항이 있다.

- 학습자 수가 많은 대규모 교반인 경우 질문을 많이 사용하기가 쉽지 않다.
- 질문과 응답은 시간이 많이 소요되므로 전 수업과정의 시간 관리에 유의해야 한다.
- 학습자의 이해 수준에 비추어 질문의 난이도가 높을 경우, 충분히 생각할 수 있는 시간을 주거나 사전에 탐구하고 준비할 여건을 조성해 주어야 한다.
- 수줍음이 많고 대인공포증이 있거나 표현력이 부족한 학습자에게는 적용하기가 어렵다. 이런 학습자에게는 질문을 장려하고 표현력을 개발하기 위해 추가적인 노력을 해야 한다.
- 교수자는 학습자가 예상치 못한 질문을 할 때에도 당황하지 말고 재치 있게 대응할 수 있어야 한다.

그렇다면 설명식 수업에서 질문은 어떤 방식으로 하는 것이 바람직할까? 교수목표를 달성하기 위해 질문을 효과적으로 사용하기 위해서는 다음과 같은 사항을 고려해야 한다(변영계 외, 2007; Eggen & Kauchak, 2007).

- 질문은 학습목표와 연계되어야 한다. 하지만 교재나 강의의 내용을 단순히 반복하는 질문은 좋지 않으며, 학습자가 결과적으로 학습목표를 달성하는 데 도움이 되는 방향으로 논리적인 사고 활동을 자극하는 질문이어야 한다.
- 질문은 학습자가 이해하기 쉽게 간결하고 명확해야 하며, 구체적인 내용을 중심으로 하는 것이 좋다. 질문이 너무 추상적이거나 막연한 내용이면 학습자는 생각할 초점과 방향을 잡지 못하고 사고를 체계적으로 전개하지 못하여 당황하게 된다.
- 학습자의 수준과 흥미 등을 고려하여 학습자와 관련된 질문을 해야 한다. 다수의 학습자가 공통적으로 경험한 내용과 관련짓거나, 학습자들이 이전에 학습한 내용과 관련시키거나, 매스컴이나 영화 등을 통해 학습자들에게 잘 알려진 시사적인 내용과 관련짓거나, 실제 생활 속에서 문제로 인식되는 과제와 관련지어 질문을 시도하는 것이 좋다. 이와 같이 학습자들이 보고 듣고 생각한 내용을 질문과 연계시킴으로써 학습자의 학습동기와 수업활동에 대한 참여를 자극할 수 있다.
- 질문에 대한 답이 '예'나 '아니요'로 나오게 되는 폐쇄형 질문보다는 다양한 답이 나올 수 있는 개방형 질문을 사용하는 것이 좋다. 단순히 학습내용의 기억을 확인하기 위한 질문은 가급적 피하고, 학습자의 논리적·비판적 사고를 자극할 수 있는 질문을 하는 것이 좋다. 폐쇄형의 단순 질문은 창의적인 사고를 자극하지도 못

하고 학습자의 적극적 참여를 유발하는 데도 효과적이지 못하다. 따라서 질문은 학습내용에 덧붙여 어떤 사건의 원인이나 결과를 유추하게 하거나, 학습자의 의견이나 해석을 물으며 학습자의 판단을 구하는 방식으로 하여, 학습자로 하여금 창의적인 사고를 하도록 하는 것이 좋다.

- 질문이 수업목표를 달성하는 데 효과적이려면 교수자의 질문에 학습자들이 생각할 수 있는 시간을 주어야 한다. 설명식 수업에서 교수자는 질문을 하고 곧바로 자기가 답변을 하는 경우가 많은데, 그것은 진정한 질문이 아니다. 질문에 대한 답변 시간을 주고 기다리는 것은 학습자들이 논리적이고 창의적인 사고를 하는 데 필요한 여건을 마련해 주는 것이다. 질문을 한 후 대답을 기다리는 것도 전략적으로 실행해야 하는데, 구구단 같은 기초 기술을 연습한다면 즉각적인 대답이 바람직하고 기다리는 시간도 짧아야 한다. 만약 학습자가 질문에 대한 답을 찾는 데 어려워한다면 교수자가 좀 더 일찍 개입해야 할 것이다. 반면에 질문에 대한 답을 찾는 과정에서 적용, 분석, 평가와 같은 인지 과정을 사용하기를 기대한다면 기다리는 시간은 좀 더 길어져야 한다. 이때 교수자는 학습자의 사고 과정을 추론하며 함께 동참할 수도 있다.

- 일부 학습자는 자신이 알고 있는 것이 무엇인지, 모르는 것이 무엇인지, 또한 무엇을 알고자 하는지를 잘 설명하지 못한다. 이럴 경우 교수자는 학습자를 격려하면서 보충 설명을 통해 질문의 핵심을 이해하도록 도와주어야 하며, 수업 이후의 시간을 활용하거나 이메일 등을 활용하여 추가적인 답변과 질문을 이어 가도록 하는 것이 좋다.

- 질문에 대한 학습자의 응답에는 적절한 피드백이 있어야 하며, 질문에 대한 답이 정확하지 않더라도 학습자가 위축되지 않고 정확한 답을 찾아가는 과정에 계속 참여할 수 있도록 격려해 준다.

제2절 토의 · 토론식 수업

1. 개념 및 특성

일반적으로 우리나라 학교교육의 취약점 중 하나로 지적되는 주입식 교육은 교수자는 정보를 제공하고 학습자는 그 정보를 수동적으로 받아들이는 유형으로 교실 내 상호작용이 활발하게 일어나기 어려운 수업이다. 이에 비해 토의 및 토론식 수업은 교수자와 학습자가 공동으로 참여하는 수업방법으로서 대화를 통해 교수자-학습자 간, 학습자-학습자 간 역동적인 상호작용이 활발히 일어나게 하는 수업방법이다.

토의 및 토론식 수업방법은 학습자들의 잠재적인 능력을 개발하고 새로운 아이디어를 산출해 내는 사고력 및 창의력 개발에 도움이 되는 수업방법이다. 토의 및 토론식 수업을 통해 학습자들은 학습내용을 수동적으로 받아들이는 방식에서 벗어나 능동적으로 수업에 참여하는 자기주도적인 학습자가 될 수 있으며, 학습 내용을 보다 깊이 있게 이해하고, 창의적 사고와 고차원적인 사고 활동이 활발히 일어난다.

1) 토의와 토론

토의와 토론은 개념적으로는 차이가 있지만, 실제 교육현장에서는 두 가지가 함께 사용되는 경우가 일반적이다. 먼저 토의와 토론 각각의 개념을 살펴보고 둘 간의 공통점과 차이점, 그리고 토의와 토론이 교육현장에서 어떻게 적용되는지 살펴보자.

토의(discussion)는 '주의 깊게 검사하다'라는 뜻의 희랍어 'dischos'에서 유래하였다(정문성, 2004). 토의의 정의를 살펴보면, '대립된 의견을 통합시키기 위하여 집단 구성원이 각자의 의견을 제시하고, 그 시비를 논의하는 과정(두산백과사전)' '어떤 문제에 대하여 검토하고 협의하는 것(다음국어사전)' '수업목적을 달성하기 위해 집단을 소집단으로 나누어 상호 간의 의사전달을 하는 과정(HRD 용어사전)' '어떤 주제에 대하여 여러 사람들이 정보와 의견을 교환하여 그 주제에 대해 학습하거나 문제를 해결하려는 말하기 듣기 활동(정문성, 2004)' 등으로 나타난다.

이와 같은 토의의 개념들을 종합해 보면, 다음과 같은 요소들이 포함된다(정문성, 2004).

- 토의를 실시하기 위해 모인 사람들에게 공통적인 주제가 있어야 한다.
- 토의를 진행할 두 사람 이상이 있어야 한다.

- 토의를 통해 정보와 의견이 교환되어야 한다.
- 토의는 단순한 대화가 아니라 학습이나 문제해결과 같은 목적이 있어야 한다.
- 토의는 말하기와 듣기 활동이 함께 일어나야 한다.

특히 수업 방식으로서의 토의는 교수자와 학습자들에 의한 교육적, 반성적, 구조적 집단 대화다. 즉, 수업목표를 달성하기 위해 의도적으로 계획한 것이라는 점에서 '교육적'이고, 창의적이고 비판적인 사고를 자극한다는 점에서 '반성적'이며, 대화가 진행자에 의해 조직되고 수행된다는 점에서 '구조적'이다. 또한, 토의는 의견 통일을 위한 하나의 수단이지만, 동시에 대립된 의견과 맞서는 과정에서 논리적 모순을 발견하여 각자의 의견을 보강하는 효과가 있으므로 여러 교육과정에서 사용되고 있다.

토론(debate 또는 debating)은 '서로 떨어져 분리되어 싸운다'는 뜻의 라틴어 'debattuo'에서 유래하였으며, 영어 단어 battle과도 관련을 갖는다(정문성, 2004). 토론의 정의를 살펴보면, '어떤 문제에 대하여 여러 사람이 각각 의견을 말하며 논의하는 것(다음국어사전)' '두 개인이나 집단이 어떤 문제에 대해 대립되는 견해를 뒷받침할 논거를 제시하면서 공식적으로 또는 구두로 해결하는 것(브리태니커 사전)' '어떤 논제에 대하여 찬성자와 반대자가 각기 논리적인 근거를 발표하고 상대편의 논거가 부당하다는 것을 명백하게 하는 말하기의 한 형태(박재현, 2004)' '어떤 주제에 대하여 서로 다른 주장을 하는 사람들이 논증과 실증을 통해 규칙에 따라 자기 주장을 정당화하여 다른 사람을 설득하려는 말하기 듣기 활동(정문성, 2004)' 등으로 나타난다.

이와 같은 토론의 다양한 정의에 내포된 의미를 종합하면, 토론에는 다음과 같은 요소들이 포함되어 있다(정문성, 2004).

- 토론을 위해 모인 사람들이 공통적으로 인식하는 주제가 있어야 한다.
- 토론은 주장이 다른 여러 사람이 참여해야 한다. 주장이 같으면 토의는 할 수 있지만 토론은 이루어질 수 없다.
- 토론은 논증과 실증의 공방이며, 각자의 주장을 정당화하기 위해 논리적으로 증명하든가 실제로 증명해야 한다.
- 토론에는 규칙이 있어야 하고, 최소한 참여자들이 공평한 기회를 가질 수 있어야 한다.
- 말하기와 듣기의 과정이 있어야 하며, 특히 상대의 주장을 경청해야 그 주장의 오

류를 찾아내고 자기주장을 설득력 있게 펼 수 있다.

　지금까지 논의한 토의와 토론의 개념을 비교하여 정리해 보면 다음과 같다. 토의와 토론의 공통점은 복수의 멤버가 문제를 해결하기 위해 함께 노력한다는 점이고, 차이점은 토의가 참여자 모두가 협력하여 주어진 문제에 대해서 최선의 해답을 찾는 것이지만, 토론은 문제에 대해 찬성과 반대의 입장을 먼저 가진 다음 합의점을 찾기보다는 자신의 주장을 상대에게 설득하려는 것이다.

　이와 같이 토의와 토론은 서로 다른 개념이지만, 실제 수업에서는 토의와 토론이 완전히 분리되어 진행되는 경우는 드물며, 함께 일어나는 경우가 많다. 즉, 토의를 하다가 토론이 되기도 하고, 토론을 하다가 토의가 이루어지기도 한다. 예를 들어, 어떤 중대가 체육대회에서 승리하기 위한 방안을 모색하기 위해 토의를 진행하다가 어떤 사람이 A방안을 제시했는데 다른 사람이 B방안을 제시했다면 어느 방안이 더 좋은지에 대한 토론으로 이어지게 된다. 또한 치열한 토론 과정에서도 어떤 논제나 개념에 대하여 서로 합의를 시도하는 토의가 이루어지기도 한다.

　특히 학교교육에서 특정의 교육목표를 달성하기 위한 수업방법으로 토의와 토론을 적용하려 할 경우, 두 가지 개념을 반드시 엄격하게 구분해야 할 필요는 없다. 수업은 토의와 토론의 비중에 따라 토의 중심적인 수업이 되거나 토론 중심적인 수업이 될 수는 있지만, 토의와 토론을 함께 다루고 적용하는 것이 현실적이기도 하고 바람직하기도 하다. 그러므로 이 절에서는 토의와 토론을 주로 사용하는 수업방법을 토의 · 토론식 수업이라고 칭하고 함께 논의하기로 한다.

2) 토의 · 토론식 수업의 특징

　토의 · 토론식 수업은 교수자와 학습자가 공동으로 참여하는 수업 유형이다. 토의 · 토론식 수업은 학습자가 혼자의 힘으로 문제를 해결할 수 없는 경우, 서로 의견을 교환하고 협력하면서 집단사고에 의해 문제를 해결하는 수업방법이다(강영삼 외, 2008).

　토의 · 토론을 수업에 적용하는 목적은 학습자의 참여를 유도하고, 학습문제에 대하여 비판적으로 사고하고 분석하며, 창의적인 능력과 협동적인 기술을 개발하는 한편, 특정 문제 상황에 대한 해결책을 탐색하거나 태도 변화를 유도하는 것이다.

　토의 · 토론식 수업이 고유의 목적을 달성하기 위해서는 토의 · 토론의 목적과 내용이 어느 정도 구체적이어야 하고 실행 가능성이 있어야 한다. 학습문제 해결을 위한 토의·토론의 목적은 교수자가 설정할 수도 있지만 교수자와 학습자가 협의하여 설정하거나 학습자들이 결정할 수도 있다. 학습문제는 분명하게 제시되어야 하며, 사회적으로 의미가 있어서 모든 학습자들이 관심을 가지는 문제와 관련시킬 경우, 학습자들이 적극적으로 수업에 참여 시킬 수 있고 수업이 성공적일 수 있다.

토의·토론식 수업은 교수-학습과정을 통하여 문제해결 과정을 배우는 것이 교육목적이기 때문에 의견 차가 있더라도 상호 간에 의견을 존중하고 최선의 결론에 도달할 수 있도록 수업을 진행하여야 한다. 그러므로 토의·토론은 일정한 규칙과 단계에 따라 이루어져야 하며, 개방적인 의사소통과 협조적인 분위기, 그리고 민주적인 태도가 필요하다. 이때 학습자의 적극적인 참여와 수업자의 적절한 관여는 토의의 흐름을 촉진시킨다.

토의·토론식 수업에서 교수자의 역할은 상황에 따라 다를 수 있지만, 토의·토론 과정에서 의견 대립이 커지거나 너무 소극적인 경우를 제외하고는 토론에 주도적으로 참여하지 않는 것이 바람직하다. 기본적으로 교수자의 임무는 학습자가 비판적으로 사고하고, 자신과 다른 관점에 대해서 탐구하며, 그들의 지식이 경험과 어떤 관련을 맺고 있는지를 생각하도록 하는 것이다.

3) 토의·토론식 수업의 목적 및 필요성

토의 및 토론을 수업에 적용하려는 목적 및 필요성을 정리하면 다음과 같다(전명남, 2006; 정문성, 2004).

(1) 수업 참여도 증진으로 학업성취도 향상

학습자가 얼마나 수업에 참여하고 몰입하느냐가 학업성취도를 좌우한다. 전통적인 수업 방식에서는 교수자가 수업을 주도하고 학습자는 수동적이어서, 수업에 주도적으로 참여할 여지가 적었다. 이에 비해 토의·토론식 수업은 수업에 대한 학습자들의 참여도를 높이고 몰입을 증진시키는 데 효과적인 수업방법이다.

토의·토론식 수업에서 학습자의 참여와 몰입이 증진되는 이유는 다음과 같다.

- 토의 및 토론이 비공식적이고 자연스럽기 때문이다. 특히 소집단으로 토의와 토론이 이루어지면 교수자 주도의 수업에서 유발되는 수동적인 긴장감을 갖지 않고, 학습자들이 편안한 상태에서 주도적으로 수업에 참여할 수 있다.

- 토의·토론식 수업에서는 교수자 이외에 다수의 동료 학습자들과 만나고 상호작용하면서 다양한 정보와 관점을 접할 수 있으며 지적 호기심을 자극한다.
- 토의·토론식 수업에서는 토의 및 토론의 주제와 방법을 정할 때 학습자들의 의견을 반영할 수 있으며, 이로 인해 참여와 몰입이 증진된다.
- 토의·토론식 수업에서는 학습자들이 형식에 크게 구애받지 않고 자유롭게 말할 수 있으며, 학습자들의 말하기와 듣기가 강화를 받는다. 이 과정에서 학습자는 표현력과 경청 능력이 개발되고 적극성과 주도성이 발휘되므로 참여와 몰입이 증진된다.
- 토의·토론식 수업의 말미에는 학습내용에 대한 교수자의 평가와 정리가 있게 되는데, 학습자들이 토의 및 토론 과정에서 직접 검토한 내용이므로 참여가 증진되고 더욱 의미 있는 학습이 이루어진다.

(2) 고차적 사고력의 개발

토의·토론식 수업이 다른 수업방법보다 인지적 효과가 높은가에 대해서는 이론이 있다. 토의·토론식 수업의 인지적 효과가 크다는 연구 결과도 있고, 설명식 수업과 비교하여 인지적 효과에 차이가 없다는 연구 결과도 있다(정문성, 2004; Tumposky, 2004; Gall & Gall, 1990). 또한 토의·토론식 수업의 긍정적 효과가 학습자들에게서 실제로 나타날 수 있도록 토의·토론식 수업을 성공적으로 진행하는 것도 쉬운 일이 아니다.

하지만 토의·토론식 수업이 인지적 측면에서 사고력, 특히 고차적 사고력을 향상시킨다는 주장을 지지하는 연구는 많다. 여기서 말하는 고차적 사고력은 비판적 사고, 문제해결적 사고, 창의적 사고, 논리적 사고, 의사결정 능력, 메타인지(meta cognition)* 등을 말한다. 블룸(Bloom)의 여섯 가지 사고력 중에서는 지식의 회상과 이해 수준에 해당하는 저급 사고와 달리, 고차적(고급) 사고는 적용, 분석, 종합, 평가를 포함하는 것이다(정문성, 2004).

통상적인 설명식 수업에서는 교수자가 학습내용을 설명하고 학습자는 그 내용을 '이해'하고 기억했다가 '회상'하는 두 가지 사고 활동이 주로 일어난다. 물론 앞에서 살펴

---

* 메타인지(meta cognition)는 '초인지적 지식'과 '초인지적 지적기능'이라는 두 가지 측면의 인지를 포함하는 개념이다. 초인지적 지식이란 자신의 사고 상태와 내용, 능력에 대해 알고 있는 지식을 말하며, 초인지적 지적기능이란 문제해결 과정에 있어 계획하고, 적절한 전략을 선택·사용하고, 과정을 점검·통제하고, 결과를 반성·평가하는 사고기능을 말한다. 상위인지 혹은 초인지(超認知)로도 불린다(한국교육심리학회, 2000).

본 바와 같이, 설명식 수업도 정교하게 진행하면 학습자들이 학습 내용을 실제 상황에 적용하고 분석하거나 종합하고 평가하게 할 수 있다. 이에 비해 토의·토론식 수업은 적용, 분석, 종합, 평가 등 고차적 사고를 하도록 종용받는 수업이다. 토의 및 토론을 하려면 상대방이 주장한 내용을 분석하고, 평가하고, 종합하며, 실제 상황에 적용해 보아야 하기 때문이다.

토의·토론식 수업이 고차적 사고력을 개발하는 데 효과적이라는 주장은 다음과 같은 이론들에 바탕을 두고 있다(정문성, 2004).

- 인지발달이론과 인지정교화론이다. 인지발달이론은 학습자들 사이의 활발한 상호작용이 지적 자극이 되어 인지적 사고를 발달시킨다는 것이고, 인지정교화론은 가르치면서 배운다는 것이다.
- 탐구공동체이론이다(박범수, 2002; 정문성, 2004). 토의·토론 과정에서 탐구공동체가 형성되게 되고 이러한 공동체는 학습자들의 자발적인 학습을 유도하며, 학습자들의 상호작용을 통해 객관적인 사고를 자극하고 추상적인 사고 능력도 기르게 된다.
- 구성주의 학습이론이다. 학습자들은 서로 함께 토의·토론을 하는 과정에서 지식을 스스로 구성해 나간다.
- 집단 사고의 효율성이다. 한 개인의 생각보다는 여러 사람이 함께 생각해 낸 결과가 더 정확하고 합리적이며 창의적이다. 또한 여러 사람이 참여하는 토의·토론 과정을 통해 개인의 생각들이 다양한 관점에서 점검되고 정리된다.

(3) 민주시민으로서의 바람직한 태도 학습

우리의 삶은 계속되는 수많은 의사결정의 과정이라고 할 수 있으며, 그러한 의사결정은 개인 혼자서 하기도 하지만, 대부분 조직 및 사회 구성원들을 의식하면서 타인들과 함께하는 사회적 의사결정을 해야 한다. 민주주의 사회에서는 조직 및 사회 구성원들의 의사결정이 상호 영향을 미치기 때문이다.

사회적 의사결정 과정은 어떤 문제를 해결하기 위해 여러 사람들이 그 문제와 관련된 지식과 정보를 수집하고 분석하며, 대안을 검토하고, 서로 합의해 나가는 과정이다. 여러 사람들이 가진 정보와 의견, 그것의 평가, 가치의 우선순위 결정, 주장의 논증과 실증을 거쳐 최선의 결론에 이르는 것이다. 이와 같은 사회적 의사결정에 꼭 필요한 것이 토의와 토론이다. 토의·토론식 수업은 학습목표의 달성 이외에도 이와 같은 사회적 의사결정 능력을 배양하는 데 효과적인 수업방법이다.

토의·토론식 수업은 학습자들의 도덕성과 사회성 발달에도 효과적인 수업방법이다. 토의 및 토론을 통해 갈등을 겪게 되고, 갈등을 해결하면서 도덕성 및 사회성 발달이 촉진된다. 또한 학습자들이 가지고 있는 바람직하지 않은 태도도 토의·토론식 수업을 통해 바람직한 방향으로 변화될 수 있다. 토의 및 토론 과정을 통해 타인들의 인식과 감정 및 행동을 접하고 영향을 받아 보다 바람직한 방향으로 태도가 변화될 수 있다.

2. 토의·토론식 수업의 장점 및 단점

토의·토론식 수업의 장점은 다음과 같다(변영계 외, 2007; 정문성, 2004).

- 개방적인 의사소통과 협조적인 분위기 속에서 학습활동에 대한 학습자의 주도적 참여를 촉진하고, 그로 인해 학습동기와 흥미를 유발할 수 있다.
- 토의·토론은 학습자가 학습내용에 대해 이해하고 생각하는 바를 일관성 있고 의미 있게 표현함으로써, 심층적인 이해 및 문제해결 능력을 향상시킨다.
- 토의·토론을 통해 상호 의견을 교환함으로써 의사소통 기술을 개발하고, 주도성과 자율성을 증진시키는 데 기여한다.
- 대화를 통해 의견을 교환하며 문제를 해결하는 협력의 과정을 전제로 하기 때문에 집단의식과 공유 능력을 향상시키고 사회적 태도를 형성할 수 있다.
- 타인의 의견을 존중하고 협력적인 태도를 갖게 하며 민주적인 태도를 배울 수 있다.
- 선입견과 편견을 수정할 수 있다. 즉, 집단구성원의 비판적 탐색에 의해 선입견과 편견을 인식하고 수정될 수 있다.

반면에 토의·토론식 수업의 단점 및 한계점은 다음과 같다.

- 토의·토론식 수업은 준비와 계획뿐만 아니라 진행 과정에서도 많은 시간이 소요된다. 이는 토의·토론식 수업이 많은 장점이 있음에도 불구하고 실제 교육 상황

에서 활발하게 적용되지 못하는 가장 큰 이유 중 하나다.

- 수학, 자연과학, 공학 등 합일점이 높은 학문 분야의 교육에서는 토의 · 토론식 수업이 강의법에 비해 비효과적일 수 있다.
- 토의 · 토론이 주제에서 이탈하거나 감정적으로 흐르게 될 가능성이 있다. 특히 토의 · 토론을 진행하는 리더의 영향력이 크기 때문에 리더가 능숙하지 못하면 의도했던 수준의 토의 · 토론이 이루어지기 어렵다.
- 참여하는 학습자 중 소수에 의해 토의 · 토론이 주도될 우려가 있다. 또한 학습자들이 토의 · 토론 주제에 관한 학습자의 이해 수준이 미흡하고 토의 · 토론 능력이 부족할 경우 기대한 만큼의 효과를 얻기 어렵다.
- 토의 · 토론의 허용적인 특성으로 인해 학습자의 이탈이 초래되거나 무임승차하는 학습자가 있을 수 있다.
- 수업 참여자가 평가불안(evaluation comprehension)을 가지거나 사회적 태만(social loafing)을 보일 수 있다. 평가불안은 자신의 생각에 대해 다른 사람이 부정적인 반응을 보이면 어떻게 하나 하는 두려움을 말하며, 사회적 태만은 '내가 아니어도 남들이 하겠지' 하는 방관적인 태도로 집단 활동에 개입하지 않으려는 태도를 말한다.
- 토의 및 토론 과정에서 예측하지 못한 돌발적인 상황이 발생할 수 있다. 예를 들어, 토의가 논점에서 벗어나거나, 특정 학습자가 토의 · 토론을 독점하거나, 토의 · 토론 결과를 도출하지 못하는 등의 상황이 발생할 수 있다. 따라서 사전에 다양한 상황에 대한 철저한 준비와 세심한 관리가 요구된다.

그러므로 토의 · 토론식 수업을 계획하고 실시할 때에는 이와 같은 단점들을 극복할 수 있도록 사전에 충분한 준비가 선행되어야 한다.

3. 토의 · 토론식 수업의 유형

토의 · 토론식 수업은 교반의 규모와 수업 목적에 따라 다양한 형태로 진행될 수 있다. 대표적인 토의 · 토론의 유형을 살펴보면 다음과 같다(변영계 외, 2007; 정문성, 2004; 전명남, 2006; 한국교육심리학회, 2000).

1) 원탁 토의 · 토론

원탁 토의 · 토론(round table discussion)은 토의 · 토론의 가장 기본적인 형태다. 참가 인원은 보통 5~15명 정도로 소규모 집단을 이루어, 교실에서는 원형 또는 U자(ㄷ자) 형태로 좌석을 배치하여 진행한다. 규칙이나 형식에 크게 구애받지 아니하고, 참가자 전원이 상호 대등한 관계 속에서, 정해진 주제에 대하여 서로의 의견을 자유롭게 교환 하는 좌담 형식으로 진행하는 토의 · 토론이다.

원탁 토의 · 토론은 토의 · 토론 진행에 대한 충분한 경험을 가진 진행자, 전문지식 을 가진 토의자 및 청중이 함께 대화하는 비형식적인 집단 토의다.

원탁 토의 · 토론에서 원활한 토의가 일어나도록 하기 위해 유의해야 할 사항은 다 음과 같다. 첫째, 참가자 모두가 발언할 수 있도록 기회를 적절히 제공한다. 둘째, 집단 구성원 사이에 충분한 협조와 개방적인 자세 및 공동체의식이 형성되어 있어야 한다. 만약 그렇지 못할 경우 토의가 실제적이지 못하고 토의를 위한 토의가 되거나 언쟁이 나 반목이 형성될 수 있다. 셋째, 소요되는 시간을 사전에 공고하여 진행해야 한다. 주 제별로 90~120분 정도가 일반적이다.

원탁 토의 · 토론을 진행하는 일반적인 단계는 다음과 같다.

- **주제 제시 단계**: 이 단계에서는 토의 · 토론의 목표가 제시되며, 주의를 집중시켜 주제의 핵심을 상세하고 이해하기 쉽게 설명하고 그 주제를 토의 주제로 선정한 이유를 설명한다. 진행자는 참가자 전원이 주제를 이해하고 발언하려는 의욕을 갖도록 해야 하며, 발언을 할 때는 모든 참가자를 향해서 하고, 주제의 특성과 학 습자의 반응에 따라 토의 · 토론 방식을 구체적으로 결정한다.
- **문제 분석 단계**: 이 단계에서는 토의 · 토론의 본격적인 도입 단계로서 주제를 따라 문제를 파악하고 분석하여 토의의 방향과 흐름을 잡고 범위를 정한다.
- **자료 수집 단계**: 이 단계에서는 토의 · 토론은 객관적인 사실을 바탕으로 정확한 정보가 교환되는 가운데 이루어져야 한다. 그러므로 이 단계에서는 주제에 맞는 자료, 사실 및 정보를 수집하여 가치를 평가하고 체계적으로 정리하고 요약해 나 간다. 진행자의 역할이 특히 중요하며 우선순위에 따라 주도적으로 진행할 필요 가 있다.
- **구체적 의견 교환 단계**: 이 단계에서는 토의 · 토론이 본격적으로 시작되는 단계 이며, 의견이나 정보 교환이 진행자 중심에서 참가자 중심으로 전환하는 단계다.

가능하면 여러 사람의 다양한 의견을 수용하고 토의의 내용을 구체화시킨다. 세부적인 의견 교환을 통해 문제를 해결하고 대안을 마련하도록 진행한다. 진행자는 의견 대립이나 분열이 일어나는지 살펴보고 적절히 대응해 나간다.

- 의견 종합 단계: 이 단계에서는 지금까지의 토의·토론에서 나왔던 내용을 체계적으로 종합하고 정리하며 미비한 부분을 보충하는 단계다. 이 단계에서는 참가자의 협조적인 분위기가 중요하며 참가자들이 일치된 결론에 이를 수 있도록 하는 데 유의해야 한다.
- 결론 도달 단계: 이 단계에서는 토의·토론의 결론은 참가자 모두가 지지하고 결론을 얻는 데 공헌했다는 느낌을 갖도록 하는 것이 중요하다. 진행자는 처음에 제시되었던 토의·토론의 목표를 상기시키고 결론을 정확히 요약해 준다. 토의·토론의 결론이 나오지 않을 경우에도 마무리 상황을 조성하여 종결시킨다.

2) 버즈 토의·토론

버즈 토의·토론(buzz discussion)은 필립스(J. Phillips)가 제안한 토의 방식으로서 한 주제에 대하여 3~6명씩 소집단을 이루어 6분 정도 토의하는 방식이다. 한 장소에서 여러 개의 소집단이 각각 토의·토론을 실시하므로 마치 벌들이 윙윙대는 소리로 시끌벅적하다는 의미에서 버즈 토의라고 한다.

버즈 토의·토론은 먼저 분과토의를 한 후 단계적으로 집단을 확대하여 실시하고, 최종적으로 전체 구성원이 토의 결과를 종합하여 결론을 맺는 방식으로 진행함으로써 종합 토의의 효과를 얻을 수도 있다. 구체적으로, 먼저 3~6명씩 소집단을 이루어 토의를 하고, 이어서 그 토의 결과를 기초로 2개의 소집단이 합쳐서 토의를 하며, 마지막으로 교반 전체가 모여 토의·토론을 하는 방식으로 진행하기도 한다. 이때 각 토의 집단의 진행자나 기록자는 토론의 내용을 보고하고, 전체 토의 진행자는 이를 바탕으로 최종 토의를 진행한다.

버즈 토의·토론의 장점은 소수의 인원으로 집단을 구성함으로써 참가자가 서로 친근감을 갖게 되고 구성원 각자가 자유롭게 발언하는 기회를 가진다는 점에서 참여 동기를 자극하는 것이다.

3) 브레인스토밍 토의·토론

브레인스토밍(brainstorming) 토의·토론은 오즈번(Osborn)이 1940년대에 광고 아이디어를 창안하기 위해 고안한 방식이다. 한 주제에 대하여 다양한 아이디어를 공동으로 내놓는 방식으로 집단 사고를 통해 사고의 확산을 추구하는 방식이다.

브레인스토밍에서는 아이디어의 발상 과정과 평가 과정을 철저히 분리하여, 아이디어의 질적 수준과 관계없이 자유롭게 가능한 한 많은 아이디어를 생성시키도록 하는 것이 중요하다. 사람들은 자유롭고 편안하고 우호적인 분위기에서 지적 흥분 상태가 유발되므로, 그와 같은 환경을 조성하여 아이디어의 연쇄 반응을 이끌어 내고 제한 없이 아이디어를 발표하도록 하여, 다양하고 창의적인 아이디어를 얻을 수 있는 것이다.

브레인스토밍은 논의할 주제를 찾을 때, 문제의 원인과 해결책을 찾을 때, 계획을 수립할 때, 개선 방안을 모색할 때 등 다양한 목적으로 사용할 수 있다. 또한 다른 유형의 토의·토론식 수업을 진행하던 중에 부분적으로 사용할 수도 있다.

브레인스토밍을 할 때는 참여자의 능력이나 특성에 관계없이 적극적인 참여를 유발할 수 있고, 매우 우호적인 분위기에서 토의·토론을 진행할 수 있으며, 발표 능력이 부족한 학습자의 아이디어도 이끌어 내는 데 유용한 방법이다.

브레인스토밍은 다음과 같은 네 가지 원칙을 지켜야 한다.

- 비판 금지: 아이디어 발상 과정에서는 어떤 제안에 대해서도 평가를 해서는 안 된다.
- 자유 분방: 조직의 분위기가 자유로워야 하며, 엉뚱하거나 비현실적인 아이디어를 제시한다 할지라도 모두 수용하고 환영한다.
- 수량 추구: 창출된 아이디어는 많으면 많을수록 좋다.
- 결합 개선: 타인이 제안한 아이디어에 편승하여 각자의 아이디어를 결합하고 변형하여 새로운 아이디어로 발전시키는 것을 환영한다.

4) 창의적 문제해결 토의·토론

창의적 문제해결(creative problem solving) 토의·토론은 오즈번 이후 많은 연구와 더불어 창의성이 강조되면서 발전되었다. 학교교육에서 창의성의 문제가 주목을 받은 것은 포스트모더니즘이 관심을 받던 1960년대 이후이며, 특히 1980년대가 절정기라고 할 수 있다. 모더니즘 시대에서는 합리주의가 보편적인 가치이고 이성에 의한 합리적인 문제해결이 최선이었기 때문에 창의성이 설 자리가 크지 않았다. 그러나 포스트모더니즘이 관심을 받은 1960년대 이후에는 창의성, 개성, 다양성, 특수성, 감성에 대한 가치들이 부각되면서 합리성을 넘어선 창의성이 더 주목을 받게 되었다.

창의적 문제해결 토의·토론의 일반적인 진행 방법은 다음과 같다.

첫째, 혼란 상태의 발견이다. 예컨대, 교수자는 학습자들에게 혼란한 상태를 경험하는 질문을 던진다. '북한이 핵무기 개발에 성공하면 어떤 일이 일어나겠는가?' '청소년 자살사고가 발생하는 이유는 무엇인가?' 와 같은 질문을 던져서 그와 관련된 생각을 하게 한다. 이 단계는 다시 확산적 사고와 수렴적 사고의 두 단계로 구분된다. 확산적 사고 전략에서는 '만약 그렇게 된다면 어떤 일들이 벌어질 것인가?'에 대하여 학습자들이 다양한 아이디어를 발표하도록 한다. 수렴적 사고 전략에서는 요점 정리가 가능한 방법들이나 실제 사례들을 발표하게 한다.

둘째, 데이터의 발견이다. 교수자는 핵무기와 관련된 여러 가지 자료를 보여 주거나 학습자들이 사전에 준비를 해서 발표하도록 한다. 확산적 사고 전략에서는 6하원칙을 사용하여 다양한 사례를 발표하도록 한다. 수렴적 사고 전략에서는 마인드 맵을 사용하여 데이터를 정리하면서 모으는 것이 좋다.

셋째, 문제의 발견이다. 교수자는 문제를 진술할 때 문제해결에 대한 아이디어를 발견하기 좋도록 유도한다. 확산적 사고 전략에서는 역시 6하원칙을 사용하는 것이 좋고, 특히 '왜?'라는 질문을 많이 사용하는 것이 좋다. 수렴적 사고 전략에서는 요점 정리를 하는 것으로 문제를 진술하도록 한다.

넷째, 아이디어의 발견이다. 교수자는 문제해결 아이디어를 가능하면 많이 발표하도록 유도한다. 확산적 사고 전략에서는 브레인라이팅(brain writing) 방법을 사용하여 아이디어를 만들어 낸다. 브레인라이팅은 '침묵의 브레인스토밍'이라는 별칭처럼 참가자들이 발상의 결과인 자신의 생각을 말하지 않고 종이에 기록한 다음 발표하도록 하는 창의적 사고 기법이다. 수렴적 사고 전략에서는 요점 정리와 마인드맵을 활용하여 아이디어를 정리한다.

다섯째, 문제해결 발견이다. 교수자는 학습자들과 확산적 사고 전략과 수렴적 사고 전략을 번갈아 사용하여 평가기준을 만들어 내고, 발견된 아이디어 리스트에서 가장 훌륭한 아이디어를 선택하도록 한다.

여섯째, 수용 발견이다. 학습자들이 선정한 해결 방안을 어떻게 실행할 것인지를 토의·토론하여 실행 계획을 세우는 단계인데, 실제 수업에서는 이 과정이 생략될 수 있

다. 이와 같은 6단계를 실제 수업에서 모두 실시하는 것은 많은 시간을 필요로 하므로
어렵다. 따라서 수업의 목표에 비추어 필요한 부분을 중심으로 선택하여 수업을 진행
하는 것이 현실적이다.

5) 패널 토의 · 토론

패널 토의 · 토론(panel discussion)은 주제와 관련된 분야의 전문가나 권위자로 구성
된 4~6명의 패널(배심원)들이 모여, 다수의 일반 청중 앞에서 진행자의 진행에 따라
특정 주제에 대해 상반된 견해를 가지고 토의 · 토론하는 방식이다. 청중은 주로 듣기
만 하는데, 경우에 따라서는 질문이나 발언권을 주기도 한다. 패널은 토의할 주제에 대
하여 사전에 조사를 하고 전문적인 연구를 해야 한다.

패널 토의 · 토론을 수업에 적용하는 방법은 다음과 같다.

첫째, 학생 중에서 특정의 주제에 대한 4~6명의 패널을 정하고 이들에게 특정 주제
에 대해 토의 · 토론을 준비하게 한다. 패널 선정은 학생들이 지원할 수도 있고 교수자
가 지정할 수도 있으나, 미리 공부를 해야 토의 · 토론을 할 수 있으므로 해당 주제에
대하여 이해도가 높거나 관심이 많은 학생을 선정한다. 패널에게는 미리 기초 자료를
준비해서 공부를 하게 한다. 진행자는 학생 중에서 미리 정할 수도 있고 교수자가 진행
을 할 수도 있다.

둘째, 진행자의 운영에 따라 토의 · 토론을 진행한다. 토의 · 토론은 전체 주제의 하
위 주제별로 진행하며 패널들의 주장을 유도하면서 골고루 주장할 기회를 준다.

셋째, 각 하위 주제의 토의 · 토론 말미에 학생들의 질문과 의견을 듣는 시간을 가진
다. 통상 학생들은 이들의 토의 · 토론을 지켜보게 되고 토의 · 토론에 직접 참여하는
것은 매우 제한되어 있지만, 진행자의 재량으로 간단한 의견과 질문을 제시할 수 있다.
패널들이 준비를 많이 했더라도 미처 다루지 못한 내용과 의견이 있을 수도 있고 잘못
된 결론을 내렸을 수도 있음을 유의해야 한다.

넷째, 토의 · 토론을 마무리 할 때는 결정된 결과나 의미를 확인해 준다. 특히 교수
자가 진행을 했을 경우 토의 · 토론의 결과와 의미를 정리해 주고, 토의 · 토론 진행 과
정에 대해서도 조언을 해 준다.

패널식 토의 · 토론을 활용한 수업은 모든 학생이 토의 · 토론을 할 수 있을 만큼 준
비가 되어 있지 않을 때, 주제가 너무 어려울 때, 집단 구성원들이 너무 많아서 모두에
게 발언 기회를 제공하기 어려울 때 사용하는 것이 좋다.

이 방법을 수업에 적용하는 목적은 미리 주제를 알고 충분히 공부를 해 온 사람들이 토의 · 토론을 하기 때문에 이를 지켜보는 학생들이 많이 배우도록 하려는 데 있다. 또한 패널토의는 학생들이 패널들의 토의 · 토론 과정을 보고 해당 주제에 대한 지식을 얻도록 하고, 토의 · 토론 방법을 간접적으로 배우도록 하는 데도 효과적이다. 패널들의 토의 · 토론 모습을 지켜 본 학생들은 자신도 할 수 있다는 자신감을 가질 수도 있고, 어떤 표현 방식이 좋고 나쁜지를 간접적으로 배우게 된다.

6) 세미나

세미나(seminar)는 토의 · 토론 주제에 대하여 전문성이 있고 권위가 있는 주제 발표자가 공식적인 발표를 하고, 이에 대하여 토의 참가자가 사전에 준비된 의견을 개진하거나 질의를 하는 방식으로 진행하는 토의 · 토론 유형이다.

일반적으로 대학에서는 교수자의 지도 아래 특정한 주제에 대하여 학생들이 모여서 연구 발표나 토론을 실시하면서 공동으로 연구하는 교육 방법으로 사용된다. 참여자들이 상호 토론을 통하여 의문점에 대해 깊이 있게 다룸으로써 연구자로서의 자질을 향상시킬 수 있다.

세미나는 참가자들에게 특정 주제에 대한 전문적인 연수나 훈련의 기회를 제공해 준다. 세미나는 참가자 전원이 해당 주제에 관련된 지식이나 정보를 체계적이고도 깊이 있게 토의할 수 있게 해 준다. 이를 위해서는 사전에 철저한 연구와 준비가 선행되어야 하고, 참가자들은 보고서 형식의 간단한 자료를 사전에 상호 교환하도록 하는 것이 좋다.

7) 단상 토의 · 토론, 공개 토의 · 토론, 대담 토의 · 토론

(1) 단상 토의 · 토론

단상 토의 · 토론(심포지엄, symposium)은 고대 그리스 및 로마의 담화나 좌담 형식으로 진행하는 토의 · 토론이다. 심포지엄이라는 용어는 학문적으로 이야기를 나누는 교양인의 모임이라는 의미에서 유래되었다. 현대적인 의미로는 하나의 토의 · 토론 주제에 대하여 전문적인 지식인의 식견이나 다른 관점을 가진 사람들을 초청하여 의견을 발표하는 형식이다.

일반적으로 단상 토의 · 토론은 주제에 대하여 권위 있는 전문가 몇 명이 각기 다른 의견을 공식 발표한 후, 이를 중심으로 진행자가 토의·토론을 진행한다. 단상토의에 참여한 전문가, 진행자, 청중 모두는 특정 주제에 대한 지식과 정보와 경험을 충분히 가지고 있어야 그 주제에 대하여 다양한 측면에서 접근하고 깊이 있게 다룰 수 있다.

(2) 공개 토의·토론

공개 토의·토론(포럼, forum)은 제시된 주제에 대하여 1~3인 정도의 전문가나 자원자가 10~20분간 공개적인 연설을 하여 청중이 그 문제에 대해 생각해 보도록 하고, 이를 중심으로 청중과 질의응답을 하는 방식으로 진행하는 토의·토론 방법이다.

공개 토의·토론은 청중이 직접 토의·토론에 참가하여 공식적으로 발표한 연설자에게 질의를 하고 의견과 태도를 표명할 수 있다는 점이 특징이다. 진행자는 전문가의 연설과 질의의 시간이나 발언 횟수를 조절하면서, 활발한 토의·토론 진행을 위해서는 청중도 질의를 할 수 있도록 유도해야 한다.

(3) 대담 토의·토론

대담 토의·토론(colloquy)은 주로 청중 대표와 전문가 집단에 의해서 이루어지는 토의·토론으로서, 진행자의 진행에 의해 일반 청중이 직접 토의·토론 과정에 참여할 수 있도록 하는 방식이다. 토의·토론에 참여하는 인원은 보통 6~7명 정도로, 이 가운데 3~4명은 청중 대표이고, 나머지 3~4명은 전문가나 자원인사로 구성된다. 토의·토론 시간은 청중 대표, 전문가 및 일반 청중에게 비슷하게 안배되어야 하며, 서로 간에 의사소통이 원활하게 이루어질 수 있도록 배려해야 한다.

4. 토의·토론식 수업의 실행

1) 토의·토론식 수업의 진행 절차

토의·토론식 수업의 일반적인 진행 절차는 다음과 같다.

첫째, 토의·토론 문제를 제시하고 동기를 유발한다. 토의·토론 초기에 진행자는 토의·토론의 목적과 주제 및 진행 방식을 분명히 설명해야 하며, 학습자 전원이 이를 이해하고 자신의 역할을 이해하여 적극적으로 참여할 수 있도록 동기를 유발하여야 한다.

둘째, 토의·토론 문제를 분석한다. 문제 분석을 위해서는 먼저 문제의 다양한 측면들을 검토하고 평가해야 한다. 진행자는 토의·토론이 목적 지향적으로 진행되도록 유의하면서도 개방적인 분위기를 조성하여 학습자가 자유스럽게 참여하도록 유도한다.

셋째, 가설을 설정한다. 이 단계는 문제 분석에 기초하여 아이디어를 창출하는 과정으로 문제해결의 핵심 부분이다. 필요할 경우 브레인스토밍을 할 수도 있고, 제안된 대안에 대한 장단점을 논의할 수도 있다.

넷째, 가설을 검증한다. 제안된 대안들 중 최적의 가능성을 가진 대안을 찾기 위한 기준이나 준거를 개발하여 가설을 검증한다.

다섯째, 토의·토론 결과를 일반화한다. 토의·토론 결과를 실제 상황에 적용하고 응용하며 행동으로 실행할 수 있도록 일반화한다.

여섯째, 토의·토론식 수업을 마무리하고 평가한다. 교수자는 이제까지 토의·토론을 실시한 내용을 종합하여 요약하고 정리하며 결론을 도출한다. 토의·토론의 초기에 제시했던 목적을 달성했는지를 평가하여 학습자들에게 피드백을 제공하고, 필요할 경우 토의·토론의 과정을 플로차트로 정리해 주는 것도 좋다.

2) 토의·토론식 수업의 효과적인 실행

토의식 수업은 교수자 중심의 설명식 강의와 달리 토의 과정과 집단 활동이 일어나는 과정에서 교수자와 학습자의 역할을 적절히 조절해야 하므로, 이에 대한 철저한 사전 준비가 필요한 수업방식이다. 토의·토론식 수업의 준비에서 마무리까지의 진행과정 중 유의해야 할 사항들을 정리하면 다음과 같다(조용개 외, 2009).

(1) 토의·토론식 수업 준비하기
먼저, 토의·토론식 수업을 준비하는 과정에서 고려해야 할 사항은 다음과 같다.

- 교과목의 특성과 교육내용에 비추어 토의·토론식 수업이 적절한가?
- 학습자들에 대하여 잘 알고 있는가?
- 어떤 유형의 토의·토론을 활용할 것인가? 그에 따른 교수자와 학습자의 역할은 무엇인가?
- 토의·토론 과정에서 교수자가 개입해야 할 시기는 언제이며, 어느 정도 수준에서 개입해야 하는가?

- 학습자들의 적극적인 참여를 유도할 수 있는 대안을 가지고 있는가?
- 토의·토론이 논점에서 벗어나거나, 특정의 학습자가 토의·토론을 독점하거나, 토의·토론의 결과를 도출하지 못하는 등의 돌발 상황에 대한 대처 방안이 있는가?
- 좌석 배치와 시간 진행은 어떻게 할 것인가?
- 전체적인 수업의 흐름에서 토의·토론을 조화롭게 이끌어 갈 수 있는가?

토의·토론식 수업이 효과적으로 진행되도록 하기 위해서는 학습자들이 다음과 같은 준비를 하도록 해야 한다.

- 토의·토론을 실시하기 전까지 관련된 내용을 반드시 읽고 준비해 온다.
- 토의·토론 과정에 적극적으로 참여한다.
- 동료 학습자의 의견을 경청한다.
- 다른 사람의 의견이 객관적으로 타당하다면 자신의 주장을 바꿀 수 있어야 한다.
- 발언을 한 학습자들에 대하여 비판하지 않는다.
- 토의·토론에서 이기는 것보다 가능한 한 최선의 결론을 이끌어 내는 데 중점을 둔다.

(2) 토의·토론식 수업 진행하기

토의·토론식 수업을 시작하는 단계에서 유의해야 할 사항은 다음과 같다.

- 토의·토론의 목적을 설명한다.
- 토의·토론의 주제를 구체적으로 제시한다.
- 토의·토론의 진행 방법 및 규칙을 설명한다.
- 교수자와 학습자의 역할을 설정하고, 집단 활동에서 학습자의 역할을 분담하도록 한다.

토의·토론이 효과적으로 진행되도록 하는 전략은 다음과 같다.

- 의사소통이 일어나기 쉽도록 좌석을 배치한다.
- 토의·토론 유형에 적절한 학습자 집단을 구성한다.

- 토의·토론에 대한 참여를 촉진하기 위하여 집단의 리더를 활용한다.
- 리더를 선출할 때는 다양한 방법을 적용하고, 모두에게 리더의 역할을 할 수 있는 기회를 제공한다.
- 무임승차를 방지하기 위해 구성원 모두에게 발표자, 촉진자, 기록자, 시간 관리자 등의 역할을 각각 부여한다.

토의·토론식 수업을 진행할 때 유의할 사항은 다음과 같다 .

- 토의·토론 참여를 촉진하기 위한 명확한 지침을 제시한다.
- 모든 참여자가 자유롭게 발언할 수 있는 분위기를 조성한다.
- 토의·토론의 진행은 공정해야 한다.
- 학습자들의 발언을 적극적으로 수용한다.
- 토의·토론의 결론을 교수자가 서둘러 내리지 말아야 한다.
- 교수자는 수업을 주도하지 않으며, 수업을 촉진하는 역할을 하도록 한다.

대규모 강의를 토의·토론식 수업으로 진행하기는 어렵지만, 다음과 같이 생각하기, 짝짓기, 토의하기, 공유하기의 과정을 통하여 부분적으로 토의·토론을 수업에 적용할 수 있다.

- 교수자가 수업의 핵심 내용을 10~15분 정도 설명하는 핵심 강의를 실시한다.
- 학습자들은 짝을 지어 교수자가 설명한 핵심 강의 내용에 대하여 3~4분 정도 토의를 한다.
- 교수자가 다음 강의의 핵심 내용을 10~15분 정도 설명한다.
- 학습자들은 다시 짝을 지어 3~4분 정도 토의를 하고, 수업 내용을 확인한다. 이 과정에서 학습자들은 서로 이해한 내용에 대하여 공통점과 차이점을 발견할 수 있으며, 동료 튜터링 활동이 자연스럽게 일어난다.

(3) 토의·토론식 수업 마무리하기
토의·토론식 수업을 마무리하는 단계에서는 다음과 같은 사항에 유의해야 한다.

- 토의 · 토론의 내용을 요약 정리한다.
- 토의 · 토론의 목적을 달성했는지 확인한다.
- 학습자들에게 피드백을 제공한다.
- 토의 · 토론 진행 과정에 대하여 성찰한다.
- 필요할 경우, 토의 · 토론 결과를 정리하여 학습자들에게 제공해 준다.

(4) 토의 · 토론식 수업 평가하기
토의 · 토론식 수업의 평가에서는 다음과 같은 사항에 유의할 필요가 있다.

- 토의 · 토론 진행 과정에서 모든 학습자들이 인센티브를 받을 수 있는 기회를 제공하고, 중요한 공헌을 한 학습자들에게 인센티브를 제공한다.
- 토의 · 토론에 대한 성찰일지를 기록하게 함으로써 토의 내용을 숙고하고, 그것이 학습자 자신에게 어떤 의미를 가지는지를 글로 정리하게 하여, 그것을 평가하여 점수를 부여한다. 성찰일지를 작성하게 하면 학습자들이 토의 · 토론에 보다 적극적으로 참여하도록 유도할 수 있고, 토의 · 토론을 종료한 이후에도 깊이 있는 사고를 증진시킬 수 있다.

📝 제3절 발견학습과 탐구식 수업

1. 발견학습과 탐구식 수업의 개념 및 특성

21세기는 디지털화된 정보와 초고속 정보통신망을 중심으로 한 고도정보화 사회의 기반 위에서 많은 정보와 지식이 전방위적으로 신속하게 유통되는 사회다. 이와 같은 현대 지식정보화 사회에 대처하기 위하여 교육에 대한 요구도 단순한 지식의 전달과 수용보다는 학문의 창조적 기능을 강조하는 쪽으로 변화되고 있다. 그러므로 현대사회는 불확실한 환경에 대한 예측과 탐구, 빠르게 변화하는 사회에 대한 적응, 새로운 분야의 개척, 혁신을 주도할 수 있는 통찰과 창의성 등을 요구하고 있고, 이러한 사회적 요구에 부응하는 교육방법을 필요로 한다.

이와 같은 요구에 부응하는 교수방법은 교수자가 주도하고 학습자가 수동적으로 따라가는 교수자 중심의 수업방법이 아니라, 학습자가 주도성을 발휘하는 학습자 중심의 교수방법이 필요하다는 것이다. 즉, 교수자는 완성된 지식을 전달하기보다는 학습자가 스스로 필요한 지식을 발견하고 교육적인 경험을 하도록 도와주는 역할을 하고, 학습자는 스스로 자신의 이해력을 개발해 나가도록 하는 교육방법이 필요하다.

발견학습과 탐구식 수업은 이와 같은 요구에 부응하는 학습자 중심의 교수방법이다. 또한 지식 전달 위주의 교육에서 지식을 얻는 방법을 가르치려는 교육으로 변화시키려는 수업방식이다. 이 수업방법은 학습자들로 하여금 비록 수준은 다르지만 과학자나 전문가가 실시하는 탐구 과정에 참여하게 함으로써, 학습자들의 학문적 탐구 기능을 개발하고 교과 내용에 대한 이해를 증진시킬 수 있다. 이러한 수업방식은 학습자들에게 요구되는 정보처리 방식이 능동적이라는 점에서 수동적 정보처리 중심인 설명식 수업과는 대조적이다(현종익, 이학춘, 2002).

발견학습과 탐구식 수업은 학습자들의 탐구 기능을 개발하고 교과에 대한 이해를 증진시키는 데 효과적이다. 이 수업방법은 자연과학과 사회과학 과목의 수업에 적용할 수 있다. 그러나 발견 및 탐구식 수업은 시간이 많이 소요되므로 실제로는 그 적용 범위가 부분적인 내용에 국한되는 경우가 대부분이며, 실제 수업에서는 설명식 강의와 함께 적용되는 경우가 많다.

발견식 수업과 탐구식 수업은 유사한 개념이다. 그러나 경우에 따라서는 두 수업방식을 구분하기도 하는데, 그럴 경우 체계화된 문제해결 과정을 강조하기보다는 직관적인 발견 활동에 더 많은 비중을 두는 수업을 발견식 수업이라 하고, 과학적 문제의 일반적 탐구 과정인 문제의 탐색 → 가설 설정 → 가설 검증 → 일반화의 과정에 대한 체계적인 안내를 강조하는 수업을 탐구식 수업이라고 한다. 그러나 두 가지 수업방법 모두 근본적으로는 학습자의 능동적인 탐구 활동을 강조한다는 점에서 큰 차이가 없기 때문에, 이 장에서는 둘을 함께 논의하고자 한다.

1) 발견 및 탐구학습의 의미

발견 및 탐구학습은 학습자에게 해결할 학습문제를 주고, 그것을 해결하는 과정을 통하여 학습이 이루어지도록 하는 교육방법이다. 다시 말해서, 발견 및 탐구학습은 학습자가 지식 습득의 과정에 주도적으로 참여하도록 하여 학습자로 하여금 자연이나 사회를 조사하는 데 필요한 탐구 능력을 배양하고, 인식의 기초가 되는 개념을 형성하며, 또 다른 새로운 것을 적극적으로 발견하고 탐구하려는 태도를 기르도록 하는 학습활동을 말한다(변영계, 2006; 강영삼 외, 2008).

발견 및 탐구학습에서 '발견'의 의미는 지식 자체를 발견한다는 것이 아니라 지식을 얻는 과정이나 방법을 학습자가 발견하도록 한다는 의미다. 학습자는 다양한 학습자료를 수집하고 활용하며 문제해결 과정이나 반성적 사고 과정을 통하여 탐구적 사고력을 배양한다. 또한 학습자는 발견을 통해 탐구적인 사고방법을 배울 수 있다.

발견 및 탐구학습에서 '탐구'라는 말에는 객관적인 근거를 바탕으로 논리적으로 문제를 해결해 나간다는 의미가 내포되어 있다. 증거를 제시할 수 없거나 문제해결 과정에 논리성이 결여될 경우 탐구라는 용어를 쓰기 어렵다.

발견 및 탐구학습에서 '학습'의 의미는 교수자가 가르쳐야 할 내용을 학습자에게 최종적인 형태로 제공하는 것이 아니라, 학습과정을 학습자 스스로가 만들어 가도록 도와주는 것을 의미한다. 그러므로 발견 및 탐구학습에서 중요한 것은 지식 자체가 아니며, 지식을 얻는 과정과 방법 및 활동을 중요시한다(변영계 외, 2007).

설명식 수업이 기본적으로 학습자가 습득해야 할 지식의 최종적인 형태를 교수자가 언어적 설명을 통해 학습자들에게 직접 제공하는 수업방법인 데 비하여, 발견 및 탐구식 수업은 그러한 지식의 최종적인 형태를 학습자 스스로가 조직하고 발견해 나가도록 상황을 만들어 주는 데 중점을 두는 수업방법이다(권인탁 외, 2006).

2) 발견학습의 과정

발견학습의 기본적인 과정과 절차는 다음과 같다(박숙희, 염명숙, 2013; 권인탁 외, 2006).

① 문제를 추출하는 단계: 이 단계는 학습자가 문제가 무엇인지를 인식하고 발견해야 할 과제를 명확히 하는 단계다.
② 가설을 설정하는 단계: 이 단계는 여러 가지 자료를 수집하여 문제해결을 위한 가설을 설정한다.
③ 가설을 검증하는 단계: 이 단계에서는 논리적인 사고 활동이 중요하며, 증명, 실험, 자료 등을 통해 가설을 검증하게 된다.
④ 결론을 내리는 단계: 이 단계는 검증된 내용을 일반화하고, 추상적인 개념을 현실 상황에 적용하고 응용하는 지식의 전이가 촉진되도록 하는 단계다.

2. 탐구학습의 장점 및 단점

탐구학습의 장점은 다음과 같이 정리할 수 있다(변영계 외, 2007; 한안진, 1987; 변영계, 2006).

- 학습자가 스스로 자신의 학습 방향을 찾고, 학습성과에 대하여 책임감을 가지게 된다.
- 학습자가 능동적으로 학습에 참여하므로 긍정적인 자아개념을 형성하게 되고, 사회적 의사소통 능력을 향상시킨다.
- 학습자는 자신의 능력과 노력으로 문제를 해결할 수 있음을 깨닫게 되고, 그러한 경험을 통해 성취감을 맛보고 자신감을 갖게 된다.
- 합리적·비판적 사고를 할 수 있는 기회를 더 많이 가질 수 있다.
- 창의적 사고와 더불어 계획하고 조직하며 판단하는 것과 같은 상위 수준의 지적 능력을 개발할 수 있다.
- 기억과 회상에만 의존하지 아니하고 평생 자기주도적으로 학습하는 방법과 태도를 함양할 수 있다.
- 학습내용을 보다 확실하게 이해하는 데 효과적이다.

한편, 탐구학습의 단점 및 한계점은 다음과 같이 정리할 수 있다

- 탐구식 수업을 이해하고 실행할 수 있도록 지도하고 진행하는 데 많은 시간이 소요된다.
- 단순한 개념과 사실을 한정된 시간에 많이 전달해야 할 경우 탐구식 수업은 비효율적이다.
- 자료 준비, 학습 지도, 평가 등 교수자가 발견 및 탐구식 수업을 진행하기 위해 준비해야 할 부담이 크다.
- 타당도와 신뢰도가 높은 탐구능력 평가방법을 개발하기가 어렵다.

3. 발견 및 탐구식 수업의 교수-학습이론

1) 브루너의 발견학습

발견학습은 브루너의 교수-학습이론에 기초한 교육방법이다. 브루너는 개념획득 과정을 "우리가 획득하고자 하는 개념의 '예'와 '예가 아닌 것'을 구별해 주는 속성을 발견하는 과정"으로 정의하고, 이 과정을 문제 인식, 가설 설정, 가설 검증, 결론 짓기의 4단계로 구분하였다. 그는 개념획득 과정의 본질은 '연속적인 가설검증의 과정'이라고 하였다(Bruner, 1966; 변영계 외, 2007; 권인탁 외, 2006).

브루너는 종래의 통념을 부정하고, 피아제의 인지발달이론을 기초로 하여 '어떤 교과든지 지적으로 올바른 방식으로 표현하면 어떤 발달단계에 있는 아동에게도 효과적으로 가르칠 수 있다.'는 가설을 제안하였다. 즉, 학습자의 발달단계에 맞게 학습내용을 구조화하고 조직하면 학습자가 교과내용을 잘 이해할 수 있다는 것이다. '지적으로 올바른 방식으로 표현한다'는 의미는 '학습자의 발달단계에 맞게 학습내용을 구조화하고 조직하는 것'을 말하며, 이것이 발견학습의 핵심인 '지식의 구조'다.

지식의 구조는 특정 학문 분야에 포함되어 있는 기본적이고 핵심적인 사실, 개념, 명제, 원리, 법칙 등을 통합적으로 체계화한 것이다. 브루너는 학습자가 지식의 구조를 이해하게 되면 학습자 스스로 사고를 진행시킬 수 있으며, 지식의 구조에 기초한 학습은 그 효과가 오래 지속되어 쉽게 잊히지 않고, 실용적이며 전이가 잘되는 지식을 습득할 수 있다고 하였다. 그러므로 교육에서는 어떤 사실을 발견하기까지의 사고 과정과 탐구 기능을 중요시하고, 교육방법에서는 암기나 기억에 의존하는 것이 아니라 학습자의 능동적인 지적 활동인 탐구를 적극적으로 활용하는 것이다.

교수자의 역할은 학습자가 주어진 교과의 구조를 능동적으로 인식할 수 있는 사태와 환경을 제공하는 것이다. 즉, 다양한 자료를 준비하고, 학습자와 함께 탐구하며, 새로운 방법을 안내하는 질문을 개발하고, 내적 보상을 위해 노력하며, 가치와 관련된 문제에서는 공평성을 지향한다(변영계 외, 2007; 권인탁 외, 2006).

브루너는 발견학습 활동을 실시하면 다음과 같은 이점이 있다고 하였다.

- 개별 학습자가 구체적인 자료를 활용한 활동에 참여함으로써 지적인 잠재력을 키울 수 있다.
- 학습자가 발견학습 활동을 성공적으로 마쳤을 경우 지적인 쾌감을 맛보고 새로운

문제에 도전하려는 의욕이 생기며, 내적인 학습동기가 유발된다.
- 학습자가 가지고 있는 의문을 스스로 해결해 나갈 수 있으므로 흥미를 가지고 중요한 문제의 본질을 파헤칠 수 있으며, 이러한 발견 활동을 함으로써 학습자들은 '발견하는 방법' 그 자체를 배우게 된다.
- 발견 활동을 통해 알게 된 내용은 기억이 분명하고 오랫동안 지속된다.

2) 듀이의 탐구이론

듀이는 '반성적 사고는 탐구를 촉진한다.'라고 하면서 탐구의 기초가 사고에 있음을 강조하였다. 사고는 우리가 어떤 문제에 부딪혔을 때 전개되기 시작하여, 그 문제를 해결할 수 있는 해답을 발견함으로써 일단 종결되며, 비교적 일정한 사고방법(사고과정)에 따라 진행된다는 특성을 지닌다. 듀이는 이 사고방법(사고과정), 즉 탐구의 과정을 암시, 지성화, 가설 설정, 추리, 검증의 5단계로 설명하였다(변영계, 2006; 변영계 외, 2007).

- 암시: 이는 문제에 부딪혔을 때 즉각적으로 생각하게 되는 '해야 할 일' '해답을 발견해야 할 문제', 또는 '잠정적인 답'에 대한 암시인데, 어느 정도 가설적인 성격을 지니며 문제해결을 위한 출발점이 된다.
- 지성화: 이는 문제에서 '느껴진 곤란'을 '해결해야 할 문제' 또는 '해답을 발견해야 할 문제'로 전환하는 활동으로, 막연한 사태의 성격을 명료화하는 일이다.
- 가설 설정: 이는 지성화 과정을 통하여 나온 잠정적인 문제의 답이다. 가설은 암시에 비해 지적인 답변이며, 잠정적인 것으로서 검증을 위한 관찰이나 자료 수집 활동의 지침이 된다.
- 추리: 이는 가설을 설정한 다음 그것을 검증하기에 앞서 검증 결과를 예견하는 일이다.
- 검증: 이는 증거에 의해서 설정된 가설의 확실성을 밝히는 활동으로, 실제 실행이나 관찰 또는 가설이 필요로 하는 조건을 갖춘 실험을 실시함으로써 가능하다.

듀이는 '사고방법'을 보다 과학적으로 체계화하여 사고나 사색이라는 정적인 표현을 '탐구'라는 동적인 표현으로 바꾸었다. 그에 따르면 탐구란 하나의 불명료한 상황을 명료하게 통일된 상황으로 지도 통제하는 변형 작용이며 반성적 사고다. 그는 탐구의 궁극적인 목적은 진리에 도달하는 것이라고 하였으며, 탐구가 비록 문제해결의 과정이지만 그 해결은 해결로서 끝나는 것이 아니고 다음 탐구 과정의 수단이 된다고 하였다. 이러한 탐구 과정은 엄격히 고정되어 있는 것은 아니며, 경우에 따라서는 어떤 단계를 생략하거나 순서를 바꿔서 진행할 수도 있고, 하나의 단계를 여러 세부적인 단계로 나누어 진행할 수도 있다.

듀이가 주장한 사고방법은 이후 문제 제기, 가설 설정, 가설 검증, 결론의 과정으로 일반화되었으며, 이를 바탕으로 킬패트릭은 문제 제기, 계획하기, 실행하기, 평가하기 등 4단계로 구성된 프로젝트법을 창안하였다.

듀이의 탐구이론은 교수자 중심의 지식 전달 중심의 교육에서 탈피하여 경험 및 생활중심 교육으로 전환되는 데 크게 활용되었으며, 학습자를 교육의 주체로 인식하고 학습자의 참여와 활동을 강조하였다.

듀이와 브루너의 교육방법은 모두 암기나 기억에 의존하지 않고 학습자의 탐구를 중요시하였으며 학습자의 능동적인 지적 활동을 강조했다는 공통점이 있다. 하지만 듀이는 실용주의자로서 지식을 학습자의 사회적 활동과 관련지으려 하고 탐구를 지나치게 흥미와 실용성 위주로 해석한 반면에, 브루너는 지식을 지식 자체와 관련지으려 하였다. 그러므로 브루너의 교육과정을 학문중심이라 하고, 듀이의 교육과정은 경험중심 교육과정이라고 한다.

4. 발견 및 탐구식 수업의 실행

발견 및 탐구식 수업의 교수 절차를 마시알라스(Massialas)의 사회탐구모형을 중심으로 살펴보면 안내, 가설 설정, 정의, 탐색, 증거 제시, 일반화 6단계로 나뉜다(변영계, 2006; 변영계 외, 2007).

- 안내 단계: 이 단계는 교수자와 학습자 모두가 의미가 있는 문제에 대하여 인식하는 단계이며, 당면하고 있는 여러 과제 중에서 탐구 문제가 될 만한 것을 이끌어 내는 단계다. 탐구 문제는 해당 과목의 교재 내용에서 나올 수도 있고, 교수자가 수업자료를 별도로 만들어 준비할 수도 있다.
- 가설 설정 단계: 이 단계는 설명이나 해결을 위한 서술적인 진술을 하는 단계이며, 안내된 내용으로부터 일반화시킬 수 있는 것을 이끌어 낸다. 이 가설은 가능

하면 특수한 용어를 쓰는 것을 지양하고 이해하기 쉬운 일반적인 용어로 재진술한다.

- 정의 단계: 이 단계에서는 용어의 의미에 대한 이해와 견해를 일치시킨다. 즉, 실험 탐구 과정이 시작되기 전에 교수자와 학습자는 가설에 포함된 용어들에 대한 이해를 명료화하여 토론 과정에서의 모호성을 제거한다. 만약 사용되는 용어의 의미가 불분명하고 일치하지 않으면 각자가 다른 의미를 전달하게 됨으로써 탐구 활동이 전개되는 데 지장을 초래할 수 있다.

- 탐색 단계: 이 단계는 가설을 검증하는 데 필요한 사실과 증거를 수집하여 제시하고 탐색 활동을 실시하는 과정이다. "만약 ~라면, ~이다." 라는 식으로 가설에 대한 논리적 검증을 해 나간다. 안내와 가설은 그 특성상 귀납적이기 쉬운 반면에 탐색 과정은 연역적인 경우가 많다.

- 증거 제시: 이 단계는 타당한 자료를 기초로 가설을 지지하거나 부정하는 증거를 논리적으로 제시하여 결론에 도달하는 단계다.

- 일반화 단계: 이 단계는 탐구 과정의 결론에 해당되는데, 발견된 사실에서 일반적으로 적용할 수 있는 진술을 이끌어 내서 변인들 사이의 관계를 밝히거나 인과관계를 설명하거나 실제적인 일화의 형식으로 표현하여 적용과 응용을 돕는다.

 ## 제4절 협동학습을 활용한 수업

1. 협동학습의 개념 및 특성

근래에 대학의 수업에서는 소집단을 활용한 수업의 실시 비중이 빠르게 증가하고 있으며, 대부분의 과목에서 이른바 팀플레이(Team Play)라고 하는 소집단 학습과제를 한 학기에 한 번 이상은 실시하는 추세다.

소집단을 활용한 수업에 관심이 높아지는 주요 이유는 학습자들로 하여금 보다 다양한 정보와 관점을 다루는 경험을 할 수 있게 함으로써, 수업에 대한 흥미와 동기를 증진시키고, 사회 및 기업에서 요구하고 있는 인재를 양성하는 데 효과적이기 때문이다. 특별히 21세기 지식정보화 사회에서 필요한 창의적 사고력, 문제해결력, 의사결정 능력을 배양하는 데 효과적인 교육방법이 요구되고 있다. 소집단을 활용한 수업은 내용적 지식뿐만 아니라 문제해결 능력과 상호작용 기술을 구비하고 쏟아지는 정보를 취사선택하고 적용할 수 있는 인재를 양성하는 데 효과적인 교육방법이다.

소집단을 활용한 대표적인 수업방법은 협동학습이다. 협동학습은 모든 학습자가 명확하게 제시된 공동의 학습과제를 협력적으로 수행하는 과정을 통해 학습목표를 달성하는 교수–학습방법이다. 이는 교수자가 주도하는 설명식 수업의 단점에 대한 하나의 대안으로서 학습자의 학습활동 참여, 자기 표현과 의사소통, 공동체에 대한 소속감, 대인관계 기술 등을 증진시키고, 학습 효과를 높일 수 있다는 점에서 주목받고 있는 교육방법이다.

협동학습과 같이 소집단을 활용한 교육방법은 일반적인 소집단 학습, 학습 집단, 협력학습, 팀 기반 협동학습 등이다. 이 교육방법들은 학습자들이 주도적이고 자발적인 학습을 통해 학습에 대한 흥미 유발은 물론 문제해결 능력을 배양하는 데 효과적이다. 또한 협동학습은 개인적이고 경쟁적인 교수–학습방법에 비하여 학습자를 교수–학습과정에 능동적으로 참여시킴으로써 학습자들이 느끼는 소외감이나 적대감을 해소하는 데도 긍정적인 교육방법이다.

협동학습은 초기에는 대학을 중심으로 한 고등교육기관에서 교수–학습의 질적인 향상을 목적으로 시도되었으나, 근래에는 기업의 직무교육, 스포츠선수의 훈련, 의학 분야의 교육에서도 많이 적용되고 있으며, 특히 군대의 군사훈련과 여러 보수교육 분야에서도 활용 가능성이 큰 교육방법이다.

1) 협동학습의 역사적 배경

협동학습은 교수–학습과정에서 학습자들이 지나친 경쟁으로 인하여 소외감과 적대감을 갖지 않게 하고, 집단 구성원들과 함께 상호작용하고 협력하여 공동의 목표를 추구하는 과정에서 학습목표를 효과적으로 달성하는 동시에 협력적인 태도와 능력을 향상시키는 데 효과적인 교육방법이다(박숙희, 염명숙, 2013).

전통적인 수업 방법들은 주로 학습자 개인이 가지고 있는 능력이나 적성을 고려하며, 일반적으로 교수자가 설정한 학습목표를 달성하기 위해 학습자들은 개별적으로 학습하고, 교수자는 개별 학습자들이 목표를 달성하는 정도를 확인하고 평가한다. 이와 같이 개별 학습자 간의 경쟁을 유도하는 경쟁 학습이나 개별화 수업은 나름의 장점을 가지고 있으며 교수–학습의 목적을 달성하는 데 효과적이기도 하다. 그러나 경쟁학습은 학습동기 유발에 긍정적이기도 하지만 학습자들 사이의 경쟁과 대립이 지나치게 심화될 수 있다는 단점이 있다. 개별화 수업의 경우에도 학습자들 사이의 상호작용이 제한된다는 특성으로 인한 부정적 측면이 지적되었다. 개인 간의 지나친 경쟁심은 학습자를 불안하게 하고, 경쟁에서 만성적으로 실패를 거듭하는 학습자는 소극적이고 무기력해진다. 그리하여 경쟁적인 학습 구조를 협동적인 구조로 전환시켜야 한다는 필요성이 제기되었다(권인탁 외, 2006).

1970년대 이후에는 교수-학습 분야에서 인지심리학이 부각되면서 학습자를 능동적이고 자기 규제를 할 수 있는 존재로 인식하게 되었다. 학습자는 단순히 교수자가 제시하는 정보를 수동적으로 수용만 하는 존재가 아니라 정보를 적극적으로 해석하는 정보처리자라는 것이다. 그리하여 학습자들을 서로 경쟁적이고 대립적으로 활동하도록 하여 집단 구성원 중 소수만이 목표에 도달하게 되는 경쟁학습보다는 학습자 간의 협력적인 상호작용을 촉진하고 협동 기술과 집단 보상을 강조하는 협동학습이 바람직한 교육방법이라는 인식이 확산되었다.

또한 학교는 학습자들이 서로 협동하고 조력하는 것을 배우도록 해야 한다는 주장과 이를 실행하려는 교육적 시도가 듀이를 중심으로 이루어졌다. 소집단 내에서 협력적인 활동을 경험함으로써 '전체는 개인을 위하여(all-for-one), 그리고 개인은 전체를 위하여(one-for-all)'라는 인식과 태도를 가질 수 있고, 사회 응집성을 증진시키며 타인들과 협력하는 기술을 습득하게 된다.

2) 집단, 팀, 그리고 팀 기반 협동학습

집단과 팀은 어떻게 다른가? 어떤 사람들의 모임을 집단이라 규정할 수 있는 두 가지 특성은 상호작용과 상호 영향이다. 팀도 마찬가지로 구성원 사이에 상호작용과 상호 영향이 발생한다. 팀과 집단의 차이를 구분하는 기준은 다음 네 가지인데, 질적인 차이라기보다는 정도의 차이라고 할 수 있다(신응섭 외, 2011).

- 팀은 집단에 비해 구성원들의 집단 정체감이 더 강력하다.
- 팀에는 공동의 목표나 과제가 분명히 존재하며, 그에 대하여 구성원들의 일치된 교감이 있다.
- 팀은 과제 수행과정에서의 상호의존성이 집단에 비해 더 강하다.
- 팀의 구성원들은 집단의 구성원들에 비해 더욱 차별화되고 전문화된 역할이 설정되어 있다.

집단을 팀으로 변환시키기 위해서는 구성원들이 함께 상호작용하는 시간이 필요하고, 자원(특히 지적 자원)이 있어야 하며, 공동의 목표가 되는 도전적인 과제가 있어야 하고, 개인별 및 팀별 성과에 대한 빈번한 피드백을 필요로 한다.

소집단을 활용한 수업방법 중 일반적인 소집단 학습은 '옆에 있는 학생과 ~에 대하여 대화하라.'와 같이 상대적으로 즉흥적인 활동이기 때문에 사전 계획이 크게 필요하지 않으며, 집단 구성, 교육과정 구조, 학습 평가 등에 대하여 고려할 필요가 없다. 협동학습은 신중하게 계획되고 구조화된 소집단 활동을 빈번하게 활용하는 수업으로서, 소집단 학습활동을 사전에 계획하여 교육과정에 포함시키고, 집단 형성, 학습자들의 역할과 책임 등에 주의를 기울여야 하지만, 교육과정의 구조를 변화시키지는 않는다.

이에 비해 팀 기반 협동학습은 교실 내의 교수-학습과정에서 소집단 활동이 주가 되는 수업방식이다. 이는 새로 형성된 집단을 최상의 성과를 내는 학습팀으로 변환되도록 지원하고, 그러한 학습팀의 특성을 활용하여 고도의 성과를 올리는 교수전략이며, 종종 교육과정 구조의 변화를 필요로 한다.

일반적으로 팀 기반 협동학습을 수업에 적용하려면 다음과 같은 네 가지의 원리가 이행되어야 한다(Michaelsen, 2009).

첫째, 소집단을 적절하게 형성하고 운영해야 한다. 효과적인 집단을 형성하기 위해서는 이미 어떠한 관계가 형성되어 있거나 배경적 요소에 의해 응집성이 강한 하위집단에 속한 학습자들을 혼합 편성하는 등의 방법으로 집단 응집력의 발달을 방해하는 요인을 최소화해야 한다. 또한 집단이 효과적으로 기능하기 위해서는 다양한 유형의 구성원들로 집단을 구성하고, 집단은 학기 내내 동일하게 유지하는 것이 좋다.

둘째, 학습자들이 학습에 대하여 반드시 책임감을 갖도록 하기 위해서는 구성원 개인별, 팀별 성과를 모니터링하고 보상체계를 수립하여 실행해야 한다. 먼저, 수업 전 준비에 대한 개인별 책임을 다하도록 수업 초반에 수업 준비도를 확인하여, 각 학습자들이 팀의 학습을 위해 공헌할 준비가 되었는지를 확인한다. 책임감을 확실히 하는 데 중요한 것은 팀의 성과를 효과적으로 평가하는 시스템을 개발하는 일이다. 평가 시스템은 학습자들이 집단에 공헌할 준비의 정도, 집단의 상호작용을 증진시키는 행동의 실행, 집단이 완성한 과업의 성과 등을 평가한다.

셋째, 팀별 학습과제를 통해 팀의 발전과 학습을 촉진해야 한다. 팀별 학습과제가 적절하지 못하면 무임승차하는 학습자가 발생하고 구성원 간 갈등이 초래되는 등의 문제점이 발생된다. 팀별 학습과제는 구성원별로 단순히 과제를 나누어 분담하는 방식으로 수행해서는 협동학습이 이루어지지 않으며, 학습내용을 적용한 의사결정 과정이 포함되도록 함으로써 학습과제 수행 시 구성원 사이에 고도의 상호작용이 일어나도록 해야 한다.

넷째, 학습자들에게 빈번하고 즉각적이며 차별적인 피드백을 제공해야 한다. 팀별 및 개인별 학습 준비도에 대한 평가와 피드백, 학습내용의 적용에 초점을 맞춘 팀 기반 학습과제에 대한 평가와 피드백, 집단이 완성한 과제의 질적 평가 및 피드백이 분명하게 이루어져야 한다.

3) 협동학습의 특성

협동학습은 학습능력이 각기 다른 학습자가 공동의 학습목표를 달성하기 위하여 소집단 내에서 함께 활동하는 학습방법이다. 협동학습에서 소집단은 보통 2~6명 정도로 팀을 구성하게 되는데, 소집단 구성원은 개인적인 학습을 할 뿐만 아니라 서로 협력하여 팀 형성을 강화한다. 협동학습은 상호작용, 협조성, 책무성 등이 전제된 수업방식이다(박숙희, 염명숙, 2013). 학습자들이 팀을 구성하여 서로 협동하며 과제를 수행하면 동료에게서 배우는 학습의 효과가 매우 크고, 협동학습 경험으로 사회 응집성과 협동 기술의 학습이 촉진된다(Slavin, 1990; Johnson, Johnson, & Holubec, 1988).

협동학습의 핵심적인 특징을 동기론적 관점, 사회적 관점, 발달이론 및 인지론적 관점에서 살펴보면 다음과 같다(이성은, 오은순, 성기옥, 2002; 변영계 외, 2007).

학습자의 동기를 중시하는 동기론적 관점에서 협동학습의 핵심은 개인적인 참여 동기에 있으며, 그 핵심요소는 집단 보상, 개별 책무성, 학습 참여의 균등한 기회 보장 등이다. 집단 보상은 보상을 집단별로 함으로써 개인이 구성원들에게 도움을 주거나 도움을 받도록 유도하는 것이다. 개별 책무성은 구성원이 팀 내에서 자신의 학습은 물론 다른 학습자의 학습을 격려하고 도와야 하는 의무다. 학습 참여의 균등한 기회 보장은 누구나 동등하게 집단 구성원으로 인정받고 함께 참여하고 싶은 욕구를 보장하는 것이다.

다른 팀원을 존중하는 사회응집성 관점에서는 협동학습에서 구성원들이 서로 돕는 이유는 다른 구성원들이 성공하기를 원하고 사회적 관계를 유지하려는 것이라고 보며, 긍정적 상호작용, 대면적 상호작용, 집단 과정 등이다. 긍정적 상호작용은 다른 구성원이 성공하지 못하면 자신도 성취하지 못하는 관계를 말한다. 대면적 상호작용은 학습을 서로 도와주고 격려하는 관계이며, 집단 과정은 각 구성원이 다른 구성원의 학습에 지속적으로 도움을 주는 것을 말한다.

발달이론 및 인지론적 관점에서는 피아제와 비고츠키의 인지발달이론을 기초로 협동학습을 이해할 수 있다. 피아제의 발달이론은 인지 수준이 비슷한 사람 사이의 상호작용에 의해 유발되는 사회적·인지적 갈등이 학습자의 내적·인지적 재구성을 유발하여 발달이 촉진된다고 보므로, 협동학습의 소집단은 지적 능력이 유사한 동질 집단으로 구성하는 것이 바람직하다. 반면에 비고츠키의 근접발달이론에 따르면 학업성취도가 낮은 학습자는 높은 학습자로부터 도움(발판)을 받을 수 있기 때문에 지적 능력이 이질적인 구성원들로 소집단을 구성하는 것이 바람직하다.

4) 협동학습의 기본 요소

협동학습을 성공적으로 실행하기 위해서는 다섯 가지의 기본 요소를 구비해야 하는데, 그것은 긍정적인 상호의존성, 면대면을 통한 상호작용, 개별적인 책무감, 사회적 기술, 그리고 집단의 과정화다(박숙희, 염명숙, 2013; Johnson, Johnson, & Holubec, 1988).

(1) 집단 공동의 목표와 상호의존성

교반은 공동의 학습목표를 가지고 학습자들이 몇 개의 소집단을 만든 뒤 협력적으로 돕고 격려하며 고무시키면서 목표를 달성하도록 한다. 소집단 내 학습자들은 상호의존성을 가지고 과제를 수행하며, 집단 내 학습자들 모두가 서로 협력하여 목표를 달성한다는 긍정적인 상호의존성이 있다. 그러므로 학습자들은 자신의 수행이 다른 학습자들에게 도움이 되고, 다른 학습자들의 수행이 자신의 수행에 도움이 된다는 인식을 갖게 된다.

(2) 면대면을 통한 상호작용

소집단 내 학습자들은 서로 얼굴을 마주 대하고 서로에 대한 관심을 가지며 개방적이고 허용적인 태도를 견지하며 심리적인 일체감을 갖도록 해야 한다. 이와 같은 상호작용을 통해 학습자들은 서로 돕고 신뢰하며 학습과제를 완성해 나갈 수 있고, 불안감이 해소되며 학습동기가 유발된다.

(3) 개인적인 책무성

협동학습에서는 집단 목표가 강조된다고 하더라도 개별적인 학습도 여전히 중요하다. 소집단 내 학습자들은 각자의 수행이 집단 전체의 수행에 영향을 미치는 동시에 소집단 전체의 수행이 개별 학습자의 수행에도 영향을 미친다는 상호 책무성이 있어야 한다.

개인의 책무성은 소집단 내 각각의 구성원들이 학습한 내용과 기능을 숙달한 것을 증명해 보이는 것을 요구한다. 개인적인 책무성은 소집단에 대한 평가와 함께 개별 학습자들의 평가도 병행함으로써 통제가 가능하다.

(4) 사회적 기술

소집단 내 학습자들 사이에 원만한 인간관계가 형성되어야 지적·정서적 측면에서 긍정적인 활동이 이루어진다. 소집단 내 학습자들의 상호작용을 통해서 구성원들은 서로 믿고 의지하며 의사소통 기술과 사회적 기술을 발달시킨다.

(5) 집단의 과정화

협동학습이 성공적으로 이루어지기 위해서는 소집단 내 상호작용 과정이 중요하다. 소집단 내 학습자들은 모두가 학습활동에 적극적으로 참여함으로써 협동학습에서 필요한 원칙과 기술을 익혀야 한다. 또한 모든 학습자에게 학습활동에 대한 피드백을 제공하고, 효과적인 문제해결 방법에 관한 메타인지 전략을 사용하도록 안내하고, 학습자들의 성공적인 수행에 대해서는 적절한 보상체계를 수립하여 시행해야 한다.

2. 협동학습의 장점 및 단점

협동학습을 적용한 수업이 가지고 있는 장점에는 다음과 같은 것들이 있다(이성호, 2000; 변영계 외, 2007: 민혜리, 2008; 권인탁 외, 2006).

- 소집단 활동을 통하여 개인적인 활동과 소집단 활동을 계획하고 점검하며 평가하는 방법을 배우고, 단결력을 기르며, 비판을 주고받는 법을 배운다.
- 학습과정에 대한 적극적이고 주도적인 참여를 촉진하며 학습동기를 증진시킨다.
- 소집단 활동으로 인한 시너지 효과를 통해 교육내용에 대한 이해와 학업성취도가 향상되며, 특히 문제해결 능력과 사고력을 개발하는 데 효과적이다.
- 다른 학습자와 상호작용하는 과정을 통해 어휘력, 친화력, 분석력 등 다양한 능력

과 기술을 습득할 수 있다.
- 타인들과 소통하고 협력하면서 협조성과 사회적 기술을 습득하고 인간관계가 개선된다.
- 다른 학습자의 학습활동과 학습과정을 관찰하고 배울 수 있는 기회를 가진다.
- 개별적으로 시도하기 어려운 일도 팀을 이루면 해 낼 수 있다는 경험을 통해 자신감이 생기고 적극적이고 도전적인 태도가 형성된다.
- 다른 학습자와 상호작용하는 과정을 통해 자신 및 타인에 대한 이해가 증진되며, 타인에게 도움을 주고 타인의 도움을 받는 능력이 향상된다.
- 소집단 학습활동을 통해 학습자는 자신이 가지고 있는 자원(시간, 능력 등)을 스스로 관리하고 통제하는 방법을 배우게 된다.

협동학습의 단점과 한계점 그리고 보완 방안은 다음과 같이 정리할 수 있다(이성호, 2000; 변영계 외, 2007; 민혜리, 2008; 권인탁 외, 2006).

- 교수-학습의 목표나 학습과정보다 집단과정을 더 중시하여 놀이집단으로 전락할 우려가 있다.
- 무임승객효과(free-rider effect)와 봉효과(sucker effect)가 나타날 수 있다. 무임승객효과는 학습능력이 낮거나 집단학습 활동에 적극적으로 참여하지 않은 학습자가 학습능력이 높은 학습자의 성과를 공유하게 되는 것을 말한다. 봉효과는 학습능력이 우수한 학습자가 자신이 노력한 결과가 다른 학습자들에게 돌아가기 때문에 집단학습활동에 적극적으로 참여하지 않게 되는 효과를 말한다.

무임승객효과와 봉효과를 방지하기 위해서는 협동학습을 평가할 때 개인 평가와 집단 평가를 병행하는 것이 좋다.

- 일부 학습자는 교수자에게 의존하는 대신에 동료 학습자들에게 의존하는 경향이 커질 우려가 있다.
- 동료들보다 학습능력이 우수한 소수의 학습자는 다른 학습자들보다 도움을 더 많이 주고받으면서 더 높은 성취도를 달성하고 소집단을 장악하는 부익부 현상이 발생할 수 있다.

부익부 현상을 방지하기 위해서는 역할 분담을 분명히 실시하거나 집단 보상을 강화하고, 학습자들의 협동 기술을 증진시키는 방안을 모색할 필요가 있다.

- 아주 유능한 학습자는 과제 내용을 잘 알고 학습과정에 기여할 수 있으면서도 과중한 책임을 피하기 위해서, 또는 자신의 유능함을 알리고 싶지 않아서, 일부러 집단 활동에 동참하지 않거나 집단의 목표 달성에 기여하지 않는 경우도 있다.
- 동료들보다 학습능력이 떨어지는 학습자는 상호작용 기회를 갖지 못하여 자아 존중감에 손상을 입고 방관자가 되는 결과가 초래될 수 있다. 이러한 경향이 심화되면 소외된 학습자는 그저 자신을 방어하고 보호하는 전략과 기능만을 키우게 될 우려가 있다.

자아존중감의 손상이 우려되는 학습자에 대해서는 협동학습이 시작되기 전이나 진행 도중에 협동학습 기술을 증진시켜 주는 방안을 강구할 필요가 있다.

- 소집단 협동학습을 반복할 경우, 자기가 속한 집단 구성원들에게는 호감을 갖고 다른 집단의 구성원들에게는 적대감을 가지는 집단 간 편파가 발생할 수 있다 (Brewer, 1979).

집단 간 편파의 문제를 해결하기 위해서는 소집단 협동학습을 반복할 때 소집단을 재편성하거나 과목별로 소집단의 구성원을 다르게 편성할 수 있다.

3. 협동학습의 원리

협동학습은 '학습'이 사회적 상호작용에 의해 일어난다는 구성주의 교수−학습원리에 가장 부합하는 수업방법이다. 협동학습을 통해 학습자들은 다양한 시각을 접하고 자신이 구성한 지식의 타당성을 검증할 수 있다. 또한 학습자 간에 상호 보완적인 의사소통 기술을 향상시키고, 더 많은 의사결정의 기회를 갖게 된다.

협동이 학습을 촉진시키는 이유는 다음과 같다. 학습능력이 낮은 학습자의 경우, 혼자서는 학습과제를 완성하지 못하여 중간에 포기할 수 있으나 소집단에서 협력적인 학습활동을 실시하면 중도 탈락하는 것을 방지할 수 있다. 학습능력이 우수한 학습자의 경우는 학습과제를 소집단 구성원들에게 설명하는 과정에서 자신이 문제를 이해하고 문제점이 무엇인지를 발견할 수 있다(민혜리, 2008).

협동학습은 개별학습이나 경쟁학습에 비해 학습자의 흥미와 참여를 자극하여 학업 성취도를 높이고 인지적 성장을 촉진시키는 데 효과적이다.

협동학습의 핵심 원리는 다음과 같다(변영계 외, 2007).

- 협동학습은 참여하는 학습자들 사이에 목표, 보상, 자원, 역할, 정보 등에 대하여 서로 믿고 의지하게 되는 긍정적 상호작용을 경험하게 된다.
- 협동학습은 자신의 학습과제를 성취하면서 다른 학습자의 과제수행도 도와주어야 하는 개별적 책무성을 갖는다.
- 협동학습은 모든 구성원을 존중하고 보호하기 위하여 리더십을 공유하게 된다.
- 협동학습은 목표달성을 위해 상호책임성을 갖는다.
- 협동학습은 학습의 성취를 최대화하기 위하여 구성원들이 협력적이고 우호적인 협력 관계를 형성한다.
- 협동학습을 통하여 의사소통 기술을 습득하고, 신뢰를 형성하고 갈등을 조절하며 리더십을 개발하는 등의 사회적 기능을 학습할 수 있다.
- 협동학습에서 교수자는 집단을 관찰하고 분석하며 조정하면서 빈번하고 신속하게 피드백을 해야 하기 때문에 학습과정에 대한 교수자의 참여도가 높아진다.
- 협동학습에서 교수자는 집단이 과제를 수행하는 데 도움이 되도록 집단과정을 구조화하게 된다.

4. 협동학습 수업의 모형

협동학습은 다양한 방식으로 실시할 수 있으며, 많이 사용되는 모형은 다음과 같이 정리할 수 있다(변영계 외, 2007; 박숙희, 염명숙, 2013; 민혜리, 2008).

1) 과제분담학습 모형 Ⅰ, Ⅱ

과제분담학습 모형 Ⅰ(Jigsaw Ⅰ, 지그소 Ⅰ 모형)은 1978년에 텍사스 대학교의 아론슨(E. Aronson)과 동료들에 의해 개발되었으며, 전문가 집단학습을 통한 협동학습 모형이다. 지그소(Jigsaw)라는 명칭은 그림 짜 맞추기 퍼즐(Jigsaw puzzle)과 같이 팀별 학습활동 전개가 모두 끝나야 협동학습이 완성된다는 의미에서 붙여진 이름이다. 이 협동학습 모형은 다민족으로 구성된 미국의 학교에서 경쟁적 학습 분위기를 협동적으로 전환하고 민족 간 갈등과 인종문제 해결에 도움을 준 학습방법으로 평가되고 있다. 일반적으로 사회탐구 문제에 적용하기가 용이하고, 군대 교육에서는 전쟁사, 전략 및 전술, 인성교육 주제 등에 적용하면 좋다.

지그소 Ⅰ 모형은 교육 내용을 한 영역씩 나누어 맡아 먼저 팀별로 학습한 후에, 해당 내용에 대하여 책임을 지고 다른 팀의 학습을 책임지는 협동학습 방식으로서, 협동이 필연적으로 일어나도록 구조화되었다.

이 협동학습 모형의 수업 절차는 다음과 같다.

(1) 원 소집단 구성

먼저 교반 전체를 이질적인 구성원들로 5~6명씩 편성하여 원 소집단을 구성한다. 모든 소집단에게는 동일한 학습 주제를 부여하며, 학습할 주제의 내용을 구성원 수만큼의 하위 주제로 나누어 각자에게 한 부분씩 할당한다. 소집단 구성원들은 리더, 기록자 등 집단 내에서 해야 할 역할을 분담한다.

(2) 전문가 활동

다음은 각 소집단에서 동일한 하위 주제를 담당한 학습자들이 모여서 하나의 전문가 집단을 구성한다. 이어서 이 전문가 집단별로 협동학습을 실시하여 해당 주제에 대한 자료를 수집하고 정보를 교환하며 학습활동을 실시한다.

전문가 집단에서 학습자들은 해당 주제에 대한 학습을 충분히 실시한 후, 원 소집단으로 돌아가서 어떻게 설명할 것인가에 대하여 토론하고 학습한다.

(3) 원 소집단 재소집

학습자들은 각자 원래 소속되었던 원 소집단으로 돌아가서 전문가 집단에서 학습한 내용을 서로가 책임지고 가르친다. 학습자들은 자신이 맡은 주제만을 학습했기 때문에 동료에게 의지할 수밖에 없다.

한 주제에 대한 학습이 끝나면 다음 주제로 넘어가며, 평가는 개인별 평가를 실시하고 집단별 평가는 실시하지 않는다.

지그소 Ⅰ 모형은 과제 해결의 상호 의존성은 높으나 보상 의존성은 낮다. 즉, 집단 구성원 개인들의 적극적인 학습활동이 다른 구성원들이 보상을 받는 데 도움이 되고, 전체 과제를 잘 해결하기 위해서는 팀별 학습이 좋아야 하기 때문에 상호의존성은 높다. 하지만 집단으로 보상을 받지는 않기 때문에 구성원 간 보상 의존성은 낮다.

이후에 슬라빈(Slavin)은 지그소 I 모형을 수정하여 과제분담학습 모형 II(Jigsaw II)를 제안하였다. 지그소 II 모형은 모든 학습자가 전체 학습과제와 하위 주제를 읽고 특별히 관심 있는 하위 주제를 선택한다. 그런 다음 전문가 집단에 모여 그 하위 주제에 대하여 철저히 학습한 다음, 원래의 소집단으로 돌아와 그것을 가르치는 것이다.

지그소 I 모형에서는 집단 보상이 없고 개인별 평가에 기초한 개별 보상만을 실시하는 데 비하여, 지그소 II 모형은 평가에 있어서 각 학습자의 개인 점수뿐만 아니라 향상 점수와 집단 점수를 산출하여 개인 보상과 집단 보상이 함께 이루어지도록 하는 것이 특징이다.

2) 집단조사 모형

집단조사 모형(Group Investigation)은 1976년 이스라엘 텔아비브 대학에서 샤란(Sharan)이 개발한 협동학습 모형이다. 이 협동학습 모형은 학습과제의 선정에서부터 집단 보고에 이르는 학습의 전 과정을 학습자들의 자발적인 협동으로 진행할 수 있는 개방적인 협동학습 모형이다. 학습자에게 다양한 학습경험을 하게 하고 응용력, 종합력과 같은 높은 수준의 인지적 기능을 요구하며, 협력적 학습 행동에 대한 보상이 구체적으로 드러나지 않은 채 집단 목표 달성을 요구하기 때문에 학습자의 역할 배정에 주의를 기울여야 한다(변영계 외, 2007; 이성은, 오은순, 성기옥, 2005).

이 협동학습 모형은 인문사회 계열의 문제해결 학습과 정의적 영역의 학습에 효과적으로 사용되는 협동학습 모형이다.

이 협동학습 모형의 학습 진행 방법을 구체적으로 살펴보면 다음과 같다. 먼저 학습자들을 3~6명 정도씩으로 소집단을 구성하고, 교반 전체가 학습해야 할 과제를 소집단 수만큼의 하위 주제로 나누어 소집단별로 할당한다. 각 소집단은 부여받은 하위 주제를 구성원 수만큼의 세부 주제로 다시 나누어 개인에게 부여한다. 그런 다음 각각의 학습자는 세부 주제에 대하여 개별적으로 학습한 후, 소집단별로 모여 하위 주제 전체에 대하여 집단 토의, 자료 수집 및 조사 활동을 실시한다. 이와 같이 소집단별 조사학습이 끝나면 소집단은 교반 전체를 대상으로 그 소집단이 조사한 내용을 발표하여 다른 소집단이 학습할 기회를 제공한다.

집단조사 모형에서 평가는 교수자와 학습자가 교반 전체 학습에 대한 각 소집단의 기여도를 평가하는데, 최종 학업성취에 대한 평가는 학습자들의 준비 및 학습활동을 포함하여 개별적인 평가와 집단 평가를 모두 실시할 수 있다.

3) 협동을 위한 협동학습 모형

카간(Kagan)이 개발한 협동을 위한 협동학습 모형(CO-OP CO-OP)은 한 학급에서 정한 전체 과제를 여러 모둠으로 구성된 학급 전체가 협동으로 해결하기 위하여 모둠별로 협동학습을 하는 독특한 형태의 학습활동이다. 협동을 위한 협동학습 모형은 학습자들이 서로의 문제해결 과정을 지켜보고 교정해 줄 수 있어서 의사소통 능력 향상은 물론 문제 상황에 직면했을 때 생길 수 있는 불안감을 감소시키는 데 도움이 되는 협동학습 방법이다. 이 협동학습 모형은 교과 내용뿐만 아니라 개념, 사고 기술의 발달, 의사소통 촉진, 집단 공동체의식 형성을 위해서도 활용될 수 있다.

이 협동학습 모형의 학습진행 방법을 구체적으로 살펴보면 다음과 같다. 먼저 교반의 모든 학습자가 학습 주제 전반에 대하여 개략적으로 토론한 뒤, 4명의 구성원으로 한 소집단을 구성하고, 전체 학습과제 중 한 부분을 나누어 맡는다. 각 소집단은 맡은 주제를 다시 소주제로 나누어, 2명씩의 하위 팀으로 나누거나 4명의 학습자 각각에게 분담한 다음 심도 있는 조사를 실시하도록 한다. 이때 각 학습자는 가능하면 자신이 가장 알고 싶은 하위 주제를 선택할 수 있도록 한다. 하위 팀별로 또는 개별적으로 조사를 마치면 원래 자기가 속했던 소집단으로 돌아와서 교반 전체에 보고할 내용을 함께 협력하여 준비한다. 마지막으로 교반 전체는 소집단별로 발표를 실시한다.

예를 들어, 한국전쟁사 과목을 공부하는 전체 16명의 교반을 대상으로 자율적 협동학습 모형을 적용한다고 가정해 보자. 먼저 학습자들을 각각 4명씩 4개의 소집단으로 구성하고, 4개의 대표적인 전투 사례를 각각 학습과제로 부여한다. 각각의 소집단은 해당 전투 사례를 4개의 소주제로 분리하여 개인별로 하나씩 조사하고 탐구하도록 한다. 개인별 탐구가 완성되면 소집단별로 다시 모여 함께 발표 준비를 실시하고, 마지막으로 교반 전체가 모여 소집단별로 발표를 실시한다.

평가 방법은 각 소집단이 다른 소집단들을 평가하고, 교수자는 소집단이 완성한 결과물과 함께 개별 학습자의 성취 정도를 평가한다. 이 협동학습 모형은 교수-학습 계획, 선택된 학습주제의 범위와 난이도, 자료의 특성에 따라 한 시간 단위로 진행할 수도 있고, 길게는 한 학기 단위로도 적용할 수 있다.

5. 협동학습 수업의 실행

협동학습 수업은 일반적으로 다음과 같은 8단계의 진행 절차에 따라 실행된다(박숙희, 염명숙, 2013; 권인탁 외, 2006).

1) 학습 계획 수립 및 제시

학습과제를 분석하고 학습자들의 선행학습 정도와 지적 능력을 고려하여 협동학습의 목표를 설정한다. 또한 협동학습으로 진행할 주제 선정, 집단 편성 방안, 집단활동의 전개 및 조력 방안, 집단활동에 대한 피드백, 집단활동 결과에 대한 평가방안 등이 포함된 학습 계획을 수립한다.

협동학습에서는 수업목표를 행동 수준으로 명세화하여 수업 초기에 학습자들에게 제시한다.

2) 협동학습 모형의 선택

앞에서 소개한 바와 같이 협동학습에는 여러 가지 형태의 모형이 있다. 교수자는 학습자의 특성과 수업목표를 고려하여 적절한 협동학습 방식을 선택하여 실행한다.

3) 소집단의 구성

협동학습의 소집단 크기는 학습과제에 따라 다르나 보통 2~6명이 적당하다. 협동학습에 경험이 없는 학습자는 2~3명, 경험이 많아지면 6명까지 구성할 수 있다. 협동학습의 소집단 크기가 8명 이상이면 한두 명의 학습자가 학습활동을 주도하고 그 외의 학습자들은 소외되거나 수동적으로 되어 협동학습이 제대로 이루어지기 어렵다.

협동학습의 소집단을 편성할 때는 흥미와 취미, 성, 능력 등이 유사한 동질 집단을 구성하여 단순한 기능을 학습할 수 있으나, 협동학습의 본래 취지를 살리기 위해서는 이질적인 구성원으로 집단을 구성하는 것이 좋다. 예를 들어, 과업 지향적이지 않은 학습자는 과업 지향적인 학습자와 한 팀이 되도록 구성한다. 그러나 소집단 간에 경쟁을 유도하기 위해서는 소집단 구성원들이 전체적인 능력 면에서 유사해야 한다.

협동학습에서 제기되는 부정적인 효과로 집단 간 편파(intergroup bias)가 있다. 이는 다른 집단에 대하여 적대감을 가지며 자신이 속한 집단만 편애하는 경향을 말한다. 집단 간 편파를 방지하기 위해서는 주기적으로 소집단을 재편성하거나 같은 교반 내에서 과목별로 집단을 다르게 편성한다. 그러나 협동학습 소집단의 재편성은 협동 기술이 어느 정도 습득된 이후에 하는 것이 좋다.

4) 협동학습 방법 및 절차 지도, 협동 기술의 지도

협동학습은 전통적인 수업방법과 달리 학습자가 중심이 되어 진행하는 능동적인 학습방법이다. 그러므로 교수자는 협동학습 모형이 선정되면 이를 실행하기 위한 학습지도 방안을 마련하고, 학습자들에게 협동학습의 방법과 절차에 대하여 충분히 설명해 주어야 한다.

또한 협동학습이 잘 이루어지도록 하기 위해서는 구성원들이 상호 협력하려는 의지와 협동 기술을 개발시켜 줄 필요가 있다. 소집단 구성원들은 소속감과 상호 의존성이 있어야 한다. 팀의 이름, 팀 마스코트, 팀 주제가 등을 정하면 공동체의식을 갖게 하는 데 효과가 있다.

협동 기술을 개발하기 위해서는 대인관계 기술 지도와 말 바꾸어 진술하기 등을 활용하여 적극적 청취 기술을 포함한 의사소통 기술을 개발하는 데 관심을 가져야 한다.

5) 협동학습의 실시

협동학습이 진행되는 동안 교수자는 전반적인 학습과정을 관찰하면서, 집단 내 협동과 집단 간 경쟁이 적절한 수준에서 바람직한 방향으로 일어나고 학습목표를 달성하는 방향으로 진행되고 있는지를 확인하고 지도한다.

6) 협동학습의 결과 평가 및 피드백

협동학습의 결과 평가는 개인 점수, 집단 점수, 향상 점수를 부여하여 집단 내 응집력을 증진시키고, 집단 간 경쟁을 자극하는 평가방법을 적용한다. 협동학습에서 집단에 대한 평가만을 실시하고 그에 따르는 보상만을 실시하면, 앞에서 설명한 바와 같이 무임승객효과와 봉효과가 나타나므로 집단 보상과 개인 보상을 병행하여 실시하는 것이 바람직하다.

마지막으로 협동학습 수업의 계획, 실행, 평가 과정을 포함한 협동학습 프로그램 전반에 대한 종합적인 평가를 실시하고, 차후에 다시 적용하기 위하여 그 평가 결과를 반영하여 프로그램을 수정한다.

▎참고문헌 ▎

강영삼, 이성흠, 김진영, 조상철(2008). 새로운 교직과정을 위한 교육학개론. 경기: 교육과학사.

권인탁, 김근곤, 김인홍, 김천기, 노상우, 박세훈, 박승배, 송재홍, 온기찬, 유평수, 최태식(2006). 교육학의 이해. 서울: 양서원.

민혜리(2008). 영국 *Higher Education Council for England (HEFCE)*.

박범수(2002). 철학적 관점에서의 토의수업 모형. 한국초등교육, 13(2), 1-35.

박숙희, 염명숙(2013). 교수-학습과 교육공학(3판). 서울: 학지사.

박재현(2004). 한국의 토론 문화와 토론 교육. 국어교육학연구, 19(단일호), 289-318.

변영계(2006). 교수·학습 이론의 이해(개정판). 서울: 학지사.

변영계, 김영환, 손미(2007). 교육방법 및 교육공학(3판). 서울: 학지사.

서울대학교 교육연구소(2011). 교육학 용어 사전. 서울: 하우동설.

신응섭, 이재윤, 남기덕, 문양호, 김용주, 고재원(2011). 리더십의 이론과 실제(개정판). 서울: 학지사.

이성은, 오은순, 성기옥(2005). 초·중등 교실을 위한 새 교수법. 서울: 교육과학사.

이성호(2000). 교수방법의 탐구. 서울: 양서원.

전명남(2006). 토의식 교수법 토론식 학습법(pp. 13-30). 대구: 계명대학교 출판부.

정문성(2004). 토의·토론 수업의 개념과 수업에의 적용모델에 관한 연구. 열린교육연구, 12, 147-168.

조벽(2000). 특집: 공학교육의 새 방향/미국 공학교육의 새 흐름에서 한국이 배우지 말아야 하는 점. 공학교육, 7(2), 13-17.

조용개, 심미자, 이은화, 이재경, 손연아, 박선희(2009). 성공적인 수업을 위한 교수전략. 서울: 학지사.

편집부(2000). 브리태니커 백과사전. 서울: 한국브리태니커 회사.

한국교육심리학회(2000). 교육심리학 용어사전. 서울: 학지사.

한국기업 교육학회(2010). HRD 용어사전. 서울: 중앙경제.

한안진(1987). 현대탐구과학교육. 서울: 교육과학사.

현종익, 이학춘(2002). 교육학 용어사전. 서울: 동남기획.

Ausubel, D. P. (1960). The use of advance organizers in the learning and retention of meaningful verbal material. *Journal of educational psychology, 51*(5), 267.

Brewer, M. B. (1979). In-group bias in the minimal intergroup situation: A cognitive-motivational analysis. *Psychological bulletin, 86*(2), 307.

Bruner, J. S. (1966). *Toward a theory of instruction* (Vol. 59). Harvard University Press.

Clark, L. H., & Starr, I. S. (1986). *Secondary and middle school teaching methods*. Glencoe/McGraw-Hill School Pub Co.

Eggen, P. D., & Kauchak, D. P. (2011). 교육심리학(8판)(*Educational Psychology: Windows on Classrooms,* 8ed). (신종호, 김동민, 김정섭, 김종백, 도승이, 김지현, 서영석 역). 서울: 학지사. (원저는 2007년에 출간).

Gagné, R. (1985). *The Conditions of Learning and Theory of Instruction Robert Gagné*: New York, NY: Holt, Rinehart and Winston.

Gall, J. P., & Gall, M. D. (1990). Outcomes of the discussion method. *Teaching and learning through discussion: The theory, research and practice of the discussion method,* 25–44.

Johnson, D. W. (1991). Cooperative Learning: Increasing College Faculty Instructional Productivity. *ASHE–ERIC Higher Education Report No. 4, 1991*: ERIC.

Johnson, D. W., Johnson, R. T., & Holubec, E. J. (1988). *Cooperation in the classroom*. Interaction Book Co.

Leinhardt, G., & Steele, M. D. (2005). Seeing the complexity of standing to the side: Instructional dialogues. *Cognition and Instruction, 23*(1), 87–163.

Mehrabian, A. (1968). Some referents and measures of nonverbal behavior. *Behavior Research Methods & Instrumentation, 1*(6), 203–207.

Michaelsen, L. K. (2009). 팀기반학습(*Team Based Learning*). (이영민, 전도근 역). 서울: 학지사. (원저는 2009년에 출간).

Slavin, R. E. (1990). Achievement effects of ability grouping in secondary schools: A best-evidence synthesis. *Review of educational research, 60*(3), 471–499.

Tumposky, N. R. (2004). The debate debate. *The Clearing House: A Journal of Educational Strategies, Issues and Ideas, 78*(2), 52–56.

교수-학습 전략 Ⅱ

 제1절 자기주도학습

1. 자기주도학습의 개념

자기주도학습(self-directed learning)에 관한 연구는 1960년대 시카고 대학교의 울(Houle)과 그의 제자 터프(Thoug)에 의해 시작되었으며, 이후 1970년대 놀스(Knowles)에 의해 구체화되었다.

놀스(1975, p. 18)에 따르면, 자기주도학습은 "학습자 스스로가 학습 요구 진단, 학습목표 설정, 인적 및 물적 자원 파악, 학습전략 선택 및 시행, 학습결과 평가의 제반 활동을 수행하는 과정"을 의미한다.

"self-directed learning" to be, "a process in which individuals take the initiative, with or without the help of others, in diagnosing their learning needs, formulating their learning goals, identifying human and material resources for learning, choosing and implementing appropriate learning strategies, and evaluating learning outcomes"(Knowles 1975:18).

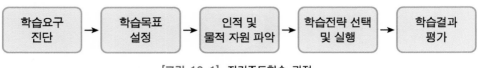

[그림 10-1] 자기주도학습 과정
출처: Knowles(1975).

자기주도학습의 개념을 보다 분명히 이해하기 위해 반대되는 개념이라 할 수 있는 교사주도학습(teacher-directed learning)과 다섯 가지 영역에서 비교하면, 두 학습의 기본 개념이 매우 상반된다는 것을 알 수 있다(Knowles, 1975).

첫째, 자아개념 측면을 살펴보면, 교사주도학습에서 학습자는 본질적으로 의존적인 존재이나, 자기주도학습에서 학습자는 자기주도성(self-directedness)을 가지기 위한 능력과 욕구를 가지고 있는 존재다.

둘째, 학습자의 경험 측면을 살펴보면, 교사주도학습에서 학습자의 경험은 불충분하고 교사의 경험에 비해 가치가 낮게 여겨지는 반면, 자기주도학습에서 학습자의 경험은 교사의 경험에 못지않게 가치 있으며, 더욱 개발되어야 하는 것으로 여겨진다.

셋째, 학습 준비도 측면을 살펴보면, 교사주도학습에서 학습 준비도는 성숙 수준에 따라 변화하므로 성숙 수준이 동일한 경우에는 학습 준비도도 동일한 것으로 여겨진다. 반면, 자기주도학습에서는 학습자가 삶에서 겪는 다양한 과업과 문제를 개선하고자 하는 적극적인 목적으로 학습에 임하므로 학습 준비도는 개인에 따라 차이가 있는 것으로 여겨진다.

넷째, 학습 지향성 측면을 살펴보면, 교사주도학습에서는 학습내용을 교과 중심으로 구성할 것을 추구하나, 자기주도학습에서는 학습 경험을 과업 수행이나 문제해결 과제 중심으로 조직하고자 한다.

다섯째, 학습동기 측면을 살펴보면, 교사주도학습에서는 높은 학점이나 학위 취득 등 외재적 요인이 학습동기를 일으킨다고 보지만, 자기주도학습에서는 자존감, 성취욕, 호기심 등 내적인 요인이 학습동기를 유발한다고 본다.

자기주도학습과 비슷한 맥락으로 학습자가 주체적으로 자신의 학습을 이끌어 가는 현상에 대해 연구하는 자기조절학습(self-regulated learning)*이 1980년대에 짐머만

---

* 학습자가 학습과정에서 자신의 학습을 계획 점검하고 인지적으로 조절하는 상위인지, 동기, 학습전략 측면에서 자신의 학습과정을 계획, 조절, 통제하면서 학습과제에 적극적으로 참여하는 학습과정을 일컫는다(한국교육심리학회, 2000).

〈표 10-1〉 교사주도학습과 자기주도학습 비교

구 분	교사주도학습	자기주도학습
자아 개념	의존적인 존재	자기주도성을 가진 존재
학습자의 경험	부족한 학습 자원	풍부한 학습 자원
학습 준비도	성숙 수준에 따라 동일	개인에 따라 다름
학습 지향성	교과 중심	과제/문제 중심
학습동기	외재적 요인	내재적 요인

출처: 배영주(2005, p. 32). 재구성.

(Zimmerman)에 의해 정립되었다. 자기주도학습이 인지적 요소를 주로 다루는 반면, 자기조절학습은 인지적 요소와 더불어 정의적 요소를 고려하고 있다는 차이가 있으나, 둘 다 학습자의 자기주도성을 중요한 본질로 삼고 있어, 현재는 자기주도학습과 자기조절학습이 비슷한 의미로 자주 사용되고 있다.

한편, 오늘날 '자기주도학습'이라는 용어는 거의 대부분의 교수-학습법에 등장할 만큼 용어의 의미가 확대되었는데, 이때 자기주도학습은 특정한 교수-학습방법 혹은 절차를 의미하기보다는 "학습자 스스로가 학습에 대한 동기를 갖고 자신의 학습을 이끌어 나가는 태도"를 나타내는 '자기주도성(self-directedness)'을 의미하는 경우가 많다. 어떤 교수-학습법을 실행하더라도 학습자의 자기주도성은 학습의 효과를 높이는 데 중요한 작용을 하므로 모든 교수-학습방법에서 학습자의 자기주도성 혹은 자기주도학습은 강조되고 있다. 예를 들어, 문제중심학습(PBL)이나 거꾸로학습(flipped learning)은 놀스(Knowles)가 제시한 자기주도학습 과정과 다른 방식으로 진행되지만, 각각의 학습법에서 학습자의 자기주도성 혹은 자기주도적 태도는 학습 성공의 필수요소라 해도 과언이 아니다.

2. 자기주도학습에서 교수자의 역할

자기주도학습에서 '학습자가 학습의 주체가 되어 능동적으로 학습하는 것'을 강조한다고 할지라도, 교사의 도움 없이 학생이 홀로 자기주도학습을 수행할 수 있다거나 수행해야 한다고 판단하는 것은 큰 오산이다. 그 이유는 연습과 훈련 없이 자기주도학습을 제대로 수행한다는 자체가 거의 불가능에 가깝고, 아무리 혼자서 자기주도학습을 잘 수행한다고 할지라도 오늘날 학교나 사회가 요구하는 인재는 '협력할 수 있는 능력'을 가진 자임을 고려할 때, 독립적으로 수행하는 자기주도학습은 큰 의미를 갖지 못하기 때문이다. 이러한 맥락에서 성공적인 자기주도학습을 위한 교사의 역할은 매우 큰 중요성을 가지게 된다(김윤영, 정현미, 2012).

자기주도학습에서 교사의 역할을 소개하면 다음과 같다.

첫째, 교사는 학습자들에게 자기주도학습의 개념과 목적을 먼저 잘 설명해 주어야 한다. 특히 학습자들이 교사 주도의 수업에 익숙해 있는 경우에는 더 자세한 설명이 필요하다. 학생들은 수업방식이 변화할 경우, 적응에 어려움을 갖거나 변화에 대해 저항감을 가질 수 있다. 따라서 자기주도학습이 어떤 것이며, 이것이 학생들에게 어떤 점에서 유익한지, 그리고 앞으로 수업이 어떤 식으로 전개될 것인지에 대해 충분히 이해시키는 것이 중요하다. 자기주도학습 자체가 학습자의 자발성을 필요로 하므로 학습자의 참여 의지 없이는 제대로 적용되기 어렵기 때문이다.

둘째, 교사는 자기주도학습 시행에 필요한 전문적 지식을 갖추어야 한다. 전통적인 방식에서 교사는 자신이 알고 있는 내용을 학습자에게 전달하는 전달자(lecturer)의 역할을 수행하였으나, 자기주도학습에서 교사는 학습자의 성장을 돕는 촉진자(facilitator)로서 학습 준비의 정도가 다양한 학습자들을 개별 접촉의 기회를 통해 세심하게 지도해야 한다. 이를 위해서는 교사가 성공적인 자기주도학습에 필요한 이론을 잘 이해하고 있어야 할 뿐만 아니라, 학습자들의 흥미, 발달에 대해서도 전문적 지식을 갖추고 있어야 한다.

셋째, 교사는 교육 계획으로부터 실행, 평가에 이르기까지 교육의 전 과정에 학습자가 적극적으로 참여할 수 있는 여건을 조성하여야 한다. 일반적인 수업에서도 학습자의 참여를 강조하는데, 이때 학습자의 참여란 주로 교육 실행(수업) 간에 이루어지는 질문, 토의 등을 의미한다. 그러나 진정한 자기주도학습이 실현되기 위해서는 수업시간뿐만 아니라 교육계획, 교육평가 단계에서도 학습자에게 참여의 기회를 제공하는 것이 필요하다. 즉, 교사는 놀스(1975)가 제시한 자기주도학습 과정인 "학습요구 진단, 학습목표 설정, 인적 및 물적 자원 파악, 학습전략 선택 및 시행, 학습결과 평가"의 모든 과정에 학습자가 참여할 수 있는 환경을 조성할 수 있어야 한다. 예를 들어, 교사가 학생들과 함께 의견을 교환하면서 학습목표를 세운다든가, 몇 가지 수업 진행방식이나 평가 방법을 제안하고 학습자들이 선택하게 하는 것도 학습자의 자기주도성을 자극할 수 있는 좋은 방법이다.

넷째, 교사는 학습자들이 상호 협력하여 과제를 수행하는 여건을 조성해야 한다. 자기주도학습에 관한 연구들은 학습자들이 개별적으로 학습할 때보다 동료들과 상호협력하여 학습할 때 학습 효과가 더 높다고 밝히고 있다(Brookfield, 1986). 학습자들은 동료들과의 상호작용을 통해 정보를 교환하고 새로운 아이디어를 얻게 되며, 학습목표를 달성하고자 하는 의욕을 서로 부추기는 긍정적 작용을 경험할 수 있다.

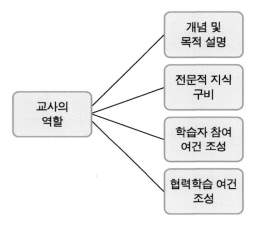

[그림 10-2] 자기주도학습에서 교사의 역할

3. 자기주도학습 수업모형

여러 학자들이 자기주도학습을 실제 교실 현장에서 구현하기 위한 노력을 경주해 왔으며, 그 결과 다양한 자기주도학습 수업모형이 탄생하였다. 그러나 어느 한 모형이 자기주도학습을 완벽하게 구현한다고 말하기는 어려우며, 각 학자마다 중점을 두는 부분에 차이가 있다. 따라서 자기주도학습을 시행하고자 하는 교사는 제시된 다양한 수업모형 중에서 가장 적합한 모형을 적용해 보거나, 모형들을 교육목적에 맞게 수정하여 사용하는 것이 바람직할 것이다. 참고로, 자기주도학습의 기초 모형이라 할 수 있는 놀스(Knowles, 1975)의 자기주도학습 과정 모형은 '자기주도학습의 개념' 부분에 소개되어 있으므로, 여기에서는 생략한다.

1) 터프의 자기주도학습 모형

터프(1979)는 자신의 경험과 학습자들과의 면담을 기초로 13단계의 자기주도학습

수업모형을 제시하였는데, 이 모형은 학습내용, 학습 장소, 학습방법의 선정을 중요시
하고 있다. 놀스가 집단학습 속에서 일어나는 개인의 자기주도학습을 강조한 반면, 터
프는 학습자가 학습활동을 주도적으로 계획하고 진행할 수 있다는 가정 아래 개인 중
심적인 접근을 취하였다.

[그림 10-3] 터프의 자기주도학습 모형
출처: Tough(1979, pp. 95-96), 박영태, 현정숙(2002, p. 199)에서 재인용.

2) 그로우의 자기주도학습 단계 모형

그로우(Grow, 1991)의 자기주도학습 단계 모형(Staged Self-Directed Learning model: SSDL)
은 학습자의 자기주도성의 발달 정도(1~4단계)에 맞춰 교사가 어떠한 역할을 수행해
야 하며 어떤 방식의 학습이 효과적인가를 보여 주고 있다.

그로우는 SSDL 모형에서 다음 몇 가지를 가정하고 있다. 첫째, 교육의 목적은 비단
학교교육에서뿐만 아니라 평생에 걸쳐 자기주도적으로 학습할 수 있는 '자기주도적 평
생학습자'를 양성하는 것이다. 둘째, 학습자의 자기주도성 발달 정도를 고려하여 가르
치는 교수법이 바람직하다. 셋째, '학습된 무기력(learned helplessness)*'이 존재하는
것과 같이 자기주도성은 학습을 통해 발달될 수 있다(박영태, 현정숙, 2002).

(1) 1단계: 낮은 자기주도성을 가진 학습자

1단계의 학습자는 낮은 자기주도성(learners of low self-direction)을 지니고 있는 의존
적인 학습자다. 단, 자기주도성이 잘 발달된 학습자일지라도 새로운 학습내용을 접할
때는 일시적으로 의존적인 태도를 보일 수 있다. 의존적인 학습자에게는 학습자의 필
요(needs)를 파악하여 직접적으로 지도해 주는 '권위적인 지도자'로서의 교수자가 필요
하다. 교수자는 정보제공형 강의 위주로 수업을 진행하면서 학습자의 반응에 따라 즉
각적인 피드백을 제공해 주며, 학습자가 느끼는 결핍과 저항을 극복할 수 있도록 지도
해 주어야 한다.

(2) 2단계: 보통 수준의 자기주도성을 가진 학습자

2단계의 학습자는 보통의 자기주도성(learners of moderate self-direction)을 가진 학
습자로서 학습에 흥미를 느끼고 있다. 이때 교수자는 학습자를 적절히 자극하는 동기
부여자(motivator)와 올바른 방향으로 학습을 이끌어 나가는 안내자(guide)의 역할을
수행하게 된다. 교수자는 학습자의 사고를 자극하고 영감을 부여하는 방식의 강의를
제공한다. 또한 아직 학습자들의 토의 능력이 부족하므로, 토의 시에는 토의를 주도적
으로 이끌고, 학습자가 수업목표와 학습전략을 구상할 수 있도록 훈련시키는 역할을
수행한다. 동기부여 방식은 외재적 동기부여로부터 학습자들의 성장에 따라 점차 내

---

* 아무리 노력해도 성공할 수 없을 것이라고 느끼게 되는 것을 의미한다. 학습된 무기력감을 지니고 있는
  학생은 학업성취에 있어 자신의 잠재력을 거의 발휘하지 못하며, 쉽게 학업을 포기하게 된다(한국교육
  심리학회, 2000).

재적 동기부여 방식으로 변화시킨다.

(3) 3단계: 중간 수준의 자기주도성을 가진 학습자

3단계 학습자는 중간 수준의 자기주도성(learners of intermediate self-direction)을 가진 학습자다. 이때 학습자는 학습에 열중하며 어느 정도의 주도성을 갖추고 있으므로, 교수자는 더 이상 수업에서 주도적인 역할을 수행하지 않고, 학습자의 발전을 돕는 촉진자(facilitator)로서의 역할을 담당한다. 효과적인 수업은 토론, 세미나, 집단토의 등 학습자들이 주도적으로 이끄는 방식이지만, 여전히 학습자는 더욱 성숙할 필요가 있으므로 교수자는 수업에 동참하면서 수업이 올바른 방향으로 진행될 수 있도록 중간 중간 개입하는 것이 필요하다.

(4) 4단계: 높은 수준의 자기주도성을 가진 학습자

4단계 학습자는 높은 수준의 자기주도성(learners of high self-direction)을 가진 학습자로서, 이들은 자율적인 분위기 가운데서 자신의 능력을 한껏 발휘할 수 있는 자다. 이때 교수자는 위임자(delegator)로서 인턴십, 논문 작성, 개별 연구, 자기주도형 그룹 학습 등을 통해 학습자들이 주도할 수 있는 여건을 보장한다. 이 단계에서 교사는 직접 가르치지는 않지만, 학습자들의 학습 진행 과정을 감독하면서 적절한 조언과 영감을 부여하면서 학습자들이 높은 동기를 유지하는 가운데 과제를 완수할 수 있도록 돕는 역할을 수행한다.

<표 10-2> 그로우의 자기주도학습 단계 모형

자기주도성	학습자	교사	학습내용 및 방법(예)
1단계(낮음)	의존적임	권위적인 지도자(coach)	즉각적인 피드백으로 지도, 반복 숙달, 정보제공을 위한 강의, 결핍과 저항 극복
2단계(보통)	흥미 있음	동기부여자, 안내자	영감적 강의, 교사 지도에 의한 토의, 목표 설정 및 학습전략 구상
3단계(중간)	열중함	촉진자	교사 참여에 의한 토의, 세미나, 그룹 프로젝트
4단계(높음)	자기주도적임	조언자, 위임자	인턴십, 논문, 개별 연구, 자기주도형 그룹 학습

출처: Grow(1991, p. 129).

그로우의 SSDL 모형에서는 4단계로 나누어진 학습자의 수준과 각 단계에서의 교수자의 역할이 제시되어 있으나, 학습현장에서는 각 단계별 교수자의 역할이 명확히 구분되기보다는 교수자는 단계별로 몇 가지 역할을 동시에 혹은 번갈아 가며 수행하게 된다. 예를 들어, 1단계(의존적 학습자)에서 교수자는 권위적 지도자와 동기부여자로서의 역할을 수행하며, 4단계(자기주도 학습자)에서는 촉진자와 위임자로서의 역할을 수행하게 되는 것이다. 사실, 교실현장에서는 학습자의 특성, 과제의 특성, 교육 여건 등에 따라 '자기주도성 단계모형의 적용'보다도 훨씬 더 복잡하고 비선형적인 모습이 일어날 수 있으므로, 교수자는 학습자의 자기주도성 정도를 면밀히 판단하여 각 단계에서의 교수자의 역할을 탄력적으로 적용할 수 있어야 한다.

〈표 10-3〉　자기주도성 단계모형의 적용

	1단계 (권위적 지도자)	2단계 (동기부여자)	3단계 (촉진자)	4단계 (위임자)
4단계 (자기주도 학습자)			독립적 프로젝트 수행, 학습자 주도의 토의, 발견학습, 전문가·조언자·감독자로서의 교수자	
3단계 (열중하는 학습자)		자료의 적용, 토의(facilitated discussion), 문제해결을 위해 교수자와 팀워크, 비판적 사고, 학습전략 마련		
2단계 (흥미를 가진 학습자)	중간 수준 자료, 강의 및 토의, 기본 원리 적용 실습, 동기부여자로서의 교수자			
1단계 (의존적 학습자)	소개 수준 자료, 강의, 반복 숙달, 즉각적인 수정			

출처: Grow(1991, p. 143).

3) 학습계약 중심 수업모형

(1) 학습계약의 개념

학습계약(learning contract)이란 새로 학습하는 지식이나 기술에 대하여 학습자가 교수자 및 학습 관계자의 도움 아래 학습계획, 학습방법, 학습자원, 학습전략, 목표달성 평가방법 등에 대해 서면으로 계약하는 것으로서(한국기업교육학회, 2010), 계약 학습, 계약 수업, 수업 계약으로도 불린다. 학습계약을 통해 학습자는 자발적인 동기 가운데 자신이 정한 학습목표를 이루기 위해 목표지향적으로 행동하게 되며, 교수자는 학습자의 자기주도학습을 효과적으로 도와줄 수 있다(Knowles, 1986). 여러 연구를 통해 학습계약의 체결은 학습목표의 성취에 긍정적인 작용을 하며, 자기주도학습에 필요한 태도와 기술 습득에 도움을 주는 것으로 나타나고 있다(Brookfield, 1986; Kasworm, 1983).

(2) 학습계약의 구성요소

학습계약서에 포함될 구성요소는 과목의 특성, 교육목적, 학습자의 성숙도 등에 따라 달라질 수 있으나, 일반적으로 다음과 같은 요소들이 포함되는 것이 바람직하다.

- **학습목표**: 학습자는 교육내용과 관련하여 교수자와의 대화, 문헌 조사 등을 통해 자신의 말로 표현된 학습목표를 설정하여야 한다. 이때 학습목표는 구체적인 것이 바람직하다.
- **학습자원**: 학습목표 달성을 위한 문제해결에 활용 가능한 인적 · 물적 자원을 의미한다(예: 전문가, 선행연구자, 부모님, 관련 서적, 논문, 도서관 자료, 인터넷 자료, 사전 등).
- **학습전략**: 문제해결을 위한 구체적인 학습방법이다(예: 그룹스터디, 세미나, 독학, 실험, 실습 등).
- **학습결과물**: 문제해결을 통해 학습목표를 달성했다는 것을 입증할 만한 시각화된 결과물을 의미한다(예: 보고서, 논문, 프레젠테이션 등).
- **평가기준**: 학습결과물에 대한 구체적인 평가지표로서, 평가를 통해 객관적으로 학습목표를 달성하였음을 입증할 수 있어야 한다(예: 구두시험, 필기시험, 교수자의 평가, 전문가의 평가, 자기평가, 동료평가 등).
- **완료예정일**: 과제 수행이 완료될 날짜를 의미한다.

이름			계약날짜	년 월 일	완성예정일	년 월 일
학습주제					함께 연구 할 사람	
학습 목표 선정	학습 목표					
	선정 이유					
학습내용						
학 습 자 원	도움줄 사람					
	도움줄 자료					
학습순서						
학습결과 요약						
학습수행 증거						
학 습 평 가	자기 평가					
	동료 평가					
지도조언						

[그림 10-4] 학습계약서(예)

출처: 박영태, 현정숙(2002, p. 230).

(3) 학습계약을 적용한 교육의 특징

놀스는 학습계약을 적용한 수업의 특징으로 다음과 같은 점들을 제시하였다.

첫째, 학습자가 학습을 주도하고, 교수자는 학습자가 스스로 세운 계획을 잘 실천할
수 있도록 돕는 역할을 한다. 둘째, 학교에서의 형식적 학습뿐만 아니라, 학교 밖에서
이루어지는 비형식적 학습도 장려된다. 셋째, 학교 밖에서 이루어지는 활동도 학습시
간에 포함되며, 평가된다. 넷째, 학습자는 스스로 정한 평가 기준에 따라 자신의 학습
을 스스로 평가한다(박영태, 현정숙, 2002 재인용).

(4) 학습계약을 적용한 교육의 효과

놀스는 학습계약을 적용한 수업을 통해 학습자는 다음과 같은 능력들을 얻을 수 있
다고 밝혔다(박영태, 현정숙, 2002 재인용).

• 확산적 사고: 호기심을 개발하고 유지하는 능력
• 수렴적인 추리, 귀납적 · 연역적 추리: 의문을 제기하고 탐구하여 해결하는 능력

- 문제해결에 필요한 자료가 무엇인지 찾아내는 능력
- 가장 효과적인 수단을 사용하여 인적 · 물적 자원으로부터 필요한 자료를 수집하는 능력
- 수집한 자료를 조직 · 분석 · 평가하는 능력
- 문제에 대한 해결책을 일반화 · 적용 · 전달하는 능력

(5) 학습계약 능력 발달을 위한 5단계

학습계약은 학습자로 하여금 책임감과 목표 지향성을 갖고 학습에 임하게 하는 효과가 있지만, 학습계약을 적용한 수업에 익숙하지 않을 경우 최대의 효과를 경험하지 못할 우려가 있다. 따라서 학습계약서를 동료, 교사 등 학습 관계자들과 함께 검토하고 개선하는 연습을 통해 학습계약 능력을 발달시킬 필요가 있다.

놀스는 다음과 같이 학습계약 능력 발달의 5단계를 제안하였다(박영태, 현정숙, 2002 재인용).

- 1단계: 학습목표를 정한다.
- 2단계: 학습계약서의 기본 구성요소인 '학습목표, 학습자원, 학습전략, 학습결과물, 평가기준, 완료예정일'을 포함하여 학습자가 스스로 처벌계약서를 작성한다.
- 3단계: 조 단위(3~4명)로 서로의 학습계약서를 검토하고 조언한다.
- 4단계: 조 단위 검토 결과를 토대로 학습계약서를 재조정한다.
- 5단계: 재조정된 학습계약서를 교수자와 함께 최종 확인하여 완성하고, 학습을 진행한다.

[그림 10-5] 학습계약 능력 발달을 위한 5단계
출처: 박영태, 현정숙(2002, p. 228)을 참고하여 재작성.

4. 자기주도학습 준비도 평가

자기주도학습 준비도(self-directed learning readiness)란 학습자가 얼마만큼 자기주도 학습을 실시할 준비가 되어 있는가를 나타내는 척도로서, 개개인의 특성에 따라 준비도의 정도에 차이를 나타낸다. 현재 다양한 SDLR 측정도구들이 사용되고 있으나, 여기에서는 SDLR 측정에 있어서 선구자적인 역할을 한 구글리엘미노(Guglielmino, 1977)의 자기주도학습 준비도검사(Self-Directed Learning Readiness Scale: SDLRS)를 소개하고자 한다.

1) 자기주도학습 준비도검사의 구성

구글리엘미노는 자기주도학습 준비도를 다음과 같이 8개 요인으로 구성하였다.

(1) 새로운 학습 기회에 대한 개방성(openness to new learning opportunities)
• 학습에 대한 높은 관심
• 항상 학습하려는 태도
• 학습에 대한 지적인 애정
• 지식의 근원에 대한 탐구심
• 애매모호함에 대한 인내심
• 자신의 학습에 주어지는 비판과 수용과 사용 능력
• 학습에 대한 자신의 책임감 자각

(2) 효과적인 학습자로서의 자아개념(self-concept as an effective learner)
• 자기학습에 대한 확신
• 학습시간의 조직 능력
• 자기훈련(self-discipline)을 위한 자율적인 학습
• 강한 호기심을 인지
• 활용할 수 있는 학습 자원에 대한 지식

(3) 학습에 있어서 독립성(initiative independence in learning)
• 어려운 문제를 추구하는 태도

- 학습에 대한 자신의 학습 욕구 수용
- 학습경험 계획의 능동적인 참여 선호
- 혼자서 학습할 수 있는 자신의 능력에 대한 믿음
- 만족할 정도의 읽고 이해하는 능력
- 새로운 학습을 주도적으로 계획하여 시작하고 실행하는 능력

(4) 학습에 대한 책임감(informed acceptance of responsibility for one's own learning)
- 자신의 지능을 평균 이상으로 지각
- 관심 있는 주제에 대한 진지한 학습 의지
- 교육의 탐구적 기능에 대한 믿음
- 적극적인 학습계획 욕구
- 자신의 학습에 대한 책임을 받아들이는 의지
- 자신의 학습 진도 평가 능력

(5) 학습에 대한 사랑(love of learning)
- 지속적으로 학습하는 사람을 존경함
- 새로운 것에 대한 학습을 선호
- 학습에 대한 강한 욕구
- 체계적인 학문 탐색과 질문을 좋아함

(6) 미래지향성(positive orientation to the future)
- 평생 학습자라는 자아개념을 가지고 자신의 미래를 생각함
- 어려운 상황을 문제가 아닌 도전으로 대처하는 능력

(7) 창의성(creativity)
- 학습자의 창조성을 반영함
- 새로운 방식의 문제해결 시도와 위험 감수
- 주제에 대한 다양한 접근법을 생각해 내는 능력

(8) 학습기술 및 문제해결기술 사용능력(ability to use basic study skills and problem-solving skills)
- 학습에서의 위험, 애매함, 복잡함을 인내하는 능력
- 직면한 학습문제를 해결하는 데 사용되는 학습 기술 및 문제해결 능력

2) 자기주도학습준비도검사 설문문항

여기에서는 구글리엘미노의 SDLRS를 번역하여 자기주도학습 특성을 연구한 김매희(1993)가 사용한 설문문항을 소개한다.

1. 나는 일생 동안 배우려고 한다.
2. 나는 내가 무엇을 배우고 싶은지 알고 있다.
3. 나는 내가 이해하지 못하는 것은 회피한다.
4. 나는 배우고 싶은 것이 있을 때 그것을 배우는 방법을 안다.
5. 나는 배우는 것을 좋아한다.
6. 나는 새로운 공부를 시작하는 데 시간이 좀 걸린다.
7. 나는 학생들이 교실에서 해야 할 것을 교사가 정확하게 말해 주기를 기대한다.
8. 나는 자신이 누구이고, 어디에 있으며, 무엇을 하려고 하는지에 관해 생각하는 것이 모든 사람의 교육에 주요 부분이 되어야 한다고 생각한다.
9. 나는 혼자 힘으로는 공부를 잘 못한다.
10. 나는 내게 필요한 정보를 어디에서 구해야할지를 안다.
11. 나는 대부분의 사람보다 혼자 힘으로 공부를 더 잘한다.
12. 나는 훌륭한 아이디어를 가지고 있으면서도 그것을 구체적인 계획으로 발전시키지 못한다.
13. 나는 하나의 학습경험으로, 공부할 내용과 방법을 결정하는 데 참여하기를 좋아한다.
14. 나는 흥미를 느끼면 아무리 어려운 공부도 귀찮아 하지 않는다.
15. 내가 공부하는 것에 대한 진정한 책임은 오직 내게 있다.
16. 나는 내가 공부를 잘하는 것과 잘 못하는 것을 말할 수 있다.
17. 나는 배우고 싶은 것이 많기 때문에 하루가 24시간보다 더 길었으면 좋겠다.
18. 내가 배우기로 결심한 것은 아무리 바쁘더라도 시간을 낼 수 있다.
19. 나는 내가 읽은 것을 이해하는 데 문제가 있다.

20. 내가 배우지 않는다면 그것은 내 잘못이 아니다.

21. 나는 어떤 것에 대해 언제 더 많이 배워야 할지를 안다.

22. 나는 시험 성적이 좋기만 하다면 그 문제를 충분히 이해하지 못해 의문이 있어도 괜찮다.

23. 나는 도서관을 지루한 곳으로 생각한다.

24. 내가 가장 존경하는 사람은 새로운 것을 항상 배우고 있는 사람이다.

25. 나는 하나의 주제를 새로 배울 때 여러 가지 방법으로 생각할 수 있다.

26. 나는 지금 배우고 있는 것을 나의 장기 목표와 관련시키려고 애쓴다.

27. 나는 알아야 할 필요가 있는 거의 모든 것을 혼자 힘으로 배울 수 있다.

28. 나는 문제에 따라 답을 찾아가는 것이 정말로 즐겁다.

29. 나는 정답이 하나가 아닌 문제를 다루는 것을 좋아하지 않는다.

30. 나는 사물에 관한 호기심이 많다.

31. 나는 내가 배우는 것을 끝냈을 때 기쁠 것이다.

32. 나는 다른 사람들에 비해 배우는 데 흥미가 없다.

33. 나는 공부하는 데 필요한 기초 실력에 어떠한 문제도 없다.

34. 나는 결과가 어떻게 나타날지 확실하지 않아도 새로운 것을 시도하기를 좋아한다.

35. 자기 일도 제대로 못하는 사람들이 내가 하는 실수를 지적할 때 나는 기분이 좋지 않다.

36. 나는 어떤 일을 할 때 다른 사람들이 다루지 않는 방식으로 생각하는 것에 익숙하다.

37. 나는 미래에 관해 생각하기를 좋아한다.

38. 나는 알아야 할 필요가 있는 것을 찾으려고 애쓰는 대부분의 사람보다 낫다.

39. 나는 문제를 정지 신호가 아닌 도전으로 생각한다.

40. 나는 내가 해야 하는 것은 하는 사람이다.

41. 나는 문제를 탐색해 들어가는 것이 즐겁다.

42. 나는 집단학습 상황에서 리더가 된다.

43. 나는 매년 새로운 것을 내 나름대로 배운다.

44. 나는 도전적인 학습 상황을 좋아하지 않는다.

45. 나는 새로운 것을 배우려는 강한 욕구를 가지고 있다.

46. 내가 배우면 배울수록 세상이 더욱 흥미로워진다.

47. 나는 학습이 재미있다.

48. 공부한다고 해서 내 인생이 달라지지 않는다.

49. 한 개인으로 계속 성장할 수 있기 때문에 나는 더 많은 것을 배우기를 원한다.

50. 나는 내가 참여하여 무엇을 어떻게 배울 것인가를 결정하는 수업보다 나를 격려해 주는 수업을 좋아한다.

51. 학습하는 방법을 배우는 것이 나에게는 중요하다.

52. 나는 교사가 공부할 내용을 잘 조직한다면 더 많이 배울 수 있다.

53. 지속적으로 공부하는 것은 지루하다.

54. 배우는 것은 삶을 위한 도구다.

55. 나는 지금 어떻게 배우고 있는지 말하기 어렵다.

56. 나는 배우는 것이라면 대부분 사람보다 더 많은 어려움을 감수한다.

57. 나는 교실에서 공부할 때는 물론 혼자서도 잘하는 유능한 학습자다.

58. 나는 보다 더 솔선수범할 필요가 있다.

제2절 문제중심학습

문제중심학습은 1970년대 중반 캐나다의 한 의과대학에서 개발된 후, 현재는 세계적으로 의과대학뿐만 아니라 경영학, 교육학, 수학, 법학 등 다양한 학문 분야에 적용되고 있다. 문제중심학습이 우리나라에 소개된 것은 1990년대 중반이며, 현재 우리나라 대부분의 의과대학에서 문제중심학습을 사용하고 있으며, 초등학교부터 대학교에 이르기까지 문제중심학습을 적용하려는 움직임이 활발히 일어나고 있다(강인애, 정준환, 정득년, 2007).

1. 문제중심학습의 개념

문제중심학습(Problem-Based Learning: PBL)은 실제적인 문제를 해결하기 위해 학습자들이 자기주도적인 태도를 가지고, 구성원과의 상호 협력을 통하여 문제를 해결해 나가는 방식의 학습방법이다(박수홍, 정주영, 2014).

문제중심학습은 구성주의 학습이론에 뿌리를 두고 있다. 구성주의에서는 인간의 지식은 개인의 경험의 산물이며, 해석에 따라 지식의 의미가 달라지므로 지식은 보편적일 수 없다고 본다. 따라서 지식은 전달받을 수 있는 것이라기보다는 개인의 경험과 사회문화적 맥락 속에서 타인과의 상호작용을 통해 재구성된다. 이러한 구성주의 인식론에 기반을 둔 구성주의 학습이론에서 학습은 지식의 재구성(knowledge reconstruction)

과정, 즉 학습자의 경험적 해석을 통하여 지식에 대한 이해를 재구성해 가는 과정이라 할 수 있다. 구성주의에서 말하는 지식의 재구성을 달성하기 위한 학습 원리를 요약하면 체험학습, 자기성찰적 학습, 협동학습, 실제적(authentic) 과제를 통한 학습, 촉진자로서의 교사 역할로 요약될 수 있는데(강인애 외, 2007), 문제중심학습은 이러한 구성주의적 학습 원리에 충실한 학습법이다.

　문제중심학습에 대한 이해를 돕기 위해 수업 진행절차를 전통적 수업 진행과 비교하여 설명하면 다음과 같다. 전통적 수업방식에서는 학습자가 교사의 강의를 통해 '알아야 할 것'에 대해 듣게 되고 학습을 한 후, 배운 내용을 적용하여 해결할 문제를 받는다. 반면, 문제중심학습에서는 학습자는 먼저 교사로부터 문제를 제시받고, 문제해결을 위해 '알아야 할 것'이 무엇인가를 스스로 파악하여 필요한 정보를 찾아내고, 이를 학습한 후 문제를 해결하게 된다(정복례, 2003).

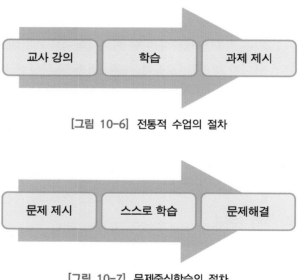

[그림 10-6] 전통적 수업의 절차

[그림 10-7] 문제중심학습의 절차

2. 문제중심학습의 등장 배경

　교육의 역할 중 하나는 사회가 요구하는 인재를 양성하는 것이다. 이러한 맥락에서 볼 때 문제중심학습은 오늘날 사회가 요구하는 인재를 양성하기 위한 '교육에 대한 사회적 요구' 때문에 탄생했다고 볼 수 있다. 학교교육을 시기에 따라 초·중·고등교육으로 분류할 때, 현실적으로 사회적 요구와 가장 가까운 것은 고등교육, 즉 대학교육이라고 할 수 있다.

오늘날 우리가 살고 있는 사회가 지식정보화사회라는 것에는 반론의 여지가 없을 것이다. 지식정보화사회는 대학 졸업생들에게 어떠한 역량을 요구하고 있는가? 이에 대한 답이 될 수 있는 몇몇 학자의 연구 내용을 요약하면 다음과 같다(강인애, 2003; Milter & Stinson, 1995).

- 새로운 지식을 습득하고 적용하는 데 필요한 의사소통 능력
- 문제 상황을 해결하기 위해 필요한 정보를 수집하여 문제를 능동적으로 해결하는 능력
- 다양한 구성원과 원활하게 협업할 수 있는 능력
- 첨단 정보통신기술 사용 능력
- 문제파악 및 해결에 있어서의 창의성
- 사물, 사건, 상황에 대한 비판적 사고력

이 같은 역량을 함양함에 있어서 강의식 수업, 교사 중심 수업, 교과서 중심 수업은 많은 한계점을 갖고 있다. 사회가 요구하는 역량은 단순한 지식의 습득이 아니라, 실제 문제 상황에 당면하였을 때, 비판적 사고력을 발휘하여 문제의 핵심을 정확히 인식하고, 문제를 해결하기 위해 필요한 정보를 수집 및 가공하며, 이를 바탕으로 다른 사람들과의 협력을 통해 창의적인 문제해결 방안을 도출하는 등의 종합적인 능력이기 때문이다. 그렇다면 과연 이러한 실제적인 사회적 요구를 충족하기 위해 무엇을 어떻게 가르쳐야 하는가에 대한 문제에 직면하게 된다. 이에 대한 대응으로 프로젝트 학습, 액션 러닝, 탐구학습, 협력학습 등 다양한 교수-학습법이 개발되어 사용되고 있다. 문제중심학습 역시 이러한 맥락에서 등장하였으며, 기업 및 학교 기관에서의 활용 범위를 넓혀 가고 있다(강인애, 2003).

3. 문제중심학습의 효과

문제중심학습은 사실적인 지식 습득보다는 지식을 활용한 문제해결 능력, 의사소통 기술, 협업 능력 등과 같은 학습 능력을 배양하는 것에 더 초점을 맞추고 있다. 알바니제와 미첼(Albanese & Mitchell, 1993)에 의하면, 문제중심학습은 강의식 수업에 비해 교

과목 지식의 20% 정도를 덜 다룬다.

문제중심학습을 적용한 교사들의 사례를 분석한 연구에 따르면, 문제중심학습은 학업성취도와 같은 인지적 측면보다는 감성적·사회적 측면에서 더 긍정적인 효과를 나타낸다. 문제중심학습을 경험한 학생들은 문제해결에 대한 자신감, 자율적 의사결정 능력, 학습에 대한 흥미와 관심, 동료와의 관계 형성, 협업 능력, 타인에 대한 이해 측면에서 많은 발전을 보인 것으로 나타났다(강인애 외, 2007).

4. 문제중심학습 절차

문제중심학습의 절차에 대해서는 학자들의 의견이 대동소이하나 각 단계의 명칭에 있어서는 다소 혼돈이 있다. 여기에서는 문제중심학습의 주체가 학습자임을 감안하여 학습자의 역할을 중심으로 다음과 같은 네 단계—1단계 문제 파악, 2단계 과제 수행 계획, 3단계 과제 수행, 4단계 발표 및 평가—에 대해 설명하고자 한다. 문제중심학습은 일반적으로 팀 단위로 시행되기 때문에 각 단계에 대한 설명은 팀 단위 학습임을 전제로 하고 있으며, 이 책의 독자층이 주로 교수자임을 고려하여 각 단계에 교수자의 역할에 대한 설명을 추가하였다(강인애 외, 2007; 박수홍, 정주영, 2014).

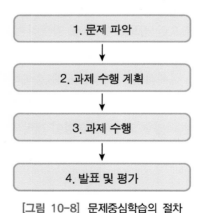

[그림 10-8] 문제중심학습의 절차

1) 문제 파악

학습자는 교수자가 제시한 문제를 잘 이해한 후, 문제가 요구하는 구체적인 사항을 파악하고 기록해야 한다. 교수자는 학습자의 수준, 동기 등을 고려하여 텍스트, 신문, 방송, 슬라이드, 동영상 등을 이용하여 문제를 제시하고, 학습자들이 문제를 잘 이해할 수 있도록 학습 팀들의 의견 교환을 장려하는 등의 도움을 주어야 한다.

문제중심학습에서 좋은 문제를 만드는 것은 학습의 성패를 좌우한다 해도 과언이 아닐 정도로 중요하다. 교수자는 사전에 문제를 만들어야 하는데, 좋은 문제는 비구조적이며 실제적인 문제다. 비구조적이라는 것은 문제해결을 위해 다양한 접근이 가능하고 복합적인 상황을 포함하는 것을 의미하며, 실제적이라는 의미는 학습자가 경험했거나, 경험하게 될 만한 상황이 매우 구체적으로 제시되어야 함을 의미한다.

2) 과제 수행 계획

학습자가 문제해결을 위한 계획을 수립하는 단계다. 계획에 포함되어야 할 사항은 '획득한 정보(facts), 획득해야 할 정보(learning issues), 해결방안(idea), 역할 분담(role allocation)' 네 가지 사항이다. 획득한 정보란 문제해결과 관련하여 이미 알고 있는 사실들을 의미하며, 획득해야 할 정보란 문제해결을 위해 추가로 필요한 사실, 지식 등을 의미하며, 해결방안이란 추가로 획득해야 할 정보를 얻기 위해 취할 수 있는 다양한 방법을 의미한다. 역할 분담은 학습 팀원들과의 토의를 통하여 해결방안 혹은 전반적인 학습진행과 연계하여 개인별 역할을 결정하는 것을 의미한다.

이 단계에서 교수자는 팀별 계획 수립이 올바른 방향으로 진행되는지, 중요한 것을 놓치고 있지는 않은지 등을 확인하고 적시적인 피드백을 제공하여야 하며, 팀별 계획을 전체 앞에서 간단히 발표하도록 하여 서로 다른 팀들의 계획을 이해할 수 있도록 하는 것이 필요하다.

3) 과제 수행

과제 수행 계획에서 결정한 역할 분담 내용에 따라, 먼저 팀구성원들 각자가 개별적으로 맡은 영역에 대하여 다양한 정보와 자료를 수집하고 정리한 후, 팀 구성원들과의 의견교환 및 토의를 거쳐 문제해결에 대한 최종합의안을 도출한다.

개별적으로 정보를 수집할 때는 인터넷 검색, 인터뷰, 실험, 기관 방문, 설문 분석 등 최대한 창의적으로 다양한 방법을 동원하는 것이 바람직하며, 담당자는 수집한 자료와 개인의 의견을 체계적으로 정리하여 팀원들에게 제시하여야 한다. 팀원들과의 의견교환은 가용한 시간과 장소를 고려하여 온라인, 오프라인을 모두 활용할 수 있다.

이번 단계에서 교수자는 촉진자(facilitator)와 튜터(tutor)로서 학습자들의 문제해결과정에서 직간접적인 도움을 제공하여야 하나, 정답을 제시하여서는 안 된다.

4) 발표 및 평가

각 팀별로 준비한 문제해결안을 돌아가면서 발표하고, 이에 대해 전체 토의·토론을 진행하게 된다. 발표 이후에는 평가가 진행되는데, 평가의 형태에는 학습과정 평가와 학습결과 평가가 있다.

학습과정 평가는 결과보다는 학습과정에 중점을 두는 평가 방식으로 포트폴리오 평가, 자기평가, 동료평가, 관찰평가 등이 있으며, 각각의 세부 평가 내용은 자체 제작하거나 기존에 제작된 평가를 활용할 수 있다. 학습결과 평가는 학습자들이 제시한 문제해결안의 적합성 및 수준, 학습자들이 문제해결 과정에서 습득한 지식 등을 평가하는 것으로서 문제해결안에 대한 점수 부여, 퀴즈시험, 논술시험 등의 형태가 있다.

발표 시에 교수자는 원활한 의사소통이 일어날 수 있는 분위기를 조성하고, 필요시 의견을 조율하는 등의 역할을 담당하게 되며, 평가 시에는 어떤 유형의 평가를 선택할 것인지, 교수자와 학습자 중 누가 평가의 주체가 될 것인지, 학습자들을 어느 정도 평가에 참여시킬 것인지 등을 교육목적에 맞게 신중히 결정해야 한다.

5. 문제중심학습 적용 시 고려사항

첫째, 교수자와 학습자가 문제중심학습에 임할 준비가 되어 있어야 한다. 문제중심학습은 전통적인 교사 중심의 수업 방식과는 완전히 다른 접근을 취하고 있다. 특히, 학습자가 주체가 되고, 교수는 촉진자 내지 튜터로서의 역할을 수행해야 한다는 점에서 기존의 수업방식에 익숙한 교수나 학생에게 어려움이 될 수 있다. 따라서 먼저 교수가 문제중심학습의 개념과 필요성에 대해 올바로 이해하고, 이를 학생들에게 잘 설명하여 양자가 모두 자신의 역할을 잘 이해하고 심리적으로 준비가 되는 것이 필요하다.

둘째, 문제중심학습의 성공 여부는 '좋은 문제'에 달려 있다고 해도 과언이 아니다. 좋은 문제를 만드는 데는 많은 시간과 노력이 필요하다. 문제중심학습에서의 문제는 전통적 수업방식에서 사용하는 문제와는 매우 다르다. 문제중심학습에서는 비구조화되고 실제적인 문제가 필요하다. 이는 마치 영화의 시나리오와 같이 흥미롭고 구체적이어야 하며, 현실과 연계되어야 한다. 따라서 교수는 이미 만들어진 좋은 문제를 참조하고 사용하여 보고, 스스로 문제를 만드는 노력을 지속해야 한다.

셋째, 교수는 촉진자 내지 튜터로서의 역할을 충실히 수행해야 한다. 따라서 교수는 학습과정에서 답을 제시해 주기보다는 답을 찾는 방법을 가르쳐 주는 것이 바람직하다. 그러나 학생들의 수준, 학습 상태, 가용한 정보원 등의 상황을 고려하여 교수는 핵심 내용 위주의 강의를 제공할 수 있다.

제3절 동료교수법

동료교수법은 하버드 대학교의 물리학과 에릭 마주르(E. Mazur)가 1991년에 고안하였다. 에릭 교수는 자기 자신을 잘 가르치는 교수라고 자부하였으나, 실제 학생들의 강의 평가를 통해서 가르치는 것에 비해 실제 학생들이 배워 가는 것이 적다는 사실을 알고 자신의 교수법을 바꾸는 시도를 하였고, 연구 끝에 동료교수법을 개발하게 되었다.

1. 동료교수법 개념 및 효과

마주르(E. Mazur)

동료교수법(Peer Teaching: PT)은 학습자들이 교수자의 역할을 교대로 수행하면서 서로 가르치고 배우는 교수-학습법이다. 동료교수법에서 학습자는 교수자의 역할과 학습자의 역할을 모두 경험하면서 학습을 하게 된다. 이러한 동료교수법의 유형은 동료교수자가 동료학습자를 1:1로 지도하는 유형, 한 명의 동료교수자가 여러 명의 동료학습자를 가르치는 유형 등 다양한 적용 형태가 존재한다. 동료교수법은 다음과 같이 여러 가지 장점을 갖고 있다.

첫째, 개별화된 교수를 통해 학업성취도가 높아진다. 동료교수자는 동료학습자를 대상으로 가르치는 활동을 하는 과정에서 자신이 획득한 지식을 재구조화하게 되며 오랫동안 기억하게 된다. 또한, 다른 사람을 가르치고자 할 때, 자연스럽게 학업동기가 높아지게 되고, 복습의 효과를 얻게 된다. 빅스(Biggs, 1999)는 본인이 학습한 내용을 다른 누군가를 가르칠 때 학습효과가 가장 높다(95%)는 연구 결과를 제시하였다.

〈표 10-4〉 학습유형에 따른 학습효과

학습 유형	학습효과
읽기	10%
듣기	20%
보기	30%
보고 듣기	50%
이야기 나누기	70%
실생활에서 사용하기	80%
다른 사람을 가르치기	95%

출처: Biggs(1999).

　동료학습자의 학업성취도 역시 높아진다. 한 명의 교수가 많은 학생을 가르치는 경우 모든 학생의 요구를 충족하는 것이 제한된다. 이에 비해 한 명의 동료 교수가 동료학습자를 일대일 혹은 일대 다수로 가르칠 경우, 교수 한 명이 가르치는 것에 비해 학습시간과 학습량이 증가하며, 즉각적인 피드백을 받을 수 있는 기회도 늘어나고, 상호작용의 비율도 높아진다. 또한, 성인 교사보다 거리감이 적으며 공감대가 잘 형성된 동료 교수자가 가르칠 때, 적절한 인지 갈등이 발생하므로(Piaget, 1977), 동료학습자의 학습동기가 높아지게 된다. 이로 인해 전체 동료 학습자들의 학업성취도가 높아지는 결과가 나타난다.

　둘째, 사회성을 발달시킨다. 동료교수자와 동료학습자는 서로 가르치고 배우는 과정에서 의사소통, 칭찬, 격려, 질책, 공감 등 다양한 상호작용을 하게 되는데, 이들 간의 상호작용은 성인 교사와 학생 간의 상호작용보다 친밀하고 자연스럽기 때문에 상호작용의 빈도수는 상대적으로 높아지게 되며, 결국 이를 통해 대인관계 기술, 사회적 기술을 습득하게 된다.

　셋째, 책임감과 자아개념 향상에 긍정적인 작용을 한다. 동료 교수자로서 동료 학습자들을 가르쳐야 할 과제가 주어졌을 때, 동료 교수자는 가르칠 내용을 준비하고 동료들을 이해시키는 등의 책임을 완수하기 위해 노력하게 된다. 또한 교사의 입장을 경험함으로써 교사와 학교에 대한 이해의 폭이 넓어져 좀 더 책임감 있게 행동하게 된다. 더불어 교사의 역할을 수행한다는 것에 대해 자부심을 갖게 되며, 성공적으로 가르치는 경험을 통해 자신감도 향상된다.

일반적으로 전통적인 교사 중심의 강의식 수업이 학습자들의 인지능력 향상에 긍정적이라고 한다면, 동료교수법을 통해서는 인지능력 향상뿐만 아니라, 타인에 대한 관심과 책임감과 같은 정서적인 측면, 그리고 자아개념의 증진과 같은 심리적인 측면에서도 긍정적인 효과를 나타낸다고 볼 수 있다.

2. 동료교수법의 유형

1) 일대일 교수

동료교수자와 동료학습자를 일대일로 매칭하여 가르치고 배우게 하는 방식이다. 이때 동료교수자는 학습내용을 잘 이해하고 있는 학생으로 지정하고, 동료학습자는 학습내용에 대한 이해도가 낮은 학생으로 배정한다.

2) 일대 다수 교수

동료교수자 한 명이 다수의 동료학습자들을 가르치는 방식이다. 이때 동료교수자는 학습내용에 대한 이해도가 높은 학생으로 지정할 수도 있으며, 동료교수자 역할을 순번을 정하여 돌아가면서 수행하게 할 수도 있다.

3) 팀별 교수

교수가 팀별로 다른 학습내용을 할당하여 연구하게 한 뒤, 팀별로 연구한 내용을 학급 전체를 대상으로 가르치는 방식이다. 팀별 동료교수자는 교수가 임의로 지정할 수 있고, 팀 내에서 자체적으로 결정할 수도 있다.

4) 교수강의 전 시행

교수가 사전에 지정된 동료교수자 1명 혹은 다수의 동료교수자에게 가르쳐야 할 부분을 미리 할당하면, 지정된 동료교수자들은 수업 전에 준비를 마친 후 수업시간에 동료학습자들을 대상으로 가르친다. 교수는 필요에 따라 동료학습자의 강의 후 이에 대한 보충 강의를 할 수 있다.

5) 교수강의 후 시행

수업시간에 먼저 교수가 강의를 제공한 후, 동료교수자를 지정하거나 사전에 지정된 동료교수자로 하여금 교수활동을 하게 하는 방식이다. 동료교수자가 사전에 지정되어 있을 경우, 일반적으로 동료교수자는 학습내용을 미리 예습하고 가르칠 준비를 하고 수업에 임하게 된다.

3. 동료교수법 적용 시 고려사항

첫째, 교수는 학습내용의 특성 및 난이도, 학습자의 학업 능력 수준 등을 종합적으로 고려하여 동료교수법을 적용하여 교육목표를 달성할 수 있는가를 먼저 판단해야 한다. 또한 학습내용의 난이도, 학습 범위, 학습자들의 준비 시간, 학습자들의 참여도 등을 고려하여 가장 적합한 동료교수법 유형을 선택하여야 한다. 여러 명의 동료교수자가 각기 다른 스타일로 수업을 진행하게 될 경우, 수업에 참여하는 동료학습자들의 주의가 분산되거나 혼돈감을 경험할 수 있으므로, 교수는 사전에 동료교수자가 교수활동 간 준수해야 할 사항을 결정하고 이를 교육시키는 것이 바람직하다. 또한, 학습자들이 혼돈감을 느끼지 않도록 대단원을 시작하기 전에 전체적인 내용 소개, 대단원을 마친 후 내용 요약, 미흡한 부분에 대한 추가 설명 등을 통해 학습자들의 이해를 돕는 활동을 해야 한다.

둘째, 동료교수자는 사전에 할당된 부분을 심도 있게 준비하고, 교수활동 간에는 단순히 내용만 전달하는 것이 아니라 동료학습자들을 주의집중시키고, 칭찬, 격려, 조언을 하는 등 교수로서의 신분의식을 갖고 수업에 임해야 한다. 단, 동료학습자들을 지나치게 질책하는 것은 바람직하지 않다.

셋째, 동료학습자는 동료교수자를 존중하고 수업에 집중해야 한다. 자칫 동료가 가르친다는 이유로 주의집중을 하지 않을 경우 전체적인 학습 분위기를 저해할 수 있기 때문이다. 또한, 적극적인 질문과 토의를 통해 학습내용을 분명히 이해할 수 있도록 해야 한다.

제4절 거꾸로학습

1. 거꾸로학습의 개념

거꾸로학습(flipped learning)은 집(강의실 밖)에서 온라인을 통해 선행학습을 한 뒤, 학교(강의실 안)에서는 교수와 동료들의 도움 속에 개인 및 팀별 문제 풀이, 토론 등을 통해 심층적인 학습을 진행하는 수업 방식이다. 거꾸로학습은 영어로는 'flipped learning' 'flipped classroom' 'inverted classroom' 'inverted learning', 한글로는 '역전학습' '역진행학습'으로도 불린다.

거꾸로학습은 1995년에 베이커(Baker)가 'The Classroom flipped'라는 용어를 사용한 것에서부터 시작되었다. 평소 흥미로운 수업을 진행하는 데 관심이 많았던 베이커는 우연찮게 그의 강의 슬라이드를 웹 사이트에 올려놓았는데, 이것을 미리 보고 온 학생들이 수업 시간에 활발히 참여하는 것을 보게 되었고, 이를 학회에서 'The Classroom flipped'라는 용어로 소개하였다. 이후 2007년에 버그먼(J. Bergman)과 샘스(A. Sams)가 학생들에게 동영상 강의를 미리 제공하여 공부해 오게 한 후, 학교에서는 학습자의 수준에 맞게 문제풀이 위주의 수업을 진행하였다. 그들의 이러한 시도는 매우 긍정적인 효과를 나타냈고, 이후 다양한 학자들이 거꾸로학습을 연구하기 시작하였다.

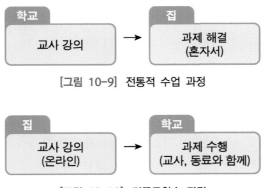

[그림 10-9] 전통적 수업 과정

[그림 10-10] 거꾸로학습 과정

오늘날 정보통신기술의 발달로 학교 밖에서도 누구나 다양한 형태의 온라인 교육을 손쉽게 접할 수 있는데, 이러한 온라인 교육은 현장 강의에 비해 저비용 고효과, 반복 청취 가능, 시공간적 제약 극복 등의 많은 장점을 가진 것으로 평가받고 있다. 또한, 오늘날 사회는 더 이상 시키는 일만 하는 사람을 원하지 않고, 자기주도적이고 비판적 사고 능력을 갖춘 인재를 필요로 하고 있다. 이에 학교교육에서도 점차 교사 중심의 수업에서 탈피하여 학습자가 주체가 되어 실제적인 문제를 해결하는 방식의 교육을 확대하고 있다. 이와 같이 교육에 있어서 정보통신기술의 활용과 학습자 중심의 교수법의 발달은 거꾸로학습의 활용을 확대시키고 있다.

우리나라 대학에서는 2012년에 KAIST가 최초로 미적분학, 일반화학, 신입생 설계과목 등 13개 강좌에 거꾸로학습을 적용하였으며, 2013년에는 UNIST가 43개 강좌에, 2014년에는 서울대학교가 인문, 사회과학, 이공계 등 12개 강좌에 거꾸로학습을 적용하였으며, 현재는 ICT(Information and Communication Technology)의 발달과 학습자 중심의 교육 기류의 영향으로 거꾸로학습이 확대되고 있다(한형종 외, 2015).

2. 거꾸로학습의 특징

전통적인 수업방식에 비교할 때 거꾸로학습이 갖는 특징들은 다음과 같다.

첫째, 전통적 방식의 수업에서는 학교에서 수업 후 집에서 과제를 수행하게 되므로 과제 해결 중 어려움에 봉착하게 되었을 때, 전문가인 교사의 도움을 받을 수 없다. 그러나 거꾸로학습에서는 주로 수업시간에 문제를 해결하므로 전문가인 교사의 도움을 개별적으로 받을 수 있다.

둘째, 학생의 선수학습을 위해 제공하는 교사의 온라인 강의는 반복 시청이 가능하므로, 교실 밖에서 어려운 부분을 반복적으로 시청할 수 있으며, 이해가 되지 않는 부분은 수업시간에 교사에게 질문을 함으로써 해결할 수 있다. 선수학습을 위해 교사의 온라인 강의 외에도 인쇄 자료, 강의 노트, 동영상 등 다양한 자료의 활용이 가능하다.

셋째, 교사는 수업시간에 일방적으로 강의를 하는 것이 아니라, 학습자들이 문제를 해결할 때 조력자로서 도움을 주기 때문에 학생들과 활발히 상호작용을 할 수 있으며, 이러한 과정에서 학생 개개인에 대해 더 깊이 이해할 수 있다.

넷째, 수업시간에 문제해결은 주로 팀 단위로 이루어지기 때문에 학습자 간의 상호작용이 활발히 일어나고 협력을 통해 문제를 해결하는 방법을 익힐 수 있다.

〈표 10-5〉 전통적 수업과 거꾸로학습 비교

구 분	전통적 수업	거꾸로학습
과제 해결	학생 혼자서	교사, 동료의 도움
강의 내용 청취	제한적 반복	계속 반복 가능
교사-학생 상호작용	일대 다수	일대일, 일대 다수
학습자 간 상호작용	제한적	활발

3. 거꾸로학습의 유형

거꾸로학습은 크게 온라인 학습(교실 밖)과 오프라인 학습(교실 안), 두 단계로 분류된다. 이때 온라인 학습은 대개 학습자가 동영상을 중심으로 학습내용을 이해하는 방식으로 이루어지지만, 오프라인 학습은 과목 · 학습자의 특성 등에 따라 다양한 학습활동 및 교수-학습방법이 적용될 수 있다. 오프라인 학습활동의 몇 가지 유형을 제시하면 다음과 같다.

1) 문제풀이 중심 진행

동영상의 강의 내용을 적용하여 수업시간에 학생들이 문제를 푸는 방식의 진행이다. 교사는 사전에 동영상 강의 내용과 연계된 적정 수의 문제를 마련한 후, 수업시간에 학생들에게 문제를 제시하여 개인적으로 혹은 팀 단위로 문제를 풀게 하고, 도움을 필요로 하는 개인 혹은 팀에 찾아가 개별적인 도움을 준다. 팀 단위로 문제를 풀게 할 경우에는 학습내용을 잘 이해하는 학생이 그렇지 못한 학생을 가르치게 하거나, 토의를 통해 답안을 마련하게 한다. 이를 통해 학생들은 협력하여 학습하는 방법을 배우게 된다.

2) 질문 중심 토의식 진행

학생들이 동영상을 시청한 후 궁금한 점이나 동료들과 토의하고 싶은 내용을 온라인상에 올려서 서로 공유한다. 교사는 교실 수업에서 학생들이 올린 질문에 가급적이면 직접 답해 주지 않고, 다른 동료 학생들이 답을 해 줄 수 있도록 유도한다. 또한 교사는 학급 전체가 토의할 만한 주제가 있다고 판단될 경우, 학생들의 의견을 수렴하여 토의 주제를 정하고 토의를 진행한다. 이때 학생 수가 너무 많을 경우, 학급을 몇 팀으로 나누어 팀별 의견을 만들게 한 후, 학급 전체 토의를 진행한다.

3) 문제중심학습식 진행

문제중심학습(Problem Based Learning: PBL)을 거꾸로학습에 적용한 방식으로, 온라인 강의에서 학생들이 알아야 할 핵심 개념이 제시되고, 수업시간에 학생들은 팀단위로 문제중심학습의 4단계인 '문제 파악-과제 수행 계획-과제 수행-발표 및 평가'를 따라 학습활동에 참여한다.

1단계 문제 파악에서 교수는 비구조적이고 실제적인 문제를 제시하고, 학생들은 교사가 제시한 문제가 요구하는 구체적인 내용을 파악하고 기록한다. 2단계 과제 수행 계획에서 학생들은 '획득한 정보, 획득해야 할 정보, 해결 방안, 역할 분담' 네 가지 사항으로 구성된 계획을 수립한다. 3단계 과제 수행에서는 팀원들 각자 개별적으로 맡은 영역에 대하여 다양한 정보와 자료를 수집하고 정리한 후, 팀원들과의 의견 교환 및 토의를 거쳐 최종 합의안을 도출한다. 4단계 발표 및 평가에서, 각 팀은 준비한 문제해결안을 발표하고, 학급 전체 토의에 참여한다. 발표 이후에는 평가가 진행된다.

4. 거꾸로학습 적용 시 고려사항

첫째, 여러 연구에 따르면, 거꾸로학습에 대한 학습자의 반응과 학습효과는 학습자의 특성과 학습내용의 특성에 따라 다르게 나타난다. 따라서 교수는 학습자의 능력, 과목의 특성, 학습내용의 난이도 등의 요소를 종합적으로 고려하여 효과적인 거꾸로학습을 계획하여야 한다(한형종 외, 2015).

둘째, 학습자들에게 매력적인 온라인 동영상을 개발하는 것이 필요하다. 온라인 강의는 반복 청취가 가능한 반면, 학습자들과 상호작용이 없는 상태에서 핵심 위주의 강의가 이루어지므로 다양한 학습자의 특성을 모두 충족시키기 어렵다는 단점도 지닌다. 따라서 학습자의 연령, 학습 수준, 흥미 등 학습자의 특성을 고려하여 학습자에게 매력적인 동영상을 개발해야 한다(Herreid & Schiller, 2013). 필요에 따라 동영상 외에도 텍스트, PPT, 실험촬영자료, e-book, 웹 사이트 등 다양한 자료를 한 가지 혹은 두 가지 이상 혼합하여 사용할 수 있다.

셋째, 거꾸로학습을 적용하고자 하는 교수는 온라인 강의와 교실에서의 수업을 연계성 있게 계획하여야 한다. 온라인 강의의 내용과 교실에서의 학습활동이 상호 연계되지 않으면, 학생들은 둘 간에 어떤 연계성이 있는지를 찾기 위해 시간과 에너지를 소비하게 되며, 교실에서의 학습활동에서 집중력이 낮아지게 된다. 따라서 교수는 수업설계 단계부터 온라인 동영상 내용과 오프라인의 학습자 활동이 유기적으로 조화를 이루도록 계획하여야 한다. 예를 들어, 학생들에게 온라인 동영상을 보고 질문을 준비해오게 하고 이것을 수업시간에 다룬다거나, 온라인 동영상의 내용이 제대로 적용되지 않은 학습 자료를 수업시간에 제시하고 학습자들이 오류를 발견하도록 하는 방법 등을 사용할 수 있을 것이다(한형종 외, 2015).

▌참고문헌 ▌

강인애(2003). PBL의 이론과 실제. 서울: 문음사.

강인애, 정준환, 정득년(2007). PBL의 실천적 이해. 서울: 문음사.

김매희(1993). 성인과 청소년의 자기주도학습 비교연구. 서울여자대학교 대학원 논문집, 1, 217-254.

김윤영, 정현미(2012). 자기주도학습 촉진을 위한 교수자 스캐폴딩 가이드라인 개발.교육과학연구, 43(1), 1-31.

박수홍, 정주영(2014). 술술 PBL과 액션러닝(2판). 서울: 학지사.

박영태, 현정숙(2002). 자기주도학습력의 이해. 부산: 동아대학교 출판부.

배영주(2005). 자기주도학습과 구성주의. 서울: 원미사.

변영계(2005). 교수 · 학습이론의 이해(개정판). 서울: 학지사.

정복례(2003). 문제중심 학습의 이해. 서울: 현문사.

한국교육심리학회(2000). 교육심리학 용어사전. 서울: 학지사.

한국기업교육학회(2010). HRD 용어사전. 서울: 중앙경제.

한형종, 임철일, 한송이, 박진우(2015). 대학 역전학습 온, 오프라인 연계 설계전략에 관한 연구. 교육공학연구, 31(1), 1-38.

Albanese, M. A., & Mitchell, S. (1993). Problem-based learning: a review of literature on its outcomes and implementation issues. *Academic medicine, 68*(1), 52-81.

Biggs, J. (1999). What the student does: Teaching for enhanced learning. *Higher education research & development, 18*(1), 57-75.

Brookfield, S. (1986). *Understanding and facilitating adult learning: A comprehensive analysis of principles and effective practices*: McGraw–Hill Education (UK).

Grow, G. O. (1991). Teaching learners to be self–directed. *Adult education quarterly, 41*(3), 125–149.

Guglielmino, L.M. (1977). *Development of th self–directed learning readiness scale.* (Doctoral Dissertation), the University of Georgia.

Herreid, C. F., & Schiller, N. A. (2013). Case studies and the flipped classroom. *Journal of College Science Teaching, 42*(5), 62–66.

Kasworm, C. E. (1983). An examination of self–directed contract learning as an instructional strategy. *Innovative Higher Education, 8*(1), 45–54.

Keller, J. M. (2009). *Motivational design for learning and performance: The ARCS model approach*: Springer Science & Business Media.

Keller, J. M. (2013). 학습과 수행을 위한 동기설계(*Motivational Design for Learning and Performance*). (조일현, 김찬민, 허희옥 역). 경기: 아카데미프레스. (원저는 2009년에 출간).

Knowles, M. S. (1975). *Self–directed learning.* NY Association Press.

Knowles, M. S. (1986). *Using learning contracts–Practical approaches to individualizing and structuring learning–*. Jossey–Bass.

Milter, R. G., & Stinson, J. E. (1995). Educating leaders for the new competitive environment *Educational innovation in economics and business administration* (pp. 30–38). Springer.

Piaget, J. (1977). *The development of thought: Equilibration of cognitive structures* (Trans A. Rosin). Viking.

Tough, A. (1979). *The Adult's Learning Projects–A Fresh Approach to Theory and Practice in Adult Learning–*. Pfeiffer & Co.

제11장

교육공학

제1절 교육공학에 대한 이해

1. 교육공학의 개념

교육공학의 개념을 알아보기 위해서는 먼저 '교육'과 '공학'의 각각의 뜻과 유래를 살펴볼 필요가 있다. 교육의 영어표현인 'education'은 라틴어의 'educere'에서 유래되었다. 'educare'의 뜻은 '무엇을 이끌어 낸다'라는 의미다. 다음으로 공학은 영어로 'technology'이며, 이는 그리스어인 'techne'에서 유래되었다. 'techne'의 의미는 학자에 따라 다양하게 해석되는데, 아리스토텔레스는 "지적인 인간의 활동을 위한 지식의 체계적 사용"으로, 갤브레이스(Galbraith, 1967)는 "과학적이고 조직적인 지식을 실제 과제 해결을 위하여 체계적으로 적용하는 것"이라고 정의하였다. 따라서 '교육'과 '공학'의 의미를 결합하여 보면, 교육공학은 '과학적이고 체계적인 방법을 사용하여 인간의 능력을 이끌어 내는 방법'으로 해석될 수 있다.

미국교육공학회(Association for Educational Communication and Technology)에서는 1977년에 교육공학이란 "인간 학습에 포함된 문제들을 분석하고, 그 해결책을 구안하여 실행하고 평가, 관리하기 위하여 사람, 절차, 아이디어, 기자재 및 조직을 포함하는 복합적이며 통합적인 과정"으로 정의하였으며, 이후 1994년에는 교육공학이란 용어 대신 '교수공학'이라는 용어를 사용하여 그 정의를 "학습을 위한 과정과 자원의 설계,

개발, 활용, 관리 및 평가에 관한 이론과 실제"라고 밝힘으로써 이전에 비해 교육공학의 의미를 확대하였으며, '교육(education)'과 '교수(instruction)'의 개념에 별 차이를 두지 않고 사용하기 시작하였다. 2008년에는 교육공학을 "과학기술적 절차와 자원을 창조, 사용, 관리함으로써 학습을 촉진하고 성과를 개선하기 위한 윤리적이고 실천적인 학문"이라고 정의하고 있다(Januszewski & Molenda, 2009).

교육에 있어서 교육공학의 기여, 즉 필요성에 대해서는 여러 가지 관점이 존재하지만 그중 핵심적인 몇 가지를 제시하자면 다음과 같다. 첫째, 교육적 당위와 전제라 할 수 있는 학습의 효율성과 효과성에 대한 기여 측면이다. 이는 교육에 대한 공학적 접근을 통해 보다 짧은 시간 내에 최대의 학습효과를 달성할 수 있다는 관점을 의미한다. 둘째, 시대적 변화와 요구에 대한 부응 측면이다. 교육매체가 근대사회 기술의 발달과 더불어 진화함에 따라 의사소통과 지식의 전달 방식이 다양화되었고, 교육매체의 효과성에 대한 관심이 증가하였다. 또한 사회적으로 사회과학 방법론이 발달하면서 교육 분야에서는 교육적 행위와 현상을 이론화하고자 하는 움직임이 태동하였는데, 이는 특히 교수-학습이론 개발에 대한 관심을 증폭시켰다. 이렇게 교육매체의 효과성과 교수-학습이론 개발에 대한 관심으로 교육공학의 필요성은 더욱 부각되고 있다.

2. 교육공학의 연구영역

미국교육공학회에서 1994년에 제시한 교육공학의 연구영역은 '설계, 개발, 활용, 관리, 평가' 다섯 가지로서, 이 분류는 많은 교육공학 종사자에게 널리 통용되고 있다. 다섯 가지의 기본 영역은 독립적이기보다는 많은 측면에서 상호 보완적인 관계를 갖는다. 각 영역의 구체적인 내용은 다음과 같다.

1) 설계

설계영역은 다섯 가지 영역 중에서 교육공학의 이론과 가장 연계성이 높은 영역으로 교수활동에 관한 계획에 초점을 맞추고 있다. 설계영역은 학습자/과제 분석, 메시지 디자인, 교수 전략 계획 등의 하위요소로 구성되어 있다. 설계영역을 활동의 규모를 기준으로 구분해 보면, 수업 설계, 모듈 설계와 같은 미시적 수준의 활동과 프로그램 설계, 교육과정 설계와 같은 거시적 수준의 활동으로 구분해 볼 수 있다.

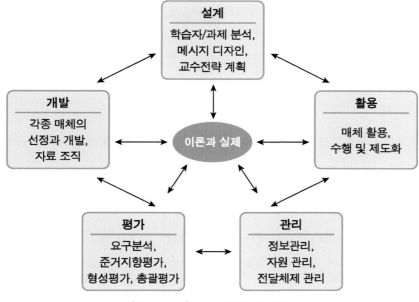

[그림 11-1] 교육공학의 연구영역
출처: Seels & Richey(1994).

2) 개 발

개발영역은 교육공학을 실제 교육현장에 적용하는 측면과 연계되며, 설계영역에서
구상된 내용을 기초로 각종 매체를 선정 및 개발하며, 자료를 조직하는 등 물리적인 형
태를 만들어 가는 과정이라 할 수 있다. 따라서 개발영역에서는 인쇄 기술, 시청각 기
술, 컴퓨터 기술 등 첨단기술을 필요로 한다.

3) 활 용

활용영역은 교육공학의 다섯 가지 영역 중 가장 오랜 역사를 가지고 있다고 볼 수 있
다. 그 이유는 교육공학이라는 학문이 체계화되기 이전부터 사람들은 그림, 실물 등 다
양한 매체를 활용하여 학습해 왔기 때문이다. 활용영역은 설계영역과 개발영역을 통
하여 개발된 프로그램이나 교육매체를 효과적으로 활용하는 것을 목표로 하는 영역으
로, 매체 활용, 수행 및 제도화 등에 대해 다룬다. 여기에서 매체 활용은 단순히 매체를
기계적으로 조작하는 것이라기보다는 매체를 활용한 교육에 대한 계획과 실행 그리고
매체 활용과 관련된 사전 및 사후 활동을 포괄하고 있다. 수행 및 제도화는 특정 프로

그램이나 매체를 효과적으로 활용하는 방법이나 절차가 충분히 검증된 이후, 이를 조직에서 공식적으로 채택하거나 지속적으로 시행하기 위해 제도로 정착시키는 것을 의미한다(성태제 외, 2012).

4) 관 리

관리영역은 체계적인 정보 관리, 자원 관리, 전달체제 관리 등을 통하여 교육공학의 제반 영역과 절차가 순조롭게 기능하도록 하는 것에 관심을 갖는다. 정보 관리는 정보에 대한 접근과 활용에 대한 편의성을 높이는 것을 목표로 하며, 자원 관리는 예산이나 비품 같은 물적 자원뿐만 아니라, 교수자나 학습자 등 인적 자원에 대한 관리를 포괄하며, 전달체제 관리는 교육매체에 대한 기술적인 지원 및 지침 제공을 의미하는데, 오늘날과 같은 인터넷이나 원격교육의 활용이 높은 상황에서 그 중요성이 더욱 부각되고 있다.

5) 평 가

평가영역에서는 설계, 개발, 활용, 관리의 실행 과정과 그 결과가 얼마나 적절하고 타당한 것인가에 대한 정보를 제공한다. 이를 위해 주로 요구 분석, 준거지향평가, 형성평가, 총괄평가가 사용된다.

요구 분석(needs assessment)은 현재의 결과와 이상적 결과 간의 격차를 분석하고 이를 해소할 수 있는 방법을 모색하는 과정을 의미한다. 준거지향평가(criterion-referenced evaluation)는 절대기준평가, 준거참조평가, 절대평가, 목표지향평가로도 불리며, 학습자가 교육목표나 기준에 도달하였는지 혹은 도달하지 못하였는지에 관심을 갖는다. 즉, 준거지향평가는 학습자의 성취를 다른 학습자들과의 상대적 비교를 통해 찾는 규준지향평가(norm-referenced evaluation)와 달리 학습자 간의 상대적 비교 없이 학습자의 교육목표(기준) 달성 여부, 즉 '무엇을 얼마나 성취하였는가'에 초점을 둔다. 형성평가(formative evaluation)는 교육 진행 과정에서 학습자에게 피드백을 제공하고 교수방법이나 과정 개선에 관한 정보를 얻기 위해 시행되는 평가 활동을 의미한다. 형성평가의 예로는 질문, 숙제, 쪽지시험 등 다양한 형태가 존재하며, 이는 모두 교육과정 중에 학습목표 달성 정도를 확인하기 위해 실시된다. 총괄평가(summative evaluation)는 특정 교육프로그램 종료 후에 실시되며, 프로그램 시행 전에 설정한 교육목표에 대비하여 프로그램이 어느 정도의 가치를 창출하였는가를 알아보는 것을 목표로 한다. 총괄평가는 피드백이나 정보를 제공하는 형성평가와 달리, 교육목표의 달성이나 성취 정도를 종합적으로 판정하는 평가 활동이다(한국교육평가학회, 2004).

제2절 교수매체 이론과 활용

1. 교수매체의 개념

교수매체란 교수활동에서 목표한 내용을 학습자에게 체계적으로 전달하기 위해 사용되는 모든 매개 수단과 제반체제를 의미한다. 이러한 교수매체는 교수자와 학습자 간에 명확한 의사소통을 가능하게 하고, 학습자의 흥미를 북돋는 등 효과적인 학습에 매우 중요한 요소다. 과거에는 교수매체를 교육자료나 통신매체 등 교육을 위한 매개 수단 자체로 보는 경향이 지배적이었으나 현대에는 이러한 매개 수단을 활용하는 방법과 활용을 위한 계획(planning), 설계(design), 실행(implementation), 평가(evaluation)의 방법론적인 측면까지 포괄하는 개념으로 받아들여지고 있다(서울대학교 교육연구소, 2011; 한국기업교육학회, 2010).

2. 교수매체의 발달

교수매체는 효율적인 군대 교육훈련이라는 목적을 달성하기 위해 군에서 먼저 발달하였다. 군에서 교수매체가 어떻게 발달하고 활용되었는지를 요약하여 살펴보면 다음과 같다(엄수정, 1994).

제1차 세계 대전(1914. 7. 28.~1918. 11. 11.) 중에 미군은 필름, 슬라이드, 모형 등을 군사 훈련에 사용하였다. 당시 여러 교육학자가 효율적인 군사훈련 방안을 연구하기 위해 동원되었는데, 이들은 예술가, 커뮤니케이션 전문가, 연극 · 영화인, 광고업자들 등 다양한 사회인과의 접촉을 통해 훈련 교재 개발에 관한 연구를 지속하였다.

제2차 세계 대전(1939. 9. 1.~1945. 8. 15.) 중 미군은 급박한 전장 상황 속에서 단기간에 많은 군인을 훈련시킬 방법을 고민하였는데, 이때 훈련용 교재가 매우 유익하게 사용될 수 있다는 것을 발견하였다. 당시 사용되었던 교수매체에는 필름, 사진, 투

사물, 음향 자료, 녹음 자료, 입체 자료, 화보, 훈련 문헌, 핸드북, 영화, 실물 크기의 모형(mockup) 등이 있었다. 필름은 해군과 공군의 훈련에 많이 사용되었는데, 1945년에 해군에는 약 9천 개의 필름을 목록화하였고, 공군은 약 천 개의 필름을 목록화하였고, 6백 개 이상의 필름스트립을 제작하였다. 녹음 자료는 의사소통, 암호 해독 등을 위한 언어 훈련에 유용하게 사용되었는데, 이는 현대 어학 실습의 기원이라고 볼 수 있다. 또한 녹음된 음향 자료는 잠수요원을 훈련하는 데 유용하게 활용되었다. 잠수요원의 경우 물속에 머물면서 물 위로 지나가는 배의 종류와 그 배가 속한 국가까지도 식별하는 것이 매우 중요한 임무였는데, 녹음된 음향 자료를 사용하여 여러 가지 잡음 속에서도 배가 가진 고유의 소리를 분별하도록 하는 훈련을 할 수 있었다. 사진과 영상 자료는 통신부대에 많이 사용되었다. 특히 1942년에 사진기구국이 설립된 이후, 사진, 영상 기술이 더욱 발달되었는데, 기존에 오락영화에서만 사용되었던 여러 극적인 기술이 필름을 제작하는 데도 사용되어 실전적인 교육훈련을 시행하는 데 기여하였다.

민간에서의 교수매체의 발달은 제1차 세계 대전 후, 1923년에 미국에서 전국교육연합회 산하에 시각교육부(Department of Visual Instruction)가 만들어지면서 본격화되었다. 시각교육부의 적극적인 활동으로 교육계에서는 언어 중심의 교육에서 탈피하여 구체적인 시각교육을 통해 학습효과를 높이고자 하는 노력이 일어났는데, 당시 시각교육에는 그림, 모형, 사물 등이 사용되었다. 또한, 미국 내 대학들에 시각 수업이 개설되었으며, 지역적으로 시각수업전문가협회가 설립되었고, 시각교육과 관련된 연구물이 출간되었다. 제2차 세계 대전을 통해 교육용 영화 필름의 효과성이 입증되자 미국은 1947년에 시각교육부를 시청각교육부(Department of Audio-Visual Instruction)로 개칭하고 다양한 시청각 자료를 개발하였으며, 시청각 교육의 효과에 대한 연구가 활발히 진행되었다(권성호, 서윤경, 2005).

3. 교수매체의 종류와 활용

데일(E. Dale)은 1969년에 학습자의 경험 종류를 원추 모양으로 제시하였는데, 이를 '경험의 원추(cone of experience)'라고 한다. 경험의 원추에서 학습자의 경험은 크게 행동적 경험, 시청각적 경험(간접경험), 상징적 경험으로 구분되며, 행동적 경험은 다시 직접 경험, 고안된 경험, 극화된 경험으로, 시청각적 경험은 시범, 견학, 전시, 텔레비전, 영화로, 상징적 경험은 녹음, 라디오, 사진, 시각적 상징, 언어적 상징으로 세분화된다. 데일은 다음 단계의 구체적 경험을 제대로 경험했을 때, 단계가 높아질수록 점차 추상화되는 학습을 잘 해 낼 수 있다고 보았다. 경험의 원추에서 제시하는 경험의 특성에 따른 분류는 바꾸어 해석하면 경험을 가능하게 해 주는 매체의 종류라고 볼 수 있으므로, 이 모델은 당시 교수매체의 종류를 구분하는 데 크게 기여하였다(서울대학교 교육연구소, 2011).

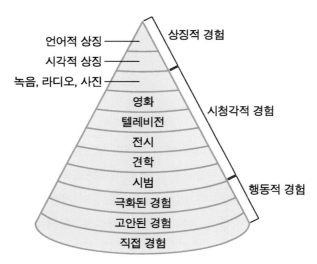

[그림 11-2] 경험의 원추(Dale, 1969)
출처: 서울대학교 교육연구소(2011).

교수매체를 분류하는 방식은 다양하지만, 일반적으로는 시각매체, 청각매체, 시청각매체, 상호작용매체로 구분할 수 있다. 시각매체는 시각 정보만을 전달하는 매체로서 사진, 그림 등을 예로 들 수 있다. 시각매체는 광학장비 사용 여부에 따라 투사매체와 비투사매체로 구분될 수 있는데, 투사매체는 광학장비를 사용하는 방식으로 슬라이드, OHP 필름, 프로젝터 등이 이에 속하며, 비투사매체는 광학장비 없이 시각 자료를 제시하는 방식으로 그림, 사진, 모형, 실물 등이 있다. 청각매체는 청각 정보만을 전달하는 매체로서 라디오, 카세트테이프, 녹음기, 오디오 등을 꼽을 수 있다. 시청각매체는 시각 정보와 청각 정보를 동시에 공급해 주는 매체로서 TV, VTR, 영화 등이 이에 속한다. 시청각매체는 타 매체들에 비해 제작이 복잡한 편이지만, 최근 기술의 발달은 시청각매체 제작을 용이하게 해 주고 있다. 여기에서는 활용도가 높은 몇 가지 교수매체의 종류 및 활용에 관해 소개하고자 한다.

1) 컴퓨터

오늘날은 학교, 직장 할 것 없이 사회 대부분의 조직에서 컴퓨터가 없으면 업무가 마비될 정도로 컴퓨터는 필수적인 물품이 되었다. 그만큼 컴퓨터의 발달이 인간의 생활에 미치는 영향은 매우 크다고 할 수 있는데, 이는 교육에 있어서도 마찬가지다. 컴퓨터와 교육용 소프트웨어의 발달은 교육환경, 교육방법에 많은 변화를 가져왔으며, 현재는 대부분의 교육기관에서 컴퓨터는 교수매체로서 직간접적으로 사용되고 있다. 특히 컴퓨터보조수업(Computer-Assisted Instruction: CAI)은 컴퓨터를 수업매체로 활용하여 학습의 효과성과 효율성을 높이고자 하는 수업방식으로, 일반적으로 다음의 다섯 가지 유형으로 분류된다.

(1) 자료제시형

자료제시형(presentation)은 가장 전통적인 컴퓨터 보조수업 방식으로, 수업 도중 시청각 자료를 제공하여 학습자가 학습내용을 쉽게 이해하도록 설계된 방식이다. 즉, 언어적 설명의 한계를 그림, 도표, 도형, 비디오, 오디오 등의 시청각적인 자료를 통해 보완하여 학습자의 이해를 돕는 방식이다. 교수자가 자료를 제시하는 것 외에, 학습자가 필요한 자료를 직접 검색하여 찾고 자율적으로 학습을 진행할 수도 있다.

(2) 반복연습형

반복연습형(drill and practice mode)은 학생들에게 습득하고자 하는 지식이나 상황에 대한 반복적인 연습을 제공함으로써 정규수업을 보충하기 위한 수단으로 자주 쓰인다. 특히 반복연습형은 반복 숙달이 중요한 수학에서의 연산, 외국어 학습에서의 단어와 발음을 학습하는 데 많이 활용된다. 반복연습은 개별학습에 적합한 컴퓨터의 장점을 잘 활용한 것으로 학습은 학생과 컴퓨터의 개별적인 상호작용을 통해 일어나게 된다. 학생의 학업 능력에 따라 다양한 난이도의 연습을 제공하는 것은 컴퓨터를 이용한 반복연습의 큰 장점이라고 할 수 있다.

(3) 개인교수형

개인교수형(tutorial mode)은 컴퓨터가 보조적인 역할을 했던 반복연습형과 달리, 컴퓨터가 교사로서 주도적인 역할을 한다. 즉, 컴퓨터가 새로운 학습내용과 실습을 제시하고, 학습자의 성취도를 평가하고 피드백을 제공한다. 이 형태는 어려운 지식보다는 기본적인 정보, 간단한 법칙을 가르치는 데 유용하며, 학습자의 수준에 따라 개별적으로 진도를 진행할 수 있는 장점이 있으나, 프로그램을 제작에 많은 비용과 시간이 소요되고, 어려운 지식을 가르치는 것이 제한된다는 단점이 있다.

(4) 시뮬레이션형

시뮬레이션형(simulation mode)은 컴퓨터를 통해 실제 상황을 모방한 가상 상황을 학습자에게 제시하여 실제 상황에서 습득해야 할 개념, 원리, 조작 절차 등을 학습시키는 형태다. 이 유형은 실제 실습이 너무 위험하거나 많은 비용을 필요로 하거나, 시공간적으로 실제 실습이 불가능한 경우에 사용된다. 시뮬레이션형 수업은 학습 전이도가 높고, 학습자의 흥미를 끌 수 있으며, 시간과 비용을 절약하여 목표한 학습효과를 얻을 수 있는 장점이 있으나, 시뮬레이션 제작에 높은 전문성과 많은 비용이 요구된다는 단점이 있다.

(5) 게임형

게임형(educational game)은 학습자가 컴퓨터를 상대로 게임을 통해 경쟁하면서 지식, 개념, 법칙, 어휘 등을 학습하거나 문제해결력, 의사결정 능력 등 특정 능력을 습득하도록 설계되어 있다. 학습자는 게임 진행에 대한 기본적 지식을 가지고, 게임을 진행해 가면서 특정 개념이나 기술에 대한 숙달 정도를 컴퓨터를 통해 평가받는다. 게임형은 오락적인 요소를 지니고 있으며, 진행 방식 역시 다채롭기 때문에 학습자들이 능동적으로 참여하고, 목적을 달성하고자 하는 동기가 높다는 장점을 지니고 있다.

컴퓨터 보조수업은 학습자의 수준에 따른 개별학습을 가능하게 하고, 학습에 대한 동기를 유발하고, 효율적인 수업을 가능하게 하는 장점이 있으나, 컴퓨터가 학습자들에게 모든 답을 제시할 수 없으며, 프로그램 개발에 많은 시간과 비용이 소요되며, 교수자와 학습자 간의 상호작용이 적어질 수 있다는 한계를 지니고 있다. 따라서 교수자는 수업의 목적과 내용을 고려하여 어떠한 방식으로 컴퓨터를 활용할지에 대해 심사숙고하는 것이 필요하다.

2) 프레젠테이션

(1) 프레젠테이션의 개념 및 구성요소

프레젠테이션(presentation, 이하 PT)이란 청중에게 전달해야 할 내용을 사진, 텍스트, 그림, 동영상 등의 자료를 활용하여, 화면을 통해 일목요연하게 제시하는 방법을 의미한다. 프레젠테이션을 위한 다양한 소프트웨어가 개발되었지만, 일반적으로 파워포인트가 가장 많이 사용되고 있다.

PT의 구성은 콘텐츠(contents), 시각자료(visual), 전달(delivery) 세 가지를 들 수 있는데, 이는 곧 성공적인 프레젠테이션의 잣대가 된다. 콘텐츠는 PT를 통해 전달하고자 하는 내용을 의미하고, 시각 자료는 콘텐츠를 전달하기 위해 사용되는 다이어그램, 사진, 동영상 등의 자료를 의미하며, 전달은 PT를 통해 의도하는 바를 청중에게 효과적으로 전달하기 위한 발표자의 능력을 의미한다(박형옥, 2012).

[그림 11-3] 프레젠테이션의 구성요소
출처: 박형옥(2012, p. 17).

(2) 프레젠테이션 준비 절차

성공적인 PT를 위해서는 체계적이고 논리적인 절차가 필요한데, '사전 분석-콘텐츠 구성-시각 자료 구성-발표 및 전달' 절차를 준수하는 것은 매우 효과적이다. 단계별 내용을 살펴보면 다음과 같다(박형옥, 2012).

[그림 11-4] 프레젠테이션 준비 절차

- **사전 분석**: 효과적인 PT를 위해서는 청중, 목적, 장소에 대한 분석이 선행되어야 한다.

  첫째, 청중이 어떤 사람들인가에 대해 알아야 한다. 아무리 PT의 내용이 좋다고 해도 청중의 기대와 눈높이에 맞지 않는 PT는 성공할 수 없다. 따라서 발표자는 사전에 청중의 성향, 청중의 지식 수준, 청중의 성별 및 나이대 등 가능한 한 다양한 정보를 수집하여 분석한 후 콘텐츠를 구성하는 것이 효과적이다.

  둘째, PT의 목적을 분명히 정하는 것이 필요하다. 발표자의 목적에 따라 PT는 정보제공형과 설득형으로 구분될 수 있는데, 정보제공에서는 객관적인 자료를 충분히 제공해 주는 것이 필요하고 설득형에서는 보다 강력한 전달 방식이 필요하다. 한편, 청중도 목적을 갖고 PT에 참석한다. 발표자의 목적과 청중의 목적 중 우선순위를 굳이 따진다면, 청중의 목적이 우선이라 할 수 있다. PT의 성공 여부는 참석자들이 진정으로 필요로 하는 것들이 채워졌는가에 달려 있다. 따라서 발표자는 청중의 참석 목적을 면밀히 분석하여 PT를 준비해야 한다.

  셋째, 장소에 대한 분석은 효과적인 PT 구성과 돌발사태에 대비하는 차원에서 매우 중요하다. 따라서 발표자는 사전에 발표 장소의 크기와 좌석 수, 소프트웨어 버전 및 상태, 사운드 시스템, 교통편과 이동 시간 등을 확인하는 것이 필요하다.

- **콘텐츠 구성**: 콘텐츠는 청중의 흥미를 끌면서도 객관성 있고 설득력 있게 구성되어야 한다. 청중이 흥미를 느끼고 주목하기에 좋은 자료는 통계 자료, 사례, 친근한 단어, 증언, 인용 네 가지로 압축할 수 있으며, 이러한 자료는 묘사와 설명, 비교와 대조, 반복의 방법으로 제시할 수 있도록 배열할 때 효과는 배가 된다. PT를 구성할 때 몇 가지 유의해야 할 사항을 제시하면 다음과 같다.

  첫째, 청중이 이미 알고 있는 내용으로 시작하여 내용을 전개하는 것이 중요하다. 만약 청중이 잘 모르는 것으로부터 시작한다면 청중은 좌절감, 적대감 등을 느끼어 집중하지 못할 가능성이 있다.

  둘째, 청중의 수준을 고려하여 내용을 구성할 때 보다 효과적인 의미전달이 가능하다. 따라서 발표자는 사전에 청중의 학력이나 연령층 같은 일반적인 특성을 파악할 필요가 있으며, 가능하다면, 해당 발표내용에 대해 청중들이 어느 정도의 사전지식을 가지고 있는지를 조사하는 것도 좋은 방법이다.

  셋째, 내용과 관계된 근거를 충분히 제시할 때 청중의 신뢰를 얻을 수 있다. 정확한 출처, 전문가의 의견, 최신 연구 결과 등이 좋은 근거로 사용될 수 있다. 이때, 설득을 위한 PT를 계획한다면 논리적 근거뿐만 아니라 감성을 자극하는 근거도 준비하면 효과적이다. 사람은 합리적이고 분석적인 판단을 함과 동시에 감성에 기초해 판단하기 때문이다.

넷째, 주어진 시간 내에 마칠 수 있는 내용을 준비해야 한다. 이를 위해서는 파워포인트에 있는 '슬라이드쇼-예행 연습' 기능을 활용하여 미리 시간을 측정해 보고 내용을 조절하는 것이 효과적이다.

PT 내용의 순서를 정하는 방식으로는 연대기 순(chronological order), 주제별(topical), 이야기 흐름 기준(storytelling), 문제해결과정 순(problem-solution), 방향·위치·공간 기준(spatial) 방식이 흔히 활용되는데, 발표자는 콘텐츠의 특성을 잘 파악한 후에 가장 적합한 방식을 선택해야 한다.

- **시각 자료 구성**: 사람은 오감 중에 시각을 통해 가장 많은 정보를 얻으며, 시각화된 메시지를 통해 추상적인 개념이나 복잡한 자료를 쉽게 이해할 수 있다. 따라서 PT에서 메시지를 시각화하는 기술은 매우 중요하다. 여기에서는 메시지를 시각화하는 요령에 대해 알아보도록 하자.

첫째, 슬라이드 내용은 단순명료한 것이 좋다. 슬라이드 내용이 복잡할수록 청중의 이해도와 집중력은 떨어지게 마련이다. 따라서 슬라이드에는 핵심 메시지와 그 메시지를 부각할 수 있는 핵심 시각 자료만 사용하는 것이 좋다.

둘째, 가독성이 높은 서체를 사용하는 것이 좋다. 슬라이드 내용은 청중이 읽기 편한 크기와 일관성 있는 서체로 구성되는 것이 바람직하다. 또한, 강조하고자 하는 텍스트는 서체를 바꾸기보다는 굵기, 크기, 색상을 조절하여 부각시키는 것이 좋다.

셋째, 전달 내용을 도형이나 다이어그램 등을 활용하여 구조화시키는 것이 좋다. 청중은 텍스트나 숫자보다 도형, 다이어그램, 차트로 구조화된 정보를 더 빠르고 쉽게 받아들인다. 물론 발표자가 구조화된 정보를 설명할 때는 청중이 이해하기 쉬운 말로 잘 풀어 주는 것이 필요하다. 파워포인트에 있는 SmartArt 기능은 구조화에 매우 유용하다.

넷째, 색상에 의미를 부여하는 것이 좋다. 무분별하게 다양한 색상을 사용하는 것은 주의를 산만하게 할 수 있다. 색상을 사용할 때는 슬라이드 전체적으로 일관성 있게 의미를 부여하여 사용하는 것이 좋다. 예를 들어, 강조하는 색, 긍정적 효과를 의미하는 색, 부정적 효과를 의미하는 색 등을 정해서 일관성 있게 적용할 수 있다.

다섯째, 일관성 있게 슬라이드 디자인을 유지하는 것이 좋다. 이를 위해 파워포인트의 테마 메뉴, 슬라이드 마스터, 웹상의 템플릿 다운로드 등의 기능을 활용하는 것이 매우 편리하다.

여섯째, 여백의 미를 살리는 것이 좋다. 슬라이드에 내용을 가득 채우기 위해 여백을 없애는 것은 바람직하지 않다. 여백은 이미지를 돋보이게 하며 청중의 눈에 휴식을 주는 기능을 한다.

일곱째, 다이내믹하게 메시지를 전달하는 것이 효과적이다. 동일한 방식만으로 내용을 전달하려 할 때 청중은 쉽게 지루함을 느끼고 집중력을 잃게 되는데, 이를 방지하기 위해 화면 전환, 애니메이션 효과, 동영상 파일 등을 적절히 활용하는 것이 좋다. 단, 무분별한 사용은 오히려 청중의 관심을 분산시킬 수 있으므로 피해야 한다.

- 발표 및 전달: 아무리 훌륭한 자료가 준비되었다고 할지라도, 그것을 어떻게 전달하느냐에 따라 PT의 성공 여부에는 확연한 차이가 있을 것이다. 발표에 도움이 될 몇 가지 방법을 제시하면 다음과 같다.

첫째, 슬라이드는 발표의 보조수단일 뿐임을 인식하고, 발표자는 슬라이드 없이도 발표를 할 수 있을 정도로 발표 내용을 완전히 숙지하고 있어야 한다. 발표자가 적어도 다음 슬라이드에 어떤 내용이 있는지를 알 정도로 내용을 숙지할 때 자연스럽게 발표를 진행할 수 있다. 발표 내용이 많은 경우에는 손바닥 크기 정도의 작은 노트에 순서를 기록하여 적절히 활용하는 것이 좋다.

둘째, 같은 속도로 계속 말할 때 청중의 집중도는 떨어지므로, 상황에 맞게 말하는 속도의 완급을 조절하는 것이 효과적이다. 이때 청중의 이해도를 기준으로 속도를 조절하는 것이 좋다.

<표 11-1> 발표속도와 효과

빠른 속도가 효과적인 상황	느린 속도가 효과적인 상황
• 청중이 잘 아는 내용 • 쉬운 내용	• 어렵고 복잡한 내용 • 데이터 자료 • 강조해야 할 내용 • 주의집중이 필요할 때

셋째, 도입부에 청중의 주목을 이끌 때 청중은 관심과 흥미를 끝까지 갖게 된다. 일반적으로 도입부에 사용하면 효과적인 내용 및 방법에는 발표 목적과 청중이 얻게 될 혜택 소개, 발표자의 약력 소개, 발표 내용과 관련된 최근 사회적 이슈 제시, 발표 주제와 관련하여 청중에게 간단한 질문하기, 주제와 관련된 짧은 동영상 시청 등이 있다.

넷째, 발표 전에 청중과 친해지는 것은 자연스러운 발표에 매우 도움이 된다. 시간이 되어 갑자기 발표를 시작하는 것보다 발표 전에 청중과 인사를 나누거나 일상적인 이야기를 잠깐 나누는 것은 서로 간의 긴장을 풀어 주고 신뢰를 얻는 데 매우 긍정적으로 작용한다.

다섯째, 청중이 질문할 만한 내용을 사전에 체크해 두고 대비하는 것이 필요하다. 그럼에도 불구하고 청중의 질문에 답하기 어렵다면, 당황하지 말고 다른 청중이 답해 줄 수 있는지를 확인하고 그렇지 않다면 다시 알아보고 개인적으로 연락을 주기로 하는 것이 바람직하다.

3) 스마트미디어*

오늘날에는 IT기술의 발달로 사람들이 스마트폰, 아이패드, 소형 노트북 등의 스마트미디어를 소유하고 활용하는 것이 매우 보편화되었다. 스마트미디어는 우리의 일상생활 곳곳에 스며들어 삶의 방식을 획기적으로 변화시키고 있으며, 스마트미디어가 가지고 있는 교수매체로서의 의미와 활용성도 크게 증대되고 있다. 따라서 교육현장에서는 교육목표를 보다 효율적으로 달성하고 교육 효과를 극대화하기 위하여 스마트미

---

* 인터넷 접속을 기반으로 한 컴퓨터, 태블릿 PC, 스마트폰, TV, 셋톱 박스 등을 의미하며, 스마트미디어는 사용자와 상호작용이 가능하고, 시공간적 제약 없이 콘텐츠를 제공한다는 특징을 지닌다(최민재, 조영신, 김강석, 2011).

디어를 활용하기 위한 교수–학습 환경을 어떤 방향으로 구축해 나갈 것인가가 중요한
과제가 되고 있다.

[그림 11-5] 다양한 스마트미디어

스마트미디어의 발달에 따라 최근에는 '스마트러닝(smart-learning)'이라는 개념이 등
장하여 교육방법과 페러다임의 변화를 일으키고 있다. 스마트러닝은 인터넷의 확산과
함께 발전해 온 학습 개념인 이러닝(e-learning), 모바일러닝(m-learning), 유비쿼터스러
닝(u-learning)보다 진보된 개념으로 "스마트기기를 활용하여 시공간의 제약 없이 학습
자에게 맞춤형 학습을 제공함으로써 학습자가 자기주도적인 학습을 할 수 있는 교육방
식"이라고 할 수 있다(방선희, 2012).

스마트미디어를 활용한 학습의 장점과 유의할 점에 대해 살펴보면 다음과 같다(이성
흠, 이광우, 2003).

먼저 장점을 살펴보면, 첫째, 교사, 학생, 학부모 등 교육관계자들은 모바일 기기를
이용하여 학교 안에서 뿐만 아니라 학교 밖에서도 원활하게 의견을 주고받을 수 있게
되었다. 이로 인해 교육관계자들 간에 보다 적시적인 협조를 주고받을 수 있게 되었다.
뿐만 아니라 학생들은 원거리에서도 모바일 기기를 통해 팀 프로젝트를 수행할 수 있
는 편리함을 누리게 되었다. 둘째, 학생들은 시간과 장소의 제한 없이 관심 있는 정보
를 탐색하고 획득할 수 있게 되었으며, 획득된 정보를 다양한 형태(사진, 오디오, 비디오
등)로 공유할 수 있게 되었다. 셋째, 학생들은 모바일 기기에 탑재된 사진·녹음·동영
상 제작 및 편집 기능을 이용하여 자신이 원하는 학습자료를 직접 생산할 수 있게 되었다.

이와 같이 스마트미디어를 이용한 학습에는 여러 편리한 점들이 있으나, 스마트미
디어가 갖는 한계와 부정적 요소가 있으므로 다음과 같은 점에 유의해서 활용할 필요
가 있다. 첫째, 일반적으로 모바일기기는 네트워크 환경을 필요로 한다. 오늘날 통신
기술의 발달로 네트워크 환경은 매우 확대되었으나, 여전히 네트워크 사용은 장소나

비용 등의 이유로 제한될 수 있다. 따라서 이에 대해 사전에 대비해야 한다. 둘째, 모바일 기기에는 학습기능 외에도 인터넷 검색, 오락, 뉴스, 음악 등 다양한 기능이 탑재되어 있으므로, 학습자의 주의가 분산될 우려가 있다. 따라서 교사는 학습자를 집중시킬 방법을 연구해야 하며, 학습자는 의식적으로 학습에 집중하려는 노력을 기울여야 한다. 셋째, 모바일 기기는 손쉽게 휴대할 수 있으나, 정교한 작업을 수행하기에는 적합지 않다. 따라서 모바일 기기는 비교적 단순한 작업을 요구하는 학습에 적합하다.

4. 교수매체 선택 이론

교수매체의 선택은 '가장 효과적인 학습을 위해 활용할 수단이 무엇인가?'라는 질문으로부터 시작되어야 하지만, 실제로는 매체 소유 여부, 비용 등 현실적인 문제가 먼저 고려되기도 하고, 일부 교수자는 습관적으로 특정한 몇 가지 교육 수단만을 사용하기도 한다. 그러나 학습내용 및 학습자의 특성을 간과한 채 사용되는 교수매체를 통해서는 학습자의 흥미를 유발하기 어렵고, 비효율적인 학습이 일어나기 쉽다. 따라서 교수자는 교수매체 활용의 이점이 무엇인지를 잘 이해하여야 하며, 효과적인 교수매체 활용 전략을 갖추고 있어야 한다.

다행히 여러 교육공학자들이 과학적인 분석을 통해 교육내용, 학습자의 특성, 매체의 기능, 소요 비용 등 다양한 요인을 고려한 상태에서 최적의 교수매체를 활용할 수 있는 모형들을 개발하였다. 교수매체 활용에 관한 절차적 모형 중 가장 잘 알려진 것은 하인리히와 동료들(Heinich et al., 1996)이 개발한 ASSURE 모형으로, 이 모형은 교육이나 훈련 현장에 적용할 수 있는 실천적 모형이다. ASSURE 모형은 각 단계별로 앞 글자를 발췌하여 명명한 모형으로서 A는 학습자 분석(Analyze learners), S는 학습목표 진술(State Objectives), S는 매체와 자료의 선정(Select method, media, & materials), U는 매체와 자료의 활용(Utilize media & materials), R은 학습자 참여 유도(Require learners participation), E는 평가와 수정(Evaluate & revise)을 의미하며(한국기업교육학회, 2010), 이와 같은 여섯 단계의 절차에 따라 교수매체를 활용하면, 목표한 학습효과를 '보장(assure)'해 준다는 것을 나타낸다.

A. S. S. U. R. E.

| Analyze learners | State objectives | Select method, media, & materials | Utilize media & materials | Require learner participation | Evaluate & revise |

[그림 11-6] ASSURE 모델

1) 학습자 분석

학습자의 특성을 파악하는 단계다. 아무리 좋은 교육매체를 활용한다 할지라도 그것이 학습자의 연령대나 학습 능력, 사전지식 보유 정도 등 학습자가 가진 특성에 부합하지 않는다면, 교육효과는 낮을 수밖에 없다. 따라서 학습자의 특성을 파악하고 이를 분석하는 것이 필수적으로 선행되어야 한다. 여기에서 파악해야 할 학습자의 특성으로는 연령, 성별, 학력, 학년 등 학습자의 일반적인 특성, 교육내용에 대한 사전지식 보유의 정도, 학습자의 심리 상태, 선호하는 학습 양식 등이 있다.

2) 학습목표 진술

교수매체를 체계적으로 활용하기 위해 구체적인 목표를 설정하게 된다. 수업목표는 수업 종료 후 학습자가 도달해야 하는 행동으로 구체적으로 진술되어야 한다. 목표 진술 방식은 매우 다양하지만, 일반적으로 메이저(Mager)의 ABCD 진술 기법이 많이 사용된다. A는 대상(Audience)으로, 목표를 설정할 때는 교육의 대상인 학습자가 무엇을 할 수 있어야 하는가를 구체적으로 명시해야 한다. B는 행동(Behavior)으로, 목표 진술에서는 행동적 용어가 사용되어야 하며, 특히 동사는 구체적이고 관찰 가능한 행동 동사가 사용되어야 한다. C는 조건(Condition)으로, 목표 행동 수행 시 학습자가 사용할 도구나 자료 그리고 환경적 조건이 나타나야 한다. D는 정도(Degree)로, 목표에는 학습목표 달성 여부를 판단할 수 있는 준거가 드러나야 한다.

3) 매체와 자료의 선정

학습자의 특성과 학습목표에 가장 적합한 교수방법·매체·자료를 선정하는 단계다. 교수매체를 선택할 때에는 개인의 선호도나 보유 여부만을 고려하여 선택하는 것을 피해야 하며, 학습자의 특성과 학습목표, 즉 교실의 크기, 학생의 수, 학습자의 학습 능력, 학습목표의 특성, 매체의 기능 등을 고려하여 선택하는 것이 바람직하다. 또한,

교수자료의 경우 기존의 자료를 수정 및 보완하여 사용하는 것이 새로운 자료를 개발하거나 구매하는 것보다 더 효율적인 방법으로 알려져 있다.

4) 미디어와 교수 자료 활용

선정한 자료를 어떻게 활용할지에 대한 계획을 세워야 하는데, 이때 일반적으로 '5p' 원칙을 준수하는 것이 바람직하다. 5p 원칙이란 수업에 사용하고자 하는 자료를 사전에 검토하고(Preview the Materials), 자료 사용의 우선순위와 교수자와 학습자의 역할에 맞게 자료를 준비하며(Prepare the materials), 매체와 자료를 사용하기에 적합한 환경을 조성하고(Prepare the environment), 수업의 개요 제시, 학습 주제와의 연관성 설명, 주의집중 유발 등을 통해 학습자를 준비시키고(Prepare the Learners), 마지막으로 교수자는 효율적 수업을 위한 안내자 및 조력자 역할을 하며 학습자에게 학습 경험을 제공하는(Provide the learning experience) 것을 의미한다.

5) 학습자 참여 유도

자칫 시청각 자료의 사용으로 인해 학습자들이 수동적인 태도를 갖게 되지 않도록 능동적인 참여를 강화하는 단계다. 학습자의 능동적 참여를 유도하기 위해서는 학습자들이 시청각 자료에 대해 자신의 소감을 발표하는 것, 시청각 자료를 기초로 토의를 진행하는 것, 교수자와 학습자 간 적극적으로 질문을 주고받는 것 등 다양한 방안을 사용할 수 있다.

6) 평가와 수정

매체 활용 수업 종료 후 학습자의 성취도, 매체의 효과, 교수방법의 적절성, 교수-학습과정에 대한 평가를 요구한다. 이러한 평가를 통해 발견된 필요를 지속적으로 보완하여 매체 활용 수업의 효과성과 효율성은 지속적으로 증진될 수 있다.

 ## 제3절 교수체계 설계 이론과 활용

교수체계 설계(Instructional System Design: ISD)는 목표한 학습성과를 달성하기 위해 최적의 교수활동 및 교수-학습방법을 계획하고 구체화하는 과정이다. 교수체계 설계의 등장배경은 제2차 세계 대전으로 거슬러 올라간다. 단기간에 효율적으로 많은 군인을 훈련시키기 위해서는 전통적 교수이론을 뛰어넘어, 교육 설계, 측정, 평가 등을 통합할 수 있는 접근 방식이 요구되었는데, 이러한 요구를 체계적 접근을 통해 충족하고자 하는 노력 가운데 교수체계 설계 모형이 등장하게 되었다. 교수체계 설계 모형은 1950년대 미국의 군대 훈련에서 처음으로 적용되었고, 1960년대에는 군대 내에 안정적으로 정착되었다. 이후 민간기업과 교육기관에서도 교수체계 설계 모형이 사용되기 시작하였다(박기창, 1997 재인용).

교수체계 설계는 학습과 직접적으로 관련된 요소들을 구체화하는 활동이라는 측면에서 교육공학의 내용 중 핵심이라 할 수 있다. 효과적인 교수체계 설계를 위해서는 교수자의 특성, 학습자의 특성, 교육내용의 특성, 물리적 환경, 심리적 환경, 교수방법의 유형 등 교수-학습과 관련된 제반 변인을 고려하여 상호 유기적인 조화를 이루도록 해야 한다(한용진 외, 2007).

교수체계 설계를 통해 얻을 수 있는 이점은 다음과 같으며, 이는 곧 교수체계 설계의 목적이라고도 할 수 있다(Briggs, 1991). 첫째, 교수체계 설계의 모든 단계는 교육을 통해 학습자가 성취해야 할 학습목표를 지향하고 있는데, 이와 같은 목표지향적인 구성은 학습자의 목표 달성에 효과적으로 작용한다. 둘째, 체계적인 설계는 학습자들이 최소의 시간과 노력으로 최대의 효과를 달성하게 한다. 즉, 효율적인 학습목표 성취를 가능하게 한다. 셋째, 교수체계 설계 과정에서 학습자의 수준, 관심 등 특성을 파악하여 가장 효과적인 수업자료 및 매체를 선택함을 통해 학습자의 흥미와 동기를 유발할 수 있다. 넷째, 체계적으로 계획된 수업과 그렇지 않은 수업의 가장 큰 차이 중 하나는 일관성일 것이다. 체계적인 설계는 교수목적-방법-평가의 일련의 과정이 목표라는 기준을 중심으로 유기적으로 조직됨으로써 교수자와 학습자가 혼돈 없이 가르치고 배우는 데 집중하게 한다.

효과적이고 효율적으로 교수설계의 목적을 달성하기 위해서는 체계적이고 과학적인 교수설계의 원리와 기법을 알아야 한다. 이에 따라 대표적인 교수설계 모형 및 이론들에 대해 살펴보고자 한다.

1. ADDIE 모형

ADDIE 모형은 교수설계를 위한 가장 일반화된 모형으로 분석(Analysis), 설계(Design), 개발(Development), 실행(Implement), 평가(Evaluation)라는 다섯 단계로 이루어지며, 각 단계의 두음을 따서 ADDIE 모형이라고 불린다. 교수설계 모형은 이론적 근거에 따라 여러 가지 종류가 있으나, 대부분의 교수설계 모형은 기본적으로, 분석(Analysis), 설계(Design), 개발(Development), 실행(Implement), 평가(Evaluation) 요소로 구성되어 있다. 각 단계별 내용을 살펴보면 다음과 같다.

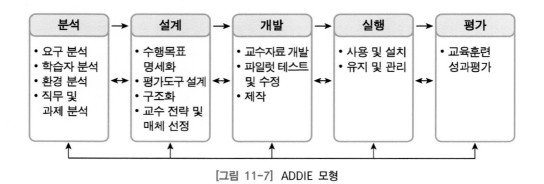

[그림 11-7] ADDIE 모형

첫째, 분석(Analysis) 단계는 학습에 들어가기 전에 학습과 관련된 요인들에 관한 분석, 즉 요구 분석, 학습자 분석, 환경 분석, 직무 및 과제 분석 등을 실시하는 단계다. 구체적으로는 학습자의 현재 상태(what is)와 바람직한 상태(what should be)를 파악하는 요구 분석을 실시하고, 학습자의 연령대, 학습방법에 대한 선호도, 현재의 학습 수준 등 학습자의 특성을 파악하고, 또한 교육 실제에 사용할 수 있는 물적 자원과 물리적 환경을 분석하며, 목표 달성에 필요한 지식, 기능, 태도 등에 관한 분석을 실시한다.

둘째, 설계(Design) 단계는 분석 과정에서 나온 산출물들을 토대로 교육프로그램 전반에 관한 청사진을 만드는 단계라고 할 수 있다. 이를 위해 수행목표 구체화, 평가도구 설계, 구조화(계열화), 교수 전략 및 매체 선정 등의 활동이 이루어진다. 설계 단계에서의 수행목표에 따라 나머지 단계의 활동이 결정되므로 명확한 수행목표를 정하는 것이 무엇보다 중요하다. 수행목표는 애매하거나 추상적인 것이 되지 않도록 유의해야 하며, 명확한 행동목표로 표현되는 것이 바람직하다.

셋째, 개발(Development) 단계는 분석 및 설계 단계에서 구상한 교수-학습활동에 사용될 자료를 실제로 제작하는 단계다. 먼저 교수자료의 초안 또는 시제품을 개발하고, 이를 검증하기 위해 파일럿 테스트 등을 실시한 후 보완하여 최종 자료가 제작된다.

넷째, 실행(Implement) 단계에서는 개발된 교수자료나 교수 전략을 실제 현장에서 사용하여 평가해 보고 필요시 이를 수정하게 되므로, 일종의 형성평가적인 활동이 이루어진다. 또한 수정된 결과물을 유지하고 관리하는 활동도 실행 단계에 포함된다.

마지막으로, 평가(Evaluation) 단계에서는 교육훈련의 성과를 평가하는 단계로 교수설계에서 목표했던 학습목표의 달성 여부, 교육프로그램의 현장 적합성, 교수 과정의 효율성과 효과성 등에 대한 총괄평가를 실시한다.

ADDIE 모형의 다섯 가지 단계는 일반적으로 순차적으로 진행되나, 문제점이나 수정사항이 발견될 경우 어느 단계에서나 수정 및 보완이 가능하다.

2. 딕과 케리의 체제적 교수설계 모형

딕과 케리(Dick & Carey)의 모형은 교수-학습 현상을 체제적 관점으로 접근하여, 교수설계, 교수 개발, 교수 실행, 교수평가의 과정을 제시하였다. 체제란 전체를 부분의 단순 합(合)으로 보지 않고 상호 유기적으로 관련되어 있는 전체로 규정한다. 모든 체제는 기본적으로 목표, 목표 달성을 위한 과정, 체제의 목표 및 과정에 대한 평가, 유기적인 피드백을 수반한다. 따라서 딕과 케리의 모형은 체제적 접근에 따라 교수-학습을 목표·과정·평가의 세 요소에 따라 설명하고 있다(서울대학교 교육연구소, 2011). 다음은 딕과 케리의 모형에 나타난 10단계에 대한 설명이다.

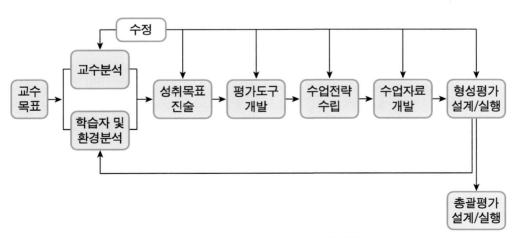

[그림 11-8] 딕과 케리의 체계적 교수설계 모형

1단계 교수목표 설정에서는 학습자가 학습을 마친 후 할 수 있게 되는 것, 즉 학습의 결과로서 학습자에게 기대되는 변화를 설정하는 단계로 이러한 목표는 목표 목록이나 요구 분석을 통해 추출할 수 있다. 2단계 교수 분석은 교수목표 달성을 위해 학습자가 학습해야 할 내용 및 행동(learning task)을 결정하고, 이들 간의 우선순위를 결정한다. 학습에서 요구되는 하위 기능과 학습 절차를 분석하는 단계다. 3단계 학습자 및 환경 분석에서는 학습자의 사전지식과 학습자의 특성을 파악하고, 학습이 이루어지는 환경을 확인하게 된다. 4단계 성취 목표 진술에서는 학습의 결과로 학습자들이 할 수 있게 될 행동과 그러한 행동이 실행될 조건을 기술한다. 5단계 평가도구 개발에서는 학습자들의 목표달성 여부를 측정하기 위해 검사도구를 개발하게 되는데, 이때 측정도구는 목표에 나타난 성취 행동과 일치해야 한다. 6단계 수업전략 수립에서는 학습목표 달성을 위한 학습방법, 교수매체 활용방법, 동기유발 전략 등을 수립한다. 7단계 수업자료 개발에서는 수업 과정에서 필요한 학습자용 활용 지침서, 교사 지침서 등 필요한 자료를 학습자의 특성을 고려하여 개발하되, 기존 자료를 수정하여 활용하는 것도 좋은 방법이다. 8단계 형성평가에서는 개발된 교수프로그램을 수정·보완하기 위해 일종의 중간평가를 실시하는 단계로 평가는 주로 일대일평가, 소집단평가, 현장평가로 이루어진다. 9단계 수정에서는 형성평가를 통해 발견된 필요를 수정하게 된다. 이때, 교수분석의 타당성, 출발점 행동 및 학습자 특성에 대한 가정, 학습목표의 적절성, 평가문항의 타당성 등을 통합적으로 검토하여 수정하는 것이 바람직하다. 10단계 총괄평가 설계/실행은 충분한 수정이 이루어진 후에 교수프로그램의 효과와 가치를 평가하기 위해 실시한다. 일반적으로 평가는 외부 평가자에 의해 실시된다(한국기업교육학회, 2010).

3. 메릴의 구성요소제시이론

구성요소제시이론(Component Display Theory: CDT)은 메릴(Merrill)이 제안한 교수이론으로서 학습 유형 중에서 인지적 영역에 속하는 개념, 원리, 절차 등 미시적 수준의 내용을 효과적으로 가르치기 위한 처방적 교수설계이론이다. 메릴은 학습결과의 유형에 따라 적합한 학습 조건이 필요함을 가정하였으며, 교수목표를 일차원으로 분류하는 것의 제한점을 인식하고 이차원적 분류체계를 제시하였다.

구성요소제시이론을 이해하기 위해서는 '학습 결과 범주의 이차원적 분류'와 '두 가지 차원의 자료 제시'에 대해 이해할 필요가 있다.

먼저, 메릴은 학습 결과의 범주를 이차원적으로 제시하기 위해 학업수행의 수준과 학습내용의 형태를 조합하여 '수행-내용 매트릭스'로 나타내었다. 학업수행의 수준은 기억(remember), 활용(use), 발견(find) 세 가지로, 학습내용의 유형은 사실(facts), 개념(concepts), 절차(procedures), 원리(principles) 네 가지로 분류되는데, 이들이 서로 교차하는 매트릭스를 통해 유형별 교수목표가 나타나게 된다. 학습내용의 유형에서 '기억'은 학습내용을 기억했다가 재생할 수 있는 정도, '활용'은 학습내용을 현실에서 이용할 수 있을 정도의 수준, '발견'은 새로운 개념, 절차, 원리를 찾아내는 정도의 수준을 의미한다. 학습내용 중 '사실'은 기억의 대상으로만 취급되며, 활용·발견의 대상이 되지 않는다. 따라서 수행-내용 매트릭스에는 총 열 가지 조합이 존재하게 된다. 이러한 각각의 조합은 교수목표가 되는데, 예를 들어 '특정 사실을 기억하는 것' '특정 개념을 활용하는 것' '특정 원리를 발견하는 것' 등의 목표를 정할 수 있다.

수행-내용 매트릭스				
발견하기		환경오염이 생활에 미치는 피해를 찾을 수 있다.	다양한 물질을 현미경으로 관찰하는 방법을 찾을 수 있다.	직각삼각형의 여러 가지 속성을 발견할 수 있다.
활용하기		환경오염의 예를 제시할 수 있다.	현미경을 조작하여 아메바의 세포 구조를 관찰할 수 있다.	피타고라스의 정리를 이용하여 직각삼각형의 빗변의 길이를 계산할 수 있다.
기억하기	대한민국의 수도는 서울이다.	환경오염의 개념을 말할 수 있다.	현미경을 조작하는 단계를 말할 수 있다.	피타고라스의 정리를 말할 수 있다.
	사실	개념	절차	원리
	내용 차원			

[그림 11-9] 메릴의 수행-내용 매트릭스
출처: 노혜란, 박선희, 최미나(2012).

다음으로, 메릴은 '수업-내용 매트릭스'에 의해 결정된 교수목표를 달성하기 위해서는 교수내용과 제시 방식을 조합하는 방식이 효과적이라고 보았으며, 제시 유형을 일차제시형과 이차제시형으로 구분하였다.

일차제시형은 학습에 반드시 필요한 기본적이고 최소한의 자료를 제시하는 것을 말하는데 이는 교수내용과 제시방식에 따라 네 가지 유형으로 구분된다. 교수내용은 일반성(Generalities)과 사례(Examples)로, 제시 방식은 설명식(Expository)과 탐구식(Inquisitory)으로 구분되며, 이들은 행렬표에 따라서 설명식 일반성(EG), 설명식 사례(Eeg), 탐구식 일반성(IG), 탐구식 사례(Ieg)의 네 가지 유형으로 나타난다.

네 가지 유형에 대해 좀 더 구체적으로 살펴보면, 설명식 일반성(EG)은 일반화된 개념, 규칙, 원리 등을 설명하는 방식으로서, 예를 들면 사각형의 개념이나 넓이 구하는 방법을 설명해 주는 것 등이 있다. 설명식 사례(Eeg)는 개념이나 원리가 적용되는 사례를 설명하는 방식으로 예를 들면, 다양한 사각형의 예를 들거나, 넓이 구하는 문제를 풀면서 설명하는 것 등이 있다. 탐구식 일반성(IG)은 이미 배운 개념, 규칙 등을 질문을 통해 재생시키거나, 새로운 내용을 질문을 통해 학습하도록 하는 것을 의미한다. 예를 들면, 사각형의 개념이나 넓이 구하기 방법을 질문을 통해 재생시키거나, 수업 초기에 먼저 질문을 던지며 수업을 진행하는 방식 등이 있다. 탐구식 사례(Ieg)는 교수자가 학습자에게 개념, 규칙이 적용되는 사례를 들어 보라고 하거나, 문제를 내서 해결하게 하는 것이다. 예를 들면, 다양한 사각형의 예를 들어 보게 하거나, 가로 10cm, 세로 20cm로 된 사각형의 넓이를 구해 보게 하는 것 등이 있다.

<표 11-2> 일차제시형

	말로 알려 주기 혹은 설명식(E)	질문하기 혹은 탐구식(I)
일반성(G)	설명식 일반성(EG)	탐구식 일반성(IG)
사례(eg)	설명식 사례(Eeg)	탐구식 사례(Ieg)

출처: 노혜란, 박선희, 최미나(2012).

이차제시형은 일차제시형을 더욱 정교화시켜 학습자의 흥미를 유발하고, 정보처리 과정을 촉진하기 위한 목적으로 부가적인 정보를 제시하는 방식이다. 이차적 자료 제시 형태에는 맥락, 선수학습, 기억술, 도움, 표상, 피드백(정답·도움·활용)으로 여섯 가지가 존재한다. 메릴은 이차제시형은 일차적 자료제시 형태와 행렬식으로 조합을 이룰 수 있다고 보았으나, 일부 조합은 타당하지 않은 것으로 판단하였다. <표 11-3>에서 빈칸인 조합이 타당하지 않은 조합에 해당한다.

<표 11-3>　이차제시형

		일차적 자료제시 형태			
		설명식 일반성 (EG)	설명식 사례 (Eeg)	탐구식 사례 (Ieg)	탐구식 일반성 (IG)
정교화 유형	맥락 (context)	EG'c	Eeg'c	Ieg'c	IG'c
	선수학습 (prerequisite)	EG'p	Eeg'p		
	기억술 (mnemonic)	EG'mn	Eeg'mn		
	도움 (help)	EG'h	Eeg'h	Ieg'h	IG'h
	표상 (representation)	EG'r	Eeg'r	Ieg'r	IG'r
	피드백(feedback) 정답(correct answer) 도움(help) 활용(utilization)			FB/ca FB/h FB/u	FB/ca FB/h FB/u

EG: Expository Generality / Ieg: Inquisitory Example
출처: 노혜란, 박선희, 최미나(2012).

참고문헌

권성호, 서윤경(2005). 교육공학적 관점에 따른 미디어교육의 이론과 실제. 서울: 한울아카데미.

김덕겸(2004). 국방 정보화 과정에서 인터넷/인트라넷 활용방안에 관한 연구. 연세대학교 교육 대학원 석사학위논문. Retrieved from. http://www.riss.kr/link?id=T9492830

김선정(2006). 효율적인 수학학습을 위한 컴퓨터보조수업에 대한 연구. 숙명여자대학교 석사 학위논문.

노혜란, 박선희, 최미나(2012). 교육방법 및 교육공학(2판). 경기: 교육과학사.

박기창(1997). 교수매체 활용 연수 프로그램 개발연구: 육군사관학교 사례를 중심으로. 이화여 자대학교 대학원 박사학위논문. Retrieved from. http://www.riss.kr/link?id=T10396181

박철홍, 강현석, 김석우, 김성열, 김회수, 박병기, 박인우, 박종배, 박천환, 성기선, 손은령, 이희 수, 조동섭(2013). 현대 교육학개론. 서울: 학지사.

박형옥(2012). 프레젠테이션 기획＋디자인. 서울: 디지털북스.

방선희(2012). 스마트러닝 활성화를 위한 자기주도 학습 전략연구. 평생학습사회 8(1).

변영계, 김영환, 손미(2007). 교육방법 및 교육공학(3판). 서울: 학지사.

서울대학교 교육연구소(2011). 교육학용어사전. 서울: 하우동설.

서지혜(2014). Dick & Carey 교수설계모형을 적용한 중학교 1학년 감상영역 수업지도방안. 중앙대학교 대학원 석사학위논문. Retrieved from. http://www.riss.kr/link?id=T13412951

성태제, 강대중, 강이철, 곽덕주, 김계현, 김천기, 김혜숙, 봉미미, 유재봉, 이윤미, 이윤식, 임웅, 홍후조(2012). 최신 교육학개론(2판). 서울: 학지사.

엄수정(1994). 우리나라 군사교육에 있어서 교수방법과 교수매체의 활용에 관한 조사연구. 이화여자대학교 대학원 석사학위논문. Retrieved from. http://www.riss.kr/link?id=T925103

왕경수(1999). Gagne와 Merrill의 교수 이론 비교. 교육과정연구, 17(2), 297-311. Retrieved from. http://kiss.kstudy.com/search/detail_page.asp?key=336518.

이성흠, 이광우(2003). 지식기반사회에서 정보 · 통신기술 활용을 위한 교사의 핵심역량 개발. 한국교원교육연구, 20(3), 203-223.

이지연(2008). 교육방법 및 교육공학. 서울: 서현사.

최민재, 조영신, 김강석(2011). 스마트 미디어 환경과 뉴스 콘텐츠. 서울: 한국언론진흥재단.

한국교육평가학회(2004). 교육평가 용어사전. 서울: 학지사.

한국기업교육학회(2010). HRD 용어사전. 서울: 중앙경제.

한용진, 권두승, 남현우, 오영재, 류지헌(2007). 교육학개론(2판). 서울: 학지사.

Briggs, L. J. (1991). *Instructional design: Principles and applications*. Educational Technology.

Galbraith, J. K. (2015). *The new industrial state*. Princeton University Press.

Heinich, R. (1996). *Instructional media and technologies for learning*. Simon & Schuster Books For Young Readers.

Januszewski, A., & Molenda, M. (2009). 교육공학 정의와 논평(*Educational technology: a definition with commentary*). (한정선, 김영수, 강명희 역). 경기: 교육과학사. (원저는 2009년에 출간).

Seels, B., & Richey, R. (1994). *Instructional Technology: The definition and domains of the field*. Association for Educational Communications and Technology.

제12장

교육평가

 ## 제1절 교육평가에 대한 이해

1. 교육평가의 개념

일반적으로 사람들은 짧은 교육프로그램에 참석했든지, 장기간의 교육과정을 이수하였든지 간에 교육을 마친 후에는 그 교육의 유익성이나 장단점 등에 대해 개인적인 평가를 내리기도 하고, 더 나은 교육을 위해 공식적인 평가를 실시하기도 한다. 또한 교육과정의 효과를 알아보기 위해 참석자들이 평가의 대상이 되기도 한다. 이와 같이 교육평가는 교육이 이루어지는 모든 곳에서 실시된다고 할 수 있을 만큼 교육에 있어서 자연스럽고 필수적인 요소라고 할 수 있다.

교육평가에 관한 몇 가지 정의를 살펴보자. 교육과정의 평가에 광범위한 연구를 통해 교육평가 분야 발전에 선구적인 역할을 한 타일러(1942)는 교육평가를 교육과정이나 교육 프로그램을 통해 의도했던 교육목표가 달성된 정도를 밝히는 과정이라고 단순 명료하게 정의함으로써 오늘날까지 그의 정의가 널리 수용되고 있다. 성태제 등(2012)은 교육평가를 교육과 관련된 모든 것의 질, 가치, 장단점 등을 측정하고 판단하는 행위로 정의하였으며, 박도순(2007)은 교육내용, 교육방법, 학업성취도 등을 평가함으로써 '가치를 매기는 활동'이라고 밝혔다.

교육평가에 관한 학자들의 정의를 종합함과 동시에 교육평가의 결과가 일반적으로 교육적 의사결정에 사용된다는 점을 고려할 때, 교육평가란 교육목표 달성에 영향을 미치는 요소들에 대해 자료를 수집하여 교육적 의사결정을 내리는 과정(서울대학교 교육연구소, 2011)이라고 할 수 있다.

2. 교육평가의 목적과 기능

첫째, 교육평가는 학습자들의 학업성취도 확인에 핵심 역할을 한다. 평가를 통해 일정한 교육과정을 거친 학습자들이 과연 교육목표를 달성하였는지, 그들이 잘 이해하고 있는 부분과 그렇지 못한 부분은 어떤 것인지 등에 관한 정보를 얻을 수 있으며, 이러한 정보는 학습자들에 대한 지속적인 관리에 유용하게 사용될 수 있다.

둘째, 학습자의 동기 유발을 촉진하는 역할을 한다. 일반적으로 학습자는 목표가 부여되었을 때 높은 동기를 갖고 학습에 임하게 되므로, 좋은 평가 결과를 얻는 것이 학습자의 목표가 될 때 학습동기는 높아지게 된다. 설사 평가 결과에 대한 구체적인 목표를 설정하지 않는다 하더라도, 평가 자체에 대해 의식하는 것만으로도 학습동기가 올라가는 경향을 보인다.

셋째, 평가 결과는 선발, 자격증 부여, 상 · 벌 부여 등에 관한 기준으로서의 역할을 한다.

넷째, 학습자의 진로탐색에 유용한 정보로 사용될 수 있다. 평가 결과를 통해 학습자의 강점, 흥미, 적성 등을 파악하거나 유추할 수 있는데, 이러한 자료를 기초로 교수자는 학습자의 진로를 지도해 줄 수 있으며, 학습자 스스로도 자신의 진로를 모색할 수 있다.

다섯째, 교육프로그램의 효과성에 대한 평가를 통해 교육프로그램을 개선할 수 있다. 즉, 교육프로그램의 강점과 약점을 파악함으로써 강점은 유지하고, 약점을 보완하기 위해 교육목표, 교육자료, 교육절차 등에 대한 수정이 가능하다.

여섯째, 앞에서 언급한 교육평가의 여러 목적과 기능이 종합적으로 작용하여 국가 수준의 교육과정, 교육행정, 선발제도 수립 등 다양한 교육적 의사결정의 기반 자료로 사용될 수 있다.

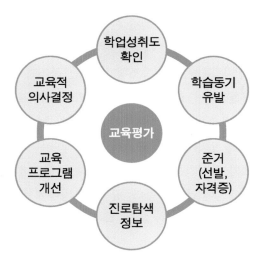

[그림 12-1] 교육평가의 목적과 기능

제2절 교육평가의 유형

일반적으로 교육평가의 유형은 평가 시 참조되는 기준에 따라 준거참조평가와 규준참조평가로, 교수-학습 진행에 따른 유형 진단평가, 형성평가, 총괄평가로 구분할 수 있다.

1. 참조기준에 따른 유형

1) 준거참조평가

준거(criterion)란 사물의 특성을 판단하는 데 사용되는 논리적 근거를 의미한다(서울대학교 교육연구소, 2011). 따라서 준거참조평가(criterion-referenced evaluation)에서는 이미 정해진 논리적 근거, 즉 성취의 정도 혹은 합불에 관한 기준에 대비하여 평가가 이루어진다. 준거참조평가는 성취도를 절대적 기준에 따라 평가한다는 측면에서 절대평가(absolute evaluation)로, 상대적인 비교가 아닌 교육목표 달성 정도에 따라 평가하는 측면에서 목표지향평가로도 불린다.

준거참조평가가 갖는 몇 가지 특징을 살펴보면 다음과 같다. 첫째, 발달적 교육관에 기초하고 있다. 즉, 적절한 학습 시간과 학습 환경이 제공되면 누구나 교육목표를 달성할 수 있다는 신념을 전제로 하고 있기 때문에 평가는 다른 사람과의 비교 없이 교육목표에 기초하여 이루어진다. 둘째, 준거참조평가에서는 준거가 평가의 절대적인 기준이 되므로 타당한 준거설정이 중요시된다. 일반적으로 교수목표를 달성했다고 볼 수 있는 최저기준이 준거(성태제 외, 2012), 즉 평가의 절대기준이 된다. 그런데 사람에 따라 교수목표나 최저기준을 달리 설정할 수 있으므로, 교육설계 시 보편적으로 받아들여질 수 있는 교수목표와 최저기준을 정함에 있어 전문성과 신중함이 요구된다. 셋째, 교수–학습 과정의 개선에 관심을 둔다. 규준참조평가에서는 평가 결과의 개인차를 당연시 하지만, 준거참조평가에서는 교수–학습과정의 개선을 통해 개인 간의 차이를 최소화하는 것을 지향하고 있다.

준거참조평가는 학습자들에게 자발적인 동기를 배양하고 협동학습을 촉진하며, 건전한 학습 분위기를 조성할 수 있다는 측면에서 장점을 갖고 있으나, 절대적으로 신뢰할 수 있는 준거 설정이 어렵다는 점, 학습자들의 개인차를 변별하기 어렵다는 점, 평가결과를 통계적으로 활용하기 어렵다는 점에 있어서 한계가 있는 것으로 보인다.

2) 규준참조평가

규준(norm)은 비교하고자 하는 집단, 즉 규준집단의 검사점수의 분포를 의미하므로(한국교육평가학회, 2004), 규준참조평가(norm-referenced evaluation)란 학습자의 성취정도를 규준집단과의 상대적인 비교를 통해 결정하는 방식의 평가체계를 의미한다. 규준참조평가는 학습자의 성취가 상대적인 비교를 통해 결정된다는 특징 때문에 상대평가로 잘 알려져 있다.

규준참조평가가 갖는 몇 가지 특징은 다음과 같다. 첫째, 선발적 교육관에 기초를 두고 있다. 즉, 교육방법 여하에 관계없이 교육목표를 달성할 수 있는 사람은 소수라는 신념에 기초를 두고 있다. 실제로 많은 조직에서 소수의 우수자를 선발할 때 상대평가 방법이 흔히 사용되고 있다. 둘째, 준거참조평가는 학습자가 무엇을 아는가에 관심을 두는 반면, 규준참조평가는 학습자의 상대적 서열을 정하는 것에 관심을 둔다. 학습자의 성취 정도가 학습자가 얼마만큼 아는가에 의해 결정되지 않고, 학습자가 획득한 점수의 상대적 위치에 따라 서열화되므로, 교수–학습 개선에 대해 도움이 되는 직접적인 정보를 제공하지는 못한다. 셋째, 검사도구의 신뢰도를 중시한다. 상대평가를 통해 수치적으로 정확한 위치를 추정해야 하고, 이러한 수치적 기준에 의해 서열이 결정되므로, 정확한 통계적 수치를 제공할 수 있는 높은 신뢰도의 검사도구를 필요로 한다.

규준참조평가는 경쟁을 통한 학습동기 유발, 서열화를 통한 효율적인 선발 및 우열 변별 등의 장점이 있으나, 지나친 경쟁심 유발로 인한 부작용 유발, 교육이 선발을 위한 수단으로 전락할 수 있다는 우려, 근본적인 교수-학습 개선에 대한 정보를 제공하지 못한다는 점 등의 단점 역시 지니고 있다.

2. 교수-학습 진행에 따른 유형

교수-학습의 진행에 따른 평가의 유형에 대한 이해를 돕기 위해 의사가 환자를 진단하는 과정을 살펴보자. 의사는 병을 가진 환자가 처음 내원했을 때, 환자의 정확한 상태를 파악하고 치료 방법을 결정하기 위해 여러 가지 질문을 환자에게 던지기도 하고 검사를 실시하기도 한다. 이후 치료가 진행되는 중간 과정에서는 환자의 상태가 호전되고 있는지, 치료 방법에 보완할 요소는 없는지 등을 확인하며, 환자가 완쾌되었다고 판단될 때는 마지막으로 환자의 상태에 대한 최종적인 진료를 실시하게 된다. 이와 같이 의사의 처음, 중간, 마지막 진료는 순서대로 진단평가, 형성평가, 총괄평가와 시점과 목적 면에서 매우 유사하다(성태제 외, 2012).

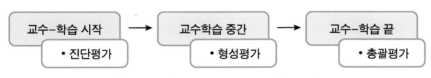

[그림 12-2] 교수-학습 진행에 따른 평가

1) 진단평가

진단평가(diagnostic evaluation)는 교수자가 본격적인 교육활동을 수행하기 전에 학습자의 특성과 상태를 알아보기 위해 실시하는 평가로, 다시 말해 교육 전 평가라고 할 수 있다. 진단평가를 통해 학습자가 얼마나 많은 선행지식을 갖고 있는지, 학습에 장애가 되는 요소는 없는지, 학습자들의 수준차가 많이 나는지 등 학습자들에 관한 정보를 파악할 수 있는데, 이러한 정보는 학습내용이나 교수방법 선정에 중요한 참조사항이 된다. 예를 들어, 학습자들의 수준차가 많이 난다면 수준별로 집단을 구성해서 교육하는 방법을 선택할 수 있을 것이다. 진단검사 도구로는 교육기관에서 제작한 평가도구, 표준화 진단검사, 각종 심리검사 등이 사용될 수 있다.

2) 형성평가

형성평가(formative evaluation)는 교수–학습활동을 개선하기 위해 교육 중에 실시하는 평가로서, 주로 교수자가 고안한 쪽지시험, 퀴즈와 같은 형식으로 자주 시행된다. 형성평가를 통해 교수–학습활동이 교육목표 달성에 적합하게 진행되고 있는지를 확인하게 되는데, 좀 더 구체적으로 교수자는 교수전략이나 방법 개선에 대한 정보를 제공받을 수 있으며, 학습자는 학습곤란을 진단받고 교정할 수 있는 기회를 얻게 된다. 형성평가의 본연의 목적을 달성하기 위해서는 형성평가 결과를 성적에 반영하지 않는 것이 바람직하다.

3) 총괄평가

총괄평가(summative evaluation)는 교수–학습활동의 효과성과 성취도 평가 등을 목적으로 교육활동 종료 후에 실시하는 평가다. 학교기관에서 실시하는 학기말 시험, 학년말 시험이 전형적인 예라 할 수 있다. 총괄평가를 통해서 교수활동이나 교육프로그램이 얼마나 효과적이었는지를 확인할 수 있으며, 총괄평가의 결과는 성적평가, 자격부여, 장래 성취도 예측의 근거가 되기도 한다.

3. 수행평가

수행평가(performance assessment)는 학습자의 수행(performance)을 판단하는 평가체계다. 수행평가에서 학습자는 자신이 가진 지식이나 기능을 행동으로 나타내거나 결과물로 제시하고, 교수자는 학습자의 과제 수행 과정과 결과를 관찰하고 이를 평가하게 된다.

수행평가는 전통적 평가의 한계를 극복하고 이를 대체한다는 측면에서 대안적 평가(alternative assessment)로, 학습자의 진정한 성장과 발전을 도모한다는 측면에서 참평가(authentic assessment) 혹은 충고형 평가로, 학습과정을 직접적으로 평가한다는 측면에서 직접적인 평가(direct assessment)로도 불린다. 수행평가에서 중요한 평가대상은 학습자의 '행동'인데, 여기서의 행동은 단순히 신체적인 움직임만을 의미하지 않고, 학습자가 소유한 지식(knowledge), 기능(skill), 태도(attitude)를 외부로 표출하는 모든 종류의 활동을 의미한다. 즉, 학습자가 학습과제를 해결하기 위해 말하고, 듣고, 쓰고, 만들고, 그리는 등의 모든 과정을 의미한다. 일반적으로 사용되는 수행평가 방법으로는 서술형 및 논술형 검사, 구술시험, 토론법, 연구보고서 작성법, 실험·실습법, 면접법,

관찰법, 자기평가보고서 작성법, 개념지도 작성법, 동료평가 보고서법, 프로젝트법, 포트폴리오(portfolio)법 등이 있다(한국교육평가학회, 2004).

수행평가가 가진 몇 가지 특징은 다음과 같다. 첫째, 수행평가는 인간의 고등정신능력을 존중하고 이를 측정하고자 한다. 전통적인 평가 방식에서 학습자는 기존의 문화나 가치를 수동적으로 수용해야 하는 면이 강했지만, 수행평가는 학습자의 창의성, 자기주도적 문제해결능력, 고차원적인 사고를 중시하다는 면에서 21세기 정보화시대의 필요에 적합한 것으로 받아들여지고 있다. 둘째, 전인적인 면을 측정하고자 하는 데 관심을 가진다. 전통적인 평가가 인간의 인지영역을 측정하는 데 주된 관심을 가졌다면, 수행평가는 인지 영역 외에도 정의적 영역, 심동적 영역에도 관심을 가지며, 개별 학습자의 변화와 성장을 지속적으로 평가하고자 한다. 셋째, 실제 상황과 연관하여 교육목표를 달성하고자 한다. 예를 들어, 말하기 능력을 측정하기 위해 실제 학생들 앞에서 말을 해 보게 하고, 글쓰기 능력을 측정하기 위해 동료에게 편지를 쓰게 하고 이를 평가하고자 한다.

수행평가는 학습자의 지식, 기능, 태도 등 전인격적인 발달을 중시하고, 고등정신능력을 함양하게 하고, 학습자의 높은 동기를 유발할 수 있다는 점에서 교육의 본질적인 목적에 부합된 평가방식이라고 할 수 있다. 하지만 평가도구 개발, 채점 기준 설정, 학습과정 감독에 따른 시간 소요, 평가에 있어서 일관성 유지 등 다양한 요소를 복합적으로 고려해야 한다는 측면에서 현실적으로 난관이 존재한다.

 ## 제3절 교육평가의 실제

1. 교육평가 모형

교육평가 모형(evaluation model)이란 추상적인 교육평가의 과정을 논리적 근거를 토대로 형상화한 개념 구조를 가리킨다(한국교육평가학회, 2004). 이러한 교육평가 모형을 통해 추상적이고 복잡하게 보이는 평가 과정을 쉽게 이해할 수 있으며, 목적에 맞는 평가 모형을 선택하여 실제 학업성취도 평가나 교육프로그램 평가에 활용할 수 있다.

일반적으로 교육평가 모형은 목표지향 모형, 의사결정지원 모형, 가치판단 모형으로 분류되며 각 모형에는 다양한 세부 모형이 존재한다. 여기에서는 대표적인 세 가지 모형에 대해 살펴보고자 한다.

1) 타일러의 목표지향 모형

타일러(R. W. Tyler)

목표지향 모형(objectives-oriented model)은 교육프로그램의 목표를 평가기준으로 삼아, 목표의 달성 여부를 평가하는 데 주안점을 둔다. 목표지향 모형은 교육현장에서 가장 보편적으로 사용되는 방식이며, 타일러의 모형은 대표적인 목표지향 모형이다. 타일러는 교육평가를 교육프로그램의 목표가 실제로 달성되는가를 확인하는 과정으로 정의하였으며, 만약 목표 달성에 실패하였다면, 그 원인은 교육프로그램이 부적합하기 때문이라고 보았다.

타일러의 모형에서 교육목표는 곧 평가기준이 되므로 정확한 평가를 위해서는 교육목표를 구체적인 행동목표로 서술하는 것이 매우 중요하다. 타일러는 행동목표를 서술하는 방법으로 '목표의 이원 분류(two-dimensional classification)'를 제안하였다(김대현, 김석우, 2011). 목표의 이원 분류란 교육목표를 '행동'과 '내용'이라는 두 가지 차원을 결합하여 결정하는 방법을 의미한다. 다시 말해, 교육목표를 서술할 때 '학습자에게 나타나야 할 행동'과 '관련된 학습내용'을 포함시키는 방식이다(서울대학교 교육연구소, 2011).

<표 12-1> 중학교 1학년 과학 교육목표 이원분류표

구분	지식				이해		적용	분석			종합	평가
	용어	사실	방법	원리	해석	추론		요소	관계	원리	조직	준거
1. 질량												
1.1 물질의 양												
1.2 질량												
2. 녹는점												
3. 끓는점												
4. 기체의 성질												
4.1 산소												
4.2 수소												
4.3 이산화탄소												

　타일러의 교육평가 절차는 7단계로 구성된다. 1단계에서는 다양한 교육목표들을 설정한다. 2단계에서는 설정된 교육목표들을 분류한다. 3단계에서는 분류된 교육목표들을 이원 분류를 활용하여 행동 목표화한다. 4단계는 행동목표의 달성을 측정할 수 있는 구체적인 평가 장면을 설정한다. 5단계에서는 측정 방법 및 도구를 개발하거나 선정한다. 6단계에서는 선정된 측정도구를 이용하여 측정을 실시하고 결과 자료를 수집한다. 7단계에서는 측정 결과 자료와 설정된 행동 목표를 비교하여 목표 달성도를 판단한다. 목표가 달성되지 않았다면, 프로그램을 수정 및 개선한다.

[그림 12-3] 타일러 모형의 평가 절차

　타일러의 모형은 구체적인 행동목표를 활용함으로써 구체적인 평가가 가능하다는 점, 교육과정과 교육평가의 일관성을 유지하고 있다는 점, 목표 달성에 대한 교수자의 책무성을 강조하고 있다는 점 등 많은 장점을 갖고 있어 학업성취도 평가, 적성 및 능력검사 등에 널리 활용되고 있다. 그러나 행동목표로 표현하기 어려운 교육내용에 대한 평가가 어렵다는 점, 결과에만 초점을 맞추고 있어 교육과정을 개선하는 면에서는 한계가 있다는 점, 기술적인 면을 강조한 나머지 교육의 사회적 역할과 윤리적 측면을 등한시하게 된다는 점 등은 이 모형이 갖는 한계로 평가되고 있다(김대현, 김석우, 2011;

서울대학교 교육연구소, 2011).

2) CIPP 의사결정지원 모형

스터플빔(D. L. Stufflebeam)

CIPP 모형은 1971년에 스터플빔(D. L. Stufflebeam)이 제안한 의사결정지원 모형으로, 'context, input, process, product evaluation'의 첫 문자를 딴 것이다. 스터플빔은 1960년대 대학원생 시절에 시카고 내의 40여 곳의 학교에서 임시교사로 일하면서, 당시 학교들의 열악한 교육환경을 확인하였다. 그는 당시 교육행정가와 의사결정자들이 학생들의 성적에만 너무 많은 관심을 쏟은 나머지 교육환경의 실태에 대해 잘 알지 못하고 있으며 따라서 올바른 교육적 의사결정을 내리지 못한다고 생각하였다. 또한 스터플빔은 대학원에서 교육평가 절차에 대한 수업을 들으면서, '왜 평가는 교육프로그램을 종료한 후에만 이루어지는가?'에 대한 의문을 품었으며, 프로그램 종료 후의 평가는 프로그램을 개선하기에는 너무 늦다고 판단하였다. 이후 미시간 대학교의 교수가 된 스터플빔은 교육적 의사결정에 실제로 도움이 되는 모형을 개발하게 된다(Stufflebeam, 1980).

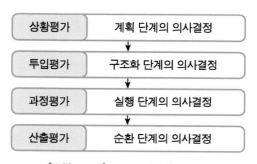

[그림 12-4] CIPP 의사결정 모형

스터플빔은 교육평가의 기능이 단순히 교육목표의 달성 여부를 확인하는 것이 아니라 교육프로그램을 개선하기 위한 의사결정에 필요한 정보를 제공하고, 그 결정이 갖는 장점과 단점을 파악할 수 있도록 하는 것이라고 주장하였다. 스터플빔이 체제이론에 입각하여 개발한 CIPP 모형은 계획 단계의 의사결정을 위한 '상황평가(context evaluatin)',

구조화 단계의 의사결정을 위한 '투입평가(input evaluation)', 실행 단계의 의사결정을 위한 '과정평가(process evaluation)', 순환 단계의 의사결정을 위한 '산출평가(product evaluation)'로 구성된다(김대현, 김석우, 2011). 네 가지 단계의 주요 내용은 다음과 같다 (Zhang et al., 2011).

(1) 상황평가

요구분석(needs assessment)으로 불리기도 하는 상황평가(context evaluation)에서의 핵심 질문은 "어떠한 요구가 충족되어야 하는가?"이다. 상황평가의 목적은 교육환경을 둘러싼 다양한 상황(context)을 확인하고, 적용 대상(target population)의 요구는 무엇이며, 이러한 요구를 해결할 수 있는 방안은 무엇인지를 찾아보고, 설정한 교육목표가 적용 대상의 요구를 충족하는 데 적합한 것인가를 확인하는 것이다. 여러 교육프로그램이 실패하는 잦은 원인은 목표, 적용 대상, 가용 자원 등에 대해 프로그램 시행 전에 명확히 확인하지 않는 것에서 비롯되는데, 상황평가를 통해 이러한 실패를 사전에 예방할 수 있다. 상황평가의 방법으로는 체계평가(system evaluation), 조사(surveys), 문헌연구, 면접, 진단검사, 델파이 기법 등이 있다.

(2) 투입평가

투입평가(input evaluation)에서의 핵심 질문은 "식별된 요구는 어떻게 충족되어야 하는가?"이다. 상황평가를 통해 요구를 식별하였다면, 다음으로 필요한 것은 식별된 요구를 해결하는 데 적합한 교육계획을 수립하는 것인데, 투입평가는 교육계획 수립에 필요한 정보를 제공하는 역할을 한다. 따라서 투입평가 과정에서는 교육목표를 달성하기에 적합한 절차와 교육전략이 무엇인지를 밝혀야 하며, 이를 위해 현행 시스템의 적절성을 검토하고, 대체 전략을 구상하게 된다. 투입평가에서 실제로 가용한 인적·물적 자원과 예산을 확인 및 분석하게 되며, 설계된 계획의 실현 가능성, 비용 대비 효과 측면에서의 우수성에 대한 분석 등이 이루어진다.

(3) 과정평가

과정평가(process evaluation)는 교육계획 실행을 확인하는 단계로서, 핵심 질문은 "수립된 계획이 제대로 시행되고 있는가?"이다. 계획의 실행 정도를 확인하기 위해서 진행사항을 문서화하여 보존하고, 계획된 활동 목록의 수행도를 파악하고, 최초 계획에서 수정되어야 할 사항이 있는지를 확인한다. 과정평가에서 주로 사용되는 방법에는 현장 관찰, 참가자와의 인터뷰, 설문조사, 기록 분석, 사진 촬영 및 분석, 사례 연구, 스태프를 대상으로한 자기 성찰, 예산 사용 확인 등이 있다.

(4) 산출평가

산출평가(product evaluatin)는 교육계획의 산출물을 확인하고 평가하는 과정이며, 핵심 질문은 "계획이 성공하였는가?"이다. 산출평가에서는 산출물의 장점, 가치, 의미에 대한 평가를 통해 최초에 식별된 요구가 성공적으로 충족되었는지를 확인한다. 상당수의 산출물에 대한 정확한 평가를 위해서는 여러 가지 방법으로 교차확인(cross-check)을 할 필요가 있는데, 이때 사용할 수 있는 방법으로는 기록물 분석, 관련자들과의 인터뷰, 사례 연구, 포커스 그룹 인터뷰, 성취도평가, 설문조사, 종단 자료 분석, 비용 대 효과 등의 방법이 있다. 산출평가를 통해 교육계획에 관한 의미 있는 피드백을 제공하기 위해서는 교육계획과 관련된 다양한 이해 관계자들을 대상으로 한 패널, 워크숍 등을 통해 충분한 의사소통을 하는 것이 매우 중요하다.

CIPP 평가 모형은 교육체제의 전 과정에 대한 평가를 통해 의사결정자에게 교육계획 개선에 도움이 되는 정보를 제공한다는 측면에서 결과 위주의 타 평가 모형과 차별성을 갖고 있다. 반면, 교육적 의사결정이 전적으로 의사결정권자에게 위임되므로, 평가자의 신념이나 가치관이 의사결정에 반영되기 어려우며, 평가자의 역할이 기능적인 면에 국한된다는 점에서 비판을 받는다(한국교육평가학회, 2004).

3) 가치판단 모형

가치판단 모형(judgemental model)은 기존의 목표지향 평가 모형과 다소 대조되는 경향을 보인다. 목표지향 평가 모형에서는 평가의 기준이 교육목표 달성 여부였다면, 가치판단 모형에서는 평가의 기준이 교육프로그램의 가치라고 할 수 있다. 즉, 가치판단 모형은 교육목표 달성뿐만 아니라 전문가를 통해 교육프로그램 전체의 적절성, 유용성 등을 포괄적으로 확인하고자 한다.

가치판단 모형은 철학자인 스크리븐(M. Scriven)과 심리측정 이론가인 스테이크(R. E. Stake)가 제안하였으며, 이 모형의 몇 가지 특징은 다음과 같다(김대현, 김석우, 2011; 서울대학교 교육연구소, 2011; 한국교육평가학회, 2004).

첫째, 평가에 있어서 외재적 준거를 중시한다. 일반적으로 교육프로그램의 가치판단의 준거는 내재적 준거(intrinsic criterion)와 외재적 준거(extrinsic criterion)로 구분되는데, 내재적 준거란 프로그램의 목표나 내용 자체의 속성에 관한 것으로, 내재적 준거를 중심으로 한 평가에서는 평가도구의 신뢰성, 객관성, 문항의 특성, 통계 처리 등이 중시된다. 반면, 외재적 준거란 프로그램 시행을 통해 나타난 결과들의 속성에 관한 것으로, 외재적 준거를 중심으로 한 평가에서는 평가 자체의 효과, 평가로 인해 발생된 변화, 평가의 부수적 효과(side effect), 부작용에 대한 대안 등을 중시한다. 스크리븐과 스테이크는 기존의 평가들이 내재적 준거만을 중시하였다는 점을 비판하면서, 평가에 있어서 외재적 준거를 강조하였다.

둘째, 형성평가(formative evaluation)와 총괄평가(summative evaluation)를 중시하고, 각각의 기능을 구분한다. 가치판단 모형이 외재적 준거로서 교육프로그램의 결과를 사용한다고 해서, 교육 종료 후에 실시하는 총괄평가만을 중시하지는 않는다. 스크리븐과 스테이크는 개발 혹은 진행 중의 교육프로그램을 개선하기 위해서는 형성평가가 필요하다는 점을 강조하였으며, 각각의 평가가 고유의 기능을 수행한다고 주장하였다.

셋째, 목표 자체의 가치와 질에 대한 평가를 중시한다. 교육평가에서 중요한 것은 목표 달성의 수준만이 아니라 목표 자체의 가치와 질이다. 따라서 평가자는 이해관계를 떠나서 교육프로그램의 실제 가치와 질을 전문적으로 평가하고, 평가 결과를 분명히 제시할 필요가 있다.

넷째, 목표에 대한 정보 없이 평가를 수행할 것을 제안한다. 교육프로그램의 목표에 대한 정보가 프로그램 계획과 진행에는 필요하지만, 평가의 폭을 제한할 수 있다. 즉, 교육목표에 대한 정보를 갖고 평가자가 평가에 임할 때, 평가의 기준을 자연히 교육목표로 정하게 될 가능성이 있어 다각적이고 포괄적인 평가 시행이 제한될 수 있다. 따라서 목표에 대한 정보 없이 평가자의 면밀한 조사를 통한 자료를 기초로 교육프로그램을 평가할 필요가 있다.

스크리븐(M. Scriven)

대표적인 가치판단 모형으로는 1972년에 스크리븐이 제안한 탈목표 모형(goal-free evaluation)을 들 수 있다. 탈목표평가는 교육프로그램 계획 당시에는 의도하지 않았으나, 프로그램 시행 결과 나타난 여러 부수 효과를 포함하는 평가 방식으로, 교육목표만을 기준으로 평가하는 목표중심평가가 가지는 한계를 보완해 준다. 예를 들어, 어떤 프로그램은 본래의 목표는 달성했으나, 부수적인 부정적 결과 때문에 폐기될 수 있으며, 반대로 교육목표는 달성하지 못했지만 많은 부수적인 긍정적 효과 덕분에 채택될 수도 있는 것이다. 탈목표 모형에서는 평가준거로서 교육목표가 아닌 표적집단(target population)의 요구, 즉 다양한 이해 관계자들의 요구(needs)를 평가준거로 사용한다는 특징 때문에 요구근거평가(need-based evaluation)로도 불린다(한국교육심리학회, 2000).

탈목표 모형의 평가 절차는 다음과 같이 5단계로 이루어진다. 1단계에서는 평가자들은 목표에 대한 정보 없이 프로그램 시행 과정과 성과를 다각적으로 관찰하고 수집한다. 2단계에서는 수집된 성과 중에서 프로그램 계획 당시 의도했던 성과를 분류하고 그 가치를 판단한다. 3단계에서는 수집한 성과 중에서 최초에 계획하지 않았던 부수 효과를 분류하고 그 가치를 판단한다. 4단계에서는 표적집단의 요구, 즉 프로그램과 관련된 다양한 이해 관계자들의 요구를 분석한다. 5단계에서는 일차적 효과와 이차적 효과를 통해 표적집단의 요구가 충족되었는지를 분석하고, 종합적인 판단을 내린다.

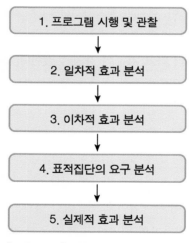

[그림 12-5] 탈목표 모형의 평가 절차

2. 검사이론

검사이론(test theory)이란 검사의 제작, 실행, 해석 등 검사를 제작하고 그 양호도를 분석, 평가하는 이론체계로서 주로 교육학과 심리학에서 많이 활용된다. 대표적인 검사이론으로는 고전검사이론과 문항반응이론을 들 수 있는데, 두 이론의 주된 내용은 다음과 같다(서울대학교 교육연구소, 2011; 성태제 외, 2012; 한국교육평가학회, 2004).

1) 고전검사이론

스피어먼(C. Spearman)

고전검사이론(Classical Test Theory: CTT)은 영국의 심리학자이자 통계학자인 찰스 스피어먼(C. Spearman)이 제안한 교육 및 심리측정의 개념적 모형이다. 고전검사이론에서는 사람의 능력을 안정적이며 불변하는 것으로 보며, 한 개인이 특정 검사에서 얻은 관찰점수 X를 진점수 T와 오차점수 E와의 합, 즉 X＝T＋E로 나타낸다. 여기에서 검사점수를 구성하는 진점수(T)는 언제 어디서 검사가 실시되어도 일관성 있게 존재한다고 가정하는 개인의 점수이며, 오차점수(E)는 검사 과정 중 발생한 것으로서 검사점수에 영향을 미친다고 가정하는 점수다. 이 오차점수 분산의 크기로 검사의 신뢰도를 추정할 수 있다.

$$X(관찰점수) = T(진점수) + E(오차)$$

[그림 12-6] 고전검사이론의 기본 구조

고전검사이론은 산출 방법이 비교적 간단하여 널리 사용되어 왔다. 그러나 고전검사이론이 전제하고 있는 몇 가지 특성, 즉 진점수와 오차점수 간의 상관과 서로 다른 검사에서 야기되는 오차점수들 간의 상관은 '0'이라는 가정, 오차점수는 무선변인(random variable)으로서 진점수와 상관이 없다는 가정, 진점수와 오차점수는 관찰될 수 없는 가상적 이론변인으로서 이를 직접적으로 규정할 수 없다는 점에 대해서는 여러 비판이 제기되어 왔다. 또한, 문항곤란도나 문항변별도와 같은 문항통계치가 피험자 집단에 따라 다르게 분석되고, 피험자의 능력도 검사의 난이도에 따라 다르게 나타나게 되어 피험자의 능력 추정이 불안정하다. 이러한 한계를 극복하고자 새로운 검사이론을 개발하는 시도가 일어났으며, 그 대표적인 이론이 문항반응이론이다.

2) 문항반응이론

1943년에 롤레이(Lawley)가 제안한 문항반응이론(item response theory)은 검사를 구성하는 각 문항의 고유한 문항특성곡선으로 피험자의 잠재적 능력과 문항의 특성을 추정하는 검사이론이다. 문항반응이론은 사람에게 내재된 잠재적 특성(latent traits)을 측정하고자 한다는 면에서 잠재특성이론(latent trait theory)으로도 불린다. 문항반응이론의 핵심요소인 문항특성곡선(item characteristic curve)은 피험자의 잠재적 능력인 'θ'와 문항의 답을 맞힐 확률 'P(θ)' 간의 함수 관계를 나타낸다. 이러한 함수 관계는 피험자의 잠재적 능력으로 문항점수를 예측할 수 있다는 가정과 피험자의 한 문항에 대한 응답과 다른 문항에 대한 응답은 상호 독립적이라는 지역독립성 가정을 기본으로 하고 있다.

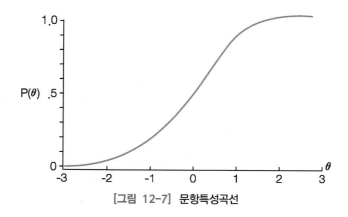

[그림 12-7] 문항특성곡선

문항반응이론은 '문항 특성 불변성'과 '피험자 능력 불변성'이라는 특징 때문에 교육 및 심리 측정에서 널리 이용되고 있다. 문항 특성 불변성이란 "문항이 지니고 있는 고유한 특성 때문에 피검자 집단의 특성에 의해서 문항모수 추정치가 변화되지 않는다는 개념"이며, 피험자 능력 불변성이란 "피험자의 능력은 검사의 특성에 의해서 다르게 추정되지 않고 고유한 능력 수준을 갖는다는 개념"으로서, 이 두 개념은 검사 결과가 표본에 따라 달라지는 고전검사이론과는 대조적이라고 할 수 있다. 즉, 문항반응이론에서는 고전검사와 달리 피험자 집단의 능력이 달라져도 결과적으로는 하나의 고유한 문항특성곡선이 추정되므로, 피험자 집단이 달라져도 문항난이도나 문항변별도가 일정하게 추정되며, 검사의 난이도와 관계없이 피험자의 능력이 일정하게 추정된다. 이러한 장점 때문에 문항반응이론은 문제은행을 이용한 컴퓨터화 검사나 국가 수준의 검사 등에 활용되고 있으며, 사용 영역이 점차 확대되는 추세다.

3. 평가문항의 제작

교육활동의 결과에 대한 평가는 여러 평가문항들로 구성되어 있으므로, 제대로 된 평가를 위해서는 좋은 문항을 만드는 것이 필수적이다. 이를 위해서는 문항 제작과 관련된 이론과 방법을 잘 이해하여 평가목표에 적합한 문항을 만들 수 있어야 한다.

1) 평가문항 제작자의 자질

양질의 평가문항을 효율적이고 능률적으로 만들기 위해서는 문항 제작자가 기본적으로 다음과 같은 자질을 갖출 필요가 있다(김대현, 김석우, 2011; 성태제 외, 2012).

첫째, 문항 제작자는 교육목표, 교육내용 등 교육과정에 관한 제반사항을 잘 알고 있어야 한다. 특히 학습자가 '현재 알고 있는 것'과 '더 알아야 할 것'이 무엇인가를 파악하고 있어야 한다.

둘째, 학습자의 특성을 잘 알고 있어야 한다. 여기서의 특성은 성별, 나이, 관심, 흥미와 같은 일반적 특성뿐만 아니라, 인지 발달의 정도, 학업 수준, 이해 가능한 어휘 수준 등 심리적 · 교육학적 특성을 포함한다. 이러한 특성에 대한 이해를 기초로, 학습자에게 적합한 난이도의 문항을 제작할 수 있다.

셋째, 자신의 의도를 분명히 전달할 수 있는 문장력과 표현력을 갖추어야 한다. 예컨대, 피험자가 문항을 읽고서 출제자의 의도를 정확히 파악한다면 이는 잘 표현된 문항이라 할 수 있을 것이다.

넷째, 검사이론에 대해 잘 알고 있는 것이 요구된다. 특히 문항 난이도, 문항 변별도, 측정도구의 타당도와 신뢰도에 관한 이해와 이를 조절하는 방법을 잘 알아야 한다.

다섯째, 풍부한 문항 제작 경험이 필요하다. 문항 제작 초보자는 경험이 많은 제작자의 검토를 받거나 함께 문항을 제작하는 것이 바람직하다.

2) 평가문항 제작 시 고려사항

평가문항 제작을 위해 다음과 같은 몇 가지 사항에 유의하면 효과적인 제작에 매우 유익하다(김대현, 김석우, 2011; 황정규, 이돈희, 김신일, 2011).

첫째, 문항 내용의 적절성 검토, 즉 '문항을 통해 잴 것을 제대로 잴 수 있는지'를 확인하는 것이 필요하다. 문항의 적절성이 높아지기 위해서는 문항이 교수목표를 구체적으로 반영하고 있거나, 교수목표에 부합한 내용을 담고 있어야 한다.

둘째, 학습자가 고등정신기능(higher mental processes)을 사용하도록 문항을 구성하는 것이 바람직하다. 즉, 단순 암기사항이나 단편적인 지식을 요구하기보다는 추리력, 분석력, 비판력, 창의력을 요구하는 내용으로 문항을 구성하는 것이 궁극적으로 학습자에게 유익하다.

셋째, 문항은 적절한 난이도로 구성되어야 한다. 지나치게 쉽거나 어려운 문제로는 학습자가 교수목표를 제대로 달성했는가를 확인할 수 없으며, 학습자들의 수준차를 변별하기 어렵다. 따라서 문항은 학습자들의 수준을 고려하여 적절한 난이도로 구성되는 것이 바람직하다.

3) 평가문항의 유형

문항의 유형은 크게 선택형(selection type) 문항과 서답형(supply type) 문항으로 구분될 수 있다. 선택형 문항은 객관식 문항으로, 서답형 문항은 주관식 문항으로도 불린다. 다음에서는 선택형 문항과 서답형 문항의 종류와 특징을 살펴보고자 한다(김대현, 김석우, 2011; 서울대학교 교육연구소, 2011).

(1) 선택형 문항

선택형 문항은 제시된 답지(responses) 중에서 하나 이상을 선택하는 형태로서, 진위형, 선다형, 연결형으로 나눌 수 있다.

진위형(true-false type)은 진술된 문장에 대해 옳고 그름을 가려내게 하는 형식의 문항으로서 양자택일형 또는 ○×형이라고 한다. 진위형은 문항 제작과 채점이 용이하지만, 우연으로 정답을 고를 확률이 높고, 고등정신기능보다는 단순기억을 요구하므로, 평가 대상자의 나이가 어린 경우에 사용하는 것이 바람직하다.

연결형(matching type)은 선, 기호, 숫자 등을 이용하여 일련의 전제와 일련의 답지를 관련되는 짝끼리 맞추게 하는 방법으로, 배합형이라고도 한다. 일반적으로 전제의 수보다 답지의 수를 2~3개 많게 하여 우연히 맞추는 것을 방지하는 것이 바람직하다. 연결형의 변형된 형태로 분류형이 있는데, 이는 여러 사항을 배열해 놓고, 특정 기준에 따라 분류하도록 하는 방식이다. 연결형 문항은 문항 제작이 비교적 간편하고, 다양한 내용을 다룰 수 있으며, 학습내용에 대한 비교 및 분석 능력과 같은 고등정신기능을 측정할 수 있다는 장점이 있으나, 좋은 문항을 만드는 데는 적지 않은 시간과 노력이 소요된다는 단점이 있다.

선다형(multiple-choice type)은 질문 혹은 미완결문에 대해, 2개 이상의 답지 중에서 알맞은 답지를 선택하는 형태로, 4지 선다형 형태가 흔히 사용되고 있다. 선다형 문항을 제작할 때는 정답은 명확하게 오답은 매력적으로 만들어야 하며, 정답을 고르거나 오답을 제거할 수 있는 단서를 제공하지 않는 것이 중요하다. 선택형 문항은 다양한 학습내용을 포괄할 수 있다는 점과 기계를 이용한 채점이 가능하여 채점의 신뢰도가 높다는 점에서 강점이 있으나, 논리력, 분석력, 창의력 등 고등정신기능을 측정하기에는 한계가 있다.

전체적으로 볼 때, 선택형 문항은 채점의 객관성과 신뢰성을 유지할 수 있다는 점, 다양한 학습내용을 제출할 수 있다는 점, 비교적 측정 시간이 적게 걸린다는 점, 채점이 용이하다는 점, 측정 결과를 통계적으로 활용할 수 있다는 장점을 지니는 반면, 단편적인 지식 암기만을 측정하게 될 위험성이 있으며, 고등정신기능을 측정하기 어렵다는 점, 좋은 문항을 제작하는 데 많은 시간·노력·경험이 필요하다는 단점을 지니고 있다.

(2) 서답형 문항

서답형 문항은 피험자가 주어진 물음에 따라 스스로 정답을 작성하는 형태로 구성되며, 흔히 주관식 문항으로 불린다. 서답형의 종류에는 단답형, 완성형, 논술형이 있다.

단답형(short answer type)은 물음에 대해 간단한 단어, 문장, 수, 기호 등으로 답하는 방식으로 구성된다. 질문의 의도를 명확히 하여 간단한 답이 나오도록 제작하는 것이 중요하다. 단답형 문항은 문항 제작이 용이하고 추측으로 정답을 맞힐 확률이 낮다. 그러나 짧은 답을 요구하므로, 단편적인 지식만을 평가할 가능성이 높다.

완성형(completion type)은 문항의 중간에 여백을 남겨 놓아 적합한 단어나 부호로 채우게 하는 방식으로 구성된다. 완성형 문항을 제작할 때는 질문 가운데 답을 유추하게 하는 단서가 제공되지 않도록 유의해야 하며, 중요한 내용을 여백으로 두는 것이 중요하다. 완성형은 문항 제작이 수월하며, 정답을 추측케 하는 단서가 적게 제공된다. 반면, 단순 사실을 측정할 가능성이 높다.

논술형(essay type)은 제시된 질문이나 주제에 대해 피험자가 자유롭게 대답을 작성하도록 하는 방식이다. 논술형 문항을 작성할 때는 질문을 구조화하여 출제자의 의도가 분명히 드러나도록 해야 하며, 구체적인 채점 기준을 미리 마련하는 것이 필요하다. 논술형 문항은 비판력, 분석력, 창의력과 같은 고등정신기능을 측정하는 데 효과적이며, 문항 제작이 용이하다. 반면, 시간 제한에 따라 다양한 문항을 제시하기 어렵다는 점, 채점의 객관성 확보가 어려운 점, 채점에 많은 시간이 든다는 점은 단점이라 할 수 있다.

4) 평가문항의 제작 단계

평가문항의 제작 단계는 관점에 따라 여러 종류가 있을 수 있으나, 여기서는 한국교육평가학회에서 제안하는 4단계 절차인 '문항(초안) 작성-검토 및 수정-소규모 시행-편집 및 인쇄'를 중심으로 설명하고자 한다. 각 단계별 내용은 다음과 같다(오성삼, 권순달, 2010; 한국교육평가학회, 2004; 황정규 외, 2011).

[그림 12-8] 평가문항의 제작 단계

(1) 초안 작성

일반적으로 평가문항의 초안은 최종 문항 수의 2~3배 분량으로 작성되며, '평가 목적 설정-측정 내용 규정-문항 제작 계획 및 작성' 순으로 이루어진다.

[그림 12-9] 초안 작성 단계

- 평가 목적 설정: 평가 목적에 따라 문항의 형식, 내용, 채점 방식 등이 달라지므로, 먼저 무엇을 측정하기 위한 평가인지, 평가 결과를 어떻게 활용할 것인가를 분명히 정하는 것이 필요하다. 특히 일정 기간 동안 교육프로그램을 진행하는 교육기관에서 실시하는 평가는 일반적으로 진단평가, 형성평가, 총괄평가 중 하나

인데, 각각의 평가 목적이 상이하므로, 실시하고자 하는 평가가 세 유형 중 어디에 해당하는가를 우선 결정해야 한다.

- **측정 내용 규정**: 측정할 내용, 즉 학습자가 갖추어야 할 구체적인 지식(knowledge), 기능(skill), 태도(attitude)가 무엇인지를 기술하여야 한다. 이때, 측정하고자 하는 내용의 형식, 유형, 난이도 등에 따라 구체적으로 규정하면, 평가문항을 고르게 하며 중요한 내용을 빠뜨리지 않게 하는 데 도움이 된다. 여기서 블룸(Bloom) 등이 제안한 교육목표분류체계*가 유용하게 사용될 수 있다.

- **문항 제작 계획 및 작성**: 규정된 측정 내용과 더불어 문항 수 및 유형, 채점 방법 등을 구체적으로 계획하고 실제 문항을 제작한다. 문항 제작을 위해 문항 카드를 평소에 작성하면 매우 유용하다. 문항 카드는 이미 제작하였거나 앞으로 제작할 문항에 관한 다양한 정보를 체계적으로 정리하는 도구다. 문항 카드의 형식은 사용자에 따라 달라질 수 있지만, 일반적으로 문항이 속한 영역, 문항을 통해 측정하고자 하는 기능이나 기술, 문항 내용, 정답, 난이도, 제작 일시, 검사명 등이 포함될 수 있다. 이 외에도 검사 목적, 필요한 자료 및 도구, 문항 형태, 채점 방법 등이 제시되기도 한다.

측정 영역(중)	측정 영역(소)	측정 기능(수준)	문항 내용	정답	난이도	제작 일시	검사명	비고

[그림 12-10] **문항 카드의 예**
출처: 황정규 외(2011, p. 281).

---

* "1956년에 블룸 등이 교육과정 및 교육평가 연구를 통하여 교육목표를 인지적 영역, 정의적 영역, 심동적 영역으로 분류하였으며, 인지적 영역은 지식의 획득 과정의 난이도와 복잡성 수준에 따라 지식, 이해, 적용, 분석, 종합, 평가의 여섯 단계로 분류하였고 각 단계 내에서 다시 세부항목으로 지식의 유형을 분류하였다"(한국교육심리학회, 2000).

(2) 검토 및 수정

초안으로 적상된 문항에 대한 검토와 수정은 내용 전문가, 평가 전문가, 경험 있는 현장 교사가 참여하여 실시되는 것이 바람직하다. 문항 검토 시 중점적으로 확인해야 할 사항은 다음과 같다(오성삼, 권순달, 2010). 첫째, 문항이 학습목표를 제대로 측정하고 있는지, 학습목표에 비추어 문항의 내용을 살펴보아야 한다. 둘째, 출제자의 의도가 잘 드러나도록 질문은 피험자의 수준에 적합한 언어로 명확히 표현되어야 한다. 셋째, 문항들에 정답에 대한 극단적인 단서는 없는지를 살펴야 한다. 만약 이러한 단서들이 있다면, 우연히 정답을 맞출 확률이 높아져 실제 피험자의 학습 정도를 정확히 측정하기 어렵게 된다. 넷째, 내용이 중복되는 문항은 없는지 살펴야 한다. 만약 서로 중복되는 문제들이 있다면, 한 문제는 다른 문제 해결에 대한 단서를 제공하게 된다. 흔히 선택형 문항이 서답형 문항을 해결하는 데 도움이 되는 경우가 발생하므로 유의하여야 한다.

(3) 소규모 시행

소규모 시행은 작성된 문항의 초안을 100명 이하의 소규모 집단을 대상으로 실제 시행하는 것으로서, 시행 결과와 대상자들의 의견을 통해 답지반응분포, 소요 시간, 문항 배열, 학습목표 측정 가능성 등을 검증하여 불필요한 문항을 제거하거나 부적절한 문항을 수정할 수 있다. 물론 문항의 내용과 수준에 관한 철저한 보안이 요구되는 경우에는 시행 여부를 신중히 고려해야 한다.

(4) 편집 및 인쇄

평가문항이 확정되면 편집하고 인쇄한다.

4. 평가도구의 조건

평가를 위해 아무리 좋은 계획을 수립했다 할지라도, 정작 평가에 사용되는 평가도구가 제대로 되어 있지 않다면, 신뢰할 만한 평가 결과를 얻을 수 없을 것이다. 일반적으로 평가도구가 갖추어야 할 대표적인 조건으로는 타당도와 신뢰도가 꼽히는데, 각각의 내용은 다음과 같다(김대현, 김석우, 2011; 서울대학교 교육연구소, 2011; 한국교육평가학회, 2004; 황정규 외, 2011).

1) 타당도

평가도구가 측정하고자 하는 내용을 얼마나 충실하게 재고 있는가를 나타내는 정도로, 검사도구가 검사 목적에 적합한 정도를 나타내는 지표라고 할 수 있다. 따라서 검사목적은 검사도구의 타당도 정도를 판단할 수 있는 준거(criteria)로서의 역할을 하게된다. 예를 들어, IQ검사도구는 IQ를 측정하는 데는 타당하지만, 적성을 측정하는 데는 타당하지 못할 것이다. 즉, IQ검사도구는 IQ라는 준거에 대해서는 타당도가 높지만, 적성이라는 준거에 대해서는 타당하다고 볼 수 없는 것이다. 타당도의 종류와 분류기준은 여러 가지가 있지만, 여기에서는 교육 및 심리검사 지침서[Standards for Educational and Psychological Testing(1985)]에서 제안하고 있는 내용 타당도, 구인 타당도, 준거 관련 타당도로 구분하여 설명하고자 한다(서울대학교 교육연구소, 2011).

(1) 내용 타당도

내용타당도(content validity)는 평가도구가 측정하고자 하는 내용을 얼마나 충실히재고 있는가를 나타내는 것으로, 측정이나 교과 내용 등에 전문적인 지식을 가진 전문가가 검사 내용의 타당성을 주관적으로 판단하는 방법이다. 높은 내용 타당도를 갖기위해서는 평가문항이 교육목표에 적절해야 하며, 문항들이 중요한 교과 내용을 포괄하여야 하며, 평가 대상에게 적합한 난이도를 가져야 한다.

(2) 구인 타당도

구인 타당도(construct validity)는 측정하고자 하는 심리적 특성에 대한 조작적 정의에 따라 검사도구가 심리적 특성의 구인을 얼마나 제대로 측정하고 있는가를 확인하는방식으로 타당도를 판단하는 방법이다. 여기서 구인(construct)은 어떤 특성을 구성하는 요인이라는 점 때문에 구인 타당도는 구성 타당도 혹은 구성 개념 타당도로도 불린다. 예를 들어, 창의력에 대한 조작적 정의를 바탕으로, 창의력의 구인을 도전성, 유연성, 자발성이라고 할 때, 창의력을 측정하는 검사가 이들 구인을 제대로 측정하고 있다면, 이 검사의 구인 타당도는 높다고 할 수 있다. 구인 타당도를 확인하기 위해 집단 간차이 비교, 상관계수법, 타 검사와의 상관, 실험 설계법, 요인 분석 등 다양한 통계적방법이 사용되고 있다.

구인 타당도 검증을 위해 요인 분석을 사용하는 예를 들어 보면, 국어, 영어, 수학, 과학이라는 4개의 변수에 대해 요인 분석을 실시한 결과, 예측했던 대로 어휘력과 수리력이라는 2개의 요인이 도출되었다면, 이 경우 구인 타당도가 좋다고 볼 수 있는 것이다. 만약 예측과 달리 국어와 수학이 하나의 요인으로 묶인다면, 구인 타당도에 문제가 있다고 볼 수 있다.

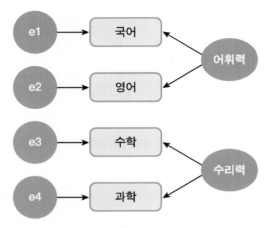

[그림 12-11] 요인 분석의 예

출처: 황정규 외(2011, p. 217).

(3) 준거 관련 타당도

준거 관련 타당도는 검사도구의 측정 결과와 준거 변인의 측정 결과와의 상관 정도로, 검사의 타당도를 판단하는 유형이다. 이때, 현재 시점의 준거 변인과의 연관성은 공인 타당도로, 미래 시점의 준거 변인과의 연관성은 예언 타당도로 표현된다.

공인 타당도(concurrent validity)는 검사도구가 이미 타당성이 입증된 기존의 다른 검사와 얼마나 공통성을 가지는가를 확인하는 방식으로 판단된다. 예를 들어, 대학수학능력시험의 공인 타당도를 검증하기 위해 내신성적, 면접점수, 논술점수와의 상관관계

변수	대학수학능력시험	내신성적	면접점수	논술점수
대학수학능력시험	1.00			
내신성적	.41	1.00		
면접점수	.32	.15	1.00	
논술점수	.23	.12	.17	1.00

[그림 12-12] 공인 타당도의 예

출처: 황정규 외(2011, p. 215).

를 살펴볼 수 있으며, 작문능력검사의 공인 타당도를 검증하기 위해 최근 독후감 과제
의 점수와의 상관관계를 살펴볼 수 있다.

　예언 타당도(predictive validity)는 검사도구의 측정 결과가 미래의 행동을 얼마나 잘
예측하고 있는가를 나타낸다. 예를 들어, 대학수학능력시험의 예언 타당도를 검증하
기 위해 고등학교 때 치른 대학수학능력시험 성적과 대학생 때의 학교 성적과의 상관
관계를 알아볼 수 있으며, 교사임용시험의 예언 타당도를 살펴보기 위해 임용 이후 직
무수행 능력과의 상관관계를 살펴볼 수 있다. 준거 관련 타당도는 검사점수와 준거변
인점수와의 상관관계를 살펴봄으로써 추정할 수 있다.

2) 신뢰도

　신뢰도는 동일한 검사를 반복적으로 실시했을 때 개인의 점수가 일관성 있게 나타
나는 정도를 의미한다. 즉, 검사도구가 측정하고자 하는 바를 오차 없이 정확하게 측정
한 정도를 의미한다. 예를 들어, IQ 검사를 할 때마다 IQ가 다르게 나타난다면, 이 IQ
검사의 신뢰도는 낮다고 볼 수 있다. 신뢰도 검사의 대표적인 방법으로는 재검사 신뢰
도, 동형검사 신뢰도, 반분검사 신뢰도, 문항 내적 합치도, Cronbach 계수 등이 있다.

(1) 재검사 신뢰도

　재검사 신뢰도(test-retest reliability)는 한 검사를 동일한 집단에게 시간 간격을 두고 두
번 실시해 얻은 점수 간의 상관계수로 추정된다. 재검사 신뢰도는 검사도구에 대해 응
답자들이 얼마나 안정적으로 반응하는가를 살펴본다는 점에서 안정성 계수(coefficient
of stability)로도 불린다. 재검사 신뢰도는 동일한 검사 문항을 사용하기 때문에 문항 구
성에 따른 측정오차를 통제할 수 있고 추정이 쉽다는 장점이 있으나, 첫 번째 검사 이
후의 기억, 연습 효과, 행동 특성 자체의 변화 등이 두 번째 검사에 영향을 미칠 수 있
다는 점을 염두에 두어야 한다. 검사 실시 간격은 목적에 따라 달라질 수 있으나, 대개
2~4주가 적절하다.

(2) 동형검사 신뢰도

　동형검사 신뢰도(equivalent form reliability)는 동일한 구인으로 구성된 2개의 검사를
개발한 후, 동일 집단을 대상으로 측정해서 얻은 두 점수 간의 상관관계를 통해 추정되
며 흔히 동형성 계수(coefficient of equivalence)로 불린다. 동형검사에서 실시하는 두

검사는 문항의 난이도, 변별력, 문항 내용 등에서 동질해야 한다.

동형검사 신뢰도 추정은 재검사 신뢰도와 마찬가지로 동일 집단에 대해 두 번의 검사를 실시하지만, 기억, 연습 효과에 의한 영향은 재검사 신뢰도에서보다는 적다고 볼 수 있다. 그러나 피험자들이 한쪽의 검사에서 더 좋은 점수를 받게 될 수 있으며, 동질적인 두 검사를 제작하는 데 많은 시간과 노력을 쏟아야 한다는 어려움이 있다.

(3) 반분검사 신뢰도

반분검사 신뢰도(split-half reliability)는 한 개의 검사도구를 한 피험자 집단을 대상으로 실시한 후, 일정한 기준을 적용하여 검사점수를 반분하고, 반분된 두 점수 간의 상관을 산출한 후, 스피어먼-브라운(Spearman-Brown)공식을 적용하여 전체 검사의 신뢰도를 추정하는 것이다. 검사를 반분하는 방법으로는 홀수문항점수와 짝수문항점수의 상관을 구하는 홀짝법이 가장 많이 쓰이고, 그 외에도 문항의 전후로 반분하는 전후법, 무작위 분할법 등이 있으나, 중요한 것은 반분된 두 부분이 동질적이 되도록 하는 것이다. 반분검사 신뢰도는 한 번의 검사를 통해 신뢰도를 추정할 수 있다는 장점을 지닌다.

스피어먼-브라운(Spearman-Brown) 공식은 다음과 같다.

$$rx'x = 2r'x'x/1 + r'x'x$$

여기에서,
  r'x'x: 반분된 검사에서 얻어진 상관계수
  x'x: 전체검사에서 기대되는 신뢰도계수의 측정치

(4) 문항내적 일관성 신뢰도

문항내적 일관성 신뢰도(inter-item consistency reliability)는 개개의 검사문항을 독립된 검사 단위로 취급하여 그 합치도, 동질성, 일치성을 종합하는 방식으로서, 항상 일정한 신뢰도 지수를 얻을 수 있다는 장점을 지닌다. 문항내적 일관성 신뢰도를 구하는 방식에는 쿠더-리처드슨(Kuder-Richardson, 1937)이 개발한 K-R 21과 K-R 22, 크론바흐(Cronbach, 1951)의 α계수, 호이트(Hoyt)의 추정법 등이 있으며, 이 중 크론바흐(Cronbach, 1951)의 α계수가 가장 널리 사용되고 있다.

크론바흐 α 계수를 구하는 공식은 다음과 같다. 한 주어진 검사의 문항 수를 K라고 하고 전체 검사의 변량을 Si^2라고 하면 크론바흐 α 계수는 다음과 같다.

$$\alpha = K/K-1[1-\Sigma Si^2/Sx^2]$$

크론바흐 α계수＝{항목 개수÷(항목 개수-1)}×{1-(항목변량들의 합÷전체 측정 변량)}

크론바흐 α계수는 0~1의 값을 갖는데, 보통 0.8~0.9의 값이면 신뢰도가 매우 높은 것으로 보며, 0.7 이상이면 바람직한 것으로 본다.

▌참고문헌▐

김대현, 김석우(2011). 교육과정 및 교육평가(4판). 서울: 학지사.

박도순(2007). 교육평가-이해와 적용-. 경기: 교육과학사.

서울대학교 교육연구소(2011). 교육학용어사전. 서울: 하우동설.

성태제, 강대중, 강이철, 곽덕주, 김계현, 김천기, 김혜숙, 봉미미, 유재봉, 이윤미, 이윤식, 임웅, 홍후조(2012). 최신 교육학개론(2판). 서울: 학지사.

오성삼, 권순달(2010). 핵심 교육평가. 서울: 쿠북.

한국교육심리학회(2000). 교육심리학 용어사전. 서울: 학지사.

한국교육평가학회(2004). 교육평가 용어사전. 서울: 학지사.

황정규, 이돈희, 김신일(2011). 교육학개론(3판). 경기: 교육과학사.

Stufflebeam, D. L. (1980). Interview: An EEPA Interview with Daniel L. Stufflebeam. *Educational evaluation and policy analysis, 2*(4), 85-90.

Tyler, R. W. (1942). General statement on evaluation. *The Journal of Educational Research, 35*(7), 492-501.

Zhang, G., Zeller, N., Griffith, R., Metcalf, D., Williams, J., Shea, C., & Misulis, K. (2011). Using the context, input, process, and product evaluation model (CIPP) as a comprehensive framework to guide the planning, implementation, and assessment of service-learning programs. *Journal of Higher Education Outreach and Engagement, 15*(4), 57-84.

찾아보기

인명

Fröbel, F. W. A. 118

Gagné, R. M. 250
Gardner, H. 47, 165
Gillies, R. 190
Giroux, H. A. 111
Glaser, R. 259
Greene, D. 194
Grow, G. O. 339
Guilford, J. P. 170

Habermas, J. 109
Hall, G. S. 130
Heinich, R. 380
Herbart, J. F. 51, 65, 117
Hidi, S. 203
Hutchins, R. M. 102

Jacobson, L. 199
James, W. 130

Keller, J. M. 267
Kilpatrick, W. H. 99
Knowles, M. S. 337
Kohlberg, L. 120

Latham, G. P. 197
Lawley, A. N. D. 405
Lehman, S. 203
Lepper, M. R. 194
Levine, M. 164
Locke, J. 19, 197
Luther, M. 62

Marcia, J. 158
Maslow, A. H. 196
Mazur, E. 355
McClelland, D. 202
Merrill, M. 386
Miller, G. E. 127

Nisbett, R. E. 194

Ormrod, J. E. 129, 188

Pavlov, I. 178
Pestalozzi, J. H. 64, 115
Peters, R. S. 25
Peverly, S. T. 151
Piaget, J. 147
Pintrich, P. R. 128
Plato 58
Plucker, J. A. 167
Pressley, M. 130

Reynolds, W. M. 127
Roehrig, A. 130
Rogers, C. 196
Rosenthal, R. 199
Rousseau, J. J. 20, 64, 114,

Sanders, J. R. 242, 243
Sartre, J. P. 106
Scheffler, I. 108
Schraw, G. 203
Scriven, M. 402
Shulman, L. S. 140

Simon, T. 164
Skinner, B. F. 179
Slavin, R. F. 139, 186
Socrates 57
Spearman, C. 405
Spearman, H. A. 165
Sperling, G. A. 184
Stake, R. E. 402
Sternberg, R. F. 139
Sternberg, R. J. 141, 142, 165
Stufflebeam, D. L. 245, 400

Taba, H. 227
Terman, L. 164
Thorndike, E. L. 130, 179
Titchener, E. B. 188
Torrance, E. P. 170
Tough, A. 337
Tyler, R. W. 224, 391

Vygotsky, L. S. 147

Walker, D. F. 231
Watson, J. B. 19
Weiner, B. 199
Weisberg, R. W. 168
Williams, W. M. 139, 142
Wittgentein, L. 107
Woolfolk, A. 128, 139, 170, 186, 190
Worthen, B. R. 242, 243

Zhou, Z. 151

내용

┤ 저자 소개 ├

문양호(Moon Yangho)

육군사관학교 졸업(관리학)
고려대학교 심리학 석사(생리심리학)
미국 아이오와 대학교 심리학 박사
　　(신경과학 및 학습심리)
육군사관학교 심리학과 교수
육군사관학교 교수부장(육군 준장)
현 건양대학교 심리상담치료학과 교수

김용주(Kim Yongju)

육군사관학교 졸업(독일어)
서울대학교 심리학 석사(지각심리학)
독일 기센 대학교 심리학 박사(지각심리학)
현 육군사관학교 심리학과 교수

강용관(Kang Yongkwan)

육군사관학교 졸업(프랑스어)
서울대학교 교육학 석사(교육행정)
서울대학교 교육학 박사(인적자원개발)
현 육군사관학교 심리학과 조교수

교육에 대한 이해
Understanding of Education

2017년 2월 20일 1판 1쇄 인쇄
2023년 3월 20일 1판 3쇄 발행

지은이 • 문양호 · 김용주 · 강용관
펴낸이 • 김진환
펴낸곳 • (주) **학지사**

　　　　04031 서울특별시 마포구 양화로 15길 20 마인드월드빌딩
대표전화 • 02)330-5114　　　팩스 • 02)324-2345
등록번호 • 제313-2006-000265호

홈페이지 • http://www.hakjisa.co.kr
페이스북 • https://www.facebook.com/hakjisabook

ISBN 978-89-997-1171-8 93370

정가 20,000원

출판미디어기업 **학지사**

간호보건의학출판 **학지사메디컬** www.hakjisamd.co.kr
심리검사연구소 **인싸이트** www.inpsyt.co.kr
학술논문서비스 **뉴논문** www.newnonmun.com
교육연수원 **카운피아** www.counpia.com